JN424310

부동산개발론

권호근 · 김형진 · 이동영 공저

도서출판 상학당

欲爲大者 當爲人役

크고자 하거든 남을 섬기라

머 리 말

인간은 태곳적부터 부동산과 늘 함께해 왔다. 잠을 자는 곳이 부동산이고 생산활동과 영업활동을 하는 곳 또한 부동산이다. 다시 말해 현대사회에 있어서 인간이 의식주를 해결하기 위한 가장 원초적인 요소는 바로 부동산인 것이다. 특히 부동산 개발은 국가경제나 개인에게 있어서도 중요한 부분임은 물론이거니와 부동산활동에 있어서도 중요성과 파급력이 매우 광범위하다. 부동산 개발은 토지개발에서 주택, 상가, 공장, 빌딩 등의 건축물개발에 이르기까지의 물리적 개발과 함께 인간의 삶의 질까지도 큰 영향을 미친다.

인간의 삶뿐만 아니라 부동산학에서 있어서도 부동산개발의 학문적 측면의 중요도가 날로 높아지고 있음에도 불구하고 부동산개발론이 담아야 할 표준화된 내용은 아직까지 정립이 안 되고 있는 실정이다. 이에 조금이나마 그 기초에 도움이 되고 부동산학에 입문하는 사람, 부동산학 전공자, 부동산에 관심을 가지고 있는 사람들을 위하여 부동산개발과 관련된 이론과 기법, 관련법들을 담아보았다.

이 책의 구성은 제Ⅰ편 부동산학과 부동산개발론에서 부동산개발론과 관련된 학문들의 기초내용을 중심으로 설명하였다. 그리고 제Ⅱ편 부동산개발과 부동산개발 모형에서 제Ⅳ편까지는 부동산개발을 이해하고 적용되는 부동산개발 모형, 마케팅, 금융, 관련법 등의 내용들로 구성하였다. 부동산개발은 부동산현장에서 바로 적용되어야 하는 특성상 실무에 연결하려 최대한 노력하였다.

이론을 실무에서 적용할 수 있도록 자료를 정리하는 과정에서 공저자마다 부동산개발에 대한 시각과 용어, 이론 등의 차이로 어려움을 겪기도 했지만, 최대한 전체적인 구성의 일관성을 유지하도록 노력하였다. 책의 구성상 미흡한 점, 내용이 부족한 점, 논리적으로 부족한 점, 데이터 부족 등이 없지 않지만 독자제위께서는 이 책을 부동산개발론이란 하나의 학제 연구의 시도로서 넓게 보아주셨으면 한다.

이 책을 출간함에 있어 부족한 부분이 많음에 두려움과 아쉬움이 남는다.

글을 쓰는 과정에서 선험적인 연구를 하신 관련학자들의 연구물에서 참고되고 인용된 여러 서적들의 각주를 일일이 달지 못함을 아쉽게 생각한다. 또한 선험 연구업적을 최대한 참조하였음을 밝히며, 이 책을 출간할 수 있는 토대를 만들어 준 점에 대해 이 자리를 통하여 여러 선배 저자분들에게 감사의 말씀을 올린다. 더욱 노력하여 조금 더 완성도 있는 부동산개발론을 선보이도록 하겠다.

한 권의 책이 출간되기까지는 많은 시간과 노력이 필요하다. 특히나 어려운 출판환경에도 불구하고 이 책의 필요성을 공감하여 애정과 배려를 아끼지 않고 출판을 맡아주신 남두도서 남승우 사장님께 고마움을 드린다. 아울러 출판하기까지 따뜻한 마음으로 최선을 다해주신 출판사 관계자 여러분께도 감사의 말을 빼놓을 수가 없다.

이 책이 대학 및 대학원에서 부동산학을 전공하는 학생이나 관련된 모든 분들에게 조금이나마 도움이 되었으면 하는 바람이다. 또한 국내 학계와 업계에 부동산개발론에 대한 더욱 진지하고 폭넓은 관심이 확산되고 보다 뛰어난 연구업적이 이어지기를 바란다.

저자 씀

CONTENTS CONTENTS CONTENTS CONTENTS CONTENTS CONTENTS CONTENTS CONTENTS

차 례

제Ⅲ편 부동산개발과 금융_69

제Ⅳ편 부동산개발과 관련법_135

• 제 I 편 •

부동산학과 부동산개발론

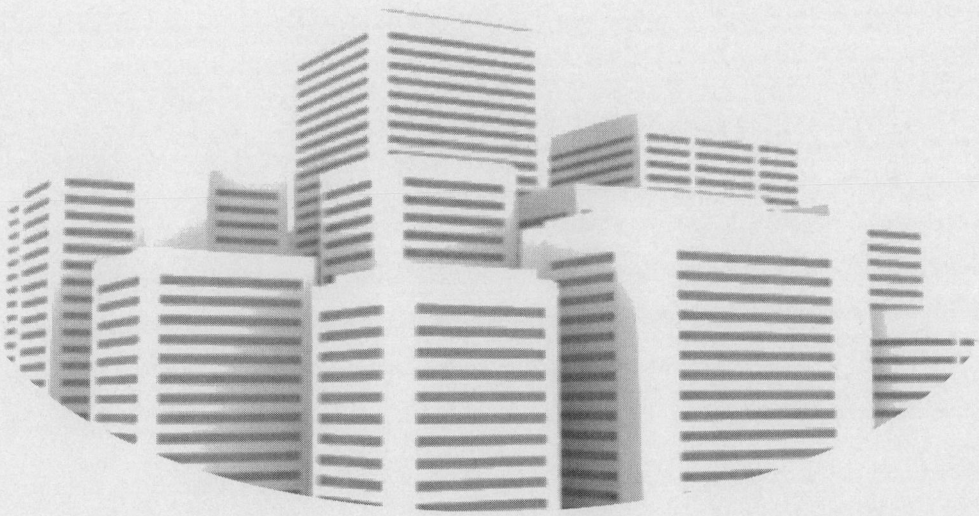

제1장

부동산학의 이해

제1절 부동산의 개념

부동산은 오래전부터 인간과 밀접한 관계를 가지고 왔으며, 그 유래는 인간의 역사와 같다고 할 수 있다. 그러므로 인간과 밀접한 관계를 맺고 있는 부동산의 용어는 유럽에서 서반아어로 '국왕의', '부동산의'라는 Real과 '소유지, 사유지'라는 의미를 가지고 있는 Estate의 복합의미의 Real Estate[1])로 사용되어 변천되어져 왔다.

일본에서는 1868년 메이지 초년 화란읍법 제258조에서 부동산용어의 공식적 유래를 찾아볼 수 있으며, 우리나라에서는 1898년 전당포세칙 제9조에서 부동산이란 용어를 법령 내용 중에서 처음 사용하였으나, 공식적으로 활용된 것은 일제시대로 1906년 광무 7월이었다.[2)] 그 후 1912년 한일합방 이후로 1912년 3월부터 부동산용어가 공용화되었다 할 수 있다.

[그림 1] 부동산의 유래

부동산을 정의함에 있어서 김영진 교수는 부동산을 대상으로 하는 '인간의 행위'를 개선한다는 점에서, 부동산활동의 능률화 원리 및 그 응용기술을 개척하는 종합응용과학이라고 정의하였다.[3)] 종합응용과학이라는 의미 아래 부동산의 개념은 크게 법률적 · 제도적 측면의 부동산, 경제적 측면의 부동산, 기술적 측면의 부동산, 복합적 측면의 부동산으로 분류할 수 있다.

---

1) 'real estate'는 물리적 토지 및 부속정착물을 의미하며, 'estate'는 신분을 나타내는 라틴어 'status'에서 유래되었다.

2) 이창석, 부동산학개론, 형설출판사, 2011, pp.87~88.

3) 김영진, 부동산학범론, 동경경제출판사, 1979, p.7.

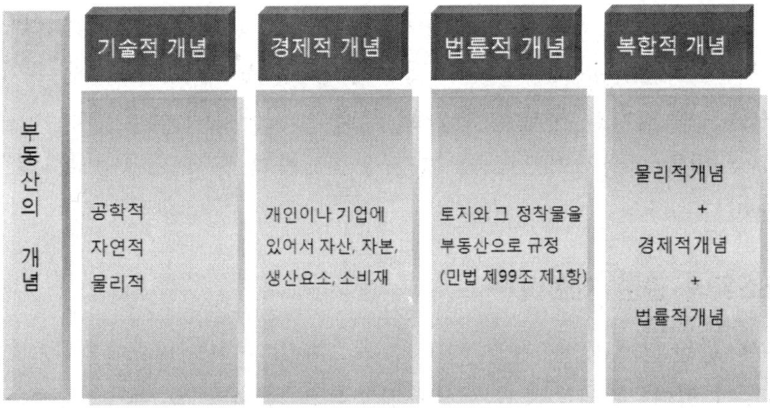

[그림 2] 부동산의 개념

1. 법률적 · 제도적 측면에서의 개념[4)]

법률적 측면에서 부동산은 협의의 부동산으로서 우리민법 제99조제1항에서 규정하고 있는 '토지와 그 정착물'을 말하며, 광의의 부동산은 협의의 부동산을 포함한 공시수단을 갖춘 독립된 거래의 객체가 인정되는 것을 광의의 부동산[5)]이라 한다.

부동산활동이나 개발에 있어서 분석은 중요한 요소이다. 이러한 분석에 있어서 기술적 환경, 경제적 환경과 함께 제도적인 환경 또한 필수적으로 고려해야 할 중요사항이다. 제도적 환경에 있어서 법률적 측면이란 부동산에 관계된 제도를 말하고 있다. 부동산을 둘러싼 제도적인 환경은 광범위하다. 정책, 법, 정치 등이 그것이다. 기술적 측면이 물적 묘사의 영역이고 경제적 측면이 부동산값을 묘사하는 영역으로 본다면 법/제도적인 측면은 부동산소유에 관한 사항을 말한다.

민법 제99조제1항은 "토지[6)] 및 그 부속정착물[7)]은 부동산이다"라고 정의하였고 같은 조문의 제2항은 "부동산 이외의 물건은 동산이다"라고 하여 물건을 동산과 부동산으로

---

4) 방경식, 부동산학개론, 범론사, 2000, pp.99～93.
이창석, 전게서, pp.122～131.

5) 협의의 부동산+준부동산(공장재단(공장저당법), 광업재단(광업재단저당법), 입목(입목에 관한 법률), 어업권(수산업법), 선박(선박등기법), 항공기, 자동차, 중기(등록의 공시방법) 등)

6) "토지의 소유권은 정당한 이익이 있는 범위 내에서 토지의 상하에 미친다"고 규정하고 있어(민법 제212조) 토지소유권의 범위를 입체적으로 규정하고 있다.

7) 정착물이란 토지에 고정되어 있어 용이하게 이동할 수 없는 물건으로서 법률적 관점에서는 건물, 공작물, 수목의 집단이나 농작물 등이 있으나 일반적으로 건물을 들 수가 있다. 건물이란 토지 위의 인공적 구조물을 말하며, 토지로부터 완전히 독립된 별개의 부동산이다. "등기부는 토지등기부와 건물등기부의 2종으로 한다"(부동산등기법 제14조제1항)라고 정하고 있으며, 판례는 "건축 중의 건물이 어느 정도에 이르렀을 때 이를 독립된 부동산으로 볼 것이냐 하는 문제는 반드시 그 물리적 구조만을 표준으로 하여 획일적으로 이를 결정지을 수는 없지만 건물의 기능과 효용 면에서 적어도 기둥과 지붕 그리고 주벽만이라도 이루어져야 된다(대법원판례 1977. 4.26, 76다 1677).

구분하고 있다.[8] 부동산은 토지와 정착물로 이루어져 있지만, 법률상의 취급에 있어서 오늘날 동산과 구분되는 차이는 주로 거래상의 공시수단에 있다고 볼 수 있다. 그러나 공시수단을 기준으로 양자를 구별을 한다고 하더라도 실제로 이루어지는 거래의 현실은 언제나 새로운 문제를 발생시키므로 그 기준이 부동산과 동산을 구별하는 확실하고 뚜렷한 것은 없다.[9]

(1) 부동산소유에 관한 기초법[10]

부동산소유에 관한 기초법은 여러 가지를 들 수 있다. 우선 소유의 주체, 행사, 범위 등을 정한 민법이 있다. 권리능력자는 부동산소유의 주체가 될 수 있다. 물론 비록 법인격 없는 자라 하더라도 일정한 경우에는 부동산소유의 주체가 될 수도 있다. 부동산소유권의 내용은 부동산을 사용·수익·처분할 수 있는 권능으로 표현할 수 있다. 비록 사용·수익·처분 권능으로 소유권에서 향유할 수 있는 권리이익을 분류했지만, 이러한 분류는 편의적인 데 불과하다. 개발권능, 공간이용권능 등은 사용·수익·처분 권능들 가운데 어느 한 가지에 귀속시키기 어려운 것처럼 소유권의 내용은 간단한 게 아니다.

소유권의 행사를 한때 자유로운 것으로 여겼던 적이 있었다. 그러나 오늘날에는 그렇지 않다. 자유를 제한하는 경우가 많아졌기 때문이다. 특히 부동산소유권 행사에 대한 제한은 다른 재화소유권의 제한보다 그의 양과 종류가 월등하게 많다. 따라서 부동산소유권은 법률의 범위 안에서 행사되어지는 권리다.

민법에서 토지소유권의 범위를 정당한 이익에 미치는 범위 안에서 토지의 위, 아래에 미친다고 정하였다. 토지소유권의 범위는 곧 부동산소유권의 공간적 한계를 설정한 것이다. 다만, 그 범위는 정당한 이익이 미치는 범위라고 하는 포괄적인 규정으로 되어 있기 때문에 토지마다 구체적으로 판단될 수밖에 없다. 또한 그 판단은 상식적으로 이루어지므로 입체이용이 크게 예상되는 토지와 평면적 이용만이 예상되는 토지의 공간적인 범위가 똑같을 수는 없다.

과학기술의 진보는 전반적으로 사실상 지배 가능한 토지의 공간적인 범위를 확대시켜 가고 있다. 왜냐하면 정당한 이익이 미치는 범위에 있어 정당한 이익의 해석기준이 변화하기 때문이다. 부동산소유에 관한 기초법으로서 물적 묘사에 관한 법이나 가격묘사에 관한 법은 이미 물리적인 토지의 기록체계나 가격묘사에서 언급한 적이 있다. 다만, 지적제도가 묘사하는 내용으로 오늘날과 같이 토지소유권이 복잡하게 행사되고 있는 시대에

8) 김영진, 부동산학총론, 경영문화원, 1980, p.26 / 이창석, 부동산학개론, 형설출판사, 2000, p.122.
9) 이동영 외, 부동산법학론, 신광문화사, 2010, p.35.
10) 이창석, 부동산학원론, 형설출판사, 2006, p.163.

있어서 이를 충분히 뒷받침할 만한 기록체계가 되지 못하고 있다는 점을 지적하지 않을 수 없다.

권리관계를 나타내는 기록체계는 부동산등기법이 있다. 그런데 부동산등기법에 기록되는 물건은 토지와 건물뿐이다. 한편 토지 · 건물이라는 부동산의 일정한 권리만이 등기할 수 있는 길을 열어 놓고 있다. 또한 그들 권리들의 득실변경과 일정한 처분이 있을 때 등기할 수 있도록 되어 있는 것이다. 현행 제도는 현실적으로 전개되고 있는 다양한 부동산활동을 예정한 권리나 권능 등을 기록하는 체계로서는 턱없이 미흡하다. 공간권의 설정이나 개발권의 분리 등은 오늘날 빈번하게 전개되는 부동산활동이다. 그렇지만 이러한 사항을 등기할 수 있는 뒷받침이 마련되어 있지 아니하다.

소유활동의 일환인 이용 · 수익 · 처분 활동과 관련하여 민법 이외에도 특별법으로 정한 기초법이 상당히 많다. 또한 그러한 활동의 범위를 획정하는 규정들도 여러 가지 법률들에 흩어져 정해져 있다. 예컨대, 부동산의 전문활동인 중개 · 평가 · 관리 등에 있어서는 일정한 경우에 전문가들의 활동을 규범들로 정하고 있는 것이다. 부동산개발이나 입지선정 등의 부동산활동은 대상 부동산에 적용되는 각종 규제를 고려하여 이루어질 수 밖에 없다.

(2) 부동산소유규제법[11]

부동산소유규제법 또한 많은 법에 걸쳐 있다. 국토 전반에 걸쳐 규제나 조장 등을 행하는 법규들의 숫자는 단행법을 기준을 셈하더라도 수많은 법률들이 있다. 이러한 부동산소유규제법들은 다종다양한 부동산활동들에 대해 조정의 기능을 한다. 부동산보유, 이용, 개발, 관리, 거래 등 수많은 부동산소유관련 활동들에 대하여 영향력을 발휘하고 있는 것이다.

수많은 부동산소유규제법은 크게 분류할 때 두 가지 목적을 향한 경우가 대부분이다. 일종의 규제법의 형성논리나. 하나는 효율성이요, 다른 하나는 형평성이다. 부동산규제법들은 대부분 효율성 또는 형평성의 원리를 구현하려고 한다. 물론 경우에 따라서는 효율성과 형평성 이외에 환경지속성 등을 규제법의 원리로 들기도 한다. 그러나 환경지속성은 결국 효율성의 원리로 귀착될 수 있기 때문에 이들 두 가지의 원리로 규제법들을 간단히 분류해 볼 필요가 있다.

효율성을 위해 부동산소유규제법들이 양산되었다. 국토의 이용과 관련된 각종 규제들은 대체로 토지의 효율적인 이용을 목표로 한다. 이용을 억제하기도 하고 조장하기도 하며, 특정 활동을 유도하기도 하고 억제하기도 한다. 또한 개발하기도 하고 보전하기도 한

11) 상게서, p.162.

다. 그리고 개발주체에 대해서도 규제하며, 개발수법에 대한 것 또한 그렇다.

형평성을 위한 부동산소유규제법들도 여러 가지가 제정되었다. 국토는 모든 국민들이 골고루 잘 살 수 있게 관리되어야 한다. 그럼에도 불구하고 국토, 즉 부동산으로 인하여 국민들의 삶의 질이 오히려 상대적으로 왜곡된다면 이는 개선되어야 하는 것이다.

효율성과 형평성은 별개의 가치이다. 이들 두 가치는 상호 보완성을 지니거나 또는 상충하는 경우도 많다. 특히 단기적으로 볼 때에는 상충되는 경우가 많기 때문에 어느 한 쪽을 강조하다 보면 다른 한쪽이 소홀해지기 쉽다. 특히 이들 두 가치 가운데 한쪽만을 강조하다 보면 다른 한쪽은 약화되기도 한다. 그럼에도 불구하고 특수한 상황에서 어떤 정책적인 목적을 관철하기 위하여 효율성이나 형평성 가운데 어느 하나만 강조하여 제정되는 부동산소유권규제법들도 있다. 예를 든다면, 토지공개념이라고 하는 교조적인 개념을 강조하면서 형평성을 위한 여러 가지 법률들이 무더기로 제정된 경우 등을 들 수 있다.

효율성은 흔히 자유를 강조하면서 상호 친화적 개념으로 쓰인다. 반면에 형평성은 평등을 강조하면서 상호 친화적 개념으로 활용되는 수가 많다. 바른 사회를 향해 나아가는 과정에서 자유와 평등이 때때로 팽팽한 상충의 긴장관계를 형성하는 경우가 많듯이, 효율성과 형평성 또한 그런 긴장관계에 놓이는 경우가 흔하다.

문제는 이들 두 가치 개념을 조화시켜 합리적으로 정하는 선에서 구체적인 부동산소유권규제를 형성해야 한다는 점이다.

그리고 최근에는 효율성이나 형평성으로 설명되기 어려운 영역의 부동산규제법들이 많이 생기고 있다. 인간의 건강을 염려해서 제정되는 규제법들이 그것이다. 쾌적성을 위한다거나 생태계의 순환체계를 보전·육성하려는 부동산규제법들이 많이 등장하고 있다. 환경규제, 건강촉진, 재해예방, 위험제거 등에 관한 각종 부동산활동의 규제법들이 여기에 해당한다. 이러한 규제법들은 생명의 보호에 궁극적인 목적이 있다. 그러므로 생명성을 위한 규제영역으로 분류할 수도 있을 것이다.

2. 경제적 측면에서의 개념

경제적 측면(economic aspect)이란 주로 부동산의 가격형성과정과 가격에 관련된 측면이라 할 수 있다. 이러한 경제적 측면에서의 부동산도 대표적인 것이 토지이다.[12)]

부동산은 일반상품과 다른 특성이 있기 때문에 일반상품과 같은 소비자행동이나 공급자행동의 경우와 같이 일정한 전제조건 아래서는 측정하기 어려운 특징이 있다. 경제적

12) R. Barlowe, Land Resource Economics : The Economics of Real Estate (N. J. : Prentice-Hall, Inc., Englewood Cliffs, 1978), pp.10~12.

개념에 속하는 용어의 예로서는 부동산의 가격, 부동산의 시장이론이 중심을 이루고 있다. 어떤 부동산값을 정확히 이해하기 위해서는 부동산의 수급에 영향을 미치는 제요인 등과 그들 인자들의 가격에 대한 영향력 분석, 기술적인 면과 제도적인 면을 포함하여 경영, 회계, 경제 등 많은 측면의 지식을 요구한다.[13] 경제적 측면은 무형적 측면으로 부동산의 유형적 측면과는 달리 관념적으로밖에는 인식되지 못한다. 경제적 측면에 있어서 주요요소는 부동산의 수요, 공급 등을 의미한다. 부동산의 수요, 공급은 일반재화와는 달리 많은 지식과 경험을 필요로 한다.

부동산은 다른 재화에 비해 일반적으로 경제적 가치가 커서 자산(재산)으로서의 성격이 강하다. 통제경제에서는 부동산을 국유로 하므로 자산으로서 의미가 적으나, 시장경제에서는 대체로 부동산이 자산으로서 차지하는 비중이 크다고 볼 수 있다. 부동산은 시장경제에서 누구나 이를 소유하고 자유로이 이용·처분하여 거기서 수익을 얻을 수 있으므로 경제적 가치가 큰 자산으로서의 성격이 강하다.

3. 기술적 측면에서의 개념

기술적 측면(engineering aspect)에서 부동산은 '거래'나 '가격'이라는 표준에 주요기준을 두고 있지 않다. 기술적 측면이란 부동산에 있어서 유형적 측면이며, 토지와 건물을 중심으로 하는 물리적인 면을 묘사하기 위해 필요로 하는 기초분야이다. 주로 부동산공간의 이용기법적 측면으로, 여기에는 지질, 지형, 토양과 지적 측량건축 등과 같은 역학 및 설계시공구조설치 등에 이르는 많은 분야가 이에 속한다. 부동산활동은 토지 위에서 행해진다. 따라서 부동산활동을 담고 있는 토지의 물리적인 성질을 이해할 필요가 있으며, 주로 건물의 동과 밀접한 관련이 있다.

부동산의 기술적 측면은 다양한 측면이 병존하고 있지만, 주로 토지의 물리적인 측면과 건물의 건축이용관리활동이 중심을 이루고 있다. 부동산에 있어서 소유의 의미는 절대적이고 배타적인 최고의 권리이다. 이러한 소유권의 범위는 토지마다 공간으로서의 높낮음이 다르며 사회통념상 다르다. 왜냐하면 부동산의 범위는 사회통념에 의하여 이루어지고, 사회적 통념은 사회적 인식에 따라 결정되며, 사회적 인식은 기술수준의 변화에 의하여 변동되기 때문이다.

이러한 관점에 의하여 기술적 측면에서의 부동산은 부동산을 좁은 의미와 넓은 의미로 구분하기도 하는 법률적 측면에서의 구별기준이나, 이익이나 이기심 혹은 욕망이 뻗쳐가는 보편적인 인식 등에 의한 '가격'에 의하여 부동산을 바라보는 것이 아니다. 기술적

13) 이창석, 부동산학원론, 형설출판사, 2006, p.134.

측면은 역학관계가 미묘하게 교체하는 균등하게 펼쳐진 공간이라는 데에 더 관심을 기울이고 그 의미를 음미하고 있다. 물론 기술적 측면에서의 공간을 활용하는 능력은 토목, 건축 등 기술수준에 의해 결정된다. 더불어 법률적 측면에서의 부동산 범위나 경제적 측면에서의 부동산 범위 또한 기술혁신 등에 의하여 변화한다.[14)]

4. 복합적 측면의 개념

부동산은 기본 3측면인 법률적 · 기술적 · 경제적 측면을 포함한 복합적 개념으로도 개념을 정리할 수 있다. 부동산은 부동산활동을 동반하고 부동산활동상 부동산의 유형적 측면과 무형적 측면 등의 밀접한 관계가 있는 개념[15)]이라 하겠다. 이는 유형적 측면인 인간의 눈에 비치는 부동산의 물리적 · 기술적 측면으로 부동산의 설계 · 시공 · 설비 · 자재 · 측량 · 지질 · 지형 · 지반 · 토양 · 지대의 고저 · 산악 · 하천 · 기상조건 등의 자연적 조건 등과 무형적 측면인 경제적 · 법률적 측면[16)]을 들 수 있다.

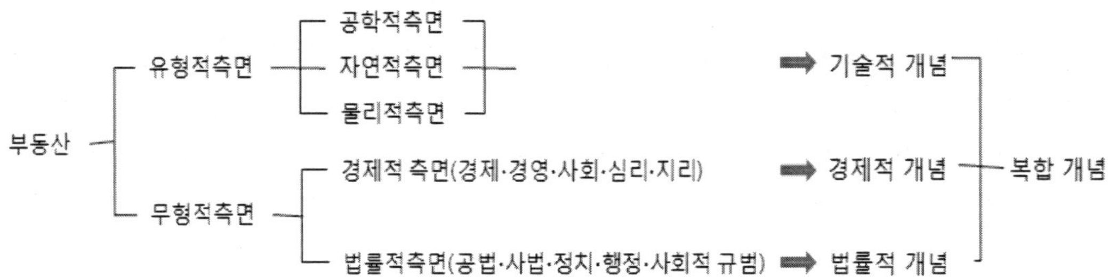

[그림 3] 부동산의 3측면

복합적 측면에서의 개념을 바탕으로 부동산활동이 전개되는 경우 복합부동산이라 할 수 있으며, 복합부동산은 다시 복합부동산과 복합건물로 나누어진다.[17)]

복합부동산은 부동산활동 측면에서의 '토지와 건물 및 그 부대시설이 결합되어 구성된 부동산'을 말하며, 복합건물은 주상복합건물과 같이 주거와 근린생활 등이 결합되어 있어 복합적 기능을 수행하는 건물을 말한다.

---

14) 이창석, 전게서, p.92.
15) 이창석, 전게서, p.76.
16) 방경식, 전게서, p.93~95.
17) 이창석, 전게서, pp.131~132.

〈표 1〉 복합부동산과 복합건물의 차이점

구분	개념	특징
복합개념	부동산학을 법률적 · 경제적 · 기술적 측면으로 논의하는 것을 말한다.	부동산학적 관점의 부동산
복합부동산	독립된 부동산인 토지와 건물 등이 결합된 상태에서 부동산 활동의 대상이 되는 경우의 부동산을 말한다.	일괄평가 가능
복합건물	주상복합건물처럼 구분된 용도가 결합되어서 복합적 기능을 수행하는 건물을 말한다.	구분평가 가능

제2절 부동산의 특성

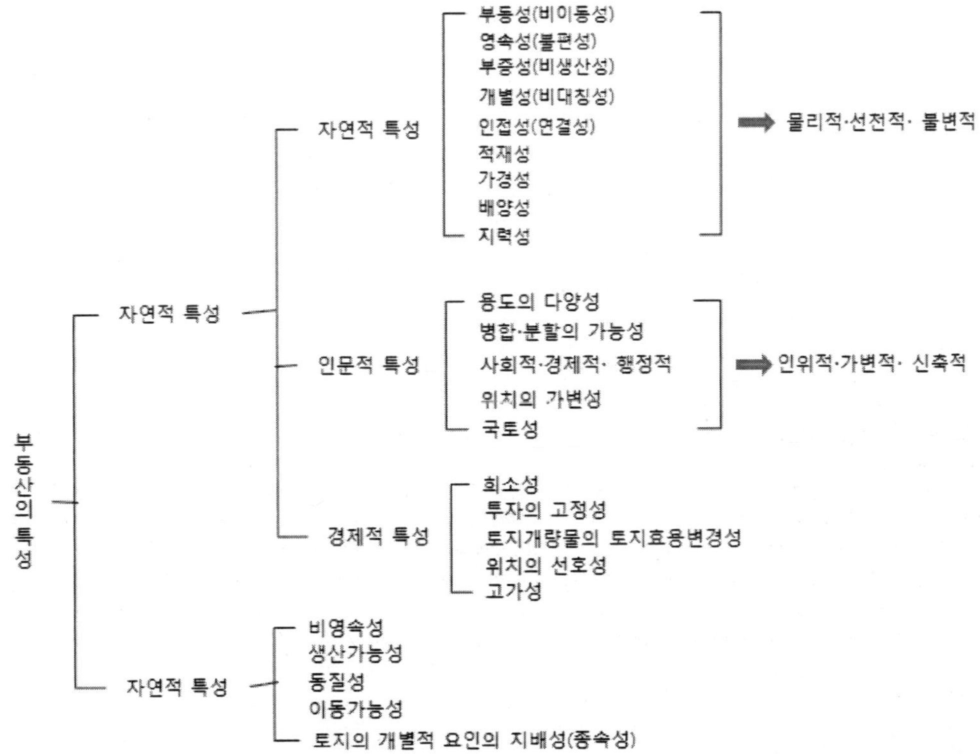

[그림 4] 부동산의 특성

1. 자연적 특성(토지)

토지의 자연적 특성은 토지가 본원적으로 지니고 있는 물리적 특성으로서 선천적이고 원천적이며, 본질적이며 근본적이고, 불변적인 특성이다. 토지의 불변적 특성은 일반 동산처럼 사용에 의하여 소모·마감되지 않은 영속성(indestructibility) 또는 불변성 또는 비소모성을 가지고 있다.[18]

토지의 자연적 특성은 크게 부동성·영속성·부증성·개별성·인접성의 다섯 가지로 볼 수 있다. 지리적 위치의 공정성과 비이동적 특징을 지닌 부동성과 내구성, 불변성, 비소모성의 특징을 가진 영속성이 있다. 부증성은 비생산성과 불확실성, 면적의 유한성의 특징을 가지고 있으며, 토지의 가격이나 수익이 개별로 형성되어 일물일가(一物一價)의 법칙의 적용을 배제시키는 개별성[19]은 비동질성, 이질성의 특징을 가지고 있다. 마지막으로 토지는 인접 토지와 긴밀한 공간 관계[20]에 있다는 연결성의 특징을 가진 인접성이 있다.

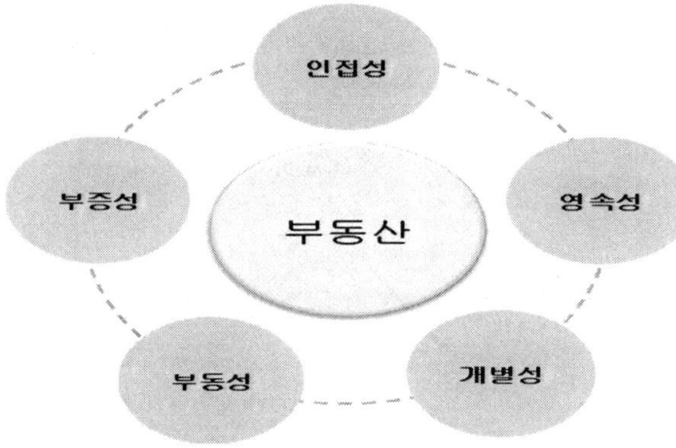

[그림 5] 토지의 자연적 특성

18) Alfred A. Ring and J. Dasso, Real Estate Principles and Practice, 9th ed. (Englewood Cliffs : Prentice-Hall Inc., 1983), p.44.

19) 동일한 시점, 동일한 시장, 동일한 상품과 서비스에 대해서는 언제나 하나의 가격만이 성립한다는 원칙이다. 즉, 같은 상품이나 서비스는 가격이 같아야 한다는 원칙으로, 이는 완전경쟁시장에서 적용될 수 있는 원칙이다. 만약 같은 시장에서 동일한 상품이 다른 가격을 가진다고 하면 완전경쟁이 이루어지고 있는 한, 사람들은 보다 싼 상품을 사려고 할 것이므로 높은 가격의 상품에 대한 수요는 전혀 없어져 가격을 인하하지 않을 수 없게 된다. 그러나 우리가 사는 현실은 완전경쟁시장이 아니므로 주변에서 같은 품질의 상품이라도 판매하는 사람, 장소, 제공하는 서비스 정도 등에 따라 판매가격이 다른 경우를 흔히 볼 수 있다. 예를 들어, 커피 한 잔의 가격은 300원짜리 자판기 커피에서 4,000원짜리 커피전문점 커피, 8,000원이 넘는 호텔 커피에 이르기까지 다양하게 나타난다. 만약, 모든 점포의 커피 가격이 동일하다면 그것이 오히려 이상한 것이다. 또한 공장도 가격이 같은 공산품의 경우에도 할인전문 판매점에서는 시중가격보다 훨씬 낮은 가격으로 판매되고 있다.

20) 토지의 개발과 사용은 인근 토지에 커다란 영향을 주기 때문에 외부 경제 및 불경제와 밀접한 관계가 있다.

2. 인문적 특성(토지)

토지의 자연적 특성과는 달리 토지와 인간과의 관계에서 비롯되는 특성으로 토지를 상대로 인간이 활동할 때 인간이 동산을 취급하는 것과는 구별되는 특성이다.[21] 이는 후천적 · 가변적 · 인위적인 것이며, 관계되는 특성으로는 용도의 다양성[22], 병합 · 분할의 가능성[23], 사회적 · 경제적 · 행정적 위치의 가변성 등이 있다.

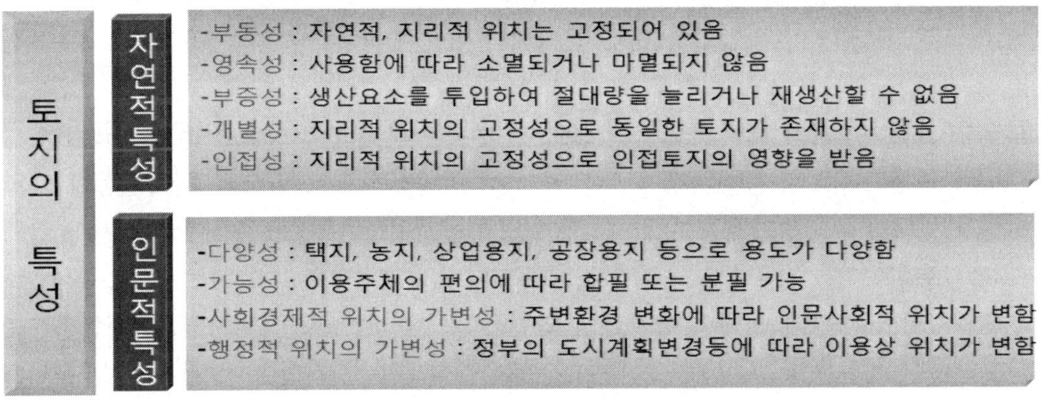

[그림 6] 토지의 인문적 특성

3. 건물의 특성

건물은 토지와 달라서 인위적인 성경이 가미되기 때문에 생산이 가능하고, 내용연수를 가진 내구소비재로서 비영속성, 생산가능성, 동질가능성, 이동가능성, 토지의 개별요인의 지배성[24] 등의 특성을 가진다.[25] 건물은 재화이자 상품이고 재산이며 자산의 개념을 가지고 생산과 소비를 통하여 부가적 경제가치를 창출[26]한다.

21) 이창석, 전게서, pp.189～194. ; 이원준, 전게서, pp.94～97. ; 방경식, 전게서, pp.127～129. ; 김태훈, 부동산학개론, 범론사, pp.87～90.
22) 토지가 여러 가지 용도로 사용될 수 있다는 특성
23) 토지는 여러 가지 이용목적에 따라 그 면적을 인위적으로 합필 또는 분필할 수 있다는 특성
24) 건물은 토지 위에 정착하여 축조되므로 축조된 건물이 정착된 토지를 개별적으로 지배하는 특성
25) 이원준, 전게서, pp.97～99.
정영철 외, 전게서, p.66.
26) 김일효, 건물자산관리총론, 남두도서, 2007, p.17.

제3절 부동산과 부동산시장

시장(market)이란 여러 가지 의미를 가지고 있으나, 일반적인 정의로는 시장지역 내에서 영향을 받는 상품의 교환에 의한 상업활동으로서의 과정이라 할 수 있다.[27] 부동산에 있어, '시장'이라는 용어는 엄밀히 경제적 의미나 측정에 의하기보다는 통상 그대로 쓰임으로써 정착된 용어로 볼 수 있다.[28]

부동산시장은 지리적 위치의 고정성으로 인하여 국지적 시장형태를 조성하고 있으므로 불완전경쟁시장으로 완전경쟁시장이 아니며, 일반적으로 진입장벽과 퇴출장벽이 완전히 제거된다면 완전경합시장이 될 수 있지만 부동산시장은 그 요소들이 제거된다 할지라도 불가능하다 할 것이다.

부동산시장의 개념에 대해서 학자들의 의견은 조금씩 다르나 정리하면, 부동산시장은 부동산이라는 재화를 유통대상으로 하여 부동산권리교환, 가격협상, 공간분배, 공간이용의 패턴결정, 수급조절을 위한 활동공간으로 볼 수 있다. 이러한 부동산시장의 특성으로는 국지성, 거래의 비공개성, 부동산상품의 개별성, 시장의 비조직성, 수급조절의 곤란성, 매매기간의 장기성 등이 있다.

〈표 2〉 부동산시장의 특성

국지성	거래의 비공개성	부동산 상품의 개별성	시장의 비조직성	수급조절의 곤란성	매매기간의 장기성
지리적 위치의 고정성으로 지역적인 범위가 일정지역에 국한	세금 또는 행정적 규제 등으로 매매사실 공개를 꺼림	일반상품과 같은 규격화, 표준화 견본소개가 불가능	지역성, 거래의 비공개성 및 표준화 등으로 시장조직화 불가	토지의 부증성으로 수요가 증가하여도 공급확대는 곤란	고액, 가치판단 불명확성 등으로 장기간에 걸쳐 거래 성립

27) 이창석, 부동산학개론, 형설출판사, 2011, p.257.
28) 이태교, 부동산마케팅, 경영문화원, 1984, p.84.

제2장

부동산학과 부동산개발론

제1절 부동산의 연구와 부동산개발론

1. 부동산학 연구방법과 부동산개발론

부동산학 연구의 핵심은 부동산현상을 규명하고 효율적인 부동산활동을 이루려는 데 있다. 부동산은 인간의 삶과 밀접한 관계를 맺고 있으므로 인간의 삶에서 발생하는 여러 현상들을 부동산과 결부하여 종합적으로 접근하여야 한다. 부동산학에서 전통적인 방법으로는 분산식 접근방법과 중점식 접근방법이 있으며, 체계적으로 정립한 종합식 접근방법이 있다. 종합식 접근방식은 부동산개발론의 이론정립에 있어서도 전제가 되어야 하며, 이를 바탕으로 부동산개발 모형을 정립하고 개발하여야 한다.

〈표 3〉 접근방법의 장단점

구분	장점	단점
분산식 접근방법	부분적인 논점파악이 비교적 명확	종합기능결여 가능성 학문간 연계 단절 부동산 가치 왜곡
중점식 접근방법	특정 부동산활동의 효율화	전체적 인식수단 결여 특정 부동산에만 응용 지역성 간과
종합식 접근방법	종합기능 발휘 변화하는 부동산활동에 능률적으로 부응 부동산가치의 정확한 인식	예속적 학문탐구행태와의 마찰우려 개척기의 어려움

자료 : 이창석, 부동산학개론, 형설출판사, 2011, p.44.

2. 부동산학의 연구 분야

부동산학의 연구 분야는 부동산환경을 구성하고 있는 각 분야가 공통적으로 어떠한 기능과 역할을 수행하고 있느냐에 따라 부동산결정 분야, 부동산결정 지원 분야, 부동산학의 기초분야로 구분하는데, 이들 각 분야는 다른 분야와 상호의존적인 관계인 동시에 서로 밀접한 관련을 맺고 있다.

부동산 결정분야는 투자 · 개발 · 금융 · 정책으로, 부동산 결정지원 분야는 마케팅 · 관리평가 · 상담 · 시장분석으로, 부동산 기초분야는 부동산관련법, 부동산기술 등으로 구분된다.[29)]

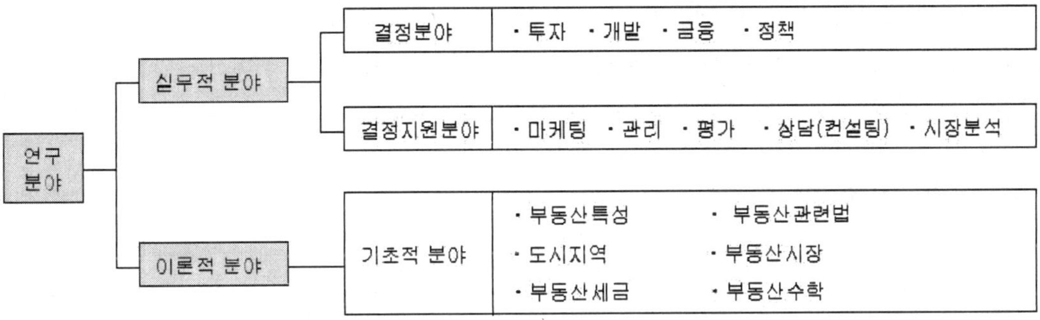

[그림 7] 부동산학의 연구 분야

제2절 부동산개발론과 주변과학

1. 도시계획

세상은 인간이 주인이며 필수요소이며, 인간이 존재하므로 개발행위가 일어나게 된다. 인간이 가장 많이 군집한 곳이 도시이며, 도시를 바탕으로 행위가 일어나게 된다. 그러므로 도시를 형성하는 기초인 도시계획은 부동산개발에 있어서 주요한 역할을 지니고 있다.

(1) 도시기본계획의 역할

법제도상 도시의 기본적인 공간구조와 장기발전방향을 제시하는 정책계획이며 도시계획 수립의 지침이 되는 지침계획으로서 토지의 개발 · 정비 · 보전의 지침을 제시하는 것으로 도시기본계획의 역할을 명확하게 규정하고 있다.

29) Larry Wofford, Real Estate, John Wiley & Sons, 1992, 3rd ed. p.22. ; 안정근, 전게서, p.23.

(2) 절차적 합리성과 시민참여

도시기본계획의 역할, 즉 토지이용에 관한 헌법으로서의 위상을 확보하기 위해서는 무엇보다도 합리적인 절차와 광범위하고 충분한 참여 속에서 도시기본계획이 수립되어야 하며 이를 보장하기 위한 제도적 장치를 갖추고 있어야 한다.

법적으로 제도화된 시민참여 제도는 공청회와 의견제출에 불과하다. 도시기본계획의 역할과 시민참여의 폭과 깊이는 비례한다. 따라서 도시기본계획 수립에서 시민참여 제도가 미비한 것은 도시기본계획의 역할이 그만큼 미약하다는 것을 반영하는 것이다.

(3) 계획서의 논리적 체계성

일반적으로 도시기본계획 수립은 도시문제의 진단, 계획의 목표와 목적설정, 목표를 성취하기 위한 부문계획의 설정, 각 부문계획별 정책 대안의 검증과 설정, 토지이용계획도의 작성, 토지이용계획 및 기타 정책대안을 실현하기 위한 실천계획의 작성이라는 일련의 논리적 과정을 거친다. 일견 단선적인 체계로 인식되기 쉬우나 도시문제를 해결하기 위해 설정된 계획목표와 목적, 부문계획은 상호보완의 피드백 과정을 거쳐 토지이용계획에 귀결되어야 한다.

1) 도시문제의 원인진단

계획의 목표와 목적을 분명히 하기 위해서는 적절한 도시문제의 진단, 즉 도시사회의 이해가 필요하다. 해당 도시사회를 이해하지 않고서는 분명한 목표와 목적이 설정될 수 없다. 도시사회를 이해한다는 것은 주택, 도로, 상하수도 등 해당 도시의 물적 조건은 물론이고 인구사회학적 특성, 지역정치, 지방정부의 조직역량과 재정능력, 국가 및 상위지방정부의 법률과 계획 등을 포괄한다. 이러한 종합적인 도시사회의 이해에서 도시기본계획의 종합적 성격이 확보될 수 있다.

종합적인 도시문제는 단순히 백화점식으로 망라된 통계표를 작성하고 기술하는 것만으로는 진단될 수 없다. 폭넓은 시민참여와 행정참여를 통해 얻은 직관적인 인식에 기초하여 면밀한 통계자료의 분석을 거쳐야만 도시문제의 종합적인 진단이 이루어질 수 있다. 이 과정을 거쳐야 계획의 목표와 목적을 구체화할 수 있고, 중점적으로 다루어야 할 부문계획을 선택할 수 있으며, 실효성 있는 실천계획을 제시할 수 있다.

2) 목표와 목적의 구체화

도시기본계획 작성과정에서 가장 중요한 시발점은 계획의 목표와 목적이다. 그런데 계획의 목표와 목적은 도시문제의 진단에 기초하기 때문에 도시문제의 진단은 결코 소홀할 수 없는 계획과정이다. 한편, 도시문제의 진단은 도시의 미래상을 설정하는 과정이기도 하다. 즉, 계획작성 첫 단계를 문제진단－목표의 설정－도시미래상 제시라는 한 묶음으로 이루어진다.

목표(goals)는 계획의 일반적인 방향과 도시의 바람직한 미래상을 제시하는 것으로서 만족되지 않은 상태와 충족되지 않은 수요, 해결되지 않은 이슈를 반영한다. 목적(objectives)은 목표를 달성하기 위한 구체적이고 측정 가능한 지표로서 목표를 실현하는데 누가 무엇을 언제, 얼마나 성취해야 하는가를 제시하는 것이다.

계획의 목표와 목적이 구체화될 때 도시기본계획은 비로소 개별 도시계획결정은 물론 도시정책결정에 대한 지침이 될 수 있다. 다시 말하면, 계획의 목표와 목적은 기초자치단체, 기초의회, 시민 등 각 주체에게 책임과 의무를 부여하는 것이다. 또한 도시기본계획이 얼마만한 성과를 거두었는지를 측정하는 지표이기도 하며 누가 잘못하였는지를 판단할 수 있는 기준이기도 하다.

3) 부문계획과 토지이용계획의 연계성

도시기본계획이 일반적으로 포함해야 하는 부문계획은 토지이용, 교통, 도시기반시설, 공공서비스, 자연자원, 여가·녹지 계획이라고 할 수 있다. 이러한 부문계획은 도시문제를 진단하고 도시미래상을 설정한 연후에 정해지는 것이 일반적이다. 외국의 도시기본계획들이 포함하고 있는 부문계획의 목록을 보면, 각기 지방정부가 안고 있는 도시문제와 특성, 설정된 도시미래상에 따라 다양하다. 따라서 필요에 따라 부문계획들이 추가되어야 한다.

각 부문계획은 진단된 도시문제를 해결하기 위한 수단이며, 동시에 도시의 미래상을 구현하기 위한 수단이다. 따라서 각 부문계획은 설정단계에서 이미 도시문제와 그 해결방향인 도시의 미래상을 매개로 연관성을 갖게 된다.[30)]

2. 부동산학의 주변과학

부동산학과 밀접한 관계를 갖고 있는 분야를 일반적 주변과학, 중점적 주변과학, 필요에 따라 협조를 구하는 주변과학 등으로 분류할 수 있다.[31)]

(1) 일반적 주변과학

부동산학의 기초지식만을 제공하여 주는 분야로 부동산활동의 개념 및 그 독립성을 거

---

30) 정원모, "도시성장관리를 위한 실천방안에 관한 연구", 안양대학교 박사학위논문, 2010.6, pp.42~46.
31) 이창석, 전게서, pp.22~28.

의 의식하지 않는 유형의 주변과학을 말한다. 이에는 경제학 · 회계학 · 경영학 · 법학 · 사회학 · 심리학 · 공학 · 지적학 등이 있다.

(2) 중점적 주변과학

부동산활동의 개념 및 그 독립성은 어느 정도 의식하지만 그 범위가 좁거나 접근방법 등의 면에서 부동산학의 수준에는 미달하는 분야를 말한다.[32] 이에는 토지경제학 · 경제지리학 · 도시지리학 · 도시계획학 · 도시학 · 인간생태학 등이 있다.

(3) 필요에 따라 협조를 구하는 주변과학

부동산과 밀접한 관련이 있지는 않으나 부동산학의 연구에서 필요에 따라 협조를 구하는 주변과학이다. 따라서 그만큼 부동산활동에서의 빈도가 낮은 주변과학이다. 여기에는 토질학 · 지형학 · 행정학 · 수학 · 통계학 · 임학 등이 있다. 이와 같이 부동산학의 주변과학이 많은 것은 부동산에 관해 이루어진 전문적 연구의 성격이 포괄적인 지식을 내포하고 있기 때문으로 볼 수 있다.

32) 김영진, 전게서, p.243.

• 제 Ⅱ 편 •

부동산개발과 부동산개발 모형

제1장

부동산개발의 이해

인간이 부동산을 대상으로 전개하는 관리적 측면에서의 모든 활동을 부동산활동(real estate activity)이라 하며, 부동산활동은 시대적 상황에 따라 일반활동과 전문활동으로 구분되고 있다. 이러한 전문적인 활동을 측면에서 보았을 때 부동산개발은 전문활동에 속하며 매우 다양하고 복잡한 형태로 이루어지고 있다.

실제로 부동산개발은 토지와 그 정착물에 한정되고 이해되고 있다. 하지만 실제로는 도시에서 흔히 볼 수 있는 거주 목적의 주택의 개발, 오피스 개발, 상가개발, 창고개발 등 토지에 정착할 수 있는 정착물의 종류가 다변화되고, 새로운 형태의 정착물들이 출현함에 따라 과거 단순히 토지소유자 혹은 토지를 임대하여 건물을 짓는 형태에서 보다 복잡하고 다양한 형태의 성격을 내포하는 광의의 개념으로 이해할 수 있다. 따라서 부동산개발에 참여하는 참여자들 또한 다양한 형태로 개발에 참여하며, 참여자들은 부동산개발 과정을 이해해야 한다.

제1절 부동산개발의 개념과 분류

1. 부동산개발의 개념

부동산개발에 대한 개념규정이 분명치 않으나, 일반적으로 개발은 지상·지표·지하에서의 건축공사, 토목공사, 기타 작업의 수행 등 유형적 행위만을 의미하는 협의의 개념으로 한정하고 있다. 그러나 넓은 의미에서는 건축·토목공사 등 물리적 작업(physical operations)의 수행뿐 아니라, 본질적인 용도의 변경(material change of use)을 포함하는 뜻으로 사용되고 있다.[33]

토지자원은 개발 여하에 따라서 그 이용가치가 결정된다.[34] 뿐만 아니라 한 번 그릇된 토지개발이 있게 되면, 그로 말미암아 발생된 문제점을 개선하는 일은 사회·경제·기술적으로 몹시 어려워진다. 왜냐하면 토지문제는 비가역성의 특징이 있기 때문이다. 그러므로 토지개발은 토지이용계획과 함께 토지자원의 이용가치의 제고를 위해서, 그리고 적합한 국토이용을 위한 중대한 면으로 인식되고 있다.[35]

---

33) David Cadman and Leslie Austin-Crowe, Property Development, 2nd ed. (London : E. & F. N. SPON Ltd., 1983), p.113.

34) 김영진, 부동산학개론, 서울 : 경영문화원, 1980, pp.145~150.

35) 이창석, 부동산학원론, 서울 : 범론사, 1986, p.253.

부동산개발은 개발자의 창조적인 아이디어에서부터 시작된다. 개발자의 아이디어에서부터 출발하여 시간의 흐름에 따라 유무형의 서비스의 가치가 실현될 수 있는 공간을 탄생시키면서 개발이 완료된다. 이러한 일련의 과정에서 토지, 노동, 자본과 개발자의 정신이 포함된다. 부동산개발의 개념은 과거에 행했던 토지 위에 정착물을 짓는 단순한 개념을 넘어서 오늘날 부동산개발은 많은 지식과 전문적 경험을 요구하고 있다. 이는 부동산의 시장이 보다 구체적이며 세분화되어 있기 때문이다.

부동산개발은 개발과정을 통하여 부동산의 가치를 증대시키는 것이며 단순히 건설을 추진하는 하나의 분야가 아니라 개발기획과 계획실시, 개발완료 단계까지 모두 포괄한다. 또한 부동산개발은 토지, 노동, 자본과 같은 생산요소를 결합하여 토지 개량물을 생산하는 활동이며, 토지에 자본과 노동 같은 인공적인 힘을 더하는 것을 의미한다. 따라서 부동산개발은 부동산을 효율적으로 활용하기 위한 목적과 방법을 구체화시키는 일련의 과정이며 부동산개발의 목적은 토지 및 지상물을 최유효 이용하는 것으로 정의된다.

또한 '부동산개발업의 관리 및 육성에 관한 법률'에 따르면 부동산개발의 정의를 타인에게 공급할 목적으로 토지를 건설공사의 수행 또는 형질변경의 방법으로 조성하여 해당 토지를 판매 · 임대하고 타인에게 공급할 목적으로 건축물 그 밖의 공작물을 건축 · 대수선 · 리모델링 · 용도 변경하여 해당 부동산을 판매 임대하는 행위로 정의하였다.[36)]

부동산개발을 위해서는 사회적, 경제적인 파급효과를 고려한 장기과정 등을 철저히 기획하고 계획을 실시해야 한다. 부동산개발 사업 초기에 계획한 기간에 완료되는 경우는 거의 없으며, 대부분 진행과정에서 예상치 못한 문제로 인하여 기간이 연장되는 것이 일반적이다. 기획단계에서 사회 · 경제적인 상황이 개발과정에서 계속 변할 수 있으며, 특히 정부의 정책이나 경제적인 외부충격으로 인하여 사업실패의 가능성이 높아질 수 있기 때문이다. 따라서 부동산개발의 초기 기획단계에서는 장기적인 전망과 예측이 필요하며, 대상 주변지의 시장조사, 경제상황, 정부정책에 관한 철저한 대책이 마련된다.[37)]

(1) 부동산개발의 범위와 인원

부동산개발과정은 일반적으로 개발기획, 부지매입, 설계, 시공, 운영의 단계를 거치게 된다. 각 단계별 개발기획, 자금운영, 광고, 설계, 시공, 감리, 마케팅에 이르기까지 다양한 분야의 전문가가 필요하며, 이에 따른 개발계획 · 조직계획이 상세하게 이루어져야 한다.

36) 국토해양부, 부동산개발업 및 육성에 관한 법률 제2조, 2007
37) 유영철, 부동산개발실무대백과, 형설출판사, 2004, p.18.

(2) 부동산개발의 자금

초기 부지매입비용을 비롯하여 시공비용, 마케팅비용 등 많은 자금이 소요된다. 따라서 부동산개발은 어떻게 대규모 자금을 용이하게 확보하고, 관리 · 운영하는가가 사업 성공의 관건이다.

(3) 부동산개발과 파급효과

개발준비기간, 본격적인 개발기간, 개발완료 등에 따른 여러 가지 파급효과를 파악하는 것이 사업 성패에 가장 중요하다. 부동산개발이 성공적으로 완료될 경우 사업에 참여한 투자자 · 기업 · 금융기관 · 정부기관 등 이익을 얻을 뿐만 아니라 주변지역의 가치가 상승하고 지역개발의 촉진제 역할을 함으로써 개발 활성화 현상이 나타난다. 반면에 실패할 경우 개발한 사업 자체의 처리문제, 개발업체의 부실위기, 대출기관의 위험부담, 투자자의 위험부담 등 여러 가지 문제를 야기할 수 있다. 따라서 디벨로퍼는 단순한 이익추구를 넘어서 사회경제적 책임감과 의무감을 갖고 있어야 한다.

(4) 부동산개발의 시기와 전략

부동산개발은 장기적 사업이므로 초기 단계에서부터 치밀한 종합계획과 세부계획을 수입하여 사업을 진행해야 한다. 장기사업 특성상 시간계획이 중시되며 시간계획은 물리적 요인과 자금 변동 요인을 동시에 고려해야 하며 시간적 여유를 두고 작성해야 한다. 특히 '어떠한 상품을 개발하여 어느 시기에 누구에게 판매할 것인가' 하는 타이밍(timing)과 전략이 사업 성공의 핵심요소로 작용한다. 따라서 장기 프로젝트의 경우 개발 기획안 작성 시 변화하는 시장여건을 반영하여 수정, 보완하는 작업이 반드시 필요하다.

2. 부동산개발의 분류

1) 형태적 분류

개발의 형태는 신개발과 재개발로 나눌 수 있다. 신개발은 사장되어 있는 부동산을 새로 선정하거나 기존의 토지를 다른 용도로 전환하는 것을 말한다. 재개발은 기존 건축물과 토지의 활용 및 효율성이 떨어진다고 판단될 때, 최유효 활용을 위해 개발하는 것이다.[38)]

2) 주체적 분류

부동산시장은 현재 과거 공급위주의 개발을 주를 이루고 있으나 현재 부동산의 수요

---

38) 유영철, 부동산개발 실무대백과, 형설출판사, 2004, p.19.

변화에 대한 시장의 반응으로 토지의 최유효 이용을 이루는 것을 말하며, 부동산을 개발하는 이유는 시간이 흐름에 따라 부동산수요가 변화하고 부동산개발에 대한 수요와 공급조건이 변화하기 때문이다. 부동산개발에 대한 의사결정은 시간의 흐름에 따라 변화하는 부동산의 최유효 이용을 위한 경제 원리에 입각하여 이루어진다. 하지만 순수하게 경제원리로 부동산개발을 하는 것은 아니다. 부동산개발의 주체는 공공부문과 민간부문으로 나누어지는데 개발 대상과 규모, 개발의 목적 등이 차이가 있다. 또한 공공과 민간이 합동으로 개발을 하는 경우도 있기 때문이다.

민간 부문은 가격체계를 통해 개발에 참여한다. 민간 부문의 개발 주체는 크게 점유자, 전문개발자, 금융기관, 부동산회사 혹은 건설기업으로 대변할 수 있고 이들 각각은 개발동기에서 차이가 있다. 민간 부분의 개발 주체는 화폐이윤의 극대화를 목표로 한다. 그러나 부동산의 특성상 공공적 성격을 반드시 고려해야 하며, 특히 공공 부문의 부동산개발은 여러 지역적 성격과 정치적 이유로 부동산개발에 참여하며, 단순히 화폐이윤의 극대화를 위한 부동산개발도 하고 있지만, 수요자의 공공적 성격에 맞추어 개발하는 것이 대부분이다.

개발하는 시행 주체에 따라 공공개발, 민간개발, 민관합동개발, 주민조합개발 등으로 나눌 수 있다.

3) 지역적 분류

지역적 분류는 법적 규제와 개발계획에 의하여 결정되며, 국토의 계획 및 이용에 관한 법률에 명시된 용도지역을 기준으로 할 때 도시지역과 비도시지역으로 나눌 수 있다.

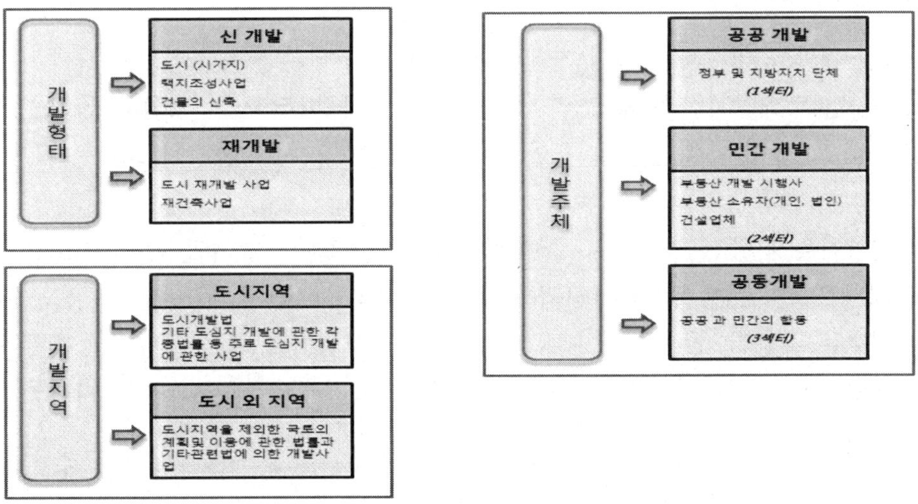

[그림 8] 부동산개발의 분류

제2절 부동산개발의 참여자[39]

1. 부동산개발의 기능

택지개발의 직접적인 목표는 주택건설에 있으나 부차적으로 대상지역의 물리적 변동뿐 아니라 사회적·경제적으로도 큰 영향을 미친다. 택지개발이 국가경제사회에 미치는 제반효과로는 토지개발의 제고, 경기의 부양과 조절, 국민소득의 향상, 후생경제의 강화, 국가재정에의 기여를 들 수 있다. 특히 우리나라의 경우 1960년대 이후 급속한 도시화와 산업화에 따른 인구의 증가와 그에 의한 소득의 증가는 끊임없이 토지수요를 불러일으켰고, 이러한 기본수요를 충족시키기 위하여 정부는 택지개발, 주택건설 등을 통한 정책수단을 통해 토지시장에 깊숙이 개입하여 왔다. 택지개발은 택지를 공급한다는 근본적인 사업목적 이외에도 도시공간의 연계성이란 점에서도 인구집중과 산업 서비스 및 기타 도시기능의 분산·집중에 개발이익 등 중요한 영향을 미친다.[40]

정책적인 측면에서 보면 개발은 단순한 토지·주택 정책의 범주를 벗어나, 도시개발을 장기적이고 포괄적인 계획 하에 통제하고 높은 수준의 도시환경을 조성하는 개발정책수단으로도 중요한 역할을 담당하고 있다.

2. 부동산개발자의 역할

성공적인 개발을 위해서는 여러 가지 조건들이 동시에 혹은 순차적으로 충족되어야 한다. 필요한 경우 개발자는 이들 조건을 창출하기 위해 여러 가지 역할을 동시 다발적으로 수행한다. 개발자가 설득 혹은 유인의 대상으로 삼아야 할 환경적 요소는 크게 네 가지로 나눌 수 있다.

먼저 개발자는 지방정부와 부지 주변 주민들을 설득할 수 있어야 한다. 이들은 기본적으로 규제자로서의 기능을 하며 근과 조화되는 개발을 요구한다.

두 번째로는 완성된 개발을 임차 혹은 소유하게 될 임차자 혹은 구매자들이 필요하다. 이들은 개발자가 자신들의 요구에 맞는 공간을 적정 가격에 제공할 경우 자신들이 사용하는 공간에 대해 지불함으로써 사업이 가능하게 해 준다

39) 노태욱, 부동산개발론, 부연사, 2004, pp.25～45.
40) 김원, 도시정책론, 경영문화원, 1986, p.211.

세 번째로 특정 작업에 참여하는 외부 전문가들을 끌어들일 수 있어야 한다. 개발자가 필요한 전문가를 모두 내부에 고용하는 것은 상당한 위험이 따른다. 따라서 사업에 필요한 전문가를 어떤 조건으로 적재적소에 배치할 수 있는가가 사업의 성공과 직결된다.

네 번째로는 자본시장을 들 수 있다. 개발자는 자본시장에서 개별 사업의 타당성을 확인시킴으로써 자본을 조달한다. 사업수익을 통해 이들 자금에 대한 이자를 지불하며, 지분 참여를 유도하기도 한다. 개발자는 이러한 모든 상호작용의 중심에 서 있으며, 모든 단계에서 위험관리자로서의 역할을 감수해야 한다.

따라서 개발자는 단순한 사업관리자의 역할뿐 아니라 기업가적 자질이 필요하다. 개발자는 창조자, 촉진자, 협상자, 관리자, 선도자, 위험관리자 그리고 투자자로서의 역할을 모두 소화할 수 있어야 한다. 그러나 기본적으로 부동산개발자는 시장에서 싼 물건을 비싸게 판매하는 상인이 아니라 무형의 아이디어를 시장에서 구체화하는 혁신자로서의 기능을 행한다.

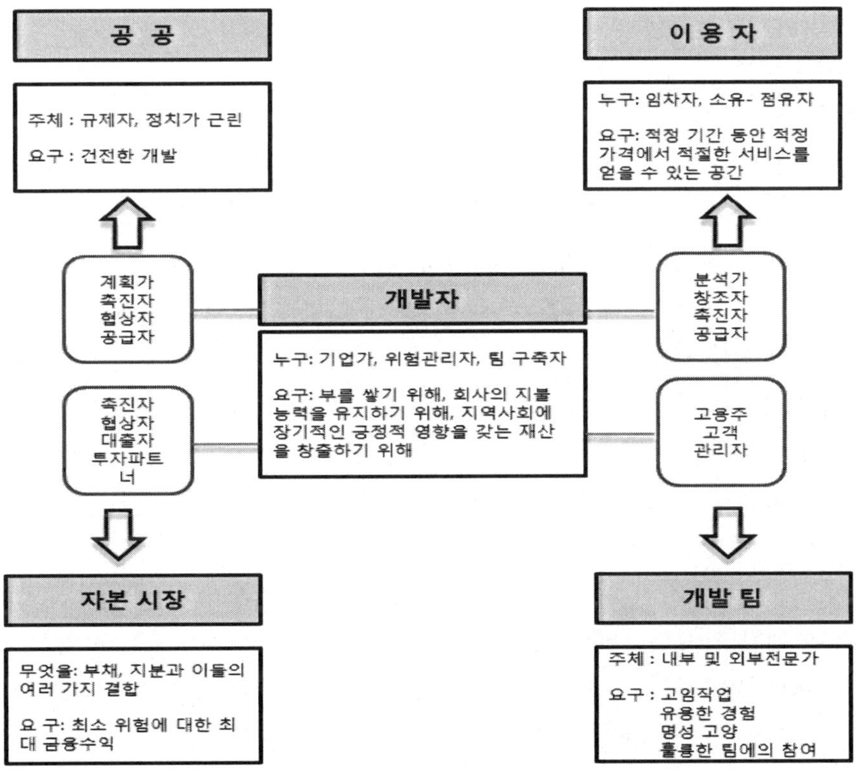

자료 : M. E. Miles, G. Berens and M. A. Weiss, Real Estate Development (Washington : ULI, 2000), p.9.

[그림 9] 부동산개발자의 역할

최근 개발 사업에서 지방정부와 근린의 역할이 확대되고 있다. 공공부문으로 작용하는 이들은 계획 승인을 이유로 개발을 늦출 수도 있으며, 때로는 관련 법규의 제정을 통해 사업 자체를 무력화시킬 수도 있다. 부동산개발에서 시간은 곧 비용(cost)이다. 이는 다시 사업의 수익성 혹은 성공과 직결된다. 따라서 공공관의 관계가 원만하지 못하여 계획 승인이 늦어질 경우 그 기간만큼 이자 지불액이 늘어날 수 있으며, 이는 처음 예상하지 못한 다른 비용을 발생시켜 사업의 수익성을 훼손할 수 있다. 따라서 민간개발자는 근린과 지방정부를 사업파트너로 인식해야 한다.

3. 부동산개발자의 기능

상업적 개발자는 시장의 요구를 예상하여 이윤을 목적으로 건설에 요구되는 조직과 자본을 제공하는 기업가이다. 따라서 개발자는 수요의 불확실성에 기인하는 생산의 불가피한 위험을 감수하는 기업가이다. 아래는 부동산개발 과정에서 이루어지는 여러 가지 의사결정을 중심으로 개발자의 기능을 살펴본다. 이들을 통해 개발자가 직면하게 되는 문제들뿐 아니라 각 의사결정에 포함된 위험들도 알 수 있다.

(1) 개발 잠재력 인지

개발 잠재력은 대안용도에 대한 미래수요에서 발생하는 수익의 현재가치와 대안용도를 건설하는 데 소요되는 비용 간의 차이를 의미한다. 전자가 후자보다 큰 경우에 개발 잠재력이 있다고 판단할 수 있다. 그 차이가 클수록 사업성이 높다. 개별 사업은 종류에 따라 혹은 개발 시점에 따라 여러 가지 제약조건들을 고려해야 한다. 예로 금융가용성, 계획적 혹은 건축적 제약 그리고 각종 도시계획 및 토지이용 규제 등이 그것이다. 개발자는 여러 가지 대안을 비교한 다음 주어진 제약조건들 내에서 가장 높은 수익을 낳는 사업을 선택해야 한다.

제일 먼저 고려할 사항은 지내력, 배수와 경사 같은 부지의 물리적 특성과 지방의 건설용량 등이다. 주택건설에서는 학교, 공공시설과 의료서비스 등의 사회적 쾌적성과 오픈 스페이스, 인접 토지의 용도 그리고 공원 등과 같은 환경적 측면을 포함한다.

그러나 이 개발 잠재력은 실현되지 않을 수 있다. 따라서 개발자는 사업의 불확실성을 감수한다. 예로 전반적으로 경기가 침체되거나 부동산 관련 세율이 오르는 경우, 그리고 새로운 경쟁 사업이 출현하는 경우에는 예상보다 수익이 줄어들 수 있다. 또 계획허가의 지체, 원자재 가격 상승과 같은 건설비용의 급등 혹은 금융비용의 증가를 초래할 수도 있다.

(2) 부지결합

아이디어가 어느 정도 구체화된 이후에는 사업의 필요에 맞추어 부지들을 결합해야 한다. 일반적으로 사업에 필요한 부지는 단일 부지가 아니라 여러 개의 부지들로 나누어져 있기가 쉽다. 이 과정에서 개발자는 난관에 봉착할 수 있다. 사업에 꼭 필요한 부지의 소유자가 독점권을 이용하여 터무니없이 높은 값을 요구할 수 있기 때문이다. 이에 따라 최근에는 부지의 결합에서 발생하는 문제를 피하기 위해 지방자치단체와 공동개발을 추진하기도 한다. 이 경우 단독개발에 비해 수익이 줄어들기는 하나 전체적으로 하부구조의 제공 등을 통해 접근성이 향상되는 등의 외부효과를 얻을 수 있다. 뿐만 아니라 사업비용의 조달 등에서 편익을 볼 수도 있다.

부지를 결합한 후에도 실제 건설이 이루어지기 전까지는 일정 기간이 소요된다. 그 동안에 개발자는 수익에 영향을 줄 수 있는 사업위험에 노출될 수 있다. 예로, 국가에서 특정 용도의 건설을 제한할 수 있으며, 국내외의 경제상황 악화로 건설비용이 급등할 수 있다. 따라서 개발자는 토지의 취득과 건설에서 추가적으로 발생할 수 있는 비용들을 고려해야 한다. 여기에는 성숙비용(ripening costs)과 대기비용(waiting costs)이 있다.

먼저 성숙비용은 수익을 낳을 수 있는 장래의 개발을 기대하고 토지를 보유하는 데에서 발생하는 비용을 말한다. 이 비용은 더 높은 가치를 기대할 수 있는 용도에 대한 계획허가가 나올 것이라는 희망으로 현재용도의 가치보다 높게 지불한 투기적 용서에 투한된 자본에 대한 이자를 더한 것으로 말한다.

대기비용은 토지가 이미 계획승인을 받았을 경우에도 발생하는 비용이다. 건설에는 시간이 소요된다. 이에 따라 개발에 따른 수익이 발생하기 전까지의 기간에 발생하는 비용이 대기비용이다. 여기에는 전문가의 서비스에 대한 수수료와 중도금에 대한 이자가 포함된다.

(3) 계획허가 취득

모든 개발에는 지방자치단체의 계획허가가 있어야 한다. 따라서 이 단계에서는 가장 수익적인 사업을 확보하기 위해 지방자체단체와 협상하기도 한다. 기본적으로 법적 요구조건을 검토해야 한다. 관련 계획 공무원과 접촉해야 한다. 무엇보다도 개발자는 지방자체단체의 개발환경에 정통해야 한다. 필요한 경우에는 지방자치단체와 협력할 준비가 되어 있어야 한다.

개발자는 미래의 구입자 혹은 임차자들의 요구에 맞추기 위해 계획적 요구에서 최대한 유연성을 찾으려고 할 것이다. 그러나 계획허가를 얻는 데에는 시간이 걸리고 그 동안에도 금융이자가 발생하므로 개발자는 개발속도와 이자 사이에서 타협해야 한다.

(4) 개발재원조달

개발재원은 개발의 각 단계에서 사업의 계속 여부를 결정하는 중요한 요소로 작용할 뿐 아니라 전체적으로 사업의 타당성과 수익성을 결정하는 중요한 요인이다. 기본적으로 개발재원의 조달 여부가 가정 중요하나 어떤 조건의 자금을 조달하는가도 이에 못지않게 중요하다. 조건에 따라 사업의 타당성 여부가 달라질 수 있기 때문이다.

자본시장에서 사업의 타당성을 논증할 수 있으면 쉽게 재원조달이 이루어질 것이다. 대부조건이 사업의 수익성을 결정할 수 있으므로 개발자는 가능한 한 유리한 조건으로 자금을 끌어올 수 있어야 한다. 사업의 타당성 분석에서 익성을 결정하는 것은 할인율이고, 유리한 조건은 낮은 할인율을 의미하며, 이는 다시 동일한 조건의 경우 높은 수익성을 의미하기 때문이다.

(5) 건설

개발자는 사업기간 동안 건설을 감독한다. 이 단계에서는 건설의 지체 혹은 최초 설계를 수정함으로써 추가로 비용이 발생하는 것을 피하는 것이 가장 중요하다.

(6) 최초 임대 혹은 판매의 주선

개발이 완료되면 개발자는 개발의 전체 혹은 부분을 보유하게 된다. 개발의 일부를 보유하는 것은 앞으로의 차용에 대한 담보로 그리고 새로운 다른 사업에서 수익을 제대로 낼 수 없을 때를 대비할 수 있는 안정적 임대소득원으로 기능한다. 물론 보유 여부에 대한 결정은 개발자의 가용 재원에 의존한다.

대규모 사업에서는 임대 혹은 판매 전문가들로 구성된 팀에 의해 수행된다. 최근에는 부동산 관련 기관들이 개발재원을 공급할 뿐 아니라 개발의 아이디어를 찾아내고 이를 사업화하 팀을 직접 고용하여 개발자의 불확실성을 감소시키기도 한다.

4. 부동산개발자의 의사결정

부동산개발자가 사업 아이디어를 구체적 사업으로 이어갈 것인가를 결정하기 위해 여러 가지 의사결정을 해야 한다. 새로운 용도로 개발했을 때의 가치를 건물의 현재용도 가치에 재건축 비용을 더한 것과 비교하여 전자가 후자보다 높은 경우에는 재개발을 하게 된다.

일반적으로 개발자는 다음과 같은 사항들에 대한 의사결정들을 한다.

- **첫 째**: 여러 가지의 개발 사업들 중에서 선택을 한다. 동일 부지 위에 복수의 용도가 가능하기 때문에 이들에 대한 현금수지 분석 등을 통해 가장 수익적인 용도를 찾아야 한다.
- **둘 째**: 여러 가지 용도에 대한 개발 수요를 추정한다. 수요에 의해 개발의 타당성을 결정하는 현금수지가 결정되므로 정확한 시장분석에 기초하여 수요를 추정해야 한다.
- **셋 째**: 개발하는 건물의 질을 결정한다.
- **넷 째**: 부지의 개발밀도를 결정한다.
- **다섯 째**: 부지의 입찰가격을 결정한다. 시장분석과 타당성분석을 통해 수익성에 대한 판단이 이루어지면 이를 기초로 가능 부지매입비를 추정한다.
- **여섯 째**: 금융에 대한 의사결정을 한다. 어떤 종류의 자금을 얼마나 적기에 얻을 수 있는가는 다른 어느 요소보다도 사업에 결정적이다.
- **일곱 째**: 개발의 제휴 여부를 결정한다. 개발환경의 변화로 대규모 개발의 경우에는 지방자치단체 혹은 국가와의 공동개발이 필연적인 경우가 발생하고 있다. 공공개발에 따른 여러 가지 이점을 위해 제휴가 이루어지기도 한다.

[그림 10] 부동산개발자의 의사결정

5. 부동산개발 참여자

최근 부동산시장의 환경이 급변하고 경쟁이 심화됨에 따라 개발자를 중심으로 하는 개발팀에 의해 개발이 수행되는 경우가 많아지고 있다. 부동산개발에서 실제로 부동산개발자의 기능을 수행하는 사람들은 아주 소수이다. 나머지는 다양한 범주의 전문가들과 부동산 거래자들이다.

개발자는 전체 개발 과정 동안 아이디어를 구체화할 수 있도록 도와주는 지도자의 역할을 한다. 실제 부동산개발에서는 개발자 혼자 작업할 수 있는 영역은 거의 없다고 해도 과언이 아니다. 개발자들은 대부분 건축가, 법률가, 중개사, 도시계획사, 평가사 혹은 부동산 금융 전문가 등의 특정 분야의 노하우를 가진 전문가들이다. 그러나 이들도 전체 개발에 필요한 전문지식을 모두 갖추기는 불가능하기 때문에 내부에 전문가를 고용하거나 외부의 전문가와 계약하여 부족한 지식이나 기술을 보완한다. 외부 전문가는 사안에 따라 지분참여를 유도하기도 한다. 개발자는 재정조달과 관계없이 적절한 사람들을 찾아 끊임없이 자극을 주면서 일정에 맞추도록 독려할 수 있어야 하며, 과업 자체가 바람직하다는 것을 확신시킬 수도 있어야 한다.

참여자들 중에서는 사업에 대한 자부심, 미래의 작업에 대한 희망 등 비 경제적 이유로 개발에 참여하는 경우도 있다. 따라서 언제 그리고 누구에게 어떤 유인을 사용할 것인가를 잘 가려서 적용하는 것도 개발자의 능력에 속한다.

설계에 이어 건설이 시작된 이후에는 개발자가 인력의 관리에 많은 시간을 할애해야 한다. 개발자는 선장, 항해사, 기관사와 화물주의 역할을 동시 다발적으로 수행하면서 계획과 실행 모두에 대해 책임을 진다.

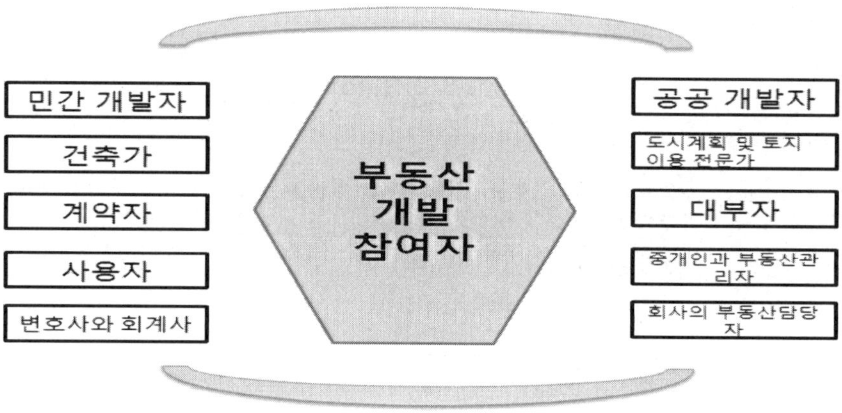

[그림 11] 부동산개발 참여자

(1) 민간개발자

개발자는 사업의 일차적 의사결정자이다. 시간과 자금을 최소로 투자하여 가능한 한 최대 수익을 추구한다. 개발자의 수익은 개발 수수료, 판매가격에서 건설 및 금융비용을 뺀 판매이윤, 지분투자에 따른 장기 지분수익과 같은 경제적 수익, 새로운 개념의 제안 혹은 도시환경의 개선에 따른 개인적 혹은 전문가적 만족 그리고 미래의 개발기회와 연결될 수 있는 명성과 같은 비경제적 수익으로 구성된다.

개발자는 개발기간 만큼 시간을 투입한다. 다른 참여자들도 시간 투입을 최소화하고자 하지만 개발자처럼 시간을 팔지 않는다. 다른 전문가들은 개발 과정의 일부분에 참여하면서 참여한 시간에 대한 수수료를 받는다. 개발 과정의 전체 시간 길이에 대해서는 개발자에 비해 덜 민감하다.

민간개발자는 두 가지 차원에서 재정적으로 노출된다. 첫 번째로 건설이 이루어지기 전에 시간과 돈을 투자한다. 따라서 개발자는 그런 지출을 최소화하기 위해 노력한다. 두 번째로 개인적으로 책임을 지는 부채와 참여지분에 대해서 뿐 아니라 투자자 혹은 대부자 혹은 이들 모두에게 일정 수준의 사업비용 혹은 일정 수준의 최초 점유 수준을 보장해야 한다. 따라서 개발자는 일차적으로 사업의 위험을 감수한다.

개발 과정에는 과학적 혹은 체계적 결정이 아니라 직관적 의사결정을 요구하는 경우도 많이 있다. 따라서 사업의 성공에는 추진력과 창조성 같은 개발자의 개인적 자질도 대단히 중요한 역할을 한다.

(2) 공공개발자

부동산시장에서 개발수요가 어느 정도 충족되고 개발 규모가 확대되기 시작하면 민간부문의 개발은 타당성을 확보하기가 점점 어려워진다. 한편 공공부문은 여러 가지 정책적 목적을 달성하기 위해 다양한 형태의 부동산개발에 계속 참여하고 있다. 이에 따라 공공부문에서는 민간부문의 개발자에 상당하는 새로운 전문가 집단이 나타나고 있다.

공공개발자는 정부의 비용으로 지역의 중요한 대규모 개발사업을 위한 재정을 계획·설계하고 구조화하며, 사업에 따른 위험도 감수하는 공공부문의 개발전문가이다. 일반적으로 공공개발자는 민간개발자와 달리 월급을 받는 고용인이다. 이들 공공개발자는 금융 및 분석기술을 갖고 있으며, 민간투자를 자극하기도 한다.

(3) 건축가

개발 과정에서 건축가는 개발자를 도와 여러 기능을 한다. 개발의 물리적 안전을 비롯하여 정치적 위험과 시장 위험에 대해 개발자를 보완하는 역할을 한다. 건축가들은 아이디어를 구체적인 사업으로 전환시킨다. 시각적 호소력 혹은 효율적 운영을 보장하는 구조의 건축물을 만들 수 있도록 하여 시장에서의 임차 가능성을 높이며, 개발자의 파산을 막아준다. 건축가들은 이용자들의 건강, 안전과 복지에 대해서도 책임을 진다. 따라서 건축가는 단순히 개발자의 아이디어를 설계로 구체화하고 건설 입찰과 건설업자 선정에 사용할 시방서를 만드는 이상의 역할을 한다.

실제에서 건축가는 여러 가지 측면에서 개발자를 지원할 수 있다. 개발자가 부지에 맞는 용도를 찾는 데 도움을 줄 수 있다. 개발자가 이미 특정 용도를 상정하고 있는 경우에는 이에 맞는 부지를 찾는 데 도움을 준다. 그리고 많은 경험을 통해 개발자가 요구하는 사업규모와 예상비용을 조화시켜주는 역할도 한다. 그리고 금융과 관련하여 건설작업의 진행 정도를 대부자에게 증명하는 것도 건축가의 몫이다. 또 건축가들은 일반적으로 지방자치단체의 공무원들과 접촉이 많기 때문에 개발과 관련한 협의에서 개발자에게 큰 도움이 될 수 있다.

사업의 복잡성과 개발자의 전문지식에 따라 건축가의 투입 시기와 이용 정도가 달라진다. 복잡한 사업의 경우에는 건축가가 일찍 투입되어야 사업의 타당성을 검증하고 개발자의 아이디어를 구체화하는 데 도움을 줄 수 있다.

개발에서 환경적 혹은 미적 관심이 증대함에 따라 공공부문에서는 설계를 점점 더 중요시하고 있다. 개발자는 여기에도 관심을 가져야 하기 때문에 설계의 가치를 낮게 평가해서는 안 된다. 당연히 훌륭한 설계는 사업의 대중적 설득력을 높이는 데에 기여한다. 또 시장에서 임대 혹은 구입 욕구를 증가시킨다. 반면 상대적으로 열악한 설계는 실패의 확률이 높다

오늘날 설계의 중요성은 더욱 증가하고 있다. 다린 지역의 성공사례를 복사하여 틀에 박힌 설계로 부지를 바꿔 개발하는 것은 포화된 시장 혹은 공간에 대한 필요가 변화하고 있는 시장에서는 좋은 전략이 아니다. 부동산시장은 개발될 공간을 사용할 사람들을 의미한다. 이 시장에 대한 진지한 고민을 통해 경쟁자로부터 시장지분을 어떻게 포착할 것이며, 어떻게 새로운 틈새에 맞추어 건설할 것인가를 발견할 수 있다. 공간에 대한 필요는 시간에 따라 변하며, 값비싼 노력이 없다면 공급과잉 시장에서는 결코 흡수되지 않을 것이다.

설계는 구체적 부분시장과 접촉하고 차별화하는 만능수단이다. 건물은 직접적으로 메시지를 보내는 이지미를 갖고 있다. 건축가는 올바른 설계 메시지의 창출에 능숙해야 성공적으로 개발팀에 기여할 수 있다. 물론 어떤 용도 혹은 임차자들에게는 순수한 기능성이 올바른 이미지일 수 있다. 적당한 임대면적과 낮은 운영비를 보장하는 설계가 아름다운 설계보다 더 선호될 것이기 때문이다.

그러나 올바른 이미지를 찾아내는 것은 쉽지 않으므로 설계에 숙달하기는 어렵다. 개발 과정에 참여하는 사람들은 각기 완성된 개발에 대한 아이디어를 갖고 있다. 공공부문 참여자는 도시의 특성을 유지할 수 있도록 주변지역과의 바람직한 상호작용을 원할 것이다. 개발팀은 최소의 기능주의에서 화려한 설계에 이르는 다양한 비전을 제시할 것이다. 아마도 개발자는 마지막으로 건축가가 설계문제를 해결하여 다양한 그림을 하나의 논리적 이미지로 만들어주도록 요청할 것이다.

성공적 설계는 효과적인 구조물의 창출 이상의 효과를 갖는다. 개발 과정에 참여하는 다른 사람들처럼 건축가에게도 윤리적 의무가 있다. 일반인들보다 훨씬 잘 이해하고 있는 공간과 도시설계에 대한 지식을 이용하여 현재의 기술을 혁신하고 앞으로 전진할 수 있도록 행할 것이다.

(4) 도시계획 및 토지 이용전문가

도시 계획가를 비롯하여 지질전문가, 조경전문가, 그리고 많은 다른 설계전문가들도 특정 사업에 참여할 수 있다. 도시계획가는 대규모 개발에서 부지의 용도를 결정하고, 이들 간 교통패턴을 구체화하며, 다른 대안 부지들의 시장가치 하에서 토지의 최고최선의 용도를 구현하는 데에 책임을 진다.

지질전문가들은 토양의 지내력을 검사하고 배수를 평가하여 물리적 안전성을 검증한다. 조경전문가의 경우 시작단계에서는 설계에 도움을 줄 수 있고, 마무리단계에서는 설계를 수정하는 데 도움을 줄 수 있다. 조경을 통해 건물 혹은 사업의 미비점을 보완할 수 있으며, 개발의 가치를 높이는 데에 기여할 수 있다. 대중적 관심을 자극할 수 있는 조경설계는 사업의 수익에도 기여한다. 특히 경쟁적 시장에서는 사업의 특화를 가능하게 하는 요인이 되기도 한다.

(5) 계약자

계약자들은 건설업자들과 건설관리자들을 말한다.

일반계약자(general contractor)는 개발자와 계약한다. 일반계약자는 개발자가 제시하는 계획안과 시방서에 따라 건설한다. 일반계약자들은 다시 전문 하청업자들과 계약하고 이들의 작업을 계획 및 감독한다. 실제 개발에서는 최저입찰가를 제시하는 계약자가 항상 최선의 선택은 아니다. 그리고 개발자가 일반계약자의 역할을 수행할 수도 있다.

(6) 대부자

일반적으로 부동산개발에는 많은 자금이 소요되기 때문에 자기자본으로 사업을 하는 데에는 한계가 있다. 이 때문에 개발자의 큰 역할 중 하나가 적절한 자본원을 확보하는 일이다. 그런데 부동산개발은 무형의 아이디어에서 구체적인 사업 결과인 건물에 이르는 동안 사업 위험은 감소하고 부동산 가치는 증가한다. 사업의 가치와 위험은 반비례 관계에 있다. 따라서 부동산개발에 금융을 제공하는 투자자는 어느 시점에서 참여하는가에 따라 요구수익률에서 차이가 있다. 부동산 금융에 참여하는 투자자들은 건설대부자, 영구대부자, 합작 파트너와 지분투자자로 나눌 수 있다.

일반적으로 부동산개발의 경우 초기에는 사업의 가치가 낮고 위험이 높다. 건설이 진행되면서 사업의 차기는 커지고 위험은 낮아지게 된다. 따라서 초기에 투자하는 경우에는 위험이 높기 때문에 요구수익률이 높다. 건설이 완료되면 이를 담보로 훨씬 낮은 이자율에서 대부를 얻을 수 있다.

따라서 개발자는 건설기간 동 안의 대부와 건설 이후의 대부를 구별한다. 건설기간 동안 자금을 대부하는 사람은 건설대부자이다. 건설기간 동 안의 금융에 대해 책임을 지며, 개발자가 계획안과 시방서에 따라 적기에 그리고 예산범위 내에서 사업을 완공하는 감독하는 책임도 진다. 따라서 건설이 완료되면 개발자는 영구대부를 얻어 건설대부를 갚는다.

영구대부자는 낮은 위험에서의 안정적 수익을 추구한다. 따라서 영구대부에서는 대출에 대한 담보로 작용하는 완공된 사업의 시장가치가 중요하다. 사업의 시장가치는 예상현금수지, 자본화율과 사업의 경제적 수염의 함수이다.

합작파트너(joint venture partners)는 개발기간 동안 개발에 따른 이윤의 일정 몫을 받기로 하고 개발자에게 지분 자금을 제공한다. 기관 혹은 개인일 수 있다. 이들 합작 파트너는 부족한 사업비용을 메워주는 역할을 한다. 그러나 이들은 가능한 한 금융개입은 최소로 최대 수익을 얻고자 한다. 이들의 수익은 사업가치와 사업비용간의 차이에 의존한다. 이는 다시 제공 자금의 규모와 개인적 면책 정도에 의존한다. 이 모든 요인들은 사업의 지불능력과 관련된다. 어느 경우이든 합작파트너들은 항상 자신들의 의무, 개발자의 재능 그리고 재정능력에 관심을 갖는다.

지분투자자는 건설에 참여하거나 그렇지 않을 수 있다. 지분투자자들은 건설 전에 개발될 부동산을 구입하기로 계약을 하거나 완공을 기다린다. 경우에 따라서는 완공 전에 개발자가 대금을 받지 못할 경우도 있으나 계약자체가 건설대부를 얻는 데 도움을 줄 수 있다.

지분투자자는 수동적 투자자이기 때문에 개발에 따른 위험의 공유를 선호하지 않는다. 이들은 최소 가격에서 최대 운영 수익을 원한다. 개발기간 동 안의 위험과 불확실성을 감수하지 않으므로 장기 지분투자자들의 수익은 개발기간 동 안의 투자자들의 수익보다는 낮다.

대부자도 비경제적인 동기로 참여할 수 있다. 따라서 개발자는 위험과 수익에 대한 선호 뿐 아니라 제안된 사업과 비경제적 동기가 일치하는 대부자를 개발팀에 참여시킴으로써 개발의 성공 가능성을 높일 수 있다.

(7) 사용자

사용자들은 개발 제품의 최종 소비자이다. 개발자는 사용자들의 필요를 예상하여 사업아이디어를 구상하고 시장연구를 통해 이 아이디어를 구체화한 다음 개발자가 목표로 하는 시장을 찾아간다. 개발팀에서는 최종 사용자의 필요에 부응하는 계획안을 내고 이에 맞추어 계약자들이 공간을 건설한다. 사용자는 시장에서 최종 제품을 수용 혹은 거부함으로써 사업의 성공을 결정하는 중요한 요소이다.

사용자는 건설이 완료되기 전에 공간을 계약하거나 개발자의 마케팅에 참여함으로써 건설 동안 자신들의 욕구가 최종 제품에 반영되도록 하며, 이를 통해 개발 과정에 적극 참여한다. 수요자중심시장으로의 변화로 사용자들의 욕구 파악에 대한 중요성이 높아가고 있다.

(8) 중개인과 부동산 관리자

일반적으로 건설이 완료되기 훨씬 전에 임차 활동은 시작된다. 임차는 단순히 임차료에 대한 설명만을 의미하는 것이 아니다. 관리비를 누가 그리고 어떻게 부담할 것인가에 대한 결정을 하고, 단위 면적당 임대가격을 설정하며, 전기, 난방, 환기와 에어컨 등에 대한 사용자의 요구조건들도 확인한다.

최근에는 부동산의 자본가치보다 운영수익에 대한 관심이 높아지고 있다. 실제 투자도 운영수익을 기준으로 하고 있기 때문에 부동산 관리의 중요성은 아무리 강조해도 지나침이 없다. 관리에는 효율적 공간이용과 적절한 서비스의 제공 그리고 재임대 활동이 포함된다.

(9) 변호사와 회계사

부동산개발과 매매에는 여러 주체들이 다양한 측면에서 법적으로 또 금전적으로 연계되고 있다. 따라서 개발 과정에서는 구입자와 판매자, 대부자와 대출자, 계약자와 하청업자, 중개인과 사용자들 간의 복잡한 상호작용을 해결하는 변호사와 회계사가 중요한 역할을 한다.

(10) 회사의 부동산 담당자

최근에 부동산의 유동화와 이를 뒷받침하기 위한 제도 들이 도입됨으로써 투자대상으로서의 부동산이 새로운 각광을 받고 있다. 그리고 부동산투자의 기준이 운영수익을 중심으로 이루어짐에 따라 운영수익을 높이고 유지할 수 있는 인력에 대한 사회적 수요도 크게 늘어날 것으로 보인다. 따라서 부동산관리회사뿐 아니라 일반 기업에서도 부동산 담당자들의 역할에 많은 변화가 있을 것으로 보인다.

특히 투자신탁과 리츠(REITs) 등 부동산을 소유, 통제하고 부동산에 출자하는 새로운 방법들이 계속 나타나고 있어서 기업들이 현재 필요한 공간과 장래의 수요에 대비하는 유연성을 회사의 전반적 재무구조와 조화시켜야 할 필요성이 증가하고 있다.

제3절 디벨로퍼의 역할

부동산개발의 3대 조건은 부동산의 확보, 사업자금의 조달, 사업의 기획 및 추진에 있다. 이러한 활동을 전개하는 사람을 디벨로퍼(developer)라고 한다. 단순히 부동산개발업자를 지칭하는 용어로 쓰이고 있지만 넓은 의미로 부동산의 3대 조건을 모두 추진할 수 있는 전문가를 말한다.

우선 디벨로퍼는 토지의 확보가 중요하다. 토지 매입의 방식을 어떤 식으로 하느냐에 따라 초기 부동산개발 사업의 전체적인 윤곽이 들어난다. 토지 확보에 의한 개발 방식은 다음과 같다.

[그림 12] 디벨로퍼의 활동

1. 직접매입개발

첫째, 완전 매입이다. 대금을 100% 지급 및 소유권 이전을 완료한 형태이다

둘째, 불완전 매입이다. 계약금을 지급 한 후 인·허가 조건에 따라 매입 여부를 결정한다.

셋째, 연부매입방법이다. 대금의 일정기간 분할 납부한다.

넷째, 후불식 매입방법이다. 사업종료 시 대금을 정산 지급한다.

2. 위탁매입개발

부동산소유권을 디벨로퍼에게 이전하고, 사업종료 시 이에 대한 보상을 받는 부동산개발 신탁의 대표적인 방법이다.

3. 공동매입개발

토지 소유권 이외의 모든 부동산개발 과정을 디벨로퍼가 시행하고, 사업종료 시 지분을 분배하는 방법이다.

디벨로퍼는 사업자금조달 능력을 갖추고 있어야 한다. 부동산개발은 단위 사업당 개발비용이 크므로 자기자본외의 타인자본이 필요하다. 따라서 주식, 채권 등을 발행하여 자금을 조달하는 방법과 직접 투자하는 자기 금융 자금 방법이 자기자본으로 개발 재원을 조달하는 방법이라 할 수 있다. 이에 반해 타인자본 즉, 사업성패에 관계없이 이자와 원금을 지불해야 하는 금융자금과 이자와 상관없이 사업 성패에 따라 일정 지분을 분배하는 투자자금을 구분지어 재원조달을 한다.

4. 디벨로퍼의 궁극적 역할

디벨로퍼는 국토의 효율적 이용과 토지의 최적의 공간을 제공하는 측면에서 그 역할이 매우 크다. 주로 수급 불균형으로 이어지는 부동산개발 시장의 공급자 역할을 충실히 수행하고 있지만 반대로 비생산적 지역의 개발로 토지의 효용성을 떨어뜨리는 역할을 할 수 있다.

따라서 디벨로퍼는 개발 가능한 법 테두리 안에서 토지의 가치를 증진시키고, 지역에 맞는 공간 서비스를 제공하는 중추적 역할을 한다는 점에서 인지해야 할 것이다.

디벨로퍼는 국토의 효율적 이용과 노지의 최석의 공간을 제공하는 측년에서 ㅗ 역할이 매우 크다. 주로 수급 불균형으로 이어지는 부동산개발 시장의 공급자 역할을 충실히 수행하고 있지만 반대로 비생산적 지역의 개발로 토지의 효용성을 떨어뜨리는 역할을 할 수 있다. 따라서 디벨로퍼는 개발 가능한 법 테두리 안에서 토지의 가치를 증진시키고, 지역에 맞는 공간 서비스를 제공하는 중추적 역할을 한다는 점에서 인지해야 할 것이다.

제2장

부동산개발 모형

부동산개발은 일반적으로 지상 · 지표 · 지하에서 건축공사, 토목공사, 기타 작업의 수행 등 유형적 행위만을 의미하는 협의의 개념으로 한정하고 있다. 하지만 더 넓은 의미로 건축, 토목공사 등 물리적 작업(physical operations)의 수행뿐 아니라 본질적인 용도의 변경(material change of use)을 포함하는 뜻으로 사용된다.[41]

이러한 토지 자원의 활용하여 개발하는 것은 그 개발 여하에 따라 이용 가치가 결정되며, 개발 후 발생하는 문제점을 개선하기는 매우 어렵다. 토지는 비가역성의 특징을 가지고 있으므로 한정된 토지 자원의 가치 제고를 위해 합리적이고 지역 현실에 맞는 부동산개발이 이루어져야 할 것이다.

제1절 부동산개발의 유형[42]

1. 부동산개발의 주체와 역할

토지개발의 주체란 토지개발 사업을 누가 맡아서 개발하느냐 하는 것을 말한다. 개발주체는 크게 공공부문과 민간부문 또는 민관 합동개발 및 특수법인이나 개인으로 분류하기도 하고 중앙정부, 지방정부, 공사, 민간부문 등으로 분류하기도 한다.

2. 개발방식의 유형

(1) 개발의 유형

토지 개발은 일반적으로 신개발과 재개발로 나눈다. 우리나라에서 현행법상 실시되고 있는 유형을 보면, 신개발은 환지방식, 수용방식, 혼합방식 등이 있고, 재개발은 도심지개발, 주택개량을 위한 재개발, 공장재개발 사업 등이 있다.

1) 신개발

토지 수요를 증가시키는 도시인구집중이나 통화량 팽창과 같은 요인 등도 지가상승에 중대한 역할을 미치고 있으나, 우리의 관심은 주로 토지의 공급을 좌우하는 토지개발에 초점을 두고 있다.

---

41) 이창석, 부동산학원론, 형설출판사, 2006, p.356.

42) 이창석, 알기 쉬운 부동산학 개론, 형설출판사, 2008, p.237～239.

2) 재개발

▣ 도시재개발시행방법에 의한 분류

시행방법에 의한 분류방법은 가장 대표적인 방법으로 이미 1958년 네덜란드에서 개최된 제1회 도시재개발에 관한 국제 세미나에서 도시재개발 유형별 분류방법으로 채택되기도 하였다. 이 세미나에서 도시재개발(urban renewal)을 수복재개발(rehabilitation), 보전재개발(conservation) 및 철거재개발(redevelopment)의 세 가지 유형으로 나누고 있으나, 개발도상국의 산업화로 야기된 도시재개발의 유형에는 개량 재개발(improvement or up grading)이 새로이 추가되고 있다.

첫째, 수복재개발은 일본에서 지구수복이라고 하는데, 이 형태는 현재의 불량·노후상태가 관리나 이용부실로 발생된 경우 본래의 기능을 회복하기 위하여 현재의 대부분 시설을 그대로 보존하면서 노후·불량화의 요인만을 제거시키는 소극적인 도시재개발의 대표적인 예이다.

둘째, 개량재개발은 수복재개발의 일종으로서 기존의 도시환경의 시설기준 및 구조 등이 현재의 수준에 크게 미달되는 경우 기존 시설의 확장·개선 또는 시설의 첨가를 통하여 기존 물리 환경의 질적 수준을 높여 도시기능을 제고시키고자 하는 도시재개발의 한 형태이다.

셋째, 보전재개발은 아직 노후·불량상태가 발생되지 않았으나, 앞으로 노후·불량화가 야기될 우려가 있을 때 사전에 노후·불량화의 진행을 방지하기 위하여 채택하는 가장 소극적인 도시 재개발이다.

넷째, 철거재개발은 부적당한 기존환경을 완전히 제거하고 새로운 환경, 즉 시설물로 대체시키는 가장 전형적인 도시재개발의 유형이다.

▣ 도시재개발 대상에 의한 분류

첫째, 주거지 재개발은 주거기능을 향상시키기 위하여 불량주거지(slum area)를 대상으로 실시하는 도시재개발 사업이다

둘째, 상업·업무지구 재개발은 도시의 중추 기능인 상업·업무기능을 제고시키기 위한 도시재개발로서 상업·업무지역의 공업지역 등의 재가도 이 유형에 포함시켜 포괄적으로 시가지 재개발이라고 부르기도 한다.

셋째, 공공시설재개발은 이미 고찰된 도시재개발의 개념에서 본 바와 같이 지역단위의 모든 환경, 즉 도로·상하수도 등 공공시설과 건물을 총괄적으로 변화시키는 것을 의미한다.

(2) 개발방식의 유형

용지취득방식에 따라 개발방식을 분류하면 단순개발방식, 환지방식, 매수방식, 혼합방식, 기타 등으로 나눌 수 있다.

1) 단순개발방식

단순개발방식(simplicity development system)이란 토지 형질변경 등 허가 기준 규칙의 형질변경사업에 의한 지주자력개발방식(self-development)을 의미하는 것이다.

2) 환지방식

환지방식(land reallocation system)은 우리나라에서 택지개발수법으로 널리 활용되던 도시개발사업(land readjustment project)을 말한다.

3) 매수방식

매수방식(purchase system)의 택지개발수법은 도시개발법상의 사용・수용방식과 택지개발촉진법상의 지구 지점의 의한 사업이 대표적이다.

4) 혼합방식

환지방식과 수용방식을 함께 활용하여 택지를 개발하는 방식이다. 도시개발법에 사업방식의 하나로 열거되어 있다.

5) 합동・신탁 개발방식

첫째, 합동개발방식(land joint development)은 토지개발 사업에 참여하는 토지소유권자, 사업시행자, 재원조달자, 건설자가 택지개발에 착수하기 전에 대상 지역의 토지 소유권자로부터 일정가격으로 대상토지를 전량 매수해서 택지로 개발하는 방식이다.

둘째, 신탁개발방식(land trust development)이다. 신탁은 신탁법에 따라 신탁자가 일정한 목적에 따라 재산의 관리 또는 처분을 하기 위해서 그 수탁자에게 재산을 이전하는 것이다.

제2절 부동산개발의 조건과 위험

1. 부동산개발의 조건

도시화 과정에 있어 문제점으로 나타나고 있는 변두리의 무질서한 택지화 진행은 스프롤(sprawl)화[43]되는 까닭에 이의 방지를 위해서는 계획적인 택지개발이 계획 · 실시되어야 할 것이다. 이에 택지개발의 기본적인 조건을 알아보기로 한다.[44]

일반적으로 택지의 개발지구선정에 있어서는 도시의 규모, 지형, 지세, 인구의 동태, 주택의 수요상황 등을 잘 검토한 뒤에 집단주택지로서 공급할 수 있도록 토지이용성을 고려해야 한다. 그 기본조건을 보면[45] 기성시가지와 장차 건설이 예상되는 공장지대와 기교적 근거리에 잇고, 철도나 도로 등의 교통이 편리할 것, 기존물이 없는 소위 갱지일 것, 토지의 취득이 용이할 것, 단기간에 완성되고 장래성이 있을 것, 도시공해나 공장공해가 적을 것, 건조하고 풍과의 혜택을 받을 수 있으며 주거환경이 좋을 것, 농지가 가능한 한 적을 것, 부근에 하천이 있고, 지하수가 풍부하고 급 · 배수공사가 비교적 용이한 곳, 구릉지 내의 풍치, 보안림 등이 유지될 수 있는 곳 등을 충분히 고려하여야 하며 대단지의 택지개발이나 소규모의 택지개발에 있어서도 어느 경우나 경제성의 검토가 되어야 하며, 인근의 주거환경을 함께 검토해야 한다.

2. 부동산개발의 위험

부동산개발은 그것이 내포하고 있는 불확실성 때문에 위험요소(factors of risk)가 개재한다. 개발위험에는 여러 가지가 있으나, 시장에서의 위험부담은 무엇보다 큰 것이다. 그러나 위험부담은 시장에만 있는 것은 아니다. 카드만(O. Cadman)은 사업의 진행과정에 있어서 발생할 수 있는 위험부담으로 인플레이션, 자금부족, 인간관계의 파탄 등을 들고 있다. 또 워포드(Worfford)도 법률적 위험(legal risk), 시장위험(market risk), 비용위험(cost rick)을 들고 있다.[46]

---

43) 스프롤(sprawl)이란 말은 도시의 주택이 도시외곽부를 잠식해 들어가는 상태로서 도시확산이라고도 한다. 경제적으로도 스프롤이 진행되고 난 뒤에 도시시설이 뒤따라 들어간다고 하여도 많은 예산과 자원을 낭비하게 되는데 이는 후진국가에 있어 공통의 큰 문제점이다.

44) 이원준, 부동산학원론, 박영사, 1985, p.184.

45) 櫻井盛男, 宅地造成工事設計(東京 : 現代社, 1971), p.12.

제3절 부동산개발의 단계와 모형

1. 부동산개발 기본 모델

부동산개발은 사업이 시작부터 끝까지 사건 혹은 단계의 연속으로 개발 과정이 서술될 수 있는 방법은 무한한, 그러나 부동산개발은 개별적인 독립단계가 아닌 상호 관련된 과정들의 집합체다. 따라서 부동산 과정을 일련의 과정 혹은 단계로 구별하는 것이 도움이 되지만 대부분의 단계들은 동시적 본질을 가지고 있다. 성공적인 개발자는 항상 전체 과정에서 이해하고 지속적으로 참여자들과 협상을 하여 계발계획의 구성요소들을 끊임없이 관찰하며, 각 단계별로 피드백(feed-back)하는 자세가 중요하다.

일반적으로 부동산개발자는 아이디어를 찾아내 사업을 구체화 하는 과정을 진행한다. 그리고 부동산개발이 완료된 후 임차 혹은 매각하여 사업을 정리하는 경우와 사업의 수명 동안 관리를 담당하는 경우도 있다. 부동산개발 과정은 개발지가 처한 위치에 따라 개발자의 관점에 따라, 개발 참여자의 의견에 따라 단계에 대하는 태도는 매우 유동적이라 할 수 있다. 그러나 개발의 전체적 과정은 크게 변하지 않으며 주로 크게 네 단계로 구분되어 진행한다.

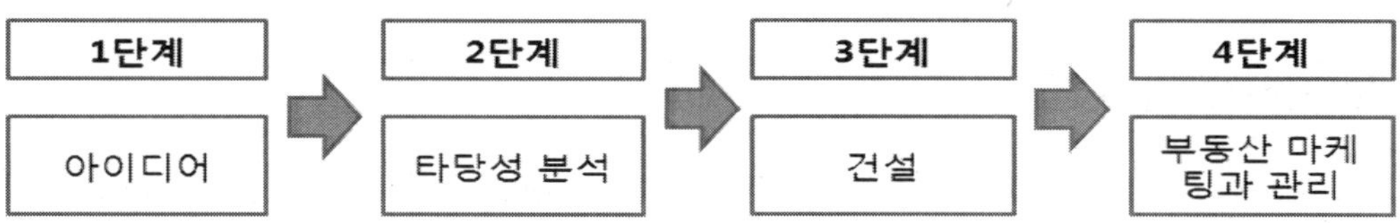

[그림 13] 부동산개발의 단계

(1) 아이디어 단계

개발자가 시장의 필요한 사업 가능성을 확인한다. 개괄적으로 아이디어의 법적, 물리적, 재정적 타당성을 검사한다. 아이디어를 실현할 부지를 찾고 부지의 물리적 타당성을 확인한다. 개발 이후 예상되는 임차자, 대부자, 파트너, 전문가와 의논한 후 가설계를 한다. 아이디어의 타당성이 높다고 판단될 경우 토지를 선택한다.

46) 이창석, 부동산학개론, 형설출판사, 2011, p.419.

(2) 타당성 분석 단계

개발자가 외부의 제3자에게 공식적으로 시장 분석과 타당성분석을 의뢰한다. 사업가치와 비용으로 비교하여 가치가 비용을 넘는 것으로 판단되면 다음단계로 넘어간다. 계획기관에 계획안을 송부하고 처리한다.

(3) 건설 단계

시장연구에 기초하여 최종 설계를 정하고 건설과 관련된 제반 계약을 처리한다. 개발자는 대부를 결정하고 일반계약자를 정하며, 임대조건을 결정하고, 관계기관의 허가를 요한다. 개발자는 비용과 예산을 조화시킬 수 있는 회계체계로 전환한다.

(4) 부동산 마케팅과 관리

개발자는 사업을 운영할 인력을 배치하고 광고를 증가시킨다. 관계기관의 준공승인을 받아낸다. 하부구조를 연결하고 임차자들을 입주시킨다. 부동산 관리와 감독이 이루어진다. 소유자들은 경제적 수명을 늘이고 재산 가치를 높이는 데 필요한 공간의 재배치, 구조 변경과 재 마케팅을 감독한다. 투자자의 포트폴리오가 고려된다.

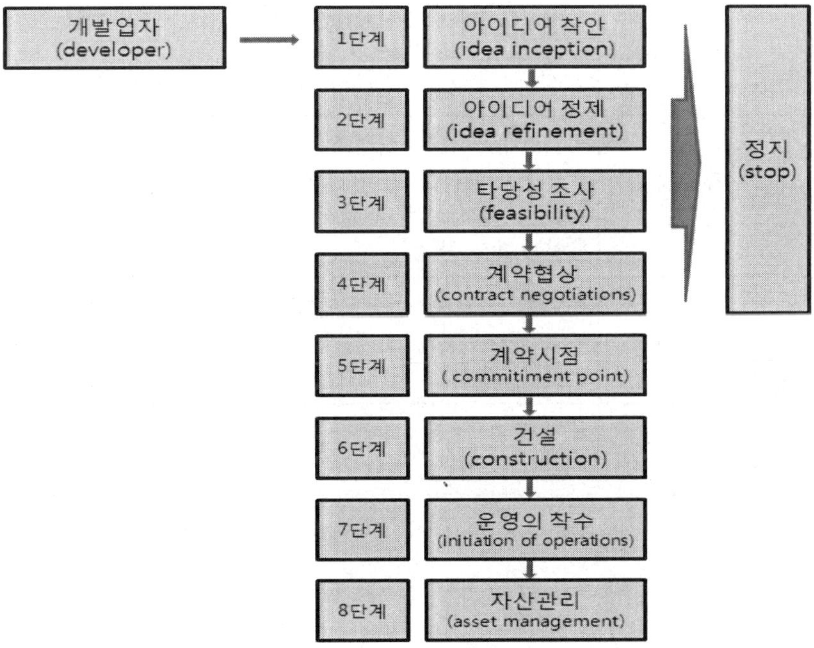

자료 : Charles H. Wurtzebcah, Miles, Modern Real Estate (Fourth Edition, John Wiley & Sons, Inc., 1991, p.664.

[그림 14] 부동산개발의 8단계

위와 같이 큰 맥락에서 살펴보면 부동산개발의 단계를 보통 네 단계로 구분되어지며 이를 보다 세분화시켜 살펴보면 '아이디어 단계'에서부터 시작하여 '예비적 타당성 분석', '부지확보', '타당성분석', '금융', '건설', '마케팅'으로 구분되는 총 일곱 단계로 나누어 살펴볼 수 있으며, 그림과 같이 8단계로도 설명하고 있다.[47]

부동산개발 과정에 대한 의견은 학자들 마자 견해를 달리하고 있다. 위의 밀레스의 견해와는 달리 개발 전 단계, 개발 단계, 개발 후 단계의 3단계로 구분하기도 한다.

〈표 4〉 부동산개발 과정

개발 단계	내용	
개발 전 단계	기획단계	• 입지조건분석 : 교통조건분석, 부지 · 지구 조건분석, 경제 · 사회 조건분석, 수요파악 • 사업계획 : 개발계획 · 설계, 사업주체확인, 사업화수법 검토, 자금조달계획 작성, 사업비 검토, 처분방법 검토, 전문팀구성
	합의형성단계	• 토지소유자 대응 : 토지소유자파악, 대체지 · 세금대책, 가점포 · 가주거대책, 권리조정, 토지소유자 조정기간 설정 • 주변 주민 대응 : 분쟁, 과거 사례 연구, 공사에 관한 조정, 영업에 관한 조정, 주변주민조정기간 설정
	계획허가단계	• 행정대응 : 공익시설정비 조정, 공공 · 공익부담금 조정, 계획도면 작성 및 신청 • 수요자 대응 : 주요 임차인 교섭, 시설설계
개발단계	개발사업 진행단계	• 근린대응 : 공사협정조건체결, 교통대책, 도로점유 작업시간 등, 고충처리체제 설치, 각종피해, 상해대처 • 건설 : 실시설계, 건설시 자금조달, 공정관리, 공사청부업자선정, 청부조건 등
개발 후 단계	처분단계	• 모집, 공고시간, 광고매체 등의 전략을 실시 • 고충처리 분양 임대 등 • 등기 · 청산
	관리운영단계	• 임대 후 관리 • 매각 후 시설 보수 등 사후 관리

자료 : 이창석, 부동산학원론, 형설출판사, 2006, p.361를 참조로 재작성.

47) 이창석, 부동산학원론, 형설출판사, 2006, p.360.

2. 부동산개발 과정의 형태

앞서 설명하였듯이 부동산의 개발 진행과정은 개발주체에 따라 다르지만 다음과 같은 형태로 설명되어진다.[48]

(1) 기본형

가장 많이 이용되는 형태로 계획단계(planning stage), 협의단계(contract negotiation), 계획인가단계(plan authorize), 사업시행단계(implementation), 마지막으로 처분단계(disposal)의 순서로 진행된다. 이는 사업을 계획대로 진행하면서 통제 가능한 위험부담을 줄일 수 있고, 과정이 안정되어 있다.

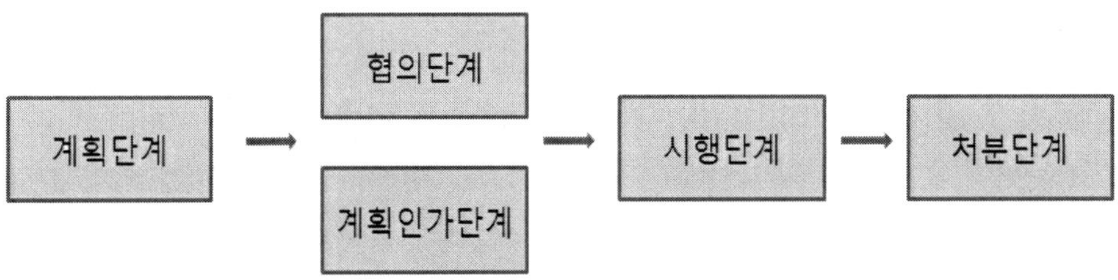

[그림 15] 기본형 개발 과정

(2) 시행 · 처분 병행형

사업시행과 처분을 동시에 행하는 형태로서 사업기간이 충분히 보장되어 있지 않거나 자금의 빠른 조달을 목적으로 이용되는 형태이다. 시행과 처분을 동시에 행하기 때문에 사업기간을 단축시킬 수 있다.

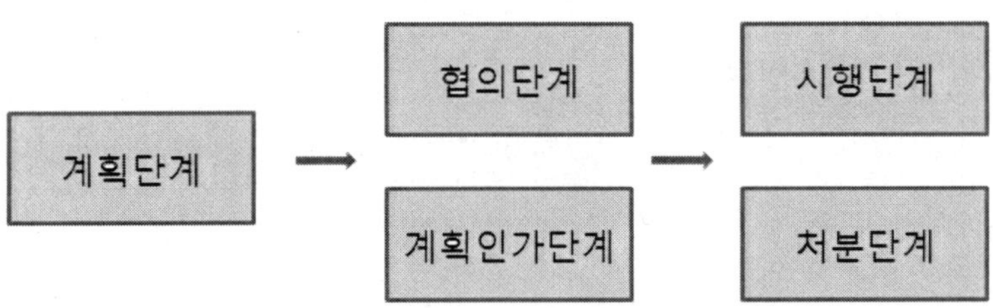

[그림 16] 시행 · 처분 병행형 개발 과정

48) 김태훈, 부동산학개론, 범론사, 1996, pp.594~596.

(3) 직렬형

직렬형의 개발 과정은 다음의 순서로 개발이 진행되는 형태로 과정이 나란히 되어 있어 안정되어 보이나 일의 과정이 비능률적이어서 가장 적게 이용되는 형태이다.

[그림 17] 직렬형 개발 과정

3. 개발사업 단계별 위험

부동산개발 과정의 기획단계에서 관리운영단계까지 학자들마다의 견해에 따라 3단계, 7단계, 8단계로 구분되며, 각 단계별 위험성도 동시에 판단해야 할 것이다.

부동산개발은 시간의 흐름이 보통 장기적으로 이루어지므로, 각 단계별 위험 발생 원인에 대한 면밀한 검토가 동시에 이루어져야 한다.

〈표 5〉 부동산개발 전 단계의 위험

부동산 사업의 단계	위험의 종류	위험의 발생원인
개발 전 단계	• 개발 스케줄 불확정 위험 • 사업비 불확정 위험 • 계획중지 위험	• 개발계획에 대한 토지소유자의 반대 등에 의한 합의 형성 지연 • 개발계획에 대한 주변주민의 반대 • 개발·허가의 지연, 용적·공공용지의 면적 등 계획의 기초조건 결정의 지연, 보상금의 불확실성 • (재건축의 경우) 임차인 퇴거 교섭의 장기화, 입퇴료와 경영 보증 등 비용의 발생 • 지역 정비계획과 교통 인프라 계획의 변경에 따른 입지조건의 변화 • 빈번한 세제의 변동에 따른 불안정성, 토지이용규제 이외의 법제도의 변경 • 경제환경의 변화에 따른 계획과 시장의 불일치 발생, 지가 하락에 따른 합의의 지연 • 공공사업자의 업적 악화와 도산에 따른 철수, 주요 임차인 예정기업의 철수

〈표 6〉 부동산개발 단계의 위험

<table>
<tr><th colspan="2">부동산 사업의 단계</th><th>위험의 종류</th><th>위험의 발생원인</th></tr>
<tr><td>개발</td><td>건설 구체화에서 준공까지</td><td>• 기간장기화 위험 (time overrun)
• 사업비용증가위험 (cost overrun)
• 건설 중단 위험</td><td>• 매장 문화재 출토, 환경오염에 의한 공사 중단
• 사고·재해 발생에 따른 공사 중단, 수복 작업
• 백화점 등 주요 임차인 예정기업의 철수
• 경제환경변화에 따른 시설 수요와의 불일치
• 주변 교통 인프라 정비의 지연</td></tr>
</table>

〈표 7〉 부동산개발 후 단계의 위험

<table>
<tr><th colspan="2">부동산 사업의 단계</th><th>위험의 종류</th><th>위험의 발생원인</th></tr>
<tr><td>개발 후 단계</td><td>개업에서 수익안정화까지</td><td>• cash flow 변동위험
• 유동성 위험 (매각의 곤란성)</td><td>• 관리운영 업무 등의 견적 착오에 의한 비용 상승
• 빈번한 세제의 변경에 따른 불안전성 그 외 법제도의 변경
• 경제환경의 악화 등에 계획종류의 가동률, 수입확보 곤란화
• 임차인, 공동사업자, 업무위탁회사의 업적 악화와 도산
• 관리운영능력의 문제에 따른 수익성 저하
• 설계실수의 잘못된 공사 등에 의한 예정기간을 넘어선 추가 공사의 발생
• 사고·재해의 발생에 의한 시설 보상
• 건설·설비의 물리적 악화, 경제적·사회적 악화에 의한 시장가치의 하락
• 지역의 경제거점성, 입지우위성의 저하
• 부동산 취득관련 세제
• 부동산 평가 수법의 혼란
• 부동산시장에 관한 정보 인프라의 미정비</td></tr>
</table>

자료 : 강정규·이창석 외, 부동산입지선정·개발업, 형설출판사, 2003. p.148.

제4절 부동산개발의 단계와 마케팅

1. 부동산마케팅의 의의

마케팅에 대한 견해는 시대와 환경에 따라 그 의미를 달리하고 있다. 또한 시대를 달리 함에 따라 관점의 차이가 더욱 두드러짐을 볼 수 있다. 그 이유로는 마케팅이 그 만큼 역동적으로 발전하고 있는 학문이며 오늘날의 사회에서 중요한 역할을 담당하고 있기 때문이다. 부동산시장에서 사람이 살아가는 데 가장 중요한 공간 중 하나가 주거용부동산 시장이다. 주거용 부동산 시장의 성격은 2000년대 이후 공급자 주도시장(supplier's market)에서 수요자 주도시장(buyer's market)으로 변화하게 되었다.[49] 또한 건설업 면허 개방으로 인해 주택 전문건설업체의 수는 늘어났고, 주택에 대한 소비자들의 욕구가 다양화됨에 따라, 주택 공급자 간의 경쟁은 날로 심화되고 그 수익성은 날로 악화되었다.

예전에는 분양가 규제로 인해서 주택가격의 차이가 거의 없었으며 이에 따른 브랜드 가치도 크게 차이가 나지 않았으나, 2000년대 들어서 분양가 자율화의 효과로 인해서 주택 간에도 여러 가지 특성에 의한 질적인 차이가 생겨, 이러한 차이를 통해서 소비자를 유인하는 방법을 선택하게 되었다.[50]

이로 인해서 본격적으로 소비자와 건설업체는 주택을 하나의 고관여 상품[51]으로 인식하고, 건설업체는 소비자의 기호에 맞는 다양한 고품질의 주택을 공급해야 하는 현실을 맞이하게 되었다.[52] 사회적 환경변화와 소비자의 Needs에 능동적으로 대응하기 위하여 주택건설업체들은 마케팅을 사업성공요소로서 준비하게 되었다.

이와 같이 중요한 요소인 마케팅에 대한 공식적인 정의는 1960년 미국마케팅협회

---

49) 성주한 · 이창석, "부동산마케팅의 이론적 접근", 사회과학논총, 강남대학교 사회과학연구소, 2007, pp.9~35.

50) 오준석 · 이창석 외, 부동산업경영론, 형설출판사, 2002, 참조.

51) 관여도란 소비자가 거래행위에 부여하는 중요성이나 관심도를 말하는 것인데, 주택과 같이 소비자가 주거선택 시 능동적으로 정보를 탐색하며, 신중하게 제품을 평가하고 비교하여 의사결정을 하는 경우는 소비자의 관여도 또는 몰입도가 높은 재화라고 한다. 관여도는 소비자의 중요한 욕구와 가치를 충족시키는 제품이나 가격이 높아 거래로 인한 재정적 · 심리적 위험이 클 때 높게 나타나는 경향이 있다. 예를 들어 자동차, 주택, 가구, 냉장고 등 고가의 내구재와 특정 스타일의 의상 등은 고관여 제품에 속한다. 대한주택공사 주택연구소, "수요자만을 위한 공공주택사업의 마케팅체제 연구", 대한주택공사, 1995, pp.34~35.

52) 박래익, 주택시장의 환경변화 및 새로운 마케팅전략, 한국마케팅연구원, 2000, pp.44~47.

(American Marketing Association)에 의해 처음으로 제시되었으며, 마케팅을 '생산자로부터 소비자 또는 사용자에 이르는 제품 및 서비스의 흐름을 통제하는 기업활동'으로 설명하였다.[53] 이는 상품이나 서비스를 통하여 거래 상대방의 만족을 창출해 나가는 일련의 과정으로 마케팅을 정의한 것이라 할 수 있다. 이러한 마케팅의 정의에 입각하여 부동산 마케팅은 소비자들이 필요로 하는 욕구를 반영하여 시장을 세분화하고 이를 바탕으로 하여 부동산의 제품화 가격산정, 입지선정, 촉진활동 등 마케팅 전략을 세우고[54] 개발된 혹은 개발예정의 부동산을 매매하고 임대하는 기업활동으로 정의할 수 있다.

2. 부동산마케팅 요소

(1) 부동산마케팅 환경

부동산의 정치, 경제, 사회 모든 분야에 환경적 영향을 받음을 물론이거니와 마케팅의 환경적 영향을 주는 요소들도 다양하게 존재하고 있다. 마케팅을 구성하고 있는 복잡하고도 많은 요인들에 일정한 기준에 따라 분류하는 것이 필요하다. 많은 기준이 있겠지만 환경요인들은 위치가 기업인 쪽이냐 또는 바깥쪽이냐에 따라 우선 구분하고 기업 외적 요인들을 다시 마케팅 기능과의 관계가 직접적인가의 여부에 따라 더 세분화된다.[55]

(2) 부동산마케팅 제요소[56]

1) 소비자

소비자란 기업의 제품을 구매하는 수요자라고 할 수 있다. 이러한 소비자(customer)의 구매행위에 기업의 생존이 달려 있으며, 기업은 소비자의 자사 제품에 대한 구매행위를 위한 소비자의 마음을 끌어들이기 위해 노력하고 있다. 부동산마케팅에서 소비자는 중매마케팅에서의 의뢰인(매도인, 매수인), 분양마케팅에서의 분양자이다.

2) 필요와 욕구

기업을 경영하는 철학으로서의 마케팅은 고객들이 현재 무엇을 원하고 있는지를 이해하고, 한 걸음 더 나아가서, 앞으로 무엇을 원하게 될 것인지를 예측하는 것이 기업의 성장과 발전을 달성하는 지름길이라는 믿음에서부터 출발한다. 그렇다면 고객이 원하는 것

---

53) American Marketing Association Committee on Definition, *Marketing Definitions* : A *Glossary of Marketing Terms* (Chicago : AMA, 1960), P.4.

54) 권호근 · 이창석 외, 부동산업마케팅론, 형설출판사, 2012, p.50.

55) 이우용 · 정구현, 마케팅원론, 형설출판사, 1993, pp.44～45.

56) 권호근 · 이창석 외, 전게서, pp.50～53.

에 대해서 살펴볼 필요가 있는데, 이는 '필요(needs : 니즈)'와 '욕구(wants : 원츠)'라는 두 개의 단어로 나타낼 수 있다. 필요(needs : 니즈)란 사람이 살아가는 데 필요한 음식, 옷, 집, 안전, 소속감 등과 같은 기본적인 것들이 부족한 상태를 말하며, '욕구(wants : 원츠)'란 그러한 필요를 충족시킬 수 있는 어떤 구체적인 수단을 원하는 것을 말한다.

예를 들어, '어떠한 집을 선택할 것인가?' 라는 질문에서 '어떠한'은 수단을 의미하는 것으로 욕구이고 집은 필요이다. 집이라는 필요는 단순하고 획일적이지만, 욕구는 획일적이지 않고 다양하게 나타난다. 예를 들면, ① 지역적인 측면에서 강남의 아파트를 원한다, ② 경과년수 측면에서 새 아파트를 원한다, ③ 재산증식 측면에서 투자가치가 있는 아파트를 원한다, ④ 브랜드 측면에서 ㅇㅇ아파트를 원한다 등으로 다양함을 볼 수 있는 것이다.

이와 같이 고객이 무엇을 원하는지를 이해하는 것이 마케팅의 출발점이라고 할 때, 마케팅의 대상은 대개 필요가 아니라 욕구라고 할 수 있다.

3) 시장세분화

시장세분화란 공급자인 기억가가 마케팅활동을 수행할 만한 가치가 있는 명확하고 유의미한 구매자 집단으로 시장을 분할하는 활동을 말한다. 표적시장(target market)은 세분시장 중에서 자신의 경쟁우위와 경쟁상황을 고려했을 때 가장 좋은 시장 기회를 제공해 줄 수 있는 특화된 시장을 의미한다. 가장 유리한 표적시장을 선택하기 위해서는 다양한 시장세분화 변수를 이용하여 정교한 세분시장 대안들을 마련해야 한다.

4) 부동산제품

제품(product)이란 인간의 욕구를 충족시켜 줄 수 있는 것으로 종래에는 생산물의 개념으로 이해되었지만, 오늘날에는 유형재뿐만 아니라 무형재인 서비스도 포함하는 개념으로 쓰이고 있어 재화(goods) 및 상품(merchandise)과도 거의 동의어로 사용되고 있다.

부동산에 있어 제품이란 주로 건물이 그 대상이 되고 있으며 용도나 거래별로 상이하다고 할 수 있다.

5) 부동산가격

건설업자나 분양 임대업자 등은 제품을 제공함으로써 소비자의 욕구를 충족시킴과 동시에 경영목적을 달성해야 한다. 따라서 가격은 소비자가 구입하기 쉽고 경영상 이익이 확보되며 수요자의 욕구를 충족시킬 수 있도록 책정되어야 한다. 이러한 사고로 부동산 가격결정은 기업과 마케팅의 목적 및 전략달성과 일치해야 하고, 공헌할 수 있어야 한다.

6) 입지

부동성이라는 특성 때문에 입지라는 개념이 굉장히 중요하게 여겨지게 되고, 따라서 소비자와 기업가는 좋은 입지에 있는 부동산을 선택하고자 한다. 특히, 사업대상 지역을 선정하고 토지를 확보하는 것과 사업에 필요한 용지를 어느 곳에 정할 것인가 하는 결정은 사업의 성패와 관련되는 것이기 때문에 부동산 특성상 가장 중요한 역할을 한다. 기업가가 좋은 입지를 선택하고자 하는 것은 소비자들의 구매활동과 관련되어 있다. 기업가가 제품을 만든다고 소비자가 무조건적으로 사는 것은 아니기 때문이다. 즉, 입지라고 하는 것이 부동산에서는 가장 중요한 것 중의 하나이다.

7) 촉진

오늘날 부동산기업이 아무리 좋은 제품을 개발, 생산하고 매력적인 가격을 설정한다고 해도 그것이 곧 판매로 이어지는 것은 아니다. 부동산은 특히 위치의 고정성이 있어 상품의 제시가 어려우므로 광고나 홍보를 적절히 하지 않고서는 소기의 목적을 달성할 수 없다.

소비자의 입장에서도 무수히 건설되고 분양되는 제품이나 전국적 혹은 여기저기 산재한 토지를 어떤 매체에 의한 정보의 습득 없이는 좋은 상품을 싸게 구입하기가 어렵다. 게다가 소비자가 구입했다고 해서 반드시 그 상품에 만족하는 것도 아니다.

그러므로 그러한 상품이 매매된 후에도 상호 커뮤니케이션이 잘 이루어졌는지, 아니면 왜곡이 되었는지를 조사하여 마케팅과 관련개선이 이루어져야 한다. 부동산마케팅에 있어서 이러한 촉진전략에는 홍보, 광고, 판매촉진, 인적 판매 등이 있다.

8) 매매와 임대차

매매는 당사자의 일방이 상대방에게 재산권을 이전할 것을 약정하고 상대방이 이에 대하여 그 대금을 지급할 것을 약정함으로써 성립하는 계약이다. 임대차는 당사자의 일방이 상대방에게 목적물을 사용, 수익하게 하고 그 대가로서 상대방이 차임을 지급할 것을 약정함으로써 성립하는 계약이다.

9) 기업활동

기업활동에서 가장 중요한 것은 이윤획득이다. 즉, 기업이 생존하기 위해서 돈을 벌지 않으면 지탱할 수가 없다. 따라서 마케팅활동도 고객을 제대로 파악해서 물건을 팔아 수익을 창출하는 것이 중요하다고 할 수 있다.

3. 부동산마케팅 전략[57)]

(1) 부동산마케팅 전략수립

부동산이란 상품을 부동산시장에서 상품으로서 최적의 조건으로 유통시키기 위하여 부동산마케팅 전략을 수립하여야 한다. 이를 위하여 소비자의 욕구를 바탕으로 전략을 수립하여야 하는데, 기본적으로 설문조사방법을 통하여 전략의 기본도구로 삼는다.

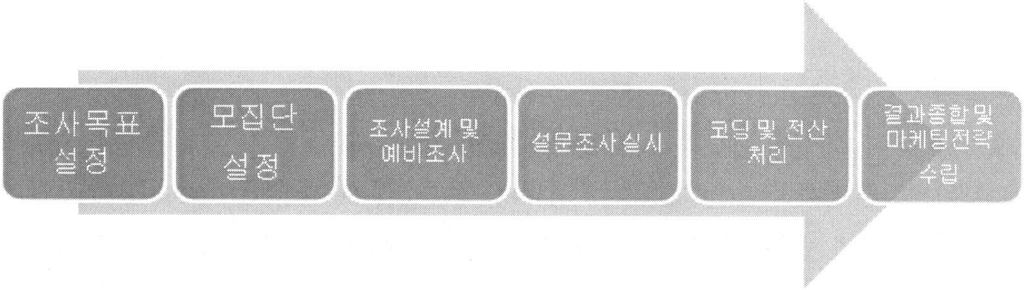

[그림 18] 부동산마케팅 전략수립

(2) 부동산마케팅 믹스전략

마케팅 믹스(marketing mix)란 기업이 표적시장에 도달하기 위해 이용하는 마케팅에 관련된 여러 요소들의 조합으로 정의할 수 있다. 보다 나은 마케팅 믹스로 인한 고객의 필요(needs)와 욕구(wants)는 마케팅의 성패를 좌우하는 주요 요소이다.

마케팅 믹스의 개념은 보든(N. H. Borden)에 의해 처음 사용된 후 맥카시(McCarthy)의 4Ps로 재정리되었다.[58)]

고객의 필요와 욕구를 충족시키려면 기업은 적정한 제품을 적정한 가격으로 수요자가 편리한 장소에서 구입 · 교환할 수 있도록 해야 하며 그런 사실을 수요자에게 알리고 설득해야 한다.

부동산마케팅 믹스의 제 요소는 제품, 가격, 장소, 촉진 등의 요소를 바탕으로 하여 일반적으로 입지선정 · 토지확보, 제품계획, 가격전략, 커뮤니케이션 전략으로 분류한다.[59)]

---

57) 권호근 · 이창석 외, 전게서, pp.62～66.

58) 최근에는 붐(Booms)과 비트너(Bitner)가 제기한 7Ps 전략이 있다. 즉, 4Ps에 인간(people), 과정(process), 물적 증거(physical evidence)를 추가로 제시하기도 한다. 흔히 제품(product), 가격결정(pricing), 장소(place), 촉진(promotion)으로 표시되는 마케팅 믹스는 마케팅활동의 수단이 되는 것이다.

59) 이태교 · 안정근, 부동산마케팅, 법문사, 1997, p.89.

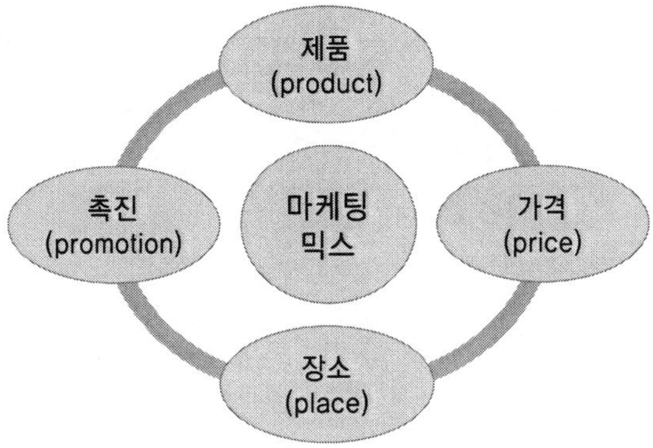

[그림 19] 마케팅 믹스

1) 입지선정 · 토지확보

부동산기업이 부동산공급활동을 하려면 가장 먼저 계획해야 할 일이 사업대상지역을 선정하는 일이며, 그 다음이 토지를 확보하는 일이다.

사업에 필요한 용지를 어디로 정할 것인가 하는 결정은 사업의 성패를 좌우할 만큼 중요한 과제이다. 또한 토지를 얼마나 적정한 가격에 확보하느냐에 따라 사업이윤이 좌우된다.

2) 제품계획

부동산상품이 제작되어 공급 후 소멸에 이르기까지 그 생애를 상품수명주기(product life cycle)라 한다. 제품수명주기에 영향을 미치는 것들로서는 수요자의 욕구의 다양성, 기업 마케팅 노력, 경쟁사의 활동, 기술개발, 제반환경요인의 변화, 소득증가, 의식주의 변화 등이다. 그러므로 부동산 개발자 · 공급업자는 쇠퇴기에 접하기 전에 재개발 · 재건축 등을 통하여 주거환경을 개선한다든가, 신제품개발을 하여야 한다.

신제품개발은 제품차별화(product differentiation)의 전략이며 그 스스로 상징적 중요성(symbolic importance)을 갖고 있을 뿐만 아니라, 수요자 욕구에 부응하는 기술의 소산이기도 하다.

신제품 개발의 절차는 일반적으로 아이디어 창출(idea generation), 아이디어 선별(screening), 사업성 분석(business analysis), 제품개발(product development), 시험마케팅(test market), 상품화(commercialization)의 6단계 절차를 거친다. 제품내용에 따라 다르겠지만, 위의 절차를 거쳤다고 반드시 성공할 수는 없다.

대부분의 신제품이 개발 건축되어 부동산시장에 공급되지만 100% 성공하지 못하는 경우도 있으므로 유의할 필요가 있다.

3) 가격전략

가격은 수요자나 공급자의 입장에서뿐만 아니라 국가경제 전체에서도 중요한 역할을 한다. 그러므로 가격이 수요자가 구입하기 쉽게, 경영상의 이윤을 남길 수 있도록 수요자의 욕구를 충족할 수 있도록 책정되어야 한다.

첫째, 원가중심의 가격결정이다.

원가를 중심으로 가격을 결정하는 방법에는 원가가산 가격설정법(cose-plus pricing)과 목표투자수익률기준 가격설정법 등이 있다.

둘째, 수요자중심의 가격이다.

부동산의 가치에 따라 가격을 결정하는 방법으로 관습적 가격설정법이 있다.

셋째, 경쟁중심의 가격결정으로 가격선도제와 경쟁입찰가격설정법이 있다.

이 외에도 새로운 환경적응을 위한 가격전략 중 하나가 적응가격전략이 있다. 이 방법은 동일하거나 유사한 제품으로 다양한 수요자들의 구매를 유입하고 구매량을 늘리도록 유도하기 위하여 가격을 다르게 적응하는 방법이다.

4) 커뮤니케이션전략

부동산 상품은 위치의 고정성으로 인하여 적절한 홍보를 하지 않고서는 목적을 달성하기 어렵다. 부동산마케팅에 있어서 이러한 커뮤니케이션 전략에는 홍보, 광고, 판매촉진 등이 있다. 커뮤니케이션 전략은 시장에서 공급자개발자의 이미지를 파악하고 이 내용을 수요자에게 원활하게 전달하는 것이 핵심이다.

• 제 Ⅲ 편 •

부동산개발과 금융

제1장

부동산개발 금융

제1절 부동산개발 금융의 개념

부동산개발에 있어서 개발재원을 조달하는 것은 사업의 계속 여부를 결정하는 매우 중요한 요소이다. 또한 사업의 타당성과 수익성을 결정하는 중요한 요인으로 개발재원 조달 여부에 따라 사업의 진행 속도와 사업 타당성 여부가 결정된다.

일반적으로 부동산개발에 있어서 사업 기간이 장기간에 걸쳐 이루어지고 있기 때문에 개발 기간 동안 재원을 감당하기 위해 또는 점유하거나 투자로 보유할 완성된 부동산개발을 구입하기 위해 금융이 필요하다.

금융이란 금전적으로 여유가 있는 금융대금업자로부터 자금이 필요한 차용자에게 그 자금을 조달해 주는 것으로 말한다. 이때 차용인에게 자금을 대출하기 위하여 대금업자는 차용인의 신용과 담보를 조사해 보아야 한다. 이런 조사들은 차용인의 대출 상환 능력이나 상환의사 등을 평가하는 데 매우 중요한 요소가 되기 때문이다. 금융은 자기의 자본을 스스로 생산적으로 이용할 수 없는 사람에게서 보다 생산적으로 이용할 수 있는 사람에게 자금을 이전시켜, 영세자금을 동원할여 대규모 기업설립을 가능하게 한다. 그래서 대량생산방식에 의한 사회활동을 가능하게 하고, 저축에 대한 보수를 보장함으로써, 일반대중의 저축의욕을 고취시켜 구매력의 이전을 통하여 재화의 교환활동을 원활케 하며 신용제도가 발전하면 화폐의 사용은 절약되며, 동일한 액수의 화폐로서 보다 많은 교화거래가 가능하다.

일반적으로 부동산 금융을 정의하면 부동산을 담보로 하는 금융을 의미한다. 즉 토지 건물 등의 부동산을 담보로 하여 대출을 행할 목적으로 필요한 금융의 조달과 그에 병행하여 수반되는 경제적 및 법률적 행위를 포괄하는 담보금융의 일종이라고 할 수 있다[60].

이러한 가운데 부동산개발 금융은 일반적으로 자기자본과 타인자본을 포함하여 부동산개발 사업에 소요되는 자금을 조달하는 것으로 정의할 수 있다. 특히 개발사업 및 사업을 추진하는 주체에 제공하는 자금이라는 점에서 공급자 금융이라 할 수 있으며, 이러한 점에서 개발사업의 수혜자 또는 최종 소비자에게 제공하는 수요자 금융과는 구별된다[61].

따라서 부동산개발의 금융은 사업기간에 따라 건설에 필요한 전체의 개발 비용이나 일부에 대해 단기이자 지불공채(short-term interest-bearing loans)를 지칭하는 것으로 토지

60) 이성근, 부동산금융론, 부동산경제연구원, 2005, p.67.
61) 대한국토도시계획학회, 도시개발론, 보성각, 2008, p.208.

수용, 건설비용, 전문가수수료, 마케팅, 자금 자체와 개발 과정에서 포함되는 임시비용 등을 포함하고 있다.

일반적으로 이러한 자금원의 주요기관은 전통적으로 일반은행과 투자금융회사 두 가지가 존재하고, 최근에는 다양한 자금원과 새로운 재원 조달 기법들이 추가되고 있다.

주요 자금원의 주요기관인 일반은 은행의 경우 두 가지 요건이 성립되어야 재원조달이 이루어진다.

첫째, 개발업자들은 개발이 완료될 때까지 조정 가능한(rolled-up) 또는 보관이자를 지불할 수 있음을 증명해야 한다.

둘째, 부동산을 개발하는 개발업자의 경우 납입 기한에 맞추어 원금을 상환할 수 있는지 여부를 증명해야 한다.

그러나 주로 일반은행과 투자금융회사는 개발 금융에 대한 상이한 태도를 보이고 있다. 일반 은행의 경우 부동산개발 프로젝트에서 도출되는 담보 이상을 요구하고, 차용자의 신용에 근거한 기본 대출 이자보다 2～4% 정도의 높은 이자를 요구하며, 대개 지분 공유를 원치 않는다. 일반은행의 경우 재원 조달을 위한 대출의 요건을 보수적 태도로 접근하는 경향을 나타내고 있다. 하지만 투자 금융회사의 경우 대부분 현 부동산개발 프로젝트만을 담보로 요구하지만 기본 이자에 비해 4～6% 정도로 일반은행에 비해 높게 이자율을 청구하며, 계획의 높은 지분을 요구한다. 따라서 금융의 추가적인 비용반환에 대해서 개발업자는 위험감수와 구조적인 대출에서 일반은행보다는 좀 더 모험적인 투자 금융회사를 찾게 된다.

부동산개발에 있어 원활한 재원조달은 사업의 성패를 좌지우지 할 수 있는 매우 중요한 요인으로 개발업자들의 철저한 계획이 수반되어야 할 것이다.

제2절 부동산개발 금융의 필요성

토지는 희소하고 제한된 자원으로 투자재로서의 부동산은 그 경제적 가치가 매우 크다고 볼 수 있다. 따라서 부동산의 이러한 경제적 특성으로 부동산개발에 많은 자금이 필요하고 이를 조달하기 위한 부동산 금융이 나타나게 되는 것이다. 부동산개발 금융은 부동산을 개발하기 위해 토지매입과 건설 등에 소요되는 자금을 조달하는 것으로 의미하며, 부동산개발은 소수의 투자자가 감당하기에 규모와 위험이 크다는 특징을 가지고 있다. 또한 부동산개발의 경우 그 자본회수율이 늦은 것이 보통이기 때문에 부동산을 담보로 하는 여러 금융기법들이 나타나고 있다. 차용자(borrower)의 입장은 부동산에 투하되는 자본의 회전기간이 길 뿐만 아니라 상당한 금액이 구속을 받고 있으며, 대여자(lender)의 입장에서는 부동산 안전한 담보를 가지고 있어 만약 채무불이행으로 인한 위험을 사전에 방지할 수 있다.

따라서 부동산개발은 장기간에 걸친 사업이라는 특징으로 인해 사업단계별 소요 자금이 필요하며, 부동산의 자금회전(capital turn-over)이 느리기 때문에 실질적으로 장기적 위험을 가지고 있어 부동산금융기구의 발달과 다양한 재원조달 기법들이 필요하다.

제3절 부동산개발 금융의 기능

부동산 금융은 토지의 매입, 건물의 개발, 노동력, 기술 등을 결합시켜주는 역할을 하고 있다. 이렇게 결합되는 부동산 금융은 부동산의 생산이라는 측면에서 볼 때 경제적 관점에서 이해되는 개념이다. 토지는 영속성과 부동성이 있고 건물은 한번 지으면 상당기간 사용되며, 다시는 원상으로 복구하기 힘든 특징을 가지고 있고, 부동산을 소유하기 위해 거액의 자금이 필요하므로 부동산 금융은 부동산의 매입에 따른 자금의 원활한 지원과 장기간에 걸친 시간적 괴리를 해소 시키는 기능을 담당하고 있다. 예로, 주택을 구매하고자 하는 수요자는 주택을 구매하기 위해 단기간의 거액의 자금이 소요된다. 하지만 자기 자본만으로 부동산을 구매하기 힘들기 때문에 통상적으로 부동산 금융을 이용하는 경우가 대부분이다. 따라서 부동산 금융을 이용하는 주택 수요자는 원하는 주택을 구입하는 장점과 동시에 차입금을 장기간에 걸쳐 분할 상환하는 장점을 지니고 있다.

부동산개발 금융은 부동산의 생산으로 인해 국내 내수산업의 진작과 고용 및 생산파급효과에 상당히 영향을 주고 내수산업을 활성화 시키는 역할을 담당하고 있다.

과거와는 달리 현재 부동산개발 금융은 고수익성의 투자처로 각광을 받고 있기 때문에 시중 유동자금이 부동산시장으로 유입되는 효과를 일으켜 투자자들의 다양한 포트폴리오를 형성하는 데 기여를 하고 부동산시장으로 유입되는 자금은 다시 부동산개발로 이어져 부동산개발을 활성화 시키는 데 기여한다. 따라서 부동산개발 금융의 역할은 부동산개발에 있어서 중요한 요인으로 작용하고 있으며 앞으로 부동산개발에 크게 기여할 것으로 전망되어진다.

제2장

부동산개발 투자분석 기법

제1절 부동산개발 투자분석 기법의 개념

1. 부동산투자의 개념

부동산투자는 이윤을 목적으로 부동산 사업 자본을 출자하는 것을 말하며 이때 투자 자본은 융자와 성격이 다르다. 투자하는 경우 투자한 부동산을 소유한다는 점에서 차이가 난다. 보통 투자자들은 부동산에 대한 투자를 하기에 앞서 부동산투자분석을 한다. 그 결과 나온 수익률을 기초하여 의사결정을 한다.

투자(Investment) = 자기자본(Equity) + 부채(Debt)

부동산투자의 목적은 크게 네 가지로 요약할 수 있다.[62]

첫째, 투자자는 부동산시장의 수요를 통해 자신이 투자한 부동산에서 임대수입을 얻고자 한다. 여기서 말하는 임대수입은 총 임대수입에 운영비용을 제외한 순수입을 의미한다.

둘째, 투자자는 부동산을 일정기간 보유한 후 매각하여 자본수익을 얻고자 한다. 예로 100억 원에 빌딩에 구입하여 10년간 보유하다가 130억 원에 매각했다면 30억 원의 자본차익이 생긴 것이다.

셋째, 투자자는 투자의 포트폴리오를 위해 부동산에 투자한다. 투자자 투자 위험을 분산시키기 위해 주식, 채권, 부동산 등에 투자를 분산시킨다. 부동산은 포트폴리오를 위한 중요한 투자대상이다.

넷째, 투자자는 부동산에 대한 투자를 통해 조세상의 이익을 얻을 수 있다. 예를 들어 부동산에 대한 감가상각과 융자에 대한 이자는 소득을 감소시키는 것으로 처리되어 세금을 적게 낼 수 있다. 따라서 투자자는 부동산 조세에 대한 법제도를 정확하게 이해하고 있어야 한다.

부동산투자분석은 상당한 판단력이 필요하다. 무엇보다도 시장의 수요와 공급 변화로부터 영향을 받아 임대수입이나 매각에 따른 자본수익에 대한 정확한 예측이 어렵기 때

62) 노태욱 외 3인, 부동산계량론, 부연사, 2006, p.189.

문이다. 특히 부동산시장은 안정적인 상태를 유지하기보다는 성장과 쇠퇴를 반복하는 경기변동의 특징이 있기 때문에 수입에 대한 예측은 더욱 어렵다. 부동산시장의 경기 변동은 부동산시장은 넓고 다양하다는 점, 국지적 시장 내 경쟁이 치열하며, 그리고 부동산에 대한 소유가 분산되어 있어 특정 집단이나 개인이 시장을 지배할 수 없다는 점 때문이다.

부동산투자가 성공하기 위해서는 부동산시장 내 수요, 공급 그리고 자본시장의 변화를 정확하게 이해하고 있어야 한다. 결국 부동산투자는 미래의 현금수지에 대한 정확한 예측과 부동산시장 분석과 같은 전문분야가 여기에 도움을 줄 수 있다.

부동산에 대한 투자분석은 투자 부동산에 대한 일정 가정에 기초하여 운영수지분석, 매각수지분석, 투자수익률을 얻는 과정이다. 투자자는 분석 결과로 나온 현금수지와 수익률을 고려하여 최종 의사결정을 하며, 의사결정 후 나온 수익률에 대한 책임도 투자자 본인에게 있어 세밀한 분석을 요한다.

2. 부동산투자의 위험과 수익

(1) 부동산투자 위험

원래 위험은 어떤 투자의 안으로부터 얻게 되는 결과에 대한 불확실성이 존재함으로 발생하는 변동성, 즉 투자 수익이 기대치를 벗어날 변동 가능성을 의미한다.

부동산투자자는 부동산에 대한 투자를 결정함에 있어서 다음과 같은 네 가지의 사항들을 고려한다.[63]

첫째, 투자의 안정성이다. 투자의 안정성은 투자를 통해 얻은 자산을 후일에 처분할 수 있어야 하며, 처분을 통해서 원금을 합리적으로 회수할 수 있는 것을 말한다. 그러나 모든 투자활동은 투자의 안전성이 언제나 보장되는 것이 아니며, 원금회수가 불가능할 경우가 있다. 이를 '원금 위험부담'이라고 한다. 부동산투자의 안전성은 법률적 · 경제적 · 기술적 측면에서 각각 분석하고 판단되어진다.

둘째, 산출의 확실성이다. 산출의 확실성이란 자산이 정기적으로 수익을 산출하는 능력을 갖거나 자산가치가 추가적으로 증가하여 투자자에게 만족스러운 수익을 획득하게 하는 것을 의미하며, 대상 부동산이 산출하는 수익의 다과 정도 및 확실성 여부는 그 부동산의 가격의 영향을 미친다.

셋째, 투자의 환금성이다. 부동산은 일반적으로 일반재화보다 환금성이 약하기 때문에 지나친 환물 투기 심리나 부동산에 대한 집중투자는 삼가야 한다. 부동산에 따라서는 환

63) 이원준, 부동산학원론, 박영사, 2002, pp.201~202.

금과정에서 환금이 잘 안되거나 손해를 보아야 하는 경우도 있는데 이를 '환금의 위험부담'이라 한다.

넷째, 자본가치의 증대이다. 투자 활동에 있어서는 실질적인 자본가치가 증대함이 목적이며, 특히 가치의 감가가 적거나 없어야 하며, 인플레에 대한 좋은 방패(hedge)가 되어야 한다. 그러나 때로는 실질적인 화폐 가치가 하락하여 자산을 처분하여 회수한 금액이 명목상의 것에 불과한 경우도 있는데 이와 같이 자산가치가 감소하는 것을 '경제 차지의 위험부담'이라고 한다.[64)]

다섯째, 거리의 감안이다. 부동산투자에 있어서 시간거리, 요금거리, 실측거리, 의식거리 등을 감안해야 한다.

여섯째, 세제 면에서의 이익이다. 어떤 부동산투자 활동에 있어서 다른 대체 투자대상보다 세제의 혜택이 있을 경우 그 만큼 유리한 투자대상이 된다.

일곱째, 경영관리의 부담 여부이다. 바람직한 투자에 있어서는 투자가가 희망하는 투자 자산의 경영관리에 참여할 기회가 주어지고, 희망하지 않는 경우에는 그러한 부담이 없어야 한다.

여덟째, 투자자산이 산출하는 주기적인 순수익이나 이윤은 이것이 사장되지 않도록 재투자할 기회가 부여되어 있어야 한다.

아홉째, 지레의 작용이다. 어떤 투자를 통해서 새로운 자산을 취득하는 경우에는 투자자가 이미 보유하고 있는 자산과 함께 그것이 활용됨으로써 투자가의 경제활동의 범위가 확대될 수 있어야 한다.

위와 같은 부동산투자자는 부동산에 투자결정 시 고려해야 하지만 부동산투자는 항상 투자위험을 가지고 있다.

우선 사업상의 위험으로 부동산 사업 자체서 연유하는 수익성에 대한 위험이다. 부동산의 수요와 공급의 변동 등과 같은 시장 상황의 변동으로 야기되는 위험과 근로자의 파업, 영업비용의 상승 등 부동산 운영에 관련하여 야기되는 운영위험, 마지막으로 부동산 지리적 위치의 고정성으로 인한 위치적 위험이 있다. 또한 금융적 위험을 들 수 있는데 투자자가 투자를 결정할 때, 자기자본만 사용하여 투자하기보다는 부채를 적극 활용하여 투자를 하면 자기자본에 대한 수익률이 증가한다. 이를 지렛대 효과(leverage effect)라고 한다. 자본에 대한 부채의 비율이 클수록 자기자본의 수익률은 증가하지만, 금융에 대한 위험 역시 증가하게 된다.

64) Maury Seldin and Richard H. Swesnick, Real Estate Investment Strstegy (London : Wiley-interscience, 1970), p.10.

다섯째, 위험을 전혀 감수하지 않을 경우, 투자자가 얻을 수 있는 수익률은 무위험률밖에 없다. 그러므로 위험이 전혀 따르지 않는 투자는 진정한 의미에서 투자라고 보기는 어렵다. 무위험률의 크기는 일반경제상황과 관계가 있다. 예를 들면, 시중은행의 지급준비율은 일반이자율과 관련이 있고 일반이자율은 무위험률과 밀접한 관련이 있다.

여섯째, 국채와 같은 무위험 자산일지라도 인플레가 예상된다면 실질적인 자산 가치가 하락하는 위험은 존재할 수 있다. 따라서 투자자는 예상되는 인플레율만큼을 요구수익률에 반영할 것이다. 이처럼 예상되는 인플레율이 요구수익률에 반영된다는 것을 '피셔(Fisher)효과'라 한다.

요구수익률 = 무위험률 + 위험할증률 + 예상된 인플레에 대한 할증률
→ 피셔(Fisher)효과

부동산의 투자가치는 부동산을 소유함으로 예상되는 장래의 편익이 부동산투자에게 주어지는 현재가치로 할인율로 요구수익률이 사용된다. 부동산투자자는 위험이 커지면 부동산의 투자가치는 하락한다. 그 이유는 위험과 요구수익률은 서로 비례관계에 있으므로 위험할수록 높은 위험조정률을 적용하게 된다. 따라서 부동산소유에서 예상되는 미래의 편익을 현재가치로 할인할 때보다 높은 요구수익률로 할인을 하기 때문이다.

$$\text{부동산의 투자가치} = \frac{\text{투자에 대한 예상수익}}{\text{시장의 요구수익률}}$$

3. 부동산투자분석 기법

(1) 부동산투자의 운영수지분석

부동산투자의 운영수지분석은 투자한 부동산이 보유기간 동안 어느 정도의 임대수입을 더는지를 계산하는 것으로 부동산투자 운영수지분석에서는 순운영 수입을 계산하는 방법은 다음과 같다.

전부 임대 시 임대수입 : 부동산을 모두 임대했을 때 받을 수 있는 임대료의 총계

+ 기타소득 : 임대 수입 외의 소득으로 주차료 수입 등이 있다.

= 잠재 총소득(potential gross income) : 부동산소유에서 창출할 수 있는 모든 수입의 총계
- 공실에 의한 손실과 임대료 손실(vacancy and collection) : 공실로 인해 얻지 못한 임대수입과 임차차로부터 받지 못한 임대료 총계

= 유효 총소득(effective gross income) : 잠재 운영소득에서 공실에 의한 손실과 임대료 손실을 뺀 금액
-부동산세 : 국가가 평가한 자산 가치에 부과하는 세금
- 보험료 : 부동산이나 사람에 대한 피해에 대비하여 소유주가 보험에 가입 시 지출하는 비용
- 전기 · 수도요금 : 부동산소유자가 부담하는 수도와 전기요금의 전부 또는 일부
- 유지보수비 : 부동산에 설치된 각종 시설에 대한 유지보수 비용
- 일반행정비 : 부동산 운영관리 활동에 드는 각종 비용
- 관리임대비 : 임대, 임대료 관리, 비용 지불에 종사하는 인력에 대한 인건비
- 직원 임금 : 부동산을 유지 보수하는 인력에 대한 인건비
- 보수적립금 : 주차장, 승강기, 냉방시설 등 교체시설의 보수 또는 교체를 위한 비용
= 순운영소득(net operating income) : 위 모든 항목을 계산한 후 추정한 순운영소득

통상적으로 순운영소득은 1년 단위로 계산하며 이를 간략하게 정리하면 다음과 같다.

잠재 총소득(potential gross income)
- 공실에 의한 손실과 임대료 손실(vacancy and collection)
+ 기타 수입(micellaneous income)
= 유효 총소득(effective gross income)

- 운영비용(operating expenses)
=순운영소득(net operating income)

1) 잠재 총소득

순운영소득을 추정하는 출발점이 잠재 총소득이다. 개념적으로 잠재 총소득은 소유 부동산을 모두 임대하여 공실이 없는 상태에서 임차인으로부터 임대료를 잘 받고 있는 경우의 임대소득을 말한다. 1년을 기준으로 잠재 총소득을 계산하면 다음과 같다.

잠재총소득 = 임대호수 × 월 임대료 × 12

2) 유효 총소득

일반적으로 부동산 임대 시장이 호황이 아니면 어느 정도의 공실이 있다. 또한 임차자가 이사를 가는 경우 일정 기간 동안 임대공간이 비어 있게 되며, 임차자가 불가피하게 임대료를 내지 못하는 경우도 발생된다. 이에 잠재 총소득에서 공실 등에 따른 손실을 뺀 유효 총소득을 계산할 필요가 있다. 부동산투자자는 부동산 임대시장의 변화와 유사 부동산의 임대 상황을 고려하여 손실을 추정한다. 공식은 다음과 같다.

잠재 총소득 － 공실 등 손실 ＋ 기타소득 ＝ 유효 총소득

3) 운영비용

운영비용(operating expenses)은 부동산의 운영과정에서 발생하는 비용을 말하며 이 비용은 고정 운영비용과 가변 운영비용으로 나누어진다. 고정 운영비용은 부동산의 임대상황과 관계없이 일정하게 발생하는 비용이며 재산세, 부동산 보험이 대표적이다. 가변 운영비용은 부동산의 임대상황에 따라 달라지는 비용이다. 부동산을 사용하는 임차자가 많아지면 증가하고 반대로 임차자의 수가 줄면 감소하는 것이 특징이다. 전기료, 수도요금, 쓰레기 처리비용, 유지보수비 등이다.

4) 순 운영소득

투자자는 유효 총소득에서 운영비용을 뺀 소득이 순운영소득(net operating income)이다. 부동산투자자는 투자분석 시 매우 중요한 개념으로 정확한 이해가 필요하다.

잠재 총소득 － 공실 등 손실 ＋ 기타소득 ＝ 유효 총소득 － 운영비용 ＝ 순운영소득

(2) 자본환원율과 할인율66)

자본환원율(capitalization rate : 통상적으로 cap rate)은 부동산투자분석에 필요한 부동산 가치 추정에 사용된다. 자본환원율은 순운영소득과 부동산 가치 간의 비율을 말한다. 만인 순운영소득과 부동산의 가치를 안다면 자본환원율을 구할 수 있고, 순운영소득과 자본환원율을 알면 부동산 가치를 추정할 수 있다.

66) 노태욱 외 3인, 부동산계량론, 부연사, 2006, pp.198～200.

보통 운영수지분석을 통해 순운영소득을 계산하고, 분석 대상과 유사한 부동산의 자본환원율을 알고 있으며 부동산의 가치 추정이 가능하다.

> 자본환원율 = 순운영소득 ÷ 부동산가치
> 부동산가치 = 순운영소득 ÷ 자본환원율

여기서 자본환원율과 할인율에 대한 차이를 이해할 필요가 있다. 우선 자본환원율의 경우 무위험 수익률, 인플레율 그리고 위험프리미엄으로 구성된다. 여기서 무위험 수익률과 인플레율은 경기와 자본시장 동향으로부터 구할 수 있으며, 위험 프리미엄은 투자대상 부동산의 성격에 따라 달라진다.

> 자본환원율 = 무위험율 + 인플레율 + 위험 프리미엄

부동산투자분석을 할 경우 보유기간 동안 발생하는 미래가치를 현재가치로 환산시키는데 이를 할인율이라고 하며 할인율은 자본환원율에 가격 기대 성장률을 더한 값이다.

> 할인율 = 자본환원율 + 가격 기대상승률

위와 같이 자본환원율은 1년차의 순운영소득과 가치 간의 관계를 보이는 정적인 비율이며, 할인율은 보유기간 동안의 운영수지와 매각수지를 고려한 비율이다.

(3) 부동산 매각의 운영수지분석

부동산 매각수지분석은 우선 부동산의 매각가격을 구하는 것이다. 부동산의 특성상 매각가격이 지역의 부동산시장마다 상이하고, 개별 부동산의 특성에 따라 다르게 나타나고 있다. 통상적으로 매각가격을 예측할 경우 인근지역의 동일대상 부동산 가격을 참고하지만 이 기준 역시 절대적이지 않기 때문에 매각가격에 대한 정확한 예측이 필요하다.

부동산투자의 주 수입원은 보유기간 동안 발생되는 임대소득과 매각 시 발생하는 자본차익에 의해 결정된다. 따라서 부동산 매각가격이 결정되면 자본환원율과 매각 다음 해 순운영소득을 이용하여 찾거나 보유기간 동안 부동산 가격 상승률을 통해 추정가능하다.

일반적으로 운영수지분석에 의해 세전 현금 수지에 보유기간 마지막 연도의 매각 금액을 더한 후 수익률을 구한다.

부동산 매각 시 부동산투자자는 부동산 매각과정에서 중개수수료, 법률적 비용, 그리고 기타 비용이 발생되기 때문에 부동산투자자가 매각 후 받는 순 가격은 다음과 같다.

순가격 = 추정 매각가격 − 매각비용

부동산투자 시 단기간에 상당한 자금이 소요되므로 금융기관의 차입이 불가피한 경우가 있다. 따라서 부동산 매각 시 투자자가 금융기관에서 차입한 금액을 모두 갚아야 한다. 부동산 매각대금으로 융자 잔고를 갚고 남은 금액을 세전 매각 현금 수지(before-tax cash flow from sale)라고 한다.

세전현금수지 = 추정매각가격 − 융자잔고

(4) 세금과 감가상각을 통한 운영수지분석

부동산에 대한 각종 세금은 투자 타당성 즉 투자 수익률에 상당한 영향을 미친다. 위에서 설명한 부동산투자에 대한 운영수지분석은 세금을 고려하지 않은 분석으로 이를 세전 현금수지라고 한다. 여기서 세전 현금수지에 세금을 고려한 투자분석이 세후 수지분석이라고 하는데 운영수지분석과 매각수지분석을 설명하고자 한다.

1) 운영수지분석

잠재 총소득 − 공실 등 손실 + 기타소득 = 유효 총소득 − 운영비용 = 순운영소득 − 연간원리금 = 세전현금수지

운영수지분석의 경우 세금 부과 대상 소득을 계산해야 한다. 이 소득은 두 가지 측면에서 세전 현금 수지와 다르다. 첫째, 원리금에서 이자 부분에 대해서는 세금을 부과하지 않기 때문에 순운영소득에서 이자분을 뺀다. 둘째, 부동산의 감가상각에 대해서는 세금을 부과하지 않기 때문에 감가상각분도 빼주어야 한다. 따라서 순운영소득에서 이자와 감가상각분을 뺀 금액이 세금부과대상 소득이 된다.

연 세금부과대상 소득 = 연 순운영소득 − 연이자 − 연간 감가상각

보통 연간 감가상각의 경우 정액법을 통해 설명되어지는데 부동산은 물적 자산이므로 시간이 경과하면서 물리적 가치 역시 감소하게 된다. 즉 부동산의 경제적 가치는 점차 낮아지게 되기 때문에 부동산의 감가상각을 미리 계산하여 제외하는 것이 허용된다. 연간 감가상각을 계산하는 방법은 주로 건물의 가치를 건물 연한으로 나누어 매년 같은 정도로 건물이 감가상각 되는 것으로 보고 있다. 여기서 기준이 되는 건물의 가치는 건물의 구입가격과 건물에 대한 각종 설치비용을 합친 것으로 토지의 경우 감가상각이 되지 않는다.

감가상각 기준액 = 취득가격 − 토지가격 연 감가상각 = 감가상각 기준액 ÷ 건물의 연한

2) 세금을 고려한 매각수지분석

부동산을 매각하는 경우 세금 부과대상이 되는 소득을 계산한다. 세금을 고려한 매각수지분석 과정은 다음과 같은 순서로 이루어진다.

㉠ 매각가격 : 자본환원율과 보유기간 다음 해의 순운영소득을 이용하여 계산하거나 부동산 가격 상승률과 인근 부동산 가격 추이를 본 후 매각가격을 결정한다.

㉡ 세전 현금수지 : 판매가격에서 매각 시점에서 매각비용과 대출 잔액을 뺀 후 매각시 세전 현금수지를 얻는다.

㉢ 구입가격 : 부동산투자자가 구입했던 가격을 의미한다.

㉣ 누적 감가상각 : 부동산 구입가격에서 토지가격을 뺀 것을 건물의 연한으로 나누어 계산한다.

㉤ 조정가격 : 부동산 구입가격에서 누적 감가상각을 빼면 조정가격이 되며 이는 장부상 부동산 가격(book value)이다.

㉥ 총자본이득 = 판매가격 − (구입가격 − 누적 감가상각)
= (판매가격 − 구입가격) + 누적 감가상각
= 가격 상승분 + 누적 감가상각

㉦ 세금 : 가격상승분 세금은 가격상승분에 세율을 곱하여 구하고, 감가상각에 대한

세금은 감가 상각액에 세율을 곱하여 계산한다. 세금은 개별 부동산에 따라 세금 부과 체계가 각기 상이하므로 전문가와의 상담이 필요하다.

◎ 세후 현금수지 = 세전 현금수지 － 총자본 이득세

제2절 부동산개발 투자분석 기법의 종류67)

부동산개발에 있어서 투자분석의 기법은 투자 안의 가치를 분석 · 평가하여 이의 경제적 타당성을 검토하는 방법을 의미하고 있다. 부동산개발의 투자분석 기법은 사업의 초기 단계에 사업을 진행할 것인지 아니면 보류할 것인지에 대한 사업타당성을 판단하는 의사결정 역할과 동시에 개발이 진행하고 있거나 개발이 완료되었을 경우 발생하는 수익에 대한 예측의 역할을 하고 있다.

또한 부동산투자자는 단기적 투자자와 장기적 투자자로 나눌 수 있으며 단지 투자에 있어서 다음과 같은 지표를 통해 투자 여부를 판단하게 된다.

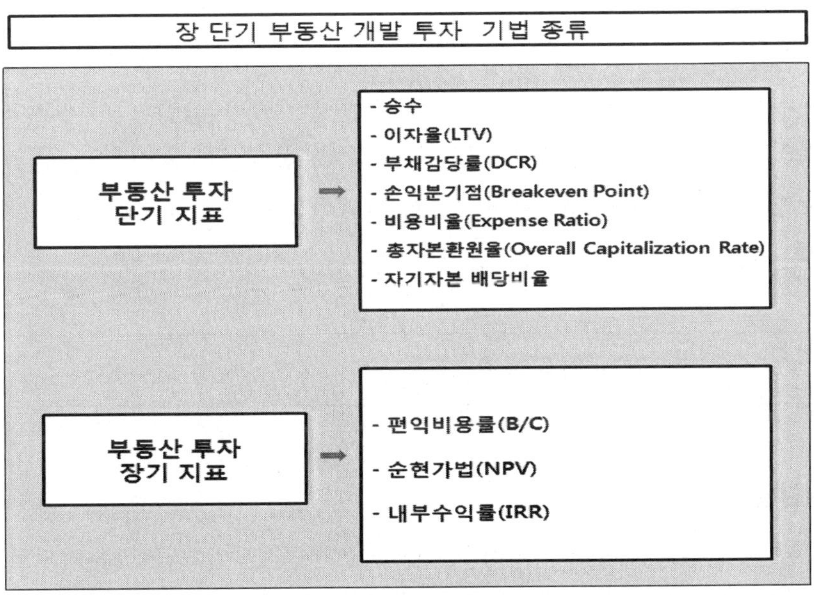

[그림 20] 장단기 부동산개발 투자 기법 종류

---

67) 노태욱 외 3인, 부동산계량론, 부연사, 2006, pp.210～214.

1. 단기 투자 타당성 지표

(1) 승수법

승수는 크게 순소득 승수(Net Income Multiplier : NIM)와 총소득 승수(Gross Income Multiplier : GIM)로 구분되며 각 승수는 낮을수록 투자자에게 유리하다.

순소득 승수는 취득가격에서 순운영소득의 비율을 의미하며 공식은 다음과 같다.

순소득 승수 = 취득가격 ÷ 순운영소득

여기서 취득가격은 건물을 구입하는 데 드는 비용을 말하고, 순운영소득은 임대수입에서 운영비용을 차감한 금액이다.

총소득 승수는 취득가격에 대한 유효 총소득의 비율이다.

총소득 승수 = 취득가격 ÷ 유효 총소득

(2) 융자율

융자율(Loan to Value : LTV)은 취득가격에 대한 부채의 비율을 나타내는 것으로 산식에 의해 나온 비율은 부동산 금융의 위험 정도를 측정하는 데 사용되며 이 비율이 높을수록 금융위험도가 비례하여 높아지게 된다. 일반적으로 대부자들은 일정비율의 융자율을 제시하고 있다.

LTV = 부채금액 ÷ 취득가격

(3) 부채감당률

부채감당률(Debt Cover Ratio : DCR)은 순운영소득을 연 원리금 상환액으로 나눈 것이다. 일반적으로 부채감당률이 1을 넘어야 부채 상환능력이 있는 것으로 본다.

자금을 빌려주는 대부자는 통상 1.1~1.3의 부채감당률을 요구한다.

DCR= 순운영소득 ÷ 연 원리금 상환액

(4) 손익분기점

손익분기점(breakeven point)은 임대수입으로 각종 비용을 지급할 수 있는지를 보여주는 지료로 운영비용과 부채 상환액을 함한 금액을 총임대소득으로 나누어 계산한다.

손익분기점 = (운영비용 + 부채상환액) ÷ 총임대소득

(5) 비용비율

비용비율(expense ratio)은 여러 부동산을 비교할 때 사용하는 지료로 운영비용을 유효총소득으로 나눈 값이다. 유효 총소득이 일정할 때 비용 부분을 줄이게 되면 비용비율이 높아지게 된다.

비용비율 = 운영비율 ÷ 유효 총소득

(6) 총 자본환원율

총 자본환원율(over capitalization Rate)은 구입한 부동산에서 매년 어느 정도의 순운영소득이 발생하는지를 측정한다. 이것은 순운영소득을 취득가격을 나누어 계산할 수 있다.

총자본환원율 = 순운영소득 ÷ 취득가격

(7) 자기자본 배당비율

통상 부동산을 개발하고 구입하기 위해서는 자금을 대출 받아야 하는 경우가 많다. 자기 자본만으로 부동산을 개발하고 구입하는 것보다 대출을 받는 것이 유리하기 때문이다.

따라서 자기자본과 부채를 모두 합쳐서 계산하는 총 자본환원율보다는 자기자본에 대한 수익이 얼마나 되는지 알 수 있는 비율이 필요하다. 이 비율은 특히 초기 수익성을

측정하는 데 일반적으로 사용되며 부동산 산업에서는 일반적으로 시장에서 결정된 자기자본 배당비율의 범위가 있다.

자기 자본 배당 비율 = 세전 현금수지 + 초기 자기자본

2. 장기 투자 타당성 기법

부동산은 초기 매입부터 임대기간 최종 매각 기간 등 투자자의 성향과 투자 기간에 의해 단기투자 혹은 장기 투자로 구분되어진다. 앞서 살펴본 단기 지표의 경우 단순히 계산된 비율은 다른 방법에 의해 계산된 비율과 직접적인 비교가 곤란하다.

(1) 편익비용률

편익비용률(Benefit, Cost ratio : B/C)이란 현재가치로 할인한 수익의 합계를 현재가치로 할인한 비용의 합계로 나눈 비율을 말한다.

편익비용분석 기법은 투자자가 의사결정을 하는 데 모든 비용과 가능한 모든 편익을 계산하여 여러 대안 가운데 최적의 대안을 선정하는 기업을 말한다. 투자자는 투자비용이 같다면 그 비용이 가장 적게 드는 대안을 선택한다. 주로 공공정책이나 프로그램 결과를 이해할 수 있도록 도와준다.

비용 편익 분석의 기법의 핵심은 투자 대상의 화폐단위로 측정되어야 하며, 그 화폐는 시간에 따라 변화하는데 주로 투자사업 등의 예산 결정상황에 사용되는 예가 많다.

(2) 순현재가치법

순현재가치(Net Present Value : NPV)를 순이익(net benefits)이라고도 하며, 현재가치로 평가한 총 수익에서 총 비용을 감한 것이다. 부동산투자분석법이 할인 현금수지분석법 중 하나이다. 장래에 기대되는 세후소득의 현가의 합계와 초기의 투자비용으로 지출된 지분(equity)의 합계를 서로 비교하는 것으로 여기서 할인율은 일반적으로 투자 안의 요구수익률을 전제로 한다.

순현재가치는 단순히 특정 자산으로부터 얻게 될 현재가치의 합에서 현금유출의 현재가치의 합을 빼 준 것으로 말하며 산출 공식은 다음과 같다.

순 현재가치를 구하는 공식

순현재가치 = 현금 유입의 현재가치 합 − 현금유출의 현재가치의 합

n년차에 현금수를 ACE_n으로 표시하면 다음과 같다.

$$NPV = \sum_{0}^{t} ACE_n \cdot \frac{1}{(1+i)^n}$$

순현재가는 투자로 인한 기업의 가치의 순증가분을 의미하며 어떤 자산이 NPV가 0보다 크면 투자 시 기업 가치의 순 증가가 발생하며 투자가치가 있는 것으로 평가한다. 반면 NPV가 0보다 작으면 기업 가차의 순감소로 발생되므로 투자가치가 없는 것으로 평가한다. 마지막으로 NPV가 극대화되도록 투자함으로 기업가치 극대화를 달성할 수 있다.

순현가를 구하는 공식도 마찬가지로 순현가가 0보다 크거나 같으면, 투자자가 투자하는 의견을 채택하고, NPV가 0보다 작으면 투자자가 투자하는 의견을 기각하는 의사결정을 내린다. 아래 공식은 순현가를 구하는 공식으로 투자 금액으로부터 산출되는 순현금흐름의 현재가치로 차감하는 것이 순현가이다.

순현가를 구하는 공식

순현가 = − 지분 + 부도안보유기간 내 예상되는 매년의 세후현금수지의 현재가치
+ 부동산처분시 예상되는 지분복귀액의 현재가치

(3) 내부투자수익률

내부투자수익률(Internal Rate of Return : IRR)은 할인율로서 총수익과 총 비용을 같게 하는 것을 말한다. 내부투자수익률법이라고 한다.

현금할인의 한 방법으로 그 특징은 각 투자 안에 가져올 장래의 현금수익의 흐름이 지닌 현재가치가 투자 지출과 같아지도록 할인하는 이자율을 보는 데 있다. 이 내부 투자수익률은 NPV가 0이 되게 하는 할인율이다. 이 이자율이 투자 안의 내부수익률이고 그 것은 자본의 한계효율을 나타내고 있다.[68]

각 투자 안의 내부수익률을 계산하기 위한 두 가지의 전제조건이 필요하다.

첫째, 설비에서 해마다 얻을 수 있는 장래의 현금 수익의 정보가 필요하며, 둘째, 설비 투자액 즉 구입가격이 필요하다.

68) 유선종, 부동산 금융용어사전, 부연사, 2006. p.61.

내부투자수익률을 구하는 공식은 다음과 같다

$$C=\frac{R_1}{(1+r)}+\frac{R_2}{(1+r)^2}\cdots\cdots\cdots\cdots\frac{R_n}{(1+r)^n}+\frac{S}{(1+r)^n}$$

이 공식은 현재가치법의 공식과 비슷하지만 내부수익률법의 경우에는 미지수가 r이다.

이 식에서 구하고자 하는 것은 장래의 현금수익의 흐름 R에 적용해서 그 현재가치가 C(설비투자액)와 같게 되도록 할인하는 이익률 r이다.

공식에서 알 수 있듯이 미래 발생될 수 있는 현금수익률이 크면 클수록 투자의 이익률이 높고 설비 투자액이 적을수록 이익률이 높다.

(4) 순현가법과 내부수익률의 비교

앞서 설명하였듯이 장기 투자의 경우 시간의 흐름에 따라 화폐가 변동하는 특징을 가지고 있으므로, 장기간에 걸친 화폐의 변동을 이해하는 것이 중요하다.

장기 투자 시 일반적으로 쓰이고 있는 투자기업의 경우 대표적으로 순현가법(NPV)과 내부수익률(IRR)을 주로 이용하여 투자 의사결정을 하는데 이 두 기업은 차이가 있다.

순현가법은 요구수익률을 할인율로 사용하지만, 내부수익률법은 내부수익률을 사용하고 있다.

일반적으로 순현가법이 투자판단의 준거로 내부수익률법보다 선호되고 있으며, 이론적으로 우수하다. 그럼 과연 어떠한 이유로 인해 순현가법이 내부수익률법보다 투자 시 의사결정에서 더 선호하는지에 대한 이유는 다음과 같다.[69)]

1) 재 투자율 문제

순현가법이나 내부수익률은 둘 다 기간 중에 발생하는 손익을 당해 사업에 재투자한다고 가정하고 있다. 요구수익률은 유사한 투자대안에 투자할 때 얻을 수 있는 수익률이지만 내부수익률은 해당 투자사업 그 자체에 대한 수익률일 뿐이다. 순현가법에서는 재투자에 대한 할인율로 요구수익률을 사용하지만 내부수익률법에서는 재투자에 대한 할인율로 내부수익률을 사용한다. 따라서 재투자에 대한 수익률로 요구수익률을 사용하는 순현가법의 가정이 더 현실적이다.

---

69) 김상명 외 1인, 부동산학개론, 범론사, 2005, pp.165~166.

2) 부(富)의 극대화 문제

순현가법을 사용하면 주어진 가용자금을 한곳에 투자하든, 여러 곳에 투자하든 부의 극대화를 달성할 수 있다. 순현가법은 투자액에 대한 요구수익률을 충족시키고 남은 순현가분만큼 투자자의 부의 증대에 기여한다.

〈표 8〉 순현가법과 내부수익률에 의한 투자우선순위 비교

투자대안	필요자금	순현가	내부수익률
가	5,000만 원	990만 원	17.9%
나	3,000만 원	650만 원	19.1%
다	8,000만 원	1,365만 원	15.1%
라	4,500만 원	882만 원	17.6%

순현가법에 의한 투자우선순위는 다 → 가 → 라 → 나가 된다.
내부수익률법에 의한 투자우선순위는 나 → 가 → 라 → 다가 된다.

3) 복수의 내부수익률 문제

- 전통적 투자사업과 비전통적 투자사업 : 자금이 기간 초에 한번만 투입되는 사업을 전통적 투자사업이라 하고, 초기뿐만 아니라 중기에도 자금이 투입되는 사업을 비전통적 투자사업이라고 한다. 주로 전통적 투자사업이 대부분이다.
- 내부수익률의 수 = 자금의 투입횟수 : 비전통적 투자사업의 경우 자금의 투입횟수에 따라 두 개 이상의 내부수익률이 동시에 생기게 된다. 때로는 내부수익률의 계산이 불가능하게 되기도 하는데, 이때에 의사결정의 준거로 내부수익률을 사용하기가 곤란하다. 이러한 경우 투자안의 순현가를 새로 계산하여 이를 0과 비교하여 투자가치를 평가해야 한다.

제3장

부동산개발 금융의 종류

제1절 부동산개발 금융의 개요

우리나라 부동산 금융은 최근 다양한 종류의 개발 금융의 등장으로 개발 재원 조달의 방법이 활발히 진행되고 있다. 주로 부동산개발 금융의 구분은 외환위기 전과 후로 나누어 살펴볼 수 있다.

1. 외환위기 전 부동산개발 금융의 흐름

부동산개발은 외환위기 이전에 주로 건설사가 시행과 시공을 동시에 수행하면서 부동산개발에 따른 재원 조달도 직접하고, 사업부지도 확보하는 등의 독자적인 부동산개발을 시행하였다. 따라서 우선 사업 부지를 확보하기 위한 자금조달은 당해 부동산개발의 사업성과는 별도로 건설사의 신용등급을 기초로 재원조달을 하였다.

부동산개발은 사업부지의 확보와 인허가 문제, 분양과 사업완료에 이르는 상당한 기간이 소요되면 각 단계별로 많은 위험요인이 잠재되어 있는 특징을 가지고 있다. 부동산개발에 자금을 빌려주는 금융기관 입장에서는 단순히 건설사의 신용도를 중시하여 건설사가 사업 상 어려움을 겪을 경우 이를 회수하는 방법의 제약과 어려움을 겪고 있었다.

외환위기 전에도 시행을 전문적으로 하는 사업자들도 있었다. 이들 사업자 역시 사업부지를 찾고 자신들이 가지고 있는 아이디어를 통해 개발 하고자 했지만, 금융기관으로부터 개발 재원을 조달하기는 쉽지 않았다. 주로 시행사들은 자기자금으로 사업을 진행하거나 선분양 방법을 통해 소비자 금융과 부동산 담보대출 방식을 활용하였다. 주로 부동산신탁회사의 개발신탁 방법을 통하여 자금을 활용하는 방식을 택하였다.

위와 같은 방식은 시행사가 사업 후보지를 확보한 후 부동산 신탁회사와 신탁업무약정을 체결하면, 부동산신탁사는 금융기관에 필요한 자금을 신청하여 개발 사업에 선정된 시공사에게 선수금을 지불하고 시공사는 다시 시행사에게 대여하여 시행사가 위의 자금으로 사업부지 매입대금을 지불하고 난 후 시행업무를 부동산 신탁사에게 개발신탁의 방식으로 위탁하였다.

부동산 신탁사의 적극적인 참여로 인해 시행사들은 개발 자금의 조달이 이루어졌고, 주로 개발신탁 방식을 통한 부동산개발 사업이 활발히 진행되었다. 자금회수에 상당한 기간이 소요되는 개발자금은 주로 제2금융기관의 단기자금을 활용하였다. 그러나 외환위기가 시작되면서 자산디플레이션 현상이 진행되면서 심각한 거래 위축으로 부동산 산업 또한 타격을 입었다. 부동산 가격의 하락으로 담보가치가 급락하게 되어 자금 수지의 기간불일치(miss-match)가 발생하면서 과중한 상환압박과 부동산 신탁의 도덕적 해이(moral hazard) 등이 발생하면서 신탁사들의 도산, 건설사들의 자금 회수 미확보로 인하여 상환을 하지 못하는 상황이 발생되면서 도산과 많은 이해 당사자들 간의 피해를 보게 되었다.

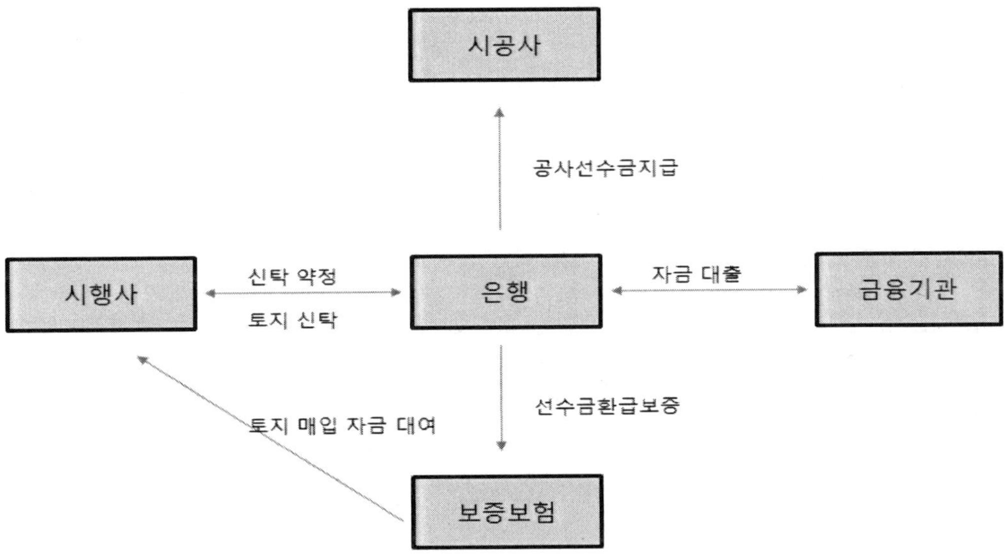

[그림 21] 부동산 신탁 방식에 의한 개발사업 구조

2. 외환위기 후 부동산개발 금융의 흐름

위에서 설명하였듯이 외환위기 이전에는 시공사인 건설사들의 신용도를 바탕으로 주로 은행권에서 일반차입금 형태로 부동산개발 자금을 조달하였으나 외환위기 이후 다양한 구조의 부동산개발 사업이 전개되면서 취급기관의 다변화, 부동산개발 금융의 다양화 등이 이루어졌다.

은행권의 경우 은행의 자본금과 고객 예수금을 조달 재원으로 취급되는 고유계정의 일반자금 대출과 기관투자자 등으로부터 위탁받은 특정 금전신탁을 조달 재원하는 부동산개발 금융이 있으며, 상호저축은행, 캐피털사 및 보험사 등 제2금융기관에서도 적극적으로 참여하였다. 이와 동시에 2004년 제정된 간접투자자산운용업법에 도입으로 부동산 펀드, 자산유동화법상의 SPC(명목회사)설립이 가능해서 상법상 SPC를 이용한 자금조달 등 부동산개발 금융의 조달 방법이 다양해졌다.

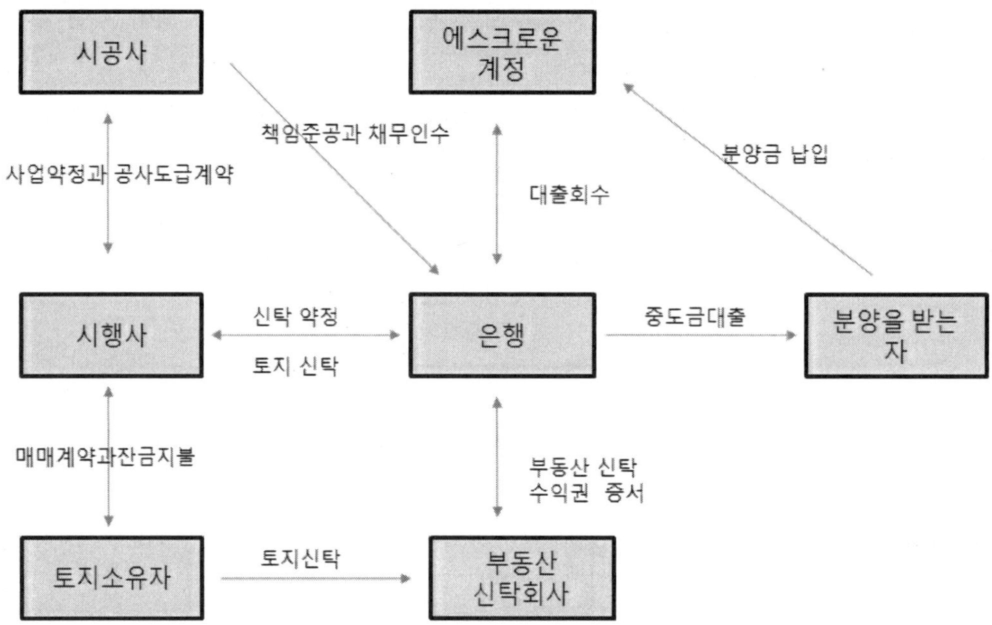

[그림 22] 일반적인 부동산개발 사업 금융 구조

오늘날 정보통신기술의 발전과 함께 세계 경제가 낙후된 금융 산업의 경쟁력을 높이는 데 노력해 왔으며, 이를 위한 다양한 정책들이 추진되어 오고 있다. 이러한 추세는 당분간 국내 부동산개발 금융시장에 상당 부분 반영될 것으로 전망된다.

제2절 초기 자금조달방법70)

1. 자기자금 또는 투자자 모집

시행사는 대부분 건설 등 관련 분야의 전문가로 부동산개발 사업을 하기 위해 설립된 회사이다. 이들은 풍부한 부동산개발 경험을 토대로 개발 사업에 적합한 사업후보지를 물색하고 사업 타당성 검토 후 매수 절차에 착수한다.

70) 정구익, 부동산개발 금융(PF)실무와 사례, 2007, pp.146~156.

이때 시행사는 매매계약금(통상적으로 매매대금의 10%)을 자기 자금으로 준비해야 하나 자기 자금이 부족하여 외부에서 자금을 조달하는데 주로 투자자 모집에 의한 자금조달이 대표적이다.

시행사는 사업타당성 검토 자료를 제시하고 투자자를 모집한 후 시행사의 사업추진능력과 신용도 및 사업타당성을 검토한 후 투자를 결정하게 되며 매매계약금에 투자한 투자자들은 은행 이자율보다 높은 수준의 이자를 지급하며 개발 사업에 대한 일정한 지분을 보장해 주기도 한다.

2. 브리지 론

부동산개발 사업을 하는 시행사는 매매계약금 지불을 위하여 일시적으로 제2금융권에서 자금을 조달하고, 그 이후 금융기관에서 매매잔금 및 초기사업비 마련을 위한 부동산개발 금융을 조달하여 제2금융권 차입금을 상환하는데 이렇게 일시적으로 차입하는 대출금을 통상 브리지 론(bridge loan)이라 한다. 매매계약금을 조달하기 위하여 가장 많이 이용되는 방법으로 상호 저축은행의 브리지 론을 들 수 있다.

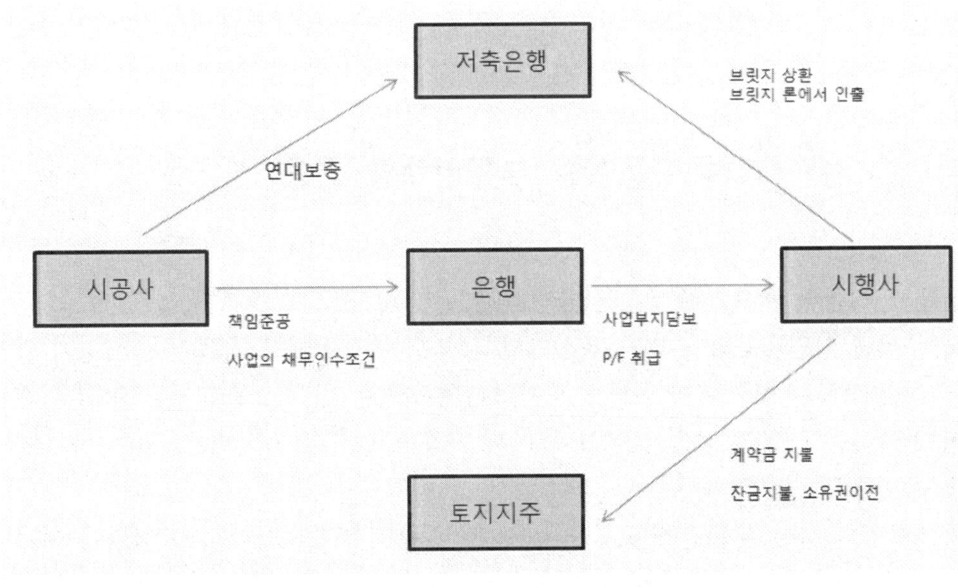

자료 : 정구익, 부동산개발 금융(PF)실무와 사례, 한국생산성 본부, 2007, p.148.

[그림 23] 브리지 론의 구조

상호저축은행 중에서 부동산개발 금융을 취급하는 곳은 2006년 말 현재 79개사로 109개사 중 72.5%이며, 총 대출금이 차지하는 비중은 2004년 6월 10.7%, 2006년 6월 13.0%, 2006년 말에 15.9%(11조 2,660억 원)등 계속 증가하는 추세이다.

대부분 부동산개발사업에 대한 대출은 부동산을 개발해 분양하는 시행사에게 토지매매계약금등을 먼저 대출하고 시행사가 사업승인 등을 얻은 후에 제1금융권으로부터 매입자금 전체를 대출받아 저축은행의 대출금을 상환하는 브리지 론의 성격을 가지고 있다.

3. 시공사 대여금 활용

시공사들은 도급공사 물량을 사전에 확보하기 위하여 시행사들이 사업 부지를 매입할 때에 매매계약금을 활용할 수 있도록 대여금을 지원한다. 시행사 입장에서 시공사의 대여금을 통해 손쉽게 매매계약금을 확보할 수 있으며, 시공사 입장에서는 대여금을 제공하는 조건으로 도급물량을 사전에 확보하며 또한 도급 공사비를 높게 책정하기도 한다. 또한 사업이익에 대한 일정 지분을 취득하기도 한다. 그러나 시공사로부터 원활하게 대여금을 지원받기 위해 시행사와 시공사간의 신뢰도가 형성되어야 하며 해당 사업부지의 사업타당성도 확보되어야 한다.

제3절 은행에서 취급하는 부동산개발 금융

은행에서 취급하는 부동산개발 금융상품은 특별한 구조를 가지고 있지 않다.

그러나 일반 기업금융과 달리 부동산개발 금융은 독립된 프로젝트의 사업성에 근거하여 취급을 결정하는 것으로 부동산개발 사업에 수반되는 많은 리스크와 다수의 이해관계자들이 참여하는 사업인 점을 감안하여 더욱 신중한 심사를 거치며 상대적으로 높은 수준의 금융비용을 요구한다.

은행에서 취급하는 부동산개발 금융 상품은 은행의 자기자본이나 고객들이 예치하는 일반 예금을 재원으로 하는 일반자금 대출과 기관투자자 등으로부터 수탁을 받는 신탁자금을 재원으로 하는 신탁대출이 있다.

또한 부동산개발 사업은 대부분 대규모의 자금조달이 필요하여 주간사 은행을 선정, 각종 약정서와 대출 조건 등을 확정한 후 대주단(syndication)을 구성하여 필요자금을 조달하기도 한다.

1. 일반자금 대출

은행은 자기자본이나 고객들이 예치하는 일반 예금을 재원으로 은행이 신용위험을 부담하고 취급하는 대출이며, 분양수입금을 상환재원으로 하여 통상 시공사의 공사비보다 우선적으로 회수할 수 있는 권리를 확보한다.

〈표 9〉 일반자금 대출 개요

구분	내용
차주	시행사
대출 취급 시기	사업부지 매매계약체결 후 또는 사업승인 완료 후
대출 한도	사업부지 매매대금의 100%수준 - 대출자금 용도 : 매입대금 90%, 초기사업비 10% - 계약금 10%는 자기 자본으로 충당
채권보전방법	○ 분양보증대상사업 - 분양 승인 전 : 부동산 신탁 수익증권서 질권 설정 - 분양 승인 후 : 신용대출로 전환, 사업부지는 부기등기로 전환(대한주택보증 분양보증 취득) ○ 분양보증 비대상 사업 : 부동산 신탁 수익권증서 질권 설정 ○ 시공사의 사업 및 채무인수 조건과 책임준공 부담, 필요시 시공사 보증(원리금 또는 이자보증) 취득
이자율/수수료	○ 이자율 : 고정 또는 변동금리 ○ 수수료 : 취급수수료, 중도상환 수수료, 신탁수수료 등
기타	○ 은행, 시행사, 시공사 간의 프로젝트 파이낸싱 약정서 체결 ○ 필요시 부동산 컨설팅사 앞 사업성 검토 의로 ○ 대규모 프로젝트인 경우 대주단을 구성하여 대출 취급기관을 복수로 구성함(신디케이트론, 클럽딜)

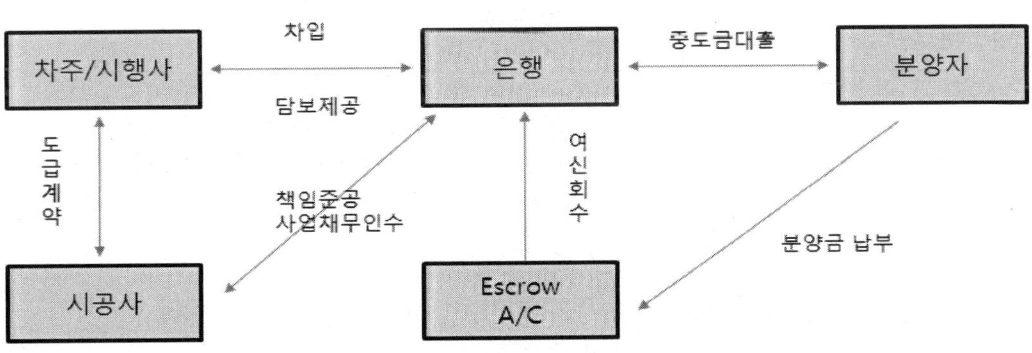

자료 : 정구익, 부동산개발 금융(PF)실무와 사례, 한국생산성 본부, 2007, pp.154.

[그림 24] 일반자금 대출 구조

또한 부동산개발 금융 취급은행은 수분양자 앞으로 분양금 대출을 해주게 되며, 최초 기업대출(부동산개발 금융)을 취급한 후 가계대출(중도금 대출)로 전환하는 구조를 가지고 있어 은행은 부동산개발 금융을 취급하여 기업과 가계 부문 모두에 실적을 올릴 수 있는 기회를 갖게 된다.

(2) 특정 금전신탁 운용지시

기관투자가 등으로부터 수탁받는 신탁 자금을 재원으로 하여 시행사가 지원하는 신탁대출은 은행의 수탁자로 선량한 관리의무만 부담하면서 신탁수수료만 향유하고 대출 운용에 대한 실적은 모두 기관 투자자가 향유하거나 사업 실패로 대출금을 회수하지 못하면 손실은 기관 투자가가 모두 부담한다.

〈표 10〉 특정 금전신탁 대출 개요

구분	내용
차주	시행사
대출 취급 시기	사업부지 매매계약체결 후 또는 사업승인 완료 후
대출 한도	사업부지 매매대금의 100%수준 - 대출자금 용도 : 매입대금 90%, 초기사업비 10% - 계약금 10%는 자기 자금으로 지급
채권보전방법	○ 분양보증대상사업 - 분양 승인 전 : 부동산 신탁 수익증권서 질권 설정 - 분양 승인 후 : 신용대출로 전환, 사업부지는 부기등기로 전환(대한주택보증 분양보증 취득) ○ 분양보증 비대상 사업 : 부동산 신탁 수익권증서 질권 설정 ○ 시공사의 사업 및 채무인수 조건과 책임준공 부담, 필요시 시공사 보증(원리금 또는 이자보증) 취득
이자율/수수료	○ 이자율 : 고정 또는 변동금리 ○ 수수료 : 취급수수료, 중도상환 수수료, 신탁수수료 등
기타	○ 은행, 시행사, 시공사 간의 프로젝트 파이낸싱 약정서 체결 ○ 필요시 부동산 컨설팅사 앞 사업성 검토 의로 ○ 대규모 프로젝트인 경우 대주단을 구성하여 대출 취급기관을 복수로 구성함(신디케이트론, 클럽딜)
특정 금전신탁 취급 효과(은행입장)	○ 신용위험을 위탁자에 전가 ○ 포트폴리오 분산 및 여신한도 규제 회피 ○ BIS 위험가중자산비율 관리용이(동 상품은 위험가중치를 제로로 적용함) ○ 대손 충당금 적립 부담 없음 ○ 특정 금전신탁 위탁자에게 정기예금보다 높은 배당률 제기 가능

기관 투자가는 신용 위험을 부담함에도 불구하고 신탁 목표배당률이 일반 예금보다 높기 때문에 철저한 사업성 검토를 바탕으로 특정 금전신탁을 통하여 시행사 앞으로 대출을 해 자산운용수익률 제고의 수단으로 활용하고 있으며, 은행도 신용위험 부담 없이 신탁 수수료를 향유할 수 있는 상품으로 이용하고 있다.

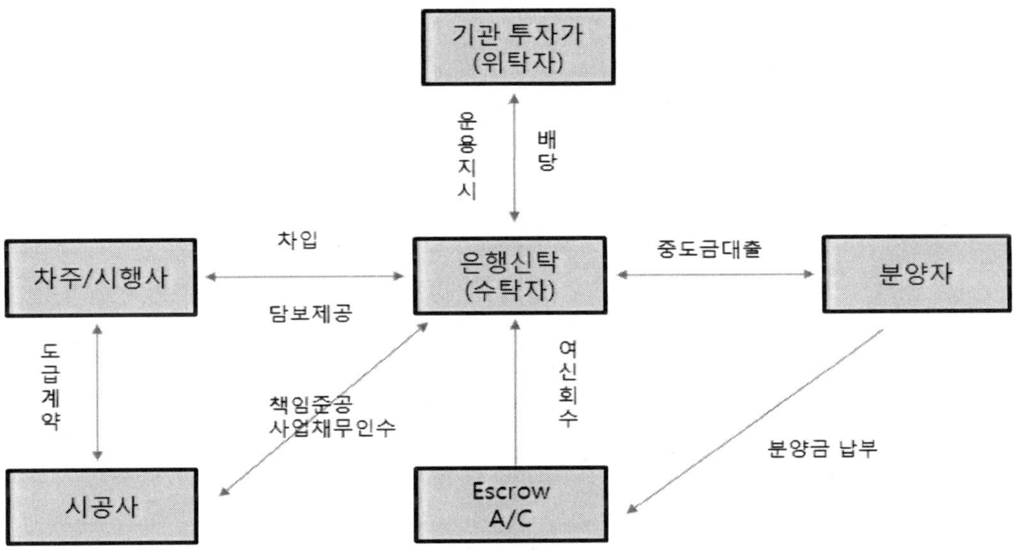

자료 : 정구익, 부동산개발 금융(PF)실무와 사례, 한국생산성본부, 2007, pp.155.

[그림 25] 특정 금전신탁 대출 구조

(3) 재건축과 재개발 관련 금융

재건축과 재개발 사업 시 소요되는 자금 용도로 사업비와 이주비가 있다. 사업비는 조합이 재건축, 재개발 사업을 추진하기 위하여 지출하는 토지매입비, 인허가 추진비용, 분양 촉진 비용 및 조합 운영비 등을 말하며, 이주비란 재건축과 재개발을 추진하기 위해서 거주중인 조합원들이 이주를 하기 위한 임차주택 구입에 충당하는 자금으로 의미한다.

재개발과 재건축 사업 추진 시 시공사가 결정되면 시공사가 직접 거래은행과 협의하여 사업비와 이주비의 취급 조건 등을 결정하며 이때 채권 은행은 부동산개발 금융과 달리 사업성보다는 시공사의 지급 보증 능력에 의존하여 지급 결정을 한다. 취급절차가 비교적 단순하고, 금융비용도 시공사의 신용도에 따라 차등 적용되어 부동산개발 금융보다 저렴하게 재원을 조달할 수 있다.

〈표 11〉 재건축(재개발) 관련 금융 개요

구분	내용
차주	ㅇ사업비 : 조합 또는 시공사 ㅇ이주비 : 개별 조합원 또는 조합
대출 취급 시기	공사도급계약 체결 후
대출 한도	ㅇ사업비 : 조합 사업비 범위 내 ㅇ이주비 : 시공사와 공사도급 계약 시 조합원 1인당 한도 설정 - 무이자 대출(시공사가 이자 부담), 유이자 대출(조합원이 이자 부담) - 조합원 지분 평가금약 범위 내 대출한도 부여
채권보전방법	ㅇ사업비 : 시공사 연대보증 ㅇ이주비 : 조합원 지분 담보 제공 또는 시공사 연대보증
이자율/수수료	ㅇ이자율 : 고정 또는 변동 ㅇ수수료 : 중도상환 수수료
상환재원	ㅇ사업비 : 일반분양수입금 ㅇ이주비 : 전세금 반환자금 또는 입주 시 담보대출로 전환
기타	ㅇ조합원 총회의 차입의사등록증 필요 ㅇ시공사가 주관하여 거래은행으로부터 자금조달

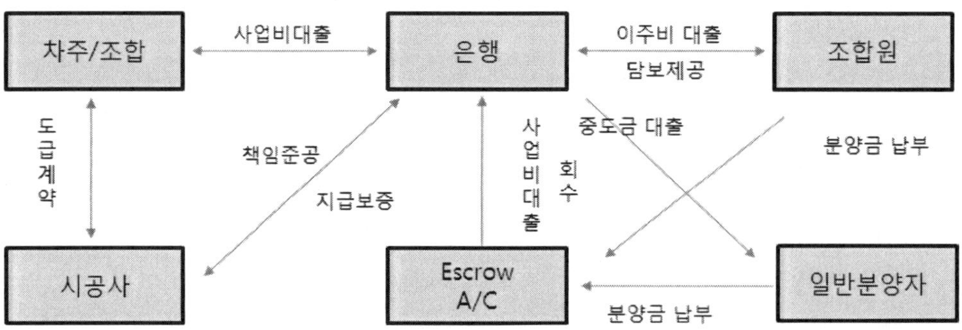

자료 : 정구익, 부동산개발 금융(PF)실무와 사례, 한국생산성본부, 2007, pp.157.

[그림 26] 재건축(재개발) 금융 구조

제4절 자본시장을 통한 부동산개발 금융의 종류

1. 부동산 펀드의 개요

2004년 '간접투자자산운용업법' 시행 이후 등장한 상품으로 정부의 부동산 억제 정책으로 부동산을 직접 보유하기 어려운 투자자들과 저금리 위주의 금리정책에 다른 고금리 상품을 희망하는 투자자들에게 유망한 투자대안으로 자리매김하고 있다.

부동산 펀드는 넓은 의미로 "부동산에 투자하기 위하여 결성된 자금의 집합체"로 정의될 수 있다. 부동산투자를 목적으로 개인들 간의 사적 계약을 통해 자금을 모집하는 경우부터, 대규모 부동산개발사업의 사업자금조달을 위하여 여러 금융기관이 대주단을 만드는[71] 경우도 포함이 된다.

부동산 펀드는 근거 법률에 의해 규제를 받는 경우와 그렇지 않는 경우, 지분(equity)형태로 투자하는 경우와 대출(debt)형태로 투자하는 경우 등으로 다양한 형태를 가질 수 있다.

부동산 사업에 투자하는 경우 불특정 다수를 대상으로 자금을 모아 부동산투자 전문기관이 펀드 자산을 운용하고 수익을 내 배당하며, 이러한 과정은 법률에 의하여 규제받는 진정한 의미의 부동산 펀드는 '간접투자자산운용업법'에 의해 가능해졌다. '간접투자자산운용업법'에 의해 설정된 부동산 간접투자기구는 조성된 자금으로 부동산 또는 부동산 관련 유가증권 등에 주로 투자를 하고 발생되는 수익을 투자자에게 배당함으로써 진정한 의미의 부동산 펀드로서의 기능을 하고 있다.[72]

다음 [그림 27]의 구조를 간략히 설명하면 부동산 펀드는 간접투자자산운용업법을 근거로 개발된 살품으로 일반 투자자에게 판매사가 자금을 모아 그 자금으로 자산운용사는 아파트 · 오피스텔 · 상가 등 부동산개발사업과 임대사업, 사회간접자본 시설투자를 통해 창출된 수익(개발수익, 임대수익, 대출이자수익)등을 투자자에게 해당 지분별로 돌려주는 상품이다. 주로 운용 실적에 따라 투자수익을 배분하는 수익구조를 가지고 있다.

71) 이러한 방법을 신디케이션론(syndication loan)이라고 한다. 다수의 금융기관들이 차관단을 구성하여 하나의 대출계약에 의해 공통의 조건으로 차주에게 일정한 금액을 융자하는 대출 방식이다. 신디케이션론은 금융규모가 거대하거나 하나의 금융기관이 이를 공여할 능력이 없거나 또는 거액대출에 따르는 위험을 분산시키기 위해 이용되었다.

72) 유선종, 부동산금융용어사전, 부연사, 2006, p.155.

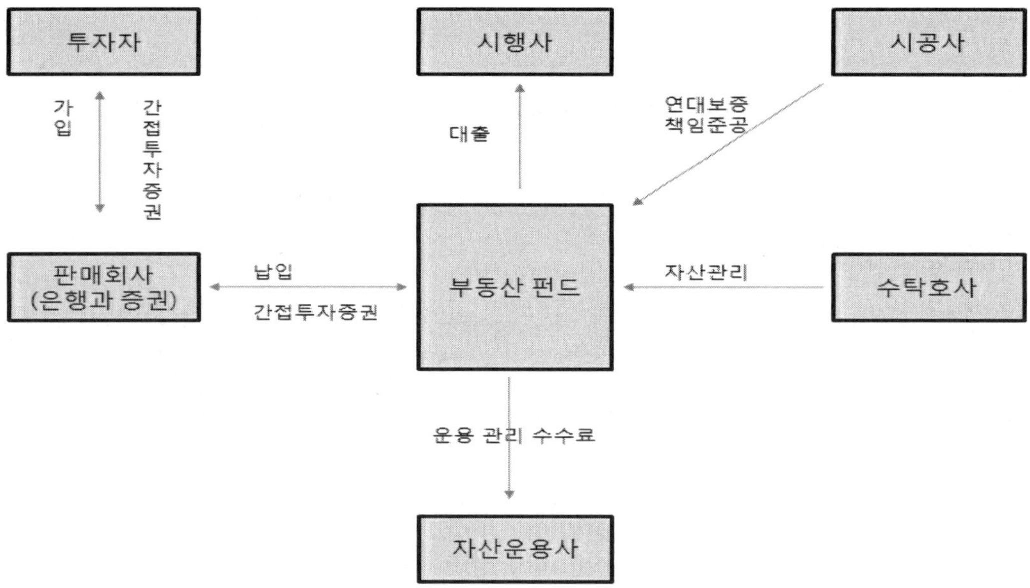

[그림 27] 부동산 펀드의 구조

2. 자산유동화증권

자산유동화제도란 자산을 담보로 채권을 발행하여 자금을 조달하는 제도를 발하며 이를 구체적으로 설명하면 자산유동화증권(ABS : Asset Backed Securities)이란 금융기관 및 기업 등이 보유하고 있는 특정 자산 중 일부를 유동화 자산으로 집합(pooling)하여 이를 유동화중개회사(SPC)에 매각하고 자산을 매입한 유동화 중개회사가 이를 담보로 ABS를 발행하고 유동화자산으로부터 발생하는 현금흐름으로 발행증권의 원리금을 상환하는 증권이다. ABS의 중요한 장점은 자산보유자의 재무상태를 개선할 수 있다. 또한 기업이 매출채권을 유동화하여 ABS를 발행할 경우 매출채권 등 기초자산이 감소하는 대신 부채를 증가시키지 않고 자금을 조달할 수 있다.

자산유동화증권은 주로 부동산, 매출채권, 유가증권, 주택저당채권등과 같은 유동성이 낮은 자산을 담보로 발행되며, 담보자산 종류에 따라 각각 다른 명칭을 부여한다.

(1) 주택저당유동화증권(MBS)

주택저당유동화증권(Mortgage Backed Securities)이란 금융기관이 모기지론을 통하여 보유하게 된 주택저당채권을 기초자산으로 하여 발행되는 증권으로 주택저당채권의 미래 현금흐름을 담보로 하여 자본시장에서 2차로 발행 · 매각되는 증권의 총칭을 의미한다.

일반적으로 금융기관은 모기지론을 통해 주택저당 채권을 보유하게 되는데, 모기지론이란 1차 주택저당 대출시장에서 은행 등의 대출기관이 주택수요자로부터 융자금의 상환을 보증받기 위해 주택에 대한 저당권을 설정 받고 제공하는 융자이며, 주택저당채권은 이러한 융자의 실행으로 금융기관이 보유하게 되는 주택에 대한 저당권으로 담보된 대출 채권을 의미한다.

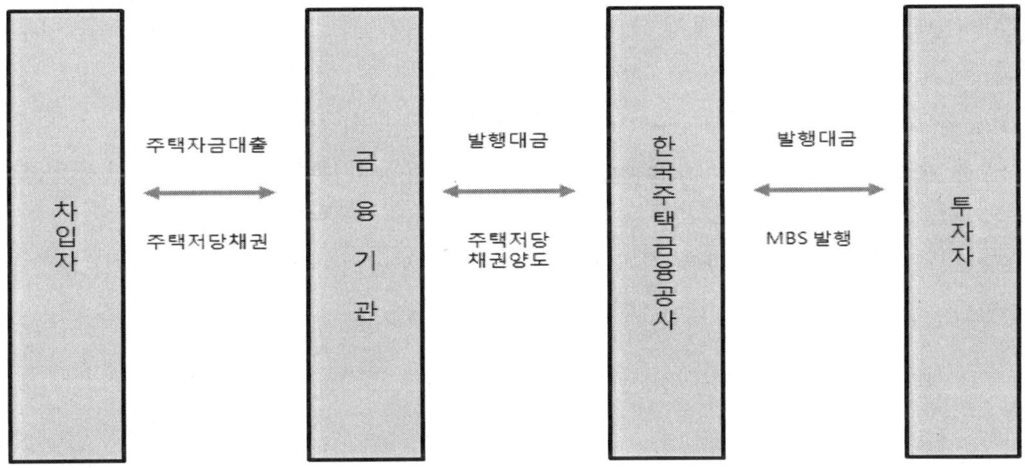

자료 : 한국주택금융공사 홈페이지(www.KHFC.co.kr)

[그림 28] 주택저당 유동화 제도의 구조

(2) 채권담보부증권(CBO)[73)]

채권담보부증권(Collateralized Bond Obligations)은 자산유동화에관한법률에 의거 채권을 기초 자산으로 하여 발행되는 유동화증권으로 ABS(Asset Backed Securities)의 일종이다.

일반적으로 자산유동화증권이라 하면, 모든 유형의 자산을 기초로 발행되는 유가증권의 총칭을 의미하는 것으로, 만기구조나 자산의 신용도가 서로 다른 다수의 사채나 대출채권을 하나로 모아 풀로 구성하고 이를 기초를 CB)나 CLO같은 유동화 증권을 발행한다. 보통 이를 근거로 발행되는 유동화증권 역시 다양한 구조를 지니고 있으므로 이를 근거로 발행되는 유동화증권 역시 만기와 우선순위가 서로 다른 계층 구조로 이루게 된다.

현 시점에서는 현금이 아니지만 장래의 현금으로 전환 할 수 있는 자산, 즉, 대출채권, 부동산, 할부대출 등으로 담보로 발행하는 증권을 말한다.

---

73) 유선종, 부동산금융용어사전, 부연사, 2006, p.285.

(3) 대출담보부증권(CLO)[74]

대출담보부증권(Collateralized Loan Obligations)이란 은행의 대출채권을 묶어 풀을 구성한 뒤 자산유동화전문회사(SPC)에게 매각하고 자산 유동화전문회사는 풀의 대출채권을 담보로 유동화 증권을 발행하는 것으로 자산유동화 증권(ABS)의 일종이다. 일반적으로 그 만기구조나 자산가치의 우량도가 서로 다른 다수의 사채 또는 대출채권을 집합적으로 모아 이를 담보로 유동화증권(CLO, CBO)을 발행하여 통상 그 풀의 구조가 다계층적 구조로 발행되는 유동화증권 역시 그 만기 및 우선순위가 서로 다른 다계층구조를 이루게 된다.

일반적으로 은행이 유동성을 확보하기 위한 수단으로 사용한다. 즉 은행들은 CLO발행을 통해 부실채권(NPL : Non-performing Loan)[75]을 유동화시킬 수 있을 뿐 아니라 해당 금융기관 장부상 대출 채권 축소를 통한 BIS(자기자본비율)을 제고할 수 있다.

또한 신용보증기금이 보증을 서기 때문에 은행이 부담하는 대출위험이 줄어드는 이점도 있다.

제5절 부동산투자신탁(REITs)에 의한 자금조달

1. 부동산 투자신탁의 정의

부동산투자신탁(real estate investment trusts)은 부동산투자를 위해 주식 발행으로 투자자를 모집하여 리츠 회사를 설립한 후, 투자 수익을 주주에게 배당하는 부동산투자 전문 주식회사이다.

일반 투자자로부터 자금을 모아 부동산 또는 부동산 관련 상품에 투자하고 그 투자 수익을 투자자에게 배당하는 회사이다. 따라서 REITs는 부동산 금융 상품이 아니라 주식을 발행하는 부동산 회사이다.

---

74) 유선종, 부동산금융용어사전, 부연사, 2006, p.72.

75) 부실채권(NPL)은 일반적으로 금융기관 관리비용의 증가, 유동성의 악화 및 금융중개능력의 저하로 파급되어 결국 금융기관의 자산 건전성 악화로 금융시스템 전체에 대한 신뢰성을 저하시키고, 실물경제에 까지 도 부정적인 영향을 미치는 악순환의 원인이 된다. 부실채권은 기본적으로 재정적 어려움에 처하여 일정기간 이자를 지급하지 못하거나 높은 신용위험으로 집중적인 관리를 요하는 부실화될 우려가 높은 채무자에 대한 채권이다.

리츠는 부동산에 직접 투자하는 Equity REITs와 부동산 담보 Loan에 투자하는 모기지(mortgage) REITs, 양자 간을 조합한 Hybrid REITs가 있다.[76)]

우리나라의 경우 2001년 7월에 부동산투자회사법 제정을 통해 REITs제도를 도입했다. 도입 당시 국내 상황은 외환위기 이후 국내 경기 활성화 측면에서 소액 투자자들의 자금을 유동화 시킬 하나의 방편으로 도입하였으며, 아직까지 활성화되지는 못하고 있다. 그 이유로는 그 당시 국내 부동산시장의 가파른 상승으로 인해 부동산투자신탁의 필요성을 못 느낀 대부분의 투자자들은 전형적인 금융방식을 통해 재원을 확보한 후 투자를 하였고, 이로 인한 수익은 다른 부동산 관련 상품에 투자한 것에 비해 높은 수익률을 얻을 수가 있었다. 또한 부동산 관련 상품에 대한 홍보 역시 부족하여 투자자들이 상품인식정도가 매우 낮아 투자를 못하는 경우도 발생하였다. 따라서 현재 부동산 경기 위축으로 인한 투자처 확보의 어려움과 부동산 금융기관들의 홍보로 인해 부동산 관련 금융상품들의 판매가 매년 증가하고 있다.

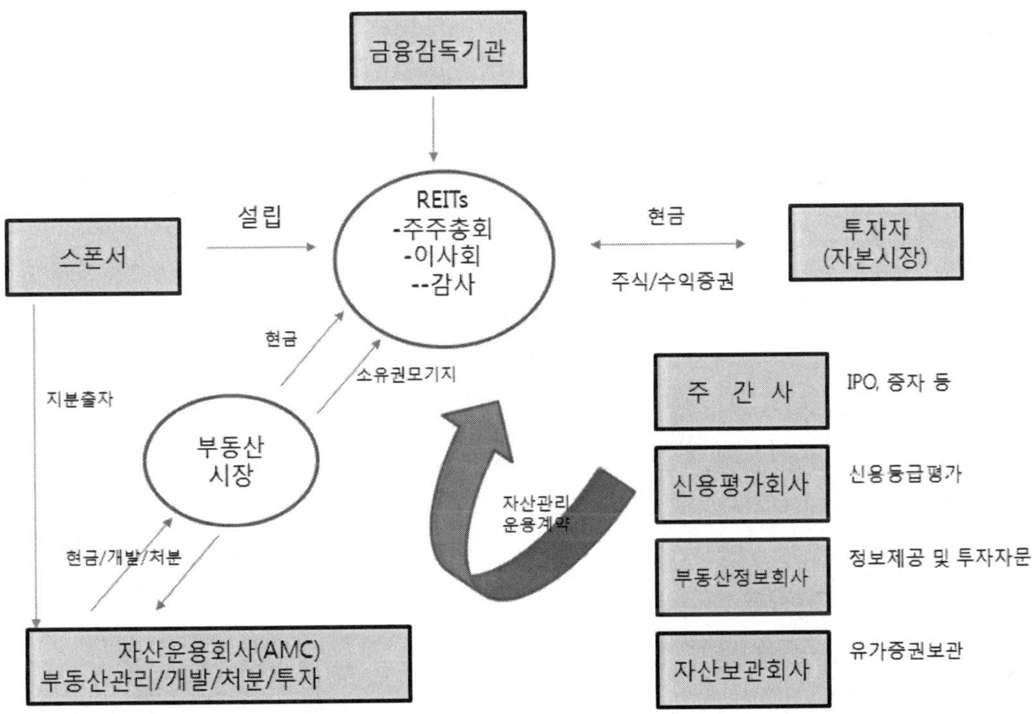

자료 : 김상명 외 1인, 부동산학개론, 법륜사, 2005, p.339.

[그림 29] 리츠의 구조

76) 상장리츠의 시가총액의 91%가 Equity REITs, 5%가 모기지(mortgage) REITs, 4%가 Hybrid REITs이다.

2. 부동산투자신탁의 특징

부동산투자신탁은 유동성이 결여된 부동산을 증권화했다. 부동산투자신탁 법안의 성격은 다음과 같다

① 부동산 신탁은 일종의 부동산 뮤추얼 펀드라고 할 수 있으며, 투자회사의 신뢰도를 투자자가 판별하기 쉽지 않다. 자산 규모면으로 판별하기보다는 재무구조상태를 보고 회사의 가능성을 판단하며 이는 아직까지 부동산투자신탁이 국내에 도입 초기단계로 볼 수 있다.

② 소액 투자자에게 투자의 기회를 제공한다. 통상 부동산을 투자할 경우 상당한 자금이 필요하다. 이는 소액을 보유하고 있는 투자자에게는 상당히 부담스럽다. 이에 부동산투자신탁의 경우 소액 자본에 의해 부동산투자의 활성화를 기여할 수 있고, 투자의 기회를 제동하여 부동산 가격 상승 시에 이익을 향유하게 한다.

③ 경제구조조성의 수단 확보이다. 규모가 큰 기업부동산의 매매의 어려움과 매매 후 소유 지분의 일부 보유가 가능하고 투자자들도 주식 매각으로 현금화할 수 있다.

④ 부동산시장의 선진화가 가능하게 된다. 부동산개발을 통해 일정의 현금 흐름을 창출하여 부동산의 내재가치인 수익과 수급으로 결정되는 시장가격의 차이를 줄일 수 있고, 부동산 정보의 투명성 역시 제고될 수 있다.

⑤ 부동산시장의 자본 유입 : 부동산의 유동화, 투자에 따른 위험 감소, 수익성에 근거한 선진 가치 평가방식을 도입하여 부동산시장의 정보공개와 불투명성을 상당 부분 해소할 수 있어 외국 투자자의 적극적인 참여를 유도 할 있다.

⑥ 부동산개발을 위한 새로운 자금의 조달 방식의 제고, 부동산개발의 전문성 확보, 기업공개를 통한 지분의 환금성 확보, 부동산 증권화의 촉진 등 투자자에게 유리한 부동산시장을 마련할 수 있다.

3. 부동산투자신탁의 종류

(1) 투자 대상에 따른 분류

① 지분형 REITs : 투자자산의 일정비율을 부동산소유 지분으로 구성

② 모기지형 REITs : 투자자산의 일정비율을 부동산 관련 대출에 운영되고 있거나 주택부동산 저당에 투자

(2) 환매가능 여부에 따른 분류

① 개방형 REITs : 회사가 투자자의 환매요구에 언제든지 응하는 형태
② 폐쇄형 REITs : 투자자가 직접 REITs회사에 대해 환매 요청할 수 없고 그 대신 증권 시장에서 주식을 매각하여 투자한 자금을 회수

(3) 기한 한정에 따른 분류

① 무기한 REITs : 존속기간이 정해져 있지 않은 REITs
② 기한부 REITs : 일정기간 후 보유 자산을 매각하여 매각 대금을 투자자에게 배분한 후 해산됨

〈표 12〉 리츠와 부동산 간접투자방식 간의 비교

구분	리츠(REITs)	CR REITs	부동산간접투자기구
근거법	부동산투자회사법	부동산투자회사법	간접투자자산운용업법
주된 업무	부동산 매입 개발 관리 매매	구조조정용 부동산 매입 개발 관리 매매	부동산 관리, 개량, 개발, 임대차 등
증권	주식	주식	주식
자본금	250억 원 이상	250억 원 이상	없음
자금조달	공모(자본금 30% 이상)	사모가능	공모, 사모가능
세제혜택	유통/보유과세 감면추진	취등록세 50% 감면 종토세 분리과세 특별부가세 감면	취등록세 50% 감면 종토세 분리과세 특별부가세 감면
운영관리	자체 · 위탁관리	위탁관리	위탁관리
세제혜택	유통/보유과세 감면추진	취등록세 50% 감면 종토세 분리과세 특별부가세 감면	취등록세 50% 감면 종토세 분리과세 특별부가세 감면
영속성	영속회사 (상법상 실제 회사)	한시적 명목회사 (처분 후 해체)	영속회사
사업비조달	자기 자본금	자기자본금 자본금 50% 이내 차입가능	자기자본금
감독	국토해양부 인가 및 감독	금감위 협의 후 국토해양부 인가 및 감독	기획재정부 인가 및 감독

자료 : 각 근거법에 따른 재작성.

제4장

프로젝트 파이낸싱

제1절 프로젝트 파이낸싱의 개념과 특징

1. 프로젝트 파이낸싱의 개념

프로젝트 파이낸싱(project financing)이란 특정한 프로젝트로부터 미래에 발생하는 현금흐름을 담보로 당해 프로젝트를 수행하는 데 필요한 자금을 조달하는 금융기법을 총칭하는 개념이다.[77] 즉, 당해 모기업의 담보나 신용에 근거하여 대출하는 기존의 기업금융방식(corporate financing)과는 달리 사업주(sponsor)와 법적으로 독립된 프로젝트로부터 발생하는 미래현금흐름을 상환재원으로 삼고, 프로젝트 자산과 이해당사자와의 장기계약 등을 담보로 하여 사업주는 제한된 상환책임만 부담하면서 프로젝트에 소요되는 대규모 자금을 장기로 조달하는 방식이다.

이러한 맥락에서 프로젝트 파이낸싱이란 프로젝트의 재원을 의미하는 것이 아니라 자금을 동원하는 기법을 의미한다.

따라서 프로젝트 파이낸싱은 개발 사업 주체와 법적으로 독립된 개발 프로젝트에서 발생되는 미래의 부동산 수익을 근거로 자금을 조달하는 기법을 의미하며, 기존 차주사의 신용이나 담보력에 의해 자금을 조달하는 기업금융 방식과 차이를 두고 있다.

프로젝트의 실질적인 사업주가 자신의 신용으로부터 사업 위험을 절연시켜 자금을 조달하기 위한 프로젝트 회사(SPC)를 설립하고 사업에 창출되는 현금 흐름을 기초로 자금을 조달하며, 원리금의 상환재원도 순수 해당 프로젝트에서 발생하는 현금흐름으로 충당한다.

주로 프로젝트 파이낸싱의 활용은 사회간접자본 즉, 도로, 항만, 철도 등과 같은 SOC 사업에 활용되는 금융 기법으로 제조업체들의 대형 플랜트 설치 및 항공산업 등까지 확대되면서 부동산개발사업으로 발전하게 되었다.

프로젝트 파이낸싱(project financing)은 자금조달을 위한 금융기법의 종류에는 은행의 고유계정 자금으로 이루어지는 기법, 은행의 신탁계정(escrow account)자금으로 이루어지는 기법, 정책성 자금으로 이루어지는 기법 등이 있다.

형태별 분류는 프로젝트 파이낸싱(project financing)을 이용하는 경우, REITs(Real Estate Investment Trust)를 이용하는 경우, Mezzanine Capital을 이용하는 경우 등이 있다.

---

77) 박동규, "프로젝트 파이낸싱의 개념과 실체", 명경사, 2003. 6, p.3.

부동산투자신탁을 이용한 경우는 간접금융방식에 의한다는 점에서 본래 의미의 프로젝트 파이낸싱이라고 보기 어려우나 프로젝트 파이낸싱의 범주에 포함시키는 것이 일반적인 견해[78]이다.

〈표 13〉 프로젝트 파이낸싱과 기업금융 비교

구분	프로젝트 파이낸싱	기업(직접)금융
조직	- 조세편익상 파트너십 혹은 유한회사 - 프로젝트 자산과 현금흐름의 화사 자산으로부터 분리	- 흔히 회사형태 - 여러 개의 혼합사업자산으로부터의 현금흐름
규제와 감시	- 경영진의 통제, 감시기능강화 - 자산과 현금흐름의 분리관리는 투자자에게 신뢰감을 준다.	- 경영통제를 우선 - 이사회가 감시 - 투자자의 제한된 감시
위험배분	- 비소구 : 계약에 따름 - 참여자에게 배분가능 - 프로젝트자체의 위험개제	- 완전소구 - 시행자의 포트폴리오에 분산 - 보험 및 기타방법으로 분산
금융의 융통성	- 높은 정보 · 계약 · 거래비용 - 조직적이고 시간을 요함 - 내부발생현금은 Property project를 위해 유보가능	- 신속융자 - 사내자금 이용가능
여유현금흐름(free cash flow)	- 별로 신경 쓰지 않음 - 계약에 의해 투자자에게 배분	- 재투자와 배당간의 신중한 결정 - 다른 자금과 함께 기업정책에 따라 배분
기관비용(agency cost)	- 비용 저렴 - 프로젝트 실적에 따른 경영 인센티브	- 재투자와 배당 간의 신중한 결정 - 다른 자금과 함께 기업정책에 따라 배분
채무계약구조	- 특별한 담보자산에 관심 - 흔히 담보됨 - 프로젝트 성격에 조건을 맞춤	- 회사 전체의 포트폴리오에 관심 - 흔히 무담보 채권
파산	- 시행사의 파산과 절연 - 원금 회복의 어려움	- 사업주의 전체 재산으로 회복가능

78) 조주현, "부동산개발사업에 있어 프로젝트 파이낸싱 기법에 관한 연구 : 분양형 개발사업의 금융위험관리를 중심으로"(1), 2002. 7. 10, p.134. ; 구본창, "주택건설 프로젝트 금융 활성화방안 : 선분양사업을 중심으로", 응용경제(제5권 제3호), 2003. 12. p.121.

구분	프로젝트 파이낸싱	기업(직접)금융
차주	프로젝트 회사	모기업 또는 프로젝트 회사
담보	프로젝트 현금흐름 및 자산	사업주의 전체 자산 및 신용
상환재원	프로젝트 현금흐름	사업주의 전체 재원
자금관리	대주단(syndicate)의 위탁계좌(escrow)에 의한 관리	차주가 임의로 관리
소구권 행사	모기업에 대한 소구권 행사가 제한 (non-recoures)	모기업에 대한 소구권 행사가능 (recoures)
채무수용 능력	부외금융으로 채무수용능력 제고	부채비율 등 기존 차입에 의한 제약
여신 관리 제한	부외 금융으로 회피가능	적용됨
사후관리	엄격한 사후관리는 사업성패의 중요한 원인임	체무 불이행시 상환청구권의 행사
주적용 사업	자원개발, SOC사업, 플랜트 사업	일반 사업부문

자료 : 유선종, 부동산금융용어사전, 부연사, 2006, pp.323~324.

2. 프로젝트 파이낸싱의 출현 배경

외환위기 이전의 부동산개발 금융의 일반적 특성은 대부분 시공사인 건설회사가 자기 신용을 기반으로 차입금을 조달하여 사업부지 매입부터 인허가 및 분양 업무와 시공을 독점하는 시행사와 시공사 역할을 동시에 했다. 따라서 건설사의 신용도에 따라 개발 자금의 성공적 조달만이 개발 사업의 추진 여부가 결정되었고, 사업의 독립성과 사업성이 결여, 수분양자의 보호책 미흡으로 많은 문제점을 야기 시켰다.

이에 건설사가 시행과 시공을 독점하면서 생기는 리스크를 감소시키고 사업의 안정성을 제고하기 위해 외환위기 이후 시행업무를 전문적으로 담당하는 전문가의 출현으로 시행업무와 시공업무가 분리되었다. 이러한 업무의 분리는 해당 부동산개발의 재원조달을 기업 금융 중심에서 프로젝트 파이낸싱의 구조로 이동하게 만드는 데 기여하였다.

프로젝트 파이낸싱으로 인해 시행사는 신속한 의사결정이 가능해져 사업부지 매입 절차를 원활히 진행할 수 있으며, 시공사 입장에서는 재무 부담 없이 도급공사 물량을 확보할 수 있다. 채권금융기관입장에서는 프로젝트의 독립관리가 가능하여 차주사의 신용보다는 해당 프로젝트의 사업성에 근거하여 대출 취급을 결정할 수 있다.

(1) 주택건설사업의 분업화

외환위기 이전까지는 대부분의 건설 회사들이 직접 토지를 매입하거나 조성하여 주택을 공급하였으나 이후에는 대부분 도급형태의 주택 시공에만 참여하고 있다. 이는 외환위기 이후 미분양 증가, 금리 상승으로 인해 건설사가 도산할 처지에 직면하여 단순 도급사업에 주력했기 때문이다. 또한 2000년 이후 준농림 지역에서의 난개발방지를 위한 각종 법률이 강화되면서 사실상 민간이 직접 택지를 조성하는 데 많은 기반시설비용이 소요됨에 따라 택지조성사업이 거의 이루어지지 못한 것도 한 원인이다.[79] 따라서 기존의 건설사는 시공을, 토지소유권을 확보한 중소형 건설사는 시행을, 제3의 전문적인 분양대행사가 분양을 각각 수행하는 구조로 변모하게 되었다.

(2) 금융기관의 부동산 대출 제한 폐지

1998년 한국은행 '금융기관여신운용규정'이 개정되고 이어서 '신탁업법'이 개정되면서 금융기관의 부동산 대출 제한이 해제되었고 은행권에서는 은행계정과 신탁계정에서 공동주택사업에 대한 대출을 검토하게 되었다. 은행권에서는 주택건설사업이 유휴자금의 대출처로 적합하고 주택건설사업 대출상품이 저금리시대에 안정적이고 고수익을 낼 수 있는 상품으로 인식하고 있으며, 중도금 대출과 연계한 대출 프리미엄 효과도 기대할 수 있어 주택건설 금융에 적극 참여하고 있다.[80] 우리나라에서는 1996년 신탁업법상의 토지신탁사가 부동산개발사업에 자금을 지원한 것을 시작으로 2000년 이후 은행이 본격적으로 부동산투자신탁을 통해 부동산개발사업에 투자하면서 프로젝트 파이낸싱이 활성화되었다고 할 수 있다.

부동산 프로젝트 파이낸싱을 담당하는 주체는 은행, 상호저축은행, 증권사 등으로 다양하며, 실질적으로는 프로젝트 파이낸싱이라기보다는 기업금융의 형태로 대출이 집행되는 경우가 많아 전체 규모를 산정하기는 어렵지만 금융권을 통한 프로젝트 파이낸싱의 규모는 2000년 이후 꾸준한 증가 추세에 있다.

(3) 부동산개발 사업의 독립성 확보

주택 사업의 경우 프로젝트 대출이 가능하기 위해서는 대출 원리금을 대출대상 프로젝트로부터 회수할 수 있도록 대출대상 사업을 사업시행자로부터 분리하여 관리하는 제도

---

79) 김현아, "주택가격 안정과 지방 균형을 위한 기업도시(company city)건설방안", 전국경제인연합회, 2003. pp.9~12.

80) 이국형, "주택건설사업의 프로젝트 금융 활성화 방안에 관한 연구", 건국대학교 석사학위 청구논문, 2003. 6. p.24.

가 필요하기 때문에 부동산신탁제도를 활용하여 사업시행자로부터 토지 또는 토지 및 사업시행권의 분리가 가능해졌으며 이와는 별도로 제3자 자산관리 개념이 도입되어 자금관리계좌(escrow account)개설 등의 방법으로 프로젝트 대출 대상사업을 사업시행자로부터 분리할 수 있는 방안을 마련하는 등 주택사업에 대한 프로젝트 대출의 여건을 마련하였다.

3. 프로젝트 파이낸싱의 특징

프로젝트 파이낸싱은 일반적으로 대출 금융기관이 사전에 대출대상이 되는 부동산개발사업의 사업성을 검토하여 대출 여부를 결정한다. 프로젝트 파이낸싱이 일반대출과 비교되는 몇 가지 특징은 다음과 같다.

첫째, 차주로부터 별도의 담보를 징구하지 않고 대출대상이 된 개발사업의 사업수익(현금흐름)에서 대출 원리금을 상환한다.

둘째, 금융기관에서 대출이자 이외에 개발사업의 성과와 연계한 대출 취급 수수료를 받는다.

셋째, 대출대상이 되는 개발사업의 특성에 맞춘 상품 설계로 각 사업마다 대출조건 및 상환시기 등이 각각 다르다.

한편, 프로젝트 파이낸싱은 대상사업에 대한 제한을 두지는 않으나 주로 대출 원리금 회수의 안정성 등을 고려하여 사전 분양이 가능한 공동주택이나 오피스텔 사업 등을 주 대상으로 한다.

프로젝트 파이낸싱의 특징은 다음과 같이 요약할 수 있다.

(1) 독립된 프로젝트 회사 설립

프로젝트 파이낸싱에서는 사업주가 특정 프로젝트를 위해 법률적 · 경제적으로 독립된 별도 법인인 프로젝트 회사를 설립하고, 프로젝트 전 과정에서 모든 권리 · 의무의 주체가 된다. 독립적인 프로젝트 회사 설립으로 프로젝트의 자산 · 부채 관리가 용이하고, 프로젝트 위험을 분리 가능하며, 관련법에 의한 조세감면이 가능하다.

(2) 비소구 또는 제한소구 금융(non-recourse or limited recource financing)

프로젝트 파이낸싱은 대출 원리금 상환이 프로젝트 자체의 자산과 예상 현금수입의 범위내로 한정되는 것을 특징으로 한다. 사업 위험이 프로젝트회사로 전가되고 프로젝트 사업주는 프로젝트 실패 시에 추가적인 책임을 부담하지 않는다.

(3) 부외금융(off-balance sheet financing)

프로젝트 파이낸싱은 사업주의 재무관계와 절연된 자금관리를 하게 된다. 따라서 사업주의 대차대조표에는 프로젝트에서 발생하는 현금 및 부채의 흐름이 나타나지 않게 되어 사업주의 신용도에 영향을 주지 않게 된다.

(4) 담보의 한정

프로젝트 파이낸싱의 담보는 프로젝트회사의 자산에 한정되기 때문에 프로젝트회사가 상환을 못하면 사업주가 충분한 담보 여력을 가진 경우에도 이것에 대한 권리가 없다.

(5) 현금수지에 기초한 대출과 자금관리 강화

프로젝트 파이낸싱의 담보는 프로젝트 자체 자산과 프로젝트가 산출하는 현금수지 또는 수익에 의존한다. 이러한 현금흐름을 관리하기 위해 대주는 대상사업과 독립적인 결제관리계좌(escrow account)를 설정하여 자금 및 원리금 상환을 확보한다.

(6) 다수의 자금공여자

프로젝트 파이낸싱의 대상이 되는 사업은 규모가 방대하여 거대 사업자금이 요구되며 사업에 내재하는 위험이 크다. 따라서 다수 금융기관이 차관단을 구성하여 신디케이티드 론(syndicated loan) 방식으로 필요자금을 대출해 주는 것이 일반적이다.

(7) 책임의 명확한 확정과 적절한 위험분배

일반적으로 프로젝트 파이낸싱의 대상이 되는 프로젝트의 사업기간이 장기에 이르기 때문에 건설기간 및 운영기간을 통해 다양한 위험이 존재한다. 따라서 사업에 참가하는 각 당사자가 어떠한 위험을 분담하는가를 계약상 명확히 확정하는 것이 프로젝트 파이낸싱의 특징이다. 따라서 프로젝트 파이낸싱이 성공하기 위해서는 사업주와 금융기관 등 참가자간 적절한 수준에서의 위험배분이 이루어져야 한다.

제2절 프로젝트 파이낸싱의 구조와 참여자

1. 프로젝트 파이낸싱의 구조

대주(금융기관)는 프로젝트에 소요되는 자금을 사업주에게 직접 대출하거나 사업주가 프로젝트 회사에 대하여 무제한 지급보증을 하는 조건 하에서 프로젝트 회사에 대한 대출을 한다. 대주는 모기업의 신용에 대한 평가결과를 바탕으로 대출을 한다. 따라서 기업금융 구조에서 직접적인 참여주체는 모기업인 사업주, 프로젝트회사, 대주(금융기관)로 비교적 간단한 구조를 가지고 있다.

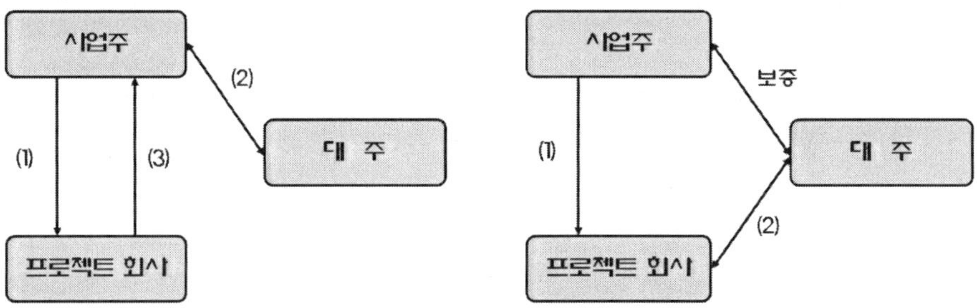

(A) 사업주에게 직접 대출하는 경우 (B) 프로젝트 회사에서 대출하는 경우

자료 : 박원석, 최진우, "지역개발사업에서 프로젝트 파이낸싱 활용방안", 삼성경제연구소, 1997. p.50.

[그림 30] 기업금융의 구조

반면, 프로젝트 파이낸싱의 전형적인 구조는 [그림 31]과 같다.

프로젝트 파이낸싱의 경우 기본적인 당사자는 마찬가지로 프로젝트회사, 사업주, 대주이고 사업주와 프로젝트회사 간의 지분 참여 약정, 대주와 사업주 간의 대출약정이 기본적인 계약이다. 그러나 사업주가 프로젝트 회사에 대하여 차입금 상환보증을 하지 않기 때문에 대주와 프로젝트 회사와의 대출약정 시 대출금 상환위험을 보증하는 차원에서 프로젝트의 미래 현금흐름에 영향을 줄 수 있는 이해당사자들과 계약관계를 통해 프로젝트 위험을 배분하게 된다.

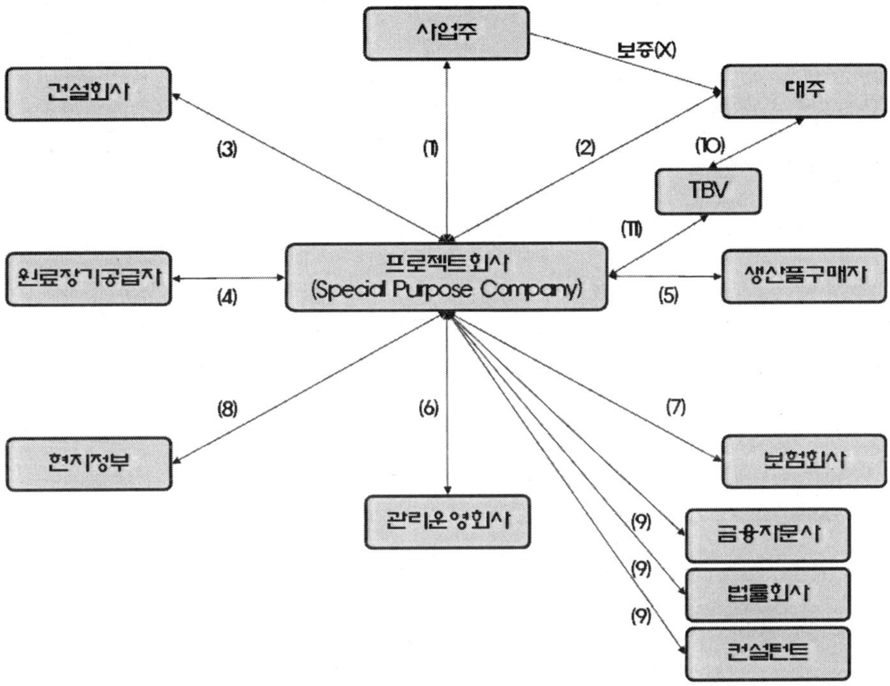

※주 : (1) 지분참여약정, (2) 대출약정, (3) EPC 계약 (4) 장기공급계약, (5) 장기구매계약, (6) 운영계약, (7) 보험계약, (8) 양허협정 · 인허가 · 각종보장 · 보조금 등, (9) 자문계약, (10) 결재위탁(escrow)약정, (11) 신탁협정

자료 : 박원석, 최진우, "지역개발사업에서 프로젝트 파이낸싱 활용방안", 삼성경제연구소, 1997. p.51.

[그림 31] 프로젝트 파이낸싱의 구조

2. 프로젝트 파이낸싱의 참여주체[81)]

(1) 프로젝트 회사

프로젝트 회사(project company / special purpose company)란 사업주가 주체가 되어 당해 프로젝트의 개발 및 자금조달을 위해 설립한 별도 법인을 의미한다. 그 형태는 합작법인이 일반적이나 경우에 따라서는 법인의 형태가 아닌 조합(partnership)의 형태를 취하는 경우도 있다. 프로젝트 회사는 사업주의 여타 기업과 법적, 경제적으로 분리된 독립법인으로서 시공, 운영, 자금조달 및 상환 등 프로젝트 전 과정에서의 모든 권리, 의무의 당사자가 된다. 독립적인 프로젝트 회사를 설립하는 이유는 다수의 사업주가 단일회사를

81) 김성국, 프로젝트 파이낸싱의 결정요인 및 리스크 관리 방안－주택개발사업을 중심으로－, 단국대학교 석사학위논문, 2007. pp.19～25.

통해 투자하게 되므로 프로젝트의 자산, 부채관리가 용이하고 프로젝트의 위험을 분리할 수 있으며 경우에 따라서는 현지 정부의 조세감면 혜택을 누릴 수 있고, 제3자의 참여가 용이하다는 점 때문이다.

(2) 프로젝트 사업주

프로젝트 사업주(project sponsor)는 프로젝트의 설립, 지분 참여, 자금조달 등 프로젝트를 실질적으로 지원하는 주체이다. 사업주의 유형은 프로젝트의 시공·운영 등과 밀접한 관계를 가지고 있는 이해당사자로서 사업주가 시공자, 공급자, 구매자, 산출물 이용자 등을 겸하고 있다.

프로젝트 사업주는 단순한 투자목적으로 참여하는 경우 기반시설 부문에 투자하기 위하여 인프라기금(infrastructure fund)을 조성하여 투자하는 기관투자가, 프로젝트의 신용도 향상을 위하여 현지정부(host government), 정부투자기관, 국제금융기관이 사업주로 10%~20% 정도의 지분 참여를 하는 경우, 대주인 금융기관이 투자목적이나 프로젝트의 신용도 향상을 목적으로 사업주로 지분 참여를 하는 경우, 사업주 컨소시엄에서 공모를 통해 일반투자가를 모집하는 경우도 있다.

(3) 프로젝트 차주(project borrower)

일반적으로 프로젝트 파이낸싱의 차입 주체는 프로젝트 회사가 되지만 반드시 그렇지는 않다. 예를 들면 건설회사, 운영회사, 원료공급자 등이 프로젝트의 채무자가 될 수 있다. 또한 프로젝트회사와 대주 간의 약정에 의해 설립된 신탁차입기구 TBV[82](Trustee Borrowing Vehicle)가 채무자가 될 수도 있다. TBV가 설립된 경우, 대주는 TBV에 대출하고 TBV를 통하여 시공, 구매, 운영비용의 대금지불이 이루어진다. TBV를 설립하는 목적은 세금감면, 결제의 투명성을 위해 설립되는 경우가 많으며, 동남아국가와 같이 국영기관의 차입이나 지급보증 등에 대해 제한을 가하는 국가에서 국가기관을 대신하는 기구로 사용하는 경우도 있다.

(4) 프로젝트 대주

프로젝트 대주(project lender)는 프로젝트 파이낸싱의 주체로서 프로젝트에 소요되는 자금을 대출하여 프로젝트의 위험을 부담하는 주체이다. 대주는 차입금의 성격에 따라 다양한 주체가 참여하는데, 프로젝트 대주의 기능을 수행하는 대표적인 기관으로는 다음과 같은 기관들이 있다.

---

82) TBV(Trustee Borrowing Vehicle)는 세금감면이나 자금운용의 투명서 확보가 주목적임.

1) 은행

프로젝트의 가장 일반적인 대주는 은행(commercial bank)이다. 대규모 프로젝트의 경우자금동원능력, 시장점유율 유지, 위험관리 등의 제약으로 금융기관이 단독으로 지원하기가 곤란하기 때문에 여러 금융기관이 대주단(syndication)을 구성하여 참여하는 것이 일반적이다.

2) 수출입은행

프로젝트 파이낸싱의 대주로서 프로젝트 공사를 수주하거나 기자재를 수출하는 이해당사자가 소속된 국가의 수출입은행이 있다. 상당수의 프로젝트의 경우, 프로젝트를 발주하는 국가가 충분한 자금이 없기 때문에 프로젝트 시공자에게 입찰조건으로 자금 제공의무를 부가하는 경우가 많은데, 이때 수주한 이해당사자가 소속된 국가의 수출입은행이 장기저리의 자금을 대출한다. 수출입은행의 경우 단순한 대출업무뿐만 아니라 보증·보험기능을 함께 수행하기 때문에 자금조달 목적뿐만 아니라 프로젝트의 신용도를 향상시키기 위하여 참여하는 경우도 많다.

3) 국제금융기구(international agency)

국제금융기구 역시 프로젝트 파이낸싱에서 대주로서 참여하는 경우가 있는데 국제금융기구의 경우는 주요한 대주로 참여하기보다는 주로 협조융자(co-financing)를 통하여 은행의 대출을 끌어들이는 촉매 역할을 담당한다. 이러한 국제금융기구로는 World Bank, World Bank산하의 IFC(International Finance Corporation), ADB(Asian Development Bank), EBRD(European Bank for Reconstruction and Development) 등이 있다.

(5) 건설회사 또는 시공회사(construction contractor)

당해 프로젝트를 시공하는 회사로는 엔지니어링사와 건실시공사로 분류할 수 있지만, 최근 경향을 보면 금융기법 상 프로젝트의 공사비 초과 위험 등을 회피하기 위하여 '총액고정단가예약방식'[83]을 통해 엔지니어링과 시공이 동시에 이루어질 수 있도록 계약을 체결하여 공사를 수행한다. 이러한 계약방식에 의해 시공하게 되는 시공업체를 통상적으로 EPC(Engineering, Procurement and Contractor)라고 하며, 이러한 시공업체는 당해 시설의 완공 보증, 성능 보증 및 이러한 보증들이 충족되지 못할 경우 피해보상 지급을 일괄적으로 규정하는 보증 패키지를 요구받는다.

---

83) 총액고정단가계약이란 일정액의 대가가 계약체결 당시에 결정되는 계약을 말한다. 이 방식에서 시공자는 가격조정 조항을 삽입하지 않으면 공사비 초과위험에 직접적으로 노출된다.

(6) 운영사(operating company)

건설회사에 의해 당해 프로젝트가 완공되면, 사업 시행사에 목적물이 인도된다. 이때 사업시행자는 직접 운영하거나, 관련 프로젝트의 운영을 전문으로 하는 회사에 운영을 위탁한다. 일반적으로 당해 프로젝트는 사업주, 사업주의 자회사 또는 사업시행자가 운영을 담당하게 된다. 또 다른 운영 방법은 당해 프로젝트의 시공을 맡았던 건설회사가 목적물을 완공한 후 일정기간 운영하고 인도하는 방법(BOT)[84]을 취하는 것이다. 통상적으로 대주단은 운영능력과 경험이 있는 사업주 중 일개 회사가 운영을 책임지는 것을 선호하게 된다.

(7) 구매자 또는 서비스 이용자(purchasers, off-taker or users)

프로젝트의 성공은 미래 생산제품의 판매나 용역서비스의 이용 여부에 달려 있다. 이것이 프로젝트의 시장위험이며, 이를 회피하기 위해 일개 또는 다수의 구매자(이용자)와 장기 판매계약을 체결한다. 이 경우 구매자는 프로젝트의 생산품(서비스)을 장기에 걸쳐 안정적으로 확보하기 원하는 회사로서 무조건 구매계약을 체결하거나 미래생산품의 선급금 지급 구매 계약형태로 프로젝트 이해관계자로서 참가하게 된다.

(8) 보증인(guarantor)

프로젝트를 수행하는 법률적인 주체인 사업시행자는 당해 프로젝트를 추진하기 위해 신설된 명목회사로서, 과거의 신용상태 및 실적을 입증할 만한 근거가 없다. 따라서 신용이 양호한 사업주, 프로젝트에 직·간접적으로 이해관계가 있는 당사자 간의 보증, 또는 보증수수료를 목적으로 하는 사업적 보증기관 등이 보증인이 될 수 있다. 즉, 프로젝트 참여자 및 이해당사자들이 위험을 배분하여 보증이 이루어지는 것이다.

(9) 현지정부(host country or government)

일반적으로 프로젝트 파이낸싱 구조에서 현지정부는 국영기업 등을 통하여 사업시행자의 지분을 취득하거나, 생산물의 구매자나 용역의 이용자가 됨으로써 간접적으로 프로젝트에 참여하게 된다. 이러한 현지 정부의 간접적인 참여는 프로젝트 신용 향상에 많은 도움을 준다. 특히 bot 사업방식의 soc시설 프로젝트인 경우에는 현지 정부에서 직접적

---

84) BOT(Build-Operate-Transfer) 방식이란 사업자가 프로젝트에 소요되는 자금을 조달하여 프로젝트를 건설하고 일정기간 동안 해당 프로젝트를 운영하여 그곳에서 발생되는 수익으로 운영·관리 자금, 원금상환 등을 실시하고 잉여자금에 대해서는 지분투자자에게 배당을 하게 된다. 그리고 일정기간이 종료되면, 해당프로젝트를 정부에 양도함. 자세한 내용은, 박원석·최진우, "지역개발사업에서 프로젝트 파이낸싱 활용방안", 삼성경제연구소, 1997, p.70 참조.

으로 운영에 개입하기보다는 양허약정(concession agreement)[85]을 체결하거나 운영권을 부여하는 주체로서 사업시행자에 세제혜택, 과실 송금 보장 등 프로젝트의 성공을 지원하는 역할을 한다.

(10) 기타 참여자

프로젝트 파이낸싱은 단순히 융자 조건만을 결정하는 것과는 달리, 금융방법의 선택, 융자조건 결정과 프로젝트 자체의 구조를 만드는 것도 포함된 종합적인 과정이다. 이 과정은 매우 복잡하고 많은 절차와 노력을 기울여야 하기 때문에 많은 전문가집단의 도움이 필요하다. 금융자문, 법률자문, 기술자문, 신용평가사, 환경자문 등 많은 집단이 관련되어 있다.

제3절 프로젝트 파이낸싱의 적용방식과 유형

1. 프로젝트 파이낸싱의 적용방식

(1) 사업성에 기초한 금융방식

사업성에 기초한 금융방식은 금융기관이 주택건설사업의 사업성을 기초로 여신을 심사 결정하고, 실제 융자는 기업금융방식을 활용하는 것이다. 이 방식은 여신검사의 대상이 주택건설업체가 아닌 주택건설사업이 된다는 점과 자금운용을 당해 프로젝트에 국한하여 투입해야 한다는 점에서 기존의 기업금융방식과 다르다.

(2) 프로젝트회사를 설립하는 금융방식

프로젝트회사를 설립하는 금융방식은 전통적인 SOC사업에 적용된 방식을 그대로 원용하는 방식으로 주택건설업체가 각 주택건설 현장마다 프로젝트 회사를 설립하고 현장관리는 프로젝트회사가 담당하는 방식이다. 프로젝트 회사란 당해 프로젝트만을 위해서

85) 양허약정(concession agreement)이란 현지정부가 그의 고유권한에 속한 사업시행권을 특정 사업주체에 대하여 부여하고 개발이익을 분배하기로 하는 협약을 말한다. 프랜차이즈(franchise) 협약이라고도 하는데, 프랜차이즈는 상사법상 타인의 상표 등을 사용하여 그의 지도와 통제하에 특정 사업을 배타적으로 영위할 수 있는 권리를 말하지만, 공법상으로는 통상 국가주권에 속하는 권리를 사인에게 특별히 부여하는 일종의 특권, 특허로서 양허약정과 같은 의미를 갖는다.

설립 · 운영되는 특별목적회사(SPC : Special Purpose Company)를 말하며 프로젝트의 사업시행자가 된다. 사업대상 토지 등 프로젝트 자산은 프로젝트회사로 이전함으로써 사업주가 파산되더라도 당해 프로젝트 자산에 제3자의 권리 침해를 방지하고 프로젝트회사 명의로 개설된 계좌를 통해 자금의 입 · 출금이 이루어지므로 차입금 등이 여타 프로젝트 사업으로 전용되는 것을 방지한다.

1) 명목상 특별목적회사(Paper SPC)

주택사업을 위한 명목상의 특별회사를 설립하는 경우로서 명목상의 목적회사는 주택사업 시행에 따른 각종 당사자가 될 수 있다. 다만 주택건설촉진법에서는 연간 20호 이상의 주택건설사업을 영위하고자 하는 자는 주택건설사업자로 등록할 것으로 규정하고 있어 명목상의 특별회사는 직접 공동주택사업의 사업시행자의 지위를 가질 수 없다. 법 · 제도상으로 명목상 특별목적회사가 주택사업을 영위할 수 있도록 하기 위해서는 주택건설촉진법상 명목상 특별목적회사의 주택사업자 등록에 대한 예외를 인정하고 사업수익의 90% 이상을 투자자에게 배당하는 경우 법인세 감면에 관한 특례를 인정하는 조치가 필요하다고 할 것이다.[86)]

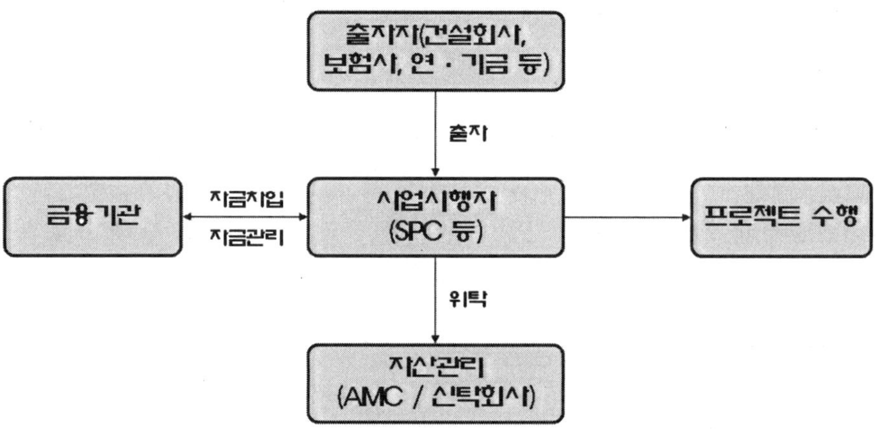

자료 : 임현묵, 사례분석을 통한 은행의 프로젝트 파이낸스 활성화방안 연구, 건국대학교 석사학위 논문, 2004, p.14.

[그림 32] 프로젝트 금융의 구조

86) 가칭 '프로젝트금융투자회사법(PFV)' 안에 의하면 이익의 90% 이상을 배당하는 경우 법인세를 면제하도록 세법 개정을 예고하였으나 이는 기한의 만료로 2004. 4월 말로 폐지되었다.

2) 실질적 특별목적회사(Real SPC)

실질적 특별목적회사는 인원과 실제 조직을 갖춘 상법상의 일반 법인을 말하며 당해 프로젝트 수행을 목적으로 한다는 목적의 제한 이외에는 모회사와 실체에 있어서 별 차이가 없다. 실질적 특별목적회사의 경우에도 당해법인 명의로 주택사업을 시행하기 위해서는 주택건설촉진법상 주택건설업자 등록이 필요하다.

(3) 부분담보 제공 또는 보증을 통한 금융방식

사업성에 기초한 금융방식은 사업성에 대한 판단이 주택건설업체, 금융기관, 제3의 평가기관 간에 상당히 다른 결과를 보였을 경우, 참여주체 간 예상 분양률의 편차가 클 경우 그에 따른 예상현금흐름의 차이만큼을 주택건설업체가 제공하는 담보 혹은 신용보완기관의 보증을 통해 위험을 분산시키는 것이다. 이러한 방식은 주로 사업시행자의 신용이 불량하거나 신용도를 측정하기 어려운 재개발·재건축사업, 조합주택사업, 도급공사사업에 적용할 수 있을 것이다.[87]

2. 프로젝트 파이낸싱의 유형

(1) 신탁법상의 토지신탁제도를 이용하는 유형

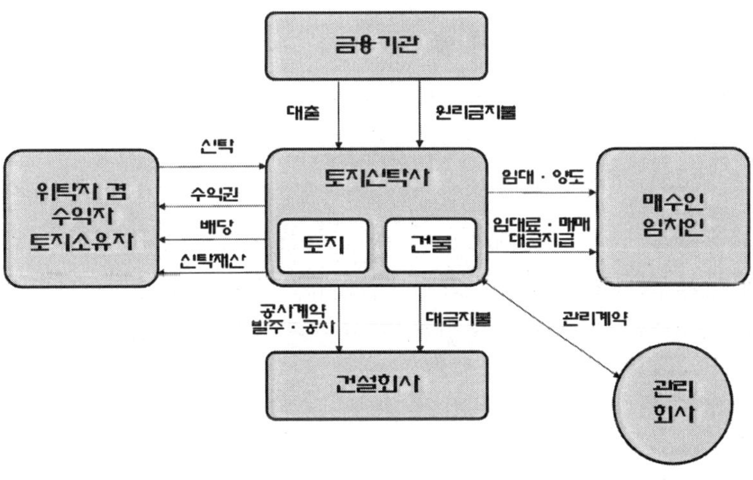

자료 : 임현묵, 사례분석을 통한 은행의 프로젝트 파이낸스 활성화방안 연구, 건국대학교 석사학위 논문, 2004, p.10.

[그림 33] 토지신탁사업 유형의 프로젝트 대출 업무 흐름도

87) 조주현, 전게논문, pp.129~131.

위탁자는 사업과 관련한 모든 권한을 신탁회사에 맡기고 신탁회사가 분양대금 수납, 공사도급 계약관리, 준공 및 입주자 관리에 대한 책임을 지며 위탁자는 대상사업의 최종 손익의 귀속주체가 된다. 대상사업은 대상토지의 소유권과 사업시행 권한이 위탁자로부터 신탁회사로 이전되어 기존 사업시행자와 대상사업이 완전하게 분리되며 위탁자의 제3채권자를 포함한 당해 사업과 관련이 없는 제3자의 침해로부터 보호받을 수 있다. 신탁재산의 독립성은 금융기관에서 프로젝트 대출 시 가장 기본적인 사업시행자로부터 대상사업을 분리하는 조건에 특별목적회사(SPC)를 설립하는 방법과 유사한 효과를 갖고 있다.

토지신탁사업에서 금융기관의 프로젝트 대출은 신탁계약 체결 이전의 사업시행자를 차주로 하는 대출약정을 체결하되, 실제 대출금은 신탁회사 명의로 개설한 신탁계정관리계좌에 입금하고 대출약정서 등에서 정하는 바에 따라 신탁회사에서 토지매입비를 포함한 사업비를 집행한다. 금융기관 대출금은 사업수익에서 상환하기로 사업당사자 간 약정을 체결하는데 상환일정은 대출약정 체결 이전에 사업의 예상 현금흐름을 작성하고 이를 기본으로 하되, 일반적으로 최종 상환일정은 개발사업의 최초 분양개시일 이후 3개월이 경과한 시점에서 개발사업의 중도금 수납일정 및 예상 현금흐름에 맞추어 분할하여 정한다. 토지신탁사업에서 금융기관 대출 원리금의 상환은 신탁회사가 사업수익의 일부를 수익자에게 가배당[88)]하는 형식을 취하고 있다.

이는 금융기관의 프로젝트 대출이 토지대금 대출인 경우에 동 대출금은 토지신탁사업의 신탁원본에 해당되어 신탁사업의 원본 보전을 금지하는 신탁업 감독규정을 준수하는 데 있다.[89)] 한편, 미분양 등의 사유로 수익 가배당 요건을 충족하지 못하여 신탁회사가 가배당을 실시할 수 없는 경우 금융기관 대출금의 상환 시기가 준공 후 임대까지 지연되거나 최악의 경우 일부 대출금의 회수가 불가능한 경우가 발생할 수 있다.

이러한 사업위험을 누가 최종적으로 부담할 것인가에 대한 결정이 사업 참여자 별로 첨예하게 대립하고 있으며 금융기관에서 프로젝트 대출을 취급하는 데 가장 큰 애로사항으로 작용하고 있다. 그러나 토지신탁을 비롯한 부동산 신탁을 이용한 경우 장점은 크다.

---

88) 주택사업이 일정수준 이상의 분양률을 유지하고, 이를 기초로 산정한 사업수익이 사업비 지출을 초과하는 경우에는 예상수익의 일부를 신탁종료에 따른 수익의 정산일 이전에 위탁자에게 수익으로 배당하고 최종 신탁종료 시에 정산하는 제도를 말한다.

89) 금융감독위원회 신탁업감독규정 제15조에서 규정하고 있다.

〈표 14〉 부동산 신탁의 장점

구 분	역 할
토지소유자	· 토지를 매각하지 않고도 유효이용이 가능(소유권의 신탁적 이전) · 수고나 번잡함이 없고 자금부담 없음(신탁회사에 의한 사업운영) · 사업에 따른 이익 향수(사업성과에 근거한 실적배당) · 사업운영의 안정성(신탁재산의 독립성) · 신탁회사의 종합컨설팅기능 활용
수탁자 (신탁회사)	· 새로운 고객기반 확보 · 수익원(수수료 수입)증대 · 지역사회 발전 및 부동산가격 안정에 기여
국가 및 공공단체	· 민간자금의 활용을 통한 재정부담 완화 · 재정수익 증대 및 국토의 효율적 이용 도모 · 도시재개발을 통한 부동산공급 확대로 지역개발 촉진

(2) 부동산투자신탁을 이용하는 유형

부동산투자신탁이란 투자자로부터 수탁된 자금을 부동산에 투자 운용하고, 그 부동산으로부터 발생하는 임대, 관리, 개발운용수익과 부동산관련 대출이나 ABS(Asset Backed Securities), MBS(Mortgage Backed Securities) 등 부동산유동화증권에 투자 운용하여 발생한 수익금을 투자자에게 배당하는 불특정 금전신탁의 일종이다.

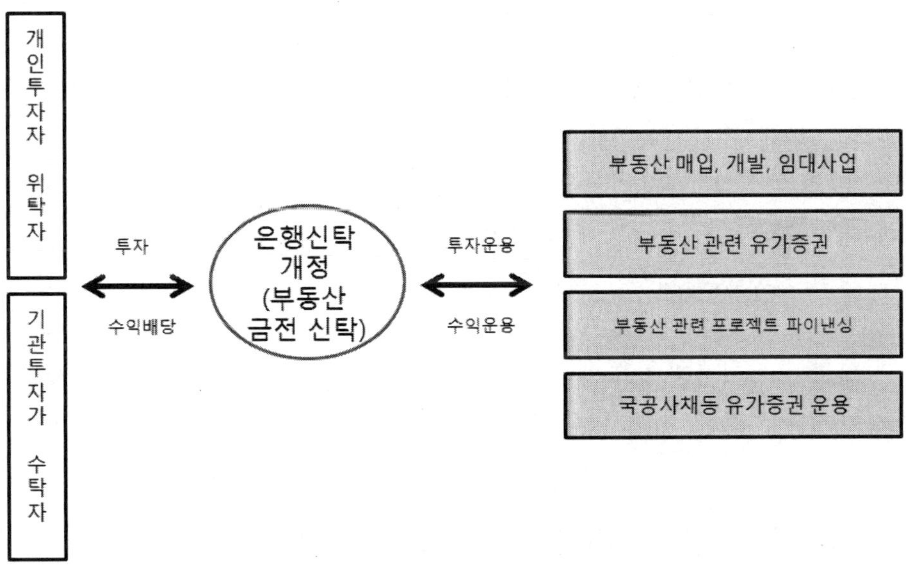

[그림 34] 부동산투자신탁 구조도

(3) 3자 자금관리 대리사무 유형

제3자 자금관리 대리사무 유형은 차주가 사업시행권한을 보유하되 사업수익 및 지출에 관한 관리권한을 차주로부터 분리하여 제3자가 사업자금을 관리하는 것으로 은행이나 부동산신탁사가 사업자금을 관리하는 형태에서 볼 수 있다.

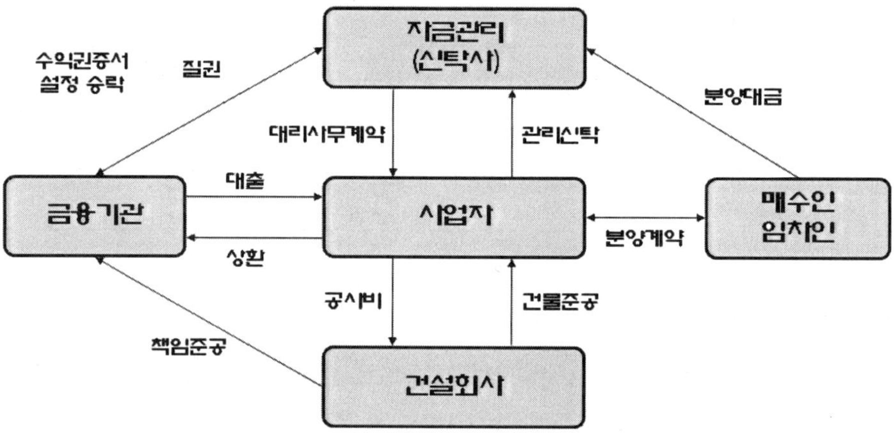

자료 : 임현묵, 사례분석을 통한 은행의 프로젝트 파이낸스 활성화방안 연구, 건국대학교 석사학위 논문, 2004, p.15.

[그림 35] 제3자 자금관리 유형 프로젝트 대출 업무 흐름도

제3자 자금관리 대리사무 유형이 개발신탁 방식과 다른 점은 차주가 사업시행 권한을 보유한다는 점인데 개발신탁과는 달리 사업시행자로부터 프로젝트를 완전하게 분리할 수 없다는 단점이 있다. 금융기관은 프로젝트 대출을 취급하면서 사업시행자의 당해 프로젝트에 대한 자금 입·출금의 임의적인 관리를 방지하고 사업시행자의 제2채권자 등으로부터 채권 침해를 방지하는 제도적인 보완을 요구하고 있다. 다만, 제3자 자금관리 유형의 경우 사업시행자의 임의적인 자금관리는 방지할 수 있으나 주택의 선분양에 따른 분양대금 채권이 사업시행자의 재산이라는 점에서 제3채권자로부터 사업시행자의 채권을 보호하기에는 부족한 점이 많다.[90]

90) 자금관리계좌(escrow account)가 제3자 명의로 되어 있다고 하더라도 실제 계좌의 소유자는 사업시행자이며 동 계좌에 대한 사업시행자의 채권자로부터 채권을 보호할 법적·제도적 장치가 미흡한 실정이다. 사업자(시행자)에 대한 채권자는 가압류와 같은 강제집행을 통해 집행보전의 조치를 취할 수 있을 것으로 보인다.

제4절 프로젝트 파이낸싱의 리스크와 문제점

프로젝트 파이낸싱은 특정 사업을 수행하기 위해 기존의 시공사의 신용등급에 의존하지 않고 당해 프로젝트에서 발생될 미래의 수익을 담보로 자금을 조달하기 때문에 해당 프로젝트 개발이 실패로 돌아갈 경우에 대한 위험이 항상 내재되고 있다. 프로젝트 파이낸싱은 사업주와 법적으로 독립된 특별 법인을 설립하고 그 법인 명의로 사업을 수행하기 때문에 채권자는 사업주에 대해 채권 청구가 불가능한 위험을 가지고 있다. 따라서 위험을 분담하기 위해 여러 이해 관계자가 계약관계로 참여하는 구조로 행해지면 이러한 관계는 이해 당사자 사이의 의견이 발생되어 사업 지연의 효과를 초래하기도 한다. 프로젝트 파이낸싱은 주로 대규모 개발사업에 쓰이는 금융기법이므로, 사업 지연 결과 추가적으로 비용이 상당하여 개발 사업의 위험도를 증가시키기도 한다.

1. 프로젝트 파이낸싱의 리스크[91)]

(1) 사업주 리스크

사업주 리스크(sponsor risk)는 사업주의 실행 능력과 사업주의 자금조달 능력을 우선 점검하는 것을 의미한다. 이는 사업주가 프로젝트를 완성하고 원활한 활용으로 대출 시 기대한 미래현금흐름을 실현할 경영능력이 있는가의 여부를 확인하는 것으로 사업주의 프로젝트 진행계획, 당해 분야에 대한 경험 여부, 동업계의 평판 등이 주요 점검항목이 된다.

또한 사업주가 프로젝트에 소요되는 자기자금 및 차입금을 조달할 수 있는 능력을 보유하고 있는지를 검토해야 하며 프로젝트 수행에 필요한 총 사업비에서 사업주가 부담하게 될 출자금과 금융기관과의 최대 관심사가 된다. 이는 사업주 입장에서는 프로젝트 파이낸싱의 가장 큰 장점이 비소구 또는 제한적 소구이기 때문에 가능한 출자금의 비중을 줄이려는 입장이고 금융기관은 사업주가 여건이 불리한 경우 쉽사리 프로젝트를 포기하지 못하도록 가능한 전체 소요자금 중 출자금의 비중이 높기를 희망한다. 따라서 프로젝트 자본구조는 일반적인 기업금융에 비해 보다 높은 부채비율이 허용될 수 있다는 프로젝트 파이낸싱의 특성이 고려된다.

---

91) 김성국, 프로젝트 파이낸싱의 결정요인 및 리스크 관리 방안－주택개발사업을 중심으로－, 단국대학교 석사학위논문, 2007, pp.38～40.

(2) 공사완공 리스크

공사완공 리스크는 공사비 초과, 공사 지연, 공사기술 문제 등으로 예정일에 프로젝트를 완료하지 못하는 리스크를 말한다. 이 리스크의 점검사항은 시공회사의 시공능력, 공사계약과 공사내용의 타당성이다. 이 경우 시공사가 공사완공 보증 또는 공사비 초과분에 대한 후순위청구권 행사 등으로 공사완공 리스크를 부담하는 것이 일반적이다.

(3) 기술 리스크

기술 리스크(technical risk)는 프로젝트에 채택되어 사용되는 기술의 타당성에 대해 검토하는 것을 의미한다. 통상 시공과 관련하여 적용되는 기술은 그 생산성과 경제성이 상업적으로 입증된 것이 바람직하다. 이러한 점에서 신개발 기술이나 첨단기술을 상업화하려는 모험자본(venture capital)과는 구분된다.

(4) 조업 리스크

조업 리스크(operation risk)는 당초 계획된 시공계획에 다른 건설원자재 및 노임이 일정수준 이하의 비용으로 지속적으로 공급될 수 있는가를 의미한다. 또한 준공 후 신축물의 관리비용이 계획보다 과도하게 필요한지 등을 의미한다. 이를 관리하기 위해 당초 설계 연면적의 변화 외에는 일체의 공사비 상승이 없는 공사계약서를 체결하거나 인상분에 대하여 대주의 원리금 상환이 변제된 후에 지급하도록 하는 계약을 체결한다.

(5) 시장 리스크

시장 리스크(market risk)는 시장 여건의 불확실에 따른 리스크라고 할 수 있다. 프로젝트의 미래 현금흐름이 시장 여건에 따른 수요자의 수요에 따라 크게 영향을 받는 경우 이를 정확히 예측하기 위해 외부전문기관을 활용해야 하고, 그 영향의 요인 및 영향력에 대한 명확한 기준을 가지고 있어야 한다. 일반적으로 영향을 미치는 요인들은 공급과 관련한 정부정책, 수요를 조절하기 위한 조세정책, 사회·문화적 선호도의 변화, 실물경기의 변동 등이며 프로젝트 파이낸싱 참여 당사자들은 과거 경험치를 활용하여 이를 정확히 예측하기 위하여 노력한다.

2. 프로젝트 파이낸싱 시장의 문제점

(1) 금융기관의 대출 관행

우리나라 중소 주택건설업체가 시행하는 사업에 대해 신용과 담보 제공을 요구하는 금융기관의 대출방식은 주택건설사업에 있어 프로젝트 파이낸싱의 활성화의 가장 큰 문제점으로 지적되고 있다. 제도적으로는 주택건설사업에 대해서도 프로젝트 파이낸싱 기법을 활용한 자금조달이 가능하도록 되어 있으나, 지금도 대출조건으로 담보를 요구하는 관행이 계속되고 있는 실정이다.

또한 비소구 금융방식이 정착되지 않고 있으며 대출시기도 사업 인·허가 이후로 정하고, 대출금 범위를 토지잔금 및 사전분양 준비를 위한 자금 등으로 제한하여 운용하고 있다. 이러한 대출 시기와 대출의 범위에 대한 제한의 관행은 프로젝트 인·허가에 따른 리스크를 회피하고자 하는 금융기관의 입장만을 고려하게 되어 프로젝트 파이낸싱의 효과를 반감시키는 요인으로 작용하고 있다.

(2) 각종 위험관리방안 부재

주택건설사업에는 분양판매 위험, 사업 타당성 위험, 공사완공 지연 및 공사비 초과 위험, 법·정책위험 등 다양한 위험이 존재한다. 주택건설사업에서 프로젝트 파이낸싱 성패 여부는 이러한 위험요소를 어떻게 관리하는가에 달려 있다. 대부분의 프로젝트 파이낸싱에서는 참여당사자 간의 위험부담 및 위험관리비용의 최소화와 사전예방의 중요성을 그 기본원칙으로 하여 위험 발생의 가능성을 줄여야 한다.

프로젝트 파이낸싱의 의사결정자인 금융기관도 주택시장 환경이 급변할 수 있음에 따른 만일의 경우를 대비하여 담보를 요구하고 대출을 기피하는 경향이 나타난다. 금융기관이 대출금에 대한 담보를 요구하거나 대출을 기피하는 것은 결국 정책 및 제도의 변화에 따른 사업 위험에 대한 완전한 대책을 마련하기가 현실적으로 불가능하기 때문이다.

또한 여러 사업주가 컨소시엄으로 프로젝트 회사를 설립하는 경우에 같은 사업주의 조직 내에서도 기존의 모기업 조직과 프로젝트 회사 간의 역할분담, 책임소재, 조직의 지위, 인사 등의 문제에 있어서 갈등이 발생할 우려가 있으며 이러한 역할분담 등의 갈등은 컨소시엄 내의 사업주와 이해당사자 사이에도 빌생할 수 있다.

따라서 다양한 문제점과 위험에 대해 보증사의 주택건설사업 프로젝트 지급보증 및 사업위험별 보증 등을 통해 사업위험을 분산하거나 그 밖의 방법을 강구해 위험을 최소화할 수 있는 관리방안의 마련이 필요하다.

(3) 전문성 결여

프로젝트 파이낸싱의 상환재원은 프로젝트에서 발생할 것으로 예상되는 미래 현금흐름이기 때문에 이를 정확히 예측하고 현금흐름에 개입된 위험수준을 확실히 판별할 수 있는 우수한 사업성 검토기관 및 전문가의 확보가 필요하다.

현재 우리나라의 경우 프로젝트 파이낸싱에서 사업성 검토는 대부분 주간사 금융기관 측에서 담당하고 있다. 그러나 이러한 사업성 평가결과의 중립성과 정확성에서 사업주와 대주 모두에게 신뢰를 받지 못하고 있다. 또한 현재 주택건설사업을 비롯한 부동산개발 사업에서 추진되는 프로젝트 파이낸싱의 사업주는 대부분 시공사인 건설회사 위주로 구성되어 시공사가 사업주로 참여할 경우 시공이윤과 시공위험만을 감안하는 경향이 있기 때문에 운영과정에서의 위험에 적절하게 대응하지 못할 우려가 있다.

따라서 건설회사의 경우 경기변동에 매우 민감하고 사업시행자가 시공에서 운영까지 모든 과정을 일괄적으로 통제해야 하기 때문에 운영위험을 줄일 수 있는 전문적인 운영기관 등이 참여해야 한다. 그리고 프로젝트 파이낸싱은 금융구조를 구성할 이해당사자 간의 이해관계가 첨예하게 대립하게 되므로 정교한 계약서 작성과 이해관계를 합리적으로 조정할 수 있는 전문가가 필요하다. 그러나 대부분 프로젝트 파이낸싱의 실무자들은 경험이 많지 않기 때문에 사후 책임소재나 범위에 있어 문제가 발생할 수 있다. 특히 사업주와 사업주, 사업주와 대주단 등의 관계에 있어 계약서상에서 반영하지 못한 프로젝트 위험 분담에서 책임소재의 범위를 놓고 갈등이 발생할 우려가 있다.

• 제 IV 편 •

부동산개발과 관련법

제1장

부동산개발업법

제1절 부동산개발업의 관리 및 육성에 관한 법률
제2절 도시개발법
제3절 기업도시개발특별법
제4절 도시 및 주거환경정비법
제5절 개발이익환수에 관한 법률

제1절 부동산개발업의 관리 및 육성에 관한 법률

1. 부동산개발업법의 개요

(1) 부동산개발업의 의의

1) 부동산개발의 의의

부동산개발(real estate development)이란 타인에게 공급할 목적으로 토지를 건설공사의 수행 또는 형질변경의 방법으로 조성하거나 건축물을 건축·대수선·리모델링·용도변경 하여 해당 부동산(부동산의 이용권 포함)의 전부 또는 일부를 타인에게 판매 또는 임대 하는 행위를 말한다.[92]

2) 부동산개발업의 의의

부동산개발업은 토지를 택지·공장용지·상업용지 등으로 조성하거나 토지에 건축물을 건축하여 해당 부동산을 일반에게 판매·임대 등의 방법으로 공급하는 업종을 말한다.[93]

부동산개발업은 시공을 제외하고 기획에서 부지 매입과 인·허가의 취득, 분양 업무 등은 사업시행사·분양대행사 등이 하는 형태로 분업화되고 있으며, 이는 개발사업의 위험부담의 차단, 전문성과 효율성 제고 등 부동산개발 산업구조를 개선하는 효과가 있어 새로운 사업구조로 정착되어 가는 과정에 있다[94]고 할 수 있다.

과거의 행태를 보면 종합건설업체가 시행과 시공을 모두 전담하여 왔지만, 외환위기 이후 기업의 재무건전성 제고와 리스크 관리 등 부동산시장의 변화에 적응하기 위하여 건설업자들이 모 기업에서 개발사업 부문을 분리하여 별도 법인을 설립하고 이를 통해 개발사업을 추진하게 되면서부터 시행사가 출현하기에 이르렀다. 부동산개발업과 건설업의 구분을 위하여 "부동산개발"의 정의에서 시공을 담당하는 행위를 제외하였다.

---

92) 부동산개발업법 제2조, 시행령 제2조.
93) 부동산개발업법 제2조.
94) 국토해양부, "부동산개발업 등록제 업무처리 매뉴얼", 국토해양부 토지정책관실, 2008.6. p.2. 재구성.

(2) 부동산개발업의 분류

부동산개발업의 통계청 표준산업분류표상 분류에는 '부동산개발 및 공급업'과 '건물건설업'으로 나뉘어 존재하며 (표준산업분류표 개정 시행으로 부동산 공급 업이 부동산개발 및 공급업으로 명칭변경) 구체적으로 볼 때 부동산개발업법상 등록대상이 될 수 있는 업종은 주택법에 따라 등록을 한 주택건설사업자를 제외하면 '부동산개발 및 공급업'과 '건물건설업' 중 '비주거용 건물공급업'과 '비주거용 건물건설업'이 해당된다.[95)]

(3) 부동산개발업 법률의 제정 필요성

1) 부동산개발업에 대한 종합적 · 체계적 관리제도 필요

부동산개발업자는 개발사업 전반에 대하여 책임지고 수행하는 자로서 부동산상품의 공급자이며, 공사 발주자이며, 금융기관에 대하여는 자금조달 주체의 지위에 있는 중요한 역할을 맡고 있다.

부동산개발업자는 주택법, 국토의 계획 및 이용에 관한 법률, 건설산업기본법 등 40여개 법률에 의해 개발행위 인가 및 허가, 건설공사 시행, 분양 및 관리 등 사업의 목적과 개발 단계에 따라 각 각의 법령에 규율되어 있지만 부동산개발업자의 지위와 역할에 대한 체계적 · 종합적인 규정은 없어 종합적이고 체계적인 관리제도의 필요에 의하여 제정되었다.

문제점

1. 영세하고 전문성 부족한 부동산 개발업자 난립

※ 자본금 5천만원만 있으면 '부동산 개발 · 임대' 등의 업종으로 법인설립 가능

2. 허위 · 과장 광고 등에 의한 소비자 피해

- 선분양으로 인해 소비자는 완공된 건축물을 보지 못한 채 개발업자가 제공하는 광고만 보고 부동산을 구매

3. 분양 후 소비자에 대한 법적 책임 확보 어려움

- 단위사업별로 부동산 개발사업을 영위하기 위해 일시적으로 생성되었다가 소멸되는 형태를 띠고 있어 분양 후 소비자 등에 대한 법적 책임 확보가 어려움

입법배경

1. 부동산개발업을 독립된 전문 업종으로 육성

- 부동산 개발업은 개발과 금융이 결합된 산업으로 기획에서 사업성 검토, 시공관리, 분양, 사후관리까지 여러 분야에 걸쳐 전문성이 필요한 업종
- 기업도시, 뉴타운 개발 등 본격 추진 시 민간의 개발사업 참여 필요성 확대 예상

2. 부동산개발업의 관리와 소비자 보호

-개발사업실적 등 개발업자에 관한 정보가 부족하여 건전한 개발업자와 부실개발업자를 구별하기 어려움

-테마상가, 오피스텔 등 사업시행과정에서 사기분양 · 허위광고 등 불법행위로 소비자 피해발생

자료 : 국토해양부, "부동산개발업등록제 업무처리 매뉴얼" 국토해양부 토지정책관실, 2008

---

95) 국토해양부, 상게서. pp.2~3. 재구성.

2) 건전한 부동산개발업의 육성

IMF 외환위기 이후 건설업자의 재무건전성 확보 필요성과 새로운 부동산금융상품의 출현 등에 따른 부동산시장 변화에 따라 시행사와 시공사가 분리되는 추세이고 독립된 업종이라는 인식이 확산되고 있으나, 영세하고 전문성이 부족한 시행사의 난립과 일회성 개발사업의 폐해 등 독립된 전문 업종으로 발전하기에는 장애가 많아 건전한 부동산개발업의 육성이 절실하였다.

따라서, 부동산개발업을 제도화함으로써 부동산개발 영역이 새로운 업종으로 성장·발전할 수 있는 기반을 마련하는 것이 건전한 부동산개발업 육성을 위해 시급한 과제로 대두되었다.

3) 소비자 보호

영세하고 전문성이 부족한 시행 사들은 토지 확보를 위한 과당 경쟁과 사업주체가 시공사의 브랜드나 지급보증에 의존하는 개발사업구조로 인하여 오히려 분양가를 상승시키는 요인이 된다는 지적이 있었으며, 테마상가·오피스텔 등 개발사업 시행과정에서 사기분양과 허위광고에 의한 다수의 소비자가 피해를 보는 사례가 빈번하게 발생되었다.

소비자 피해를 방지하기 위해서는 제도권에 의한 규율이 필요한 실정이지만 형법 또는 표시광고의 공정화에 관한 법률에 의한 제재만으로는 한계가 있어 등록기준에 미달하는 사업자의 부동산개발을 제한함으로서 개발업자가 소비자 보호를 위하여 필요한 정보를 제공하도록 의무화하여 소비자가 개발업자를 구별할 수 있도록 할 필요에 의해 법률이 제정되었다.[96]

---

96) 국토해양부, 전게서. pp.5~7. 재구성.

(4) 부동산개발업의 관리 및 육성에 관한 법률의 구성체계

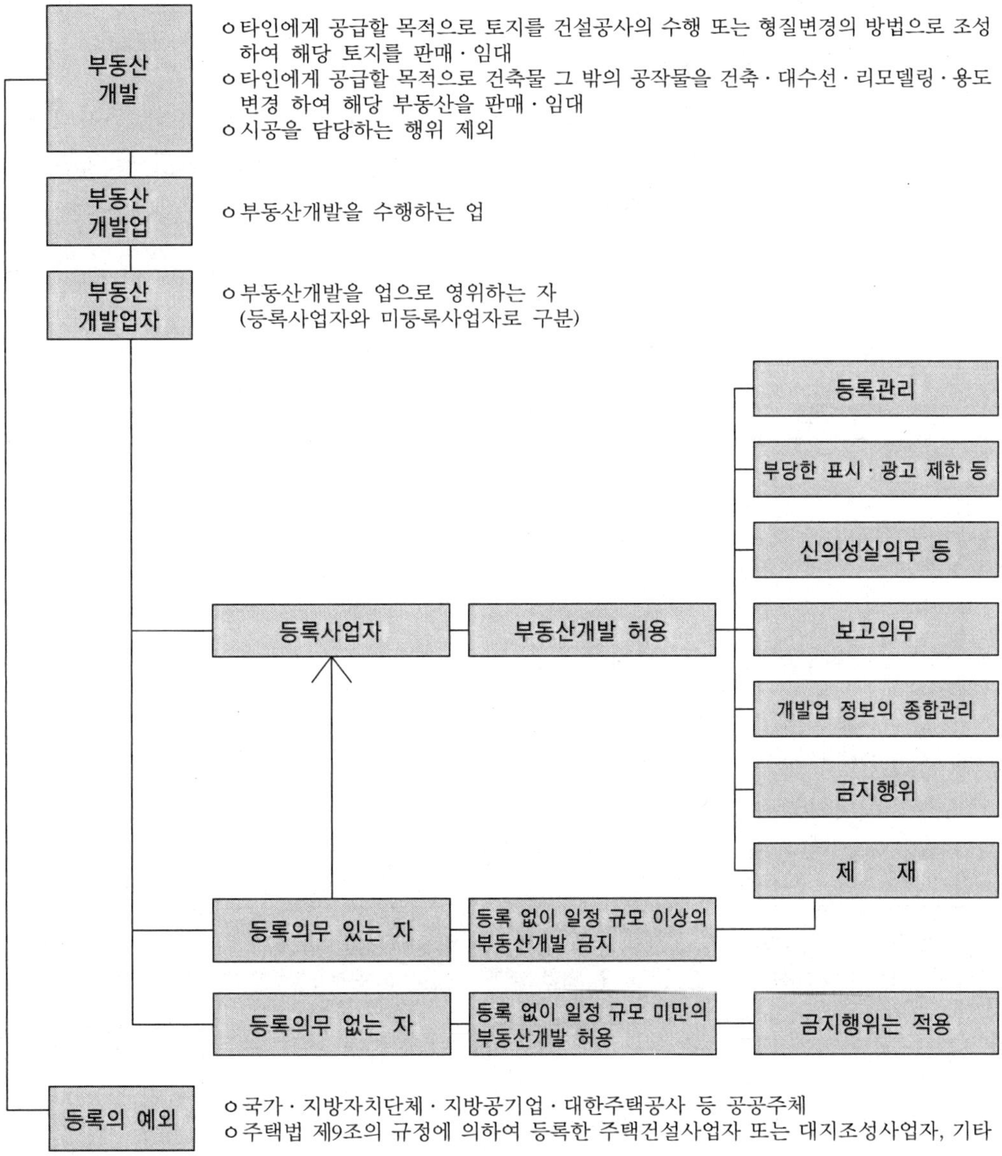

자료 : 국토해양부, "부동산개발업등록제 업무처리 매뉴얼" 국토해양부 토지정책관실, 2008, p.9.

2. 부동산개발업법의 주요내용

(1) 부동산개발업의 등록

1) 부동산개발업의 등록대상[97)]

건축물의 연면적이 2천 제곱미터 또는 연간 5천 제곱미터 이상이거나 토지의 면적이 3천 제곱미터 또는 연간 1만 제곱미터 이상으로서 일정규모 이상의 부동산개발을 업으로 영위하려는 자는 국토해양부장관에게 등록을 하여야 한다. 등록규모 미만의 부동산개발을 하는 개발업자는 등록 없이도 자유롭게 개발을 할 수 있도록 하여 영업의 자유를 보장한다.

〈표 15〉 부동산개발업 등록대상

건축물(연면적)	주상복합[98)] (비주거용 연면적)	토지
2천㎡(연간 5천㎡) 이상	2천㎡(연간 5천㎡) 이상이고 비주거용 비율이 30% 이상인 경우에 한정	3천㎡(연간 1만㎡) 이상

자료 : 국토해양부, "부동산개발업등록제 업무처리 매뉴얼" 국토해양부 토지정책관실, 2008, p.11.

2) 부동산개발업법의 등록 예외[99)]

부동산개발업자의 난립 방지라는 개발업 등록제의 취지를 고려하여 국가, 지방자치단체 등 공공사업주체, 주택건설사업자 등은 등록의 예외로 하도록 규정하고 있다.

1. 국가, 지방자치단체
2. 「공공기관의 운영에 관한 법률」에 따른 공공기관

대한주택공사, 한국토지공사, 한국철도공사, 한국수자원공사, 한국도로공사, 한국관광공사, 한국공항공사, 인천국제공항공사, 한국철도시설공단, 제주국제자유도시개발센터, 한국농촌공사, 농산물유통공사, 한국산업단지공단

3. 지방공기업법에 따른 지방공사 및 지방공단
4. 주택법 제9조에 따라 등록한 주택건설사업자 또는 대지조성사업자가 주택건설사업 또는 대지조성사업을 하는 경우에 한하여 개발업 등록의 예외를 인정한다.

---

97) 부동산개발업법 제4조제1항 및 영 제3조제1항.
98) 주상복합이란 주택과 주거용 이외의 용도가 복합된 건축물.
99) 부동산개발업법 제4조제1항 및 영 제3조제2항, 제3항.

다만 주택건설사업자 또는 대지조성사업자가 주택건설사업 또는 대지조성사업 외의 부동산개발사업을 시행할 경우에는 부동산개발업에 의한 등록을 한 후 시행하여야 한다.

5. 도시개발법, 기업도시개발특별법, 산업입지 및 개발에 관한 법률, 유통단지개발촉진법, 그 밖에 다른 법률에 따라 시행자로 지정받은 자는 부동산개발법에 의한 등록을 하지 않고 개발사업을 시행할 수 있다.

ㅇ 도시 및 주거환경정비법에 따라 정비사업을 시행할 수 있는 자

- 법 제7조에 따른 주거환경개선사업 시행자
- 법 제8조에 따른 주택재개발사업 등의 시행자

ㅇ 주택법 제9조에 따른 등록을 하지 아니하는 주택건설사업 또는 대지조성사업의 시행자로서 다음 어느 하나에 해당하는 규모의 주택건설사업 또는 대지조성사업을 시행할 수 있는 자

- 주택건설사업 : 단독주택 20호 또는 공동주택 20세대 미만
- 대지조성사업 : 토지의 면적이 1만 제곱미터 미만

3) 부동산개발업의 등록요건[100)]

일정 규모 이상의 부동산개발을 업으로 영위하려는 자는 자본금과 전문 인력 및 시설 기준에 적합하게 갖추어 국토해양부장관에게 등록을 하여야 하며 세부 요건은 다음과 같다.

구 분		부동산개발업의 등록요건
자본금	법인	자본금 5억 원 이상
	개인	영업용 자산평가액 10억 원 이상
부동산개발 전문 인력		상근인력 2명 이상
시설		사무실 전용면적 33㎡ 이상

자료 : 국토해양부, "부동산개발업등록제 업무처리 매뉴얼" 국토해양부 토지정책관실, 2008, p.20.

가. 자본금 [101)]

주식회사인 경우에는 자본금 5억 원 이상, 주식회사 이외의 회사인 경우에는 출자금 5억 원 이상, 기타 법인의 경우에는 총자산에서 총 부채를 뺀 금액이 5억 원 이상이어야 하고, 개인사업자인 경우에는 개발대상인 소유 부동산, 기타 현물 등

100) 부동산개발업법 제4조제2항 및 영 제4조.
101) 부동산개발업법 시행령 제4조제1항.

의 영업용자산평가액이 10억 원 이상이어야 한다.

나. 부동산개발 전문 인력[102)]

부동산개발업법 시행령 제9조제1항 관련 별표1의 규정에 따른 부동산개발 전문 인력 2인 이상이 상근하여야 하며, 부동산개발 전문 인력은 국토해양부장관이 지정하는 교육기관에서 부동산개발에 필요한 사전교육을 이수하여야 한다.

외국인인 부동산개발 전문 인력은 출입국관리법 시행령 별표1에 따른 주재·기업투자 또는 무역경영의 체류자격을 갖춘 자여야 한다.

다. 시설 : 전용면적 33제곱미터 이상의 사무실을 확보하여야 한다.

라. 외국에 주된 영업소를 두고 있는 외국인이나 외국의 법령에 따라 설립된 법인이 부동산개발업의 등록을 하려면 상법 제614조 규정에 따라 영업소를 설치하고 등기를 하여야 한다.

4) 특수목적법인의 부동산개발업 등록[103)]

가. 부동산개발업 등록이 가능한 특수목적법인 범위는 다음과 같다.

- 부동산투자회사법에 따른 위탁관리부동산투자회사 또는 기업구조조정부동산투자회사
- 간접투자자산운용업법 제27조제3호에 따른 부동산간접투자기구 중 투자회사
- 법인세법 제51조의2제1항 제6호에 따른 투자회사(PFV)

나. 특수목적법인의 부동산개발업 등록요건

특수목적법인의 자본금은 5억 원 이상이어야 하며, 상근 임직원이 없으므로 다음에 해당하는 자로서 전용면적 33제곱미터 이상의 사무실 및 상근하는 부동산개발 전문 인력 5인 이상을 확보한 자와 자산의 투자·운용 또는 자산의 관리·운용 및 처분에 관한 업무를 위탁하는 계약을 체결하여야 한다. 이 경우에도 부동산개발 전문 인력은 개발에 필요한 사전교육을 이수하여야 한다.

- 부동산투자회사법에 따른 위탁관리부동산투자회사 또는 기업구조조정 부동산투자회사로부터 자산의 투자·운용업무를 위탁받은 자산운용회사
- 간접투자자산운용업법에 따른 부동산간접투자기구 중 투자회사로부터 자산의 투자·운용업무를 위탁받은 자산운용회사
- 법인세법에 따른 투자회사로부터 법인세법 시행령 제86조의2제5항 제2호에 따라 자산의 관리·운용 및 처분에 관한 업무를 위탁받은 자산관리회사

102) 부동산개발업법 시행령 제4조제2항.
103) 부동산개발업법 제4조제3항, 영 제6조.

다른 법령에 따라 건설업, 주택건설사업자 등으로 등록한 자가 부동산개발업을 등록하려는 경우에는 다른 업종의 등록을 위해 이미 보유하고 있는 자본금, 전문 인력, 사무실 면적을 포함하여 산정하여야 한다.

〈표 16〉 부동산개발 전문 인력의 범위

구 분	부동산개발 전문 인력의 범위
법률	「변호사법」에 따른 변호사 자격이 있는 자로서 국가, 지방자치단체, 공공기관 및 그 밖의 법인 또는 개인사무소에서 법률에 관한 사무에 2년 이상 종사한 자
부동산개발 금융	1. 「공인회계사법」에 따라 금융위원회에게 등록을 한 공인회계사로서 해당 분야에 3년 이상 종사한 자 2. 「부동산투자회사법」에 따라 자산운용 전문 인력으로 국토해양부장관에게 등록된 자 3. 「은행법」에 따른 금융기관에서 10년 이상 근무한 자로서 부동산개발 금융 및 심사 업무에 3년 이상 종사한 자
부동산개발 실무	1. 감정평가사의 자격이 있는 자로서 해당 분야에 3년 이상 종사한 자 2. 공인중개사로서 부동산개발업을 하는 법인에서 부동산개발 업무에 3년 이상 종사한 자 3. 부동산 관련 분야의 학사학위 이상 소지자로서 부동산개발업을 하는 법인, 「부동산투자회사법」에 따른 부동산투자회사·자산관리회사 및 그 밖에 이에 준하는 회사·기관에서 부동산의 취득·처분·관리·개발 또는 자문 관련 업무에 3년(부동산 관련 분야의 석사학위 이상 소지자는 2년) 이상 종사한 자 4. 「건설기술관리법」 제2조제8호에 따른 토목·건축·국토개발 분야의 기사 자격이 있는 자 중 고급기술자 이상인 자 5. 건축사 6. 다음 각 목의 어느 하나에 해당하는 기관 등에서 부동산의 취득·처분·관리·개발 또는 자문 관련 업무에 종사한 자로서 국토해양부장관이 정하여 고시하는 기준에 해당하는 자 가. 국가 나. 지방자치단체 다. 법 제4조제1항 제2호에 따른 공공기관 라. 법 제4조제1항 제3호에 따른 지방공사 및 지방공단 마. 부동산개발에 관한 사업실적·매출액이 국토해양부장관이 정하여 고시하는 규모 이상인 부동산개발업을 하는 법인 또는 개인사무소

1. "부동산 관련 분야의 학사학위 이상 소지자"란 다음의 어느 하나에 해당하는 자를 말한다.
   가. 경영학, 경제학, 법학, 부동산학, 지리학 및 이에 상당하는 분야의 학사학위 이상 소지자
   나. 도시공학, 토목공학, 건축학, 건축공학, 조경학 및 이에 상당하는 분야의 학사학위 이상 소지자
2. 부동산개발 전문 인력의 자격인정방법 및 절차와 그 밖에 필요한 사항은 국토해양부장관이 정한다.

자료 : 부동산개발업법 시행령 제9조제1항 관련 별표.

(2) 공동사업주체의 부동산개발[104)]

1) 목적 및 개념

공동사업주체(지주공동사업)란 부동산개발에 필요한 전문성, 자금 등이 없거나 부족한 토지소유자가 토지를 소유하지 못한 등록사업자와 상호이익을 위하여 공동으로 부동산개발을 수행하는 방식으로 토지소유자는 개발업의 등록을 하지 않고도 부동산개발업 등록사업자와 공동으로 부동산개발을 할 수 있으며 이 경우 토지소유자와 등록사업자를 공동사업주체로 본다.

공동사업주체가 사업을 시행함으로서 전문 인력과 기술 및 자금이 없는 토지소유자와 토지를 확보하지 못한 개발업자가 공동으로 개발사업의 추진이 가능하게 됨으로 토지소유자는 부동산개발업 등록에 대한 부담이 완화되고 등록사업자는 부지확보 경쟁 등으로 사업비용이 상승하는 문제를 해소하게 되므로 부동산개발에서 발생할 수 있는 지가상승 등의 폐해를 줄이는 데 기여할 수 있다.[105)]

2) 공동사업주체의 부동산개발 요건

등록 개발사업자와 공동으로 부동산개발을 하려는 토지소유자는 부동산개발의 대상이 되는 토지의 소유권을 확보하고 있어야 하며, 개발대상 토지가 저당권 · 가등기담보권 · 가압류 등(이하 “저당권 등”이라 함)의 목적으로 되어 있는 경우에는 해당 부동산의 판매 전까지 그 저당권 등을 말소하여야 한다. 다만, 저당권 등의 권리자로부터 해당 사업의 시행에 대한 동의를 받은 경우에는 저당권 등의 말소 없이도 부동산개발이 가능하다.

토지소유자와 등록사업자는 개발된 부동산의 사용 · 처분, 수익의 분배, 사업비의 분담, 사업기간 그 밖에 사업추진상의 각종 책임 등에 관하여 협약을 체결하여야 한다.[106)]

3) 공동사업주체의 부동산개발

공동사업주체의 부동산개발 방식에는 사업시행 대행방식과 지분참여방식, 신탁계약방식에 의하여 시행할 수 있다. 공동사업주체의 의미는 토지소유자와 등록사업자가 인 · 허가를 공동으로 받으라는 의미는 아니므로 인 · 허가를 받아야 하는 사업주체는 당해 사업의 성격과 절차에 따라 인 · 허가부서에서 판단할 사항이다. 다만 토지소유자가 단독으로 인 · 허가를 신청하는 경우에는 토지소유자와 등록사업자가 “공동사업주체”임을 증명하기 위한 공동사업에 관한 협약서를 인 · 허가부서에 동시 제출하여야 한다.[107)]

---

104) 부동산개발업법 제4조제4항, 시행령 제7조.
105) 국토해양부, 상게서. pp.25～26. 재구성.
106) 부동산개발업법 시행령 제7조.

① 도급방식(시행 대행방식) : 토지소유자가 각종 인·허가 등의 주체가 되어 사업을 추진하고, 등록사업자는 대가를 받고 부동산개발의 전 과정을 관리하는 방식(등록사업자의 법률상 책임은 별개임)
② 지분참여 방식 : 토지소유자는 해당 사업에 토지를 제공하고 등록사업자는 자본과 인력 등을 투자하여 수익을 분배하는 개발방식
③ 신탁계약방식 : 미등록사업자인 토지소유자가 등록사업자인 신탁회사와 신탁계약을 체결하여 사업을 진행하는 경우에 공동사업으로 볼 수 있는지의 여부는 신탁계약의 형태별로 판단하여야 한다.
- 토지신탁 및 관리신탁의 경우에는 소유권이 신탁회사로 이전되어 각종 인·허가의 주체는 신탁회사이므로 등록사업자가 사업을 진행하는 것으로 간주
- 분양관리 및 대리사무 신탁의 경우처럼 소유권의 이전이 없는 경우에는 해당 신탁계약과 별개로 부동산개발업법에 따른 공동사업에 관한 협약서를 작성하여야 한다.

4) 공동사업주체의 부동산개발에 대한 책임의 범위

해당 부동산개발에 따른 민사상의 책임은 토지소유자와 등록사업자간에 체결한 부동산개발에 관한 업무협약 및 공급계약 등을 구체적으로 고려하여 판단(법원의 판단사항)할 사항이며, 부동산개발업법상 영업정지·등록취소 등의 행정처분은 등록사업자를 대상으로 부과하고, 금지행위 위반에 대한 과태료 처분 등에 대하여는 등록 여부에 관계없이 처벌이 가능한 경우에는 위법행위의 내용에 따라 토지소유자와 등록사업자 모두 형사처분이나 과태료 처분이 가능하다.[108]

(3) 부동산개발업의 등록절차[109]

1) 등록신청

부동산개발업 등록사무는 법인(개인)의 주된 영업소 소재지를 관할하는 특별시장·광역시장·도지사 또는 특별자치도지사(이하 "시·도지사"로 함)가 관할한다. 부동산개발업의 등록을 하고자 하는 자는 부동산개발업 등록신청서에 구비서류[110]를 첨부하여 주된 영업소 소재지 관할 시·도에 제출하여야 한다.

107) 국토해양부, 상게서. p.26. 재구성.
108) 국토해양부, 상게서. p.27. 재구성.
109) 부동산개발업법 시행령 제5조.
110) 부동산개발업법 시행규칙 제3조.

2) 등록신청서 기재사항[111] 및 처리기간

부동산개발업 등록신청서에는 상호, 대표자, 영업소 소재지, 법인등록번호(주민등록번호), 국적 또는 소속 국가명, 자본금(개인인 경우에는 영업용자산평가액), 출자금액 및 출자비율(외국인 또는 외국법인이 자본금의 100분의 50 이상을 출자한 경우로 한정), 사무실 면적, 부동산개발 전문 인력을 기재하여야 한다. 부동산개발업의 등록신청서를 접수한 때에는 제출서류 및 필요한 경우 등록요건에 대하여 실제 확인을 위한 현장 등을 확인한 후 특별한 경우를 제외하고 30일 이내에 처리하여야 한다.

3) 부동산개발업 등록심사

부동산개발업 등록신청서를 접수한 담당공무원은 전자정부법 제21조제1항에 따른 행정정보의 공동이용을 통하여 신청인의 동의를 얻어 다음사항을 확인하여야 한다. 다만, 신청인이 확인에 동의하지 아니하는 경우에는 해당서류를 첨부하도록 하여 심사하여야 하며, 대표자·임원 등에 대한 등록의 결격사유가 있는지의 여부를 확인하여야 한다.

① 법인인 경우에는 법인등기부등본(개인인 경우에는 주민등록표등본)
② 사무실을 갖추었음을 증명하는 건물등기부등본
③ 외국인 또는 외국법인이 부동산개발업의 등록을 신청하는 경우에는 외국인등록사실증명(출입국관리법 제33조에 따른 외국인등록증 사본 제출)
④ 외국법인이 부동산개발업의 등록을 신청하는 경우에는 영업소 법인등기부등본

※ 부동산개발업 등록의 결격사유

1. 미성년자·금치산자 또는 한정치산자
2. 파산선고를 받은 자로서 복권되지 아니한 자
3. 금고 이상의 실형의 선고를 받고 그 집행이 종료(집행이 종료된 것으로 보는 경우를 포함)되거나 집행이 면제된 날부터 3년이 경과하지 아니한 자
4. 금고 이상의 형의 집행유예 선고를 받고 그 유예기간 중에 있는 자
5. 부동산개발업의 등록이 취소된 후 3년이 경과하지 아니한 자. 이 경우 부동산개발업의 등록이 취소된 자가 법인인 경우에는 그 등록취소의 원인이 된 행위를 한 자와 대표자를 포함한다.
6. 제24조에 따른 영업정지처분을 받고 제15조제1항에 따른 폐업신고를 한 자로서 영업정지기간(폐업에도 불구하고 그 기간이 진행되는 것으로 본다)이 경과되지 아니한 자. 이 경우 영업정지처분을 받은 자가 법인인 경우에는 그 영업정지처분의 원인이 된 행위를 한 자와 대표자를 포함한다.
7. 법인의 임원(대표자를 포함한다. 이하 같다) 중 제1호부터 제6호까지의 어느 하나에 해당되는 자가 있는 법인

자료 : 부동산개발업법 제6조.

111) 부동산개발업법 제4조, 시행령 제5조제1항.

4) 부동산개발업 등록증의 교부[112] 및 후속 조치

① 부동산개발업 등록증의 교부

등록관청은 부동산개발업의 등록을 한 때에는 등록을 신청한 자에게 부동산개발업 등록증[113]을 교부하고 등록사업자에 대하여 부동산개발업 등록대장을 작성·보관하여야 한다.

교부받은 부동산개발업 등록증을 잃어버리거나 못쓰게 되어 재교부 신청을 한 경우와 영업소 소재지 변경의 경우도 부동개발업 등록증을 재교부하여야 한다.[114]

② 부동산개발업 등록에 따른 조치사항

등록관청은 부동산개발업의 등록을 한 경우 등록사업자의 상호·명칭 및 성명(법인의 경우 대표자 성명), 등록연월일, 등록번호, 자본금, 주된 영업소(특수목적법인의 경우에는 자산관리회사 등의 영업소도 포함)의 소재지 등을 공보에 공고하고 인터넷 홈페이지에 게재하여야 한다.

(4) 부동산개발 전문 인력의 교육

1) 전문 인력의 교육목적

부동산개발업은 개발과 금융이 결합된 업종으로 개발의 기획, 인·허가 취득, 자금이 조달, 시공, 공급 등 여러 분야에 걸쳐 전문성이 필요한 업종으로서 부동산개발 전문 인력은 부동산개발에 필요한 최소한의 전문성을 확보하고 사업위험 등에 대처할 수 있도록 전문성을 확보할 필요가 있다.

부동산개발업의 건전한 발전을 위해서는 부동산개발 전문 인력에 대한 사전교육제를 도입하여 전문성이 있는 교육기관을 통해 통일적이고 체계적인 교육과정을 정립하여 전문성과 자질을 갖춘 전문 인력을 양성할 필요가 있다.[115]

2) 부동산개발 전문 인력의 사전교육 의무[116]

부동산개발 전문 인력은 부동산개발에 필요한 사전교육을 받아야 하며, 부동산개발업 등록 신청 시 부동산개발 전문 인력이 사전교육 이수하였음을 입증하는 서류를 첨부하여 신청하여야 한다.

---

112) 부동산개발업법 제7조, 시행규칙 제7조 및 제8조.
113) 부동산개발업법 시행규칙 별지 4호 서식.
114) 부동산개발업법 제7조제3항, 규칙 제8조제5항.
115) 국토해양부, 상게서. p.84. 재구성.
116) 부동산개발업법 제5조제2항.

교육대상자는 부동산개발업 등록요건을 갖추기 위한 자로서 부동산개발 전문 인력에 해당하는 자와 사전교육 의무제의 시행일 전에 부동산개발업 등록을 한 업체의 등록요건에 해당하는 부동산개발 전문 인력으로 종사하는 자로서 사전교육을 받지 아니한 자가 그 대상이 된다.

3) 부동산개발 전문 인력의 사전교육 기관117)

부동산개발 전문 인력에 대한 사전교육 기관은 다음의 어느 하나에 해당하는 기관 중에서 국토해양부장관이 지정 · 고시한다.

- 고등교육법 제2조제1호에 따른 대학(부동산개발과 관련된 교육과정이 개설된 경우에 한정한다)
- 공공기관의 운영에 관한 법률에 따른 공공기관 중 부동산개발 및 관련 분야의 교육에 관한 전문성이 있는 기관
- 법 제29조에 따라 설립된 부동산개발업자단체(소속 연구기관을 포함)
- 국토해양부 소속 기관 중 교육기관

4) 부동산개발 전문 인력의 교육과정118)

부동산개발 전문 인력 사전교육의 총 교육시간은 60시간으로 하고 교육과정에는 부동산개발에 관한 법률, 조세 및 회계 등 제도와 관련된 사항, 부동산개발에 필요한 자금조달 및 부동산개발 사례 분석 등에 관련된 사항, 그 밖에 부동산개발 및 부동산개발업의 운영과 관련된 사항 등이 포함되어야 하며, 다음에 해당하는 경우에는 부동산개발 전문 인력의 전문성을 고려하여 별표 1의 구분에 따른 자격 분야별로 그 자격과 관련된 교육과정을 면제할 수 있다.

- 변호사, 공인회계사, 감정평가사, 공인중개사, 건축사, 건설기술자의 자격이 있는 자는 교육과목 중 당해 자격 취득에 필요한 시험과목과 동일하거나 유사한 교육과목을 선택하여 총 18시간 이내에서 면제
- 아래 사업실적이나 매출액을 갖춘 법인 또는 개인사무소의 대표자로 5년 이상 종사한 자는 공통과목을 제외한 나머지 과목 모두 면제
- 사업실적 : 최근 7년 이내 건축물 연면적 합계가 1만5천㎡ 이상(토지면적 3만㎡ 이상)
- 매출액 : 최근 7년 이내 부동산개발 부문 매출액이 450억 원 이상

117) 부동산개발업법 제5조제2항, 시행령 제10조제1항.
118) 부동산개발업법 시행령 제10조제2항～제4항.

〈표 17〉 부동산개발 전문 인력의 교육에 관한 표준 교육과정

구분	과 목	주요 교육과정	시간
공통	부동산개발업과 직업윤리	- 부동산개발업자가 갖추어야 할 직업윤리 - 부동산개발업자의 에티켓 관리 등	3H
	부동산개발업의 관리 및 육성에 관한 법률 해설	- 정부의 부동산개발 정책방향 - 부동산개발업의 현 황 및 구조와 문제점 - 법 안의 주요내용과 제정 효과 등	3H
	부동산개발업자의 역할과 기능	- 부동산개발업자의 역할 및 갖추어야 할 능력 - 급변하는 부동산시장에서의 개발과 관리전략 등	3H
	부동산개발 관련 공법	- 부동산공법의 구조 및 법률체계 - 개별 법령의 해설 · 국토의 계획 및 이용에 관한 법률, 도시개발법 도시 및 주거환경법, 주택법, 건축법, 농지법 산지관리법, 택지개발촉진법, 건설산업기본법 등	12H
	부동산개발 관련 조세 및 회계	- 부동산관련 조세의 구조 및 체계 - 개발이익환수에 관한 법률 및 제도 해설 - 취득, 보유, 개발, 양도 등에 따른 세제 실무 - 부동산개발사업과 관련된 회계처리 등	6H
	계		27H
선택	부동산개발사업의 리스크 관리	- 부동산개발사업의 리스크 관리대상 - 사업단계별 체크리스트 활용요령 - 잠재 우발 리스크 대응 및 관리요령 등	3H
	부동산개발사업의 입지 및 타당성 분석	- 입지분석의 유형과 선정 원칙 - 상권분석 기법 및 시설별 입지선정 - 시장 환경 조사 및 분석 - 수익성 및 재무적 타당성 분석 등	6H
	부동산개발사업의 기획과 마케팅	- 개발 콘셉트 설정 및 사업 아이템 결정 - 사업규모 결정 및 사업방법 결정 - 분양가 및 임대가 산정기법 사례 - 사업별 상품기획 및 마케팅 전략 수립 등	4H
	부동산개발 금융과 자금조달기법	- 부동산금융 개요 및 기초이론 - 자금 수지 및 현금 흐름 분석 - 프로젝트 파이낸싱, 자산유동화, 리츠 등 신종 자금조달기법 - 금융상품 조달 시 주요 체크포인트 및 보유자산 운영관리 등	6H
	부동산개발사업의 시행절차 및 사례	- 시설별 사업추진 절차 및 시행사례 · 주거 및 업무시설, 상업 및 유통시설, 골프장, 실버시설, 해외부동산개발 - 팀별 Case Study, 프로젝트 보고서 발표 등	12H
	종합평가 및 수료	- 교육수료를 위한 평가시험 실시 - 수료증 발급 및 수료식 거행 등	2H
	계		33H

자료 : 부동산개발 전문 인력의 교육에 관한 규정 별표 1.

3. 부동산개발업 등록사업자의 준수사항

(1) 표시 · 광고에 관한 사항

1) 목적[119)]

등록사업자가 부동산개발에 관하여 표시·광고를 할 경우 소비자가 반드시 알아야 할 정보를 포함하도록 하여 허위·과장광고로 인한 소비자 피해를 방지하고, 소비자가 등록사업자의 표시·광고를 통해 등록사업자와 미등록사업자를 구별할 수 있도록 차별화함은 물론 미등록사업자가 등록사업자로 오인될 우려가 있는 표시·광고를 금지하기 위함이다.

2) 표시 · 광고 의무[120)]

등록사업자는 부동산개발에 관하여 이 법에 따라 등록한 사실과 그 밖에 소비자 보호를 위하여 필요한 사항을 표시·광고하여야 한다. 등록사업자가 아닌 자는 부동산개발업법에 따른 등록사업자임을 표시·광고하거나 등록사업자로 오인될 우려가 있는 표시·광고를 하여서는 안 된다.

3) 표시·광고할 사항[121)]

등록사업자가 부동산개발에 관하여 표시·광고를 하는 경우에는 그 표시·광고에 등록사업자의 상호·명칭, 등록번호와 주된 영업소의 소재지, 공동으로 부동산개발을 하는 경우에는 공동사업의 추진 여부 및 공동사업주체에 관한 사항, 부동산개발에 필요한 인·허가 등에 관한 사항, 그 밖에 소비자 보호를 위하여 필요한 사항으로서 국토해양부장관이 정하여 고시하는 사항을 밝혀야 한다.

방송매체를 이용한 광고에서 표시·광고할 사항을 자막으로 처리한 경우 해당 사항에 대하여는 동 법에 따라 표시·광고한 것으로 의제한다.

4) 위반 시의 제재[122)]

등록사업자가 표시·광고 의무를 위반한 때에는 위반내용, 위반정도 등에 따라 시정조치·영업정지 등 행정제재, 과태료와 형사 처분을 하게 되며, 미등록사업자가 표시·광

119) 부동산개발업법 제8조, 시행령 제10조.
120) 부동산개발업법 제8조.
121) 부동산개발업법 시행령 제12조제1항, 제2항.
122) 부동산개발업법 제22조~제24조, 제36조, 제40조제1항.

고 의무를 위반한 때에도 부동산개발업법 제36조 규정에 따라 3년 이하의 징역 또는 5천만 원 이하의 벌금에 처한다.

(2) 등록사업자의 금지사항

1) 금지사항

부동산개발업 등록사업자는 이중으로 부동산개발업의 등록을 할 수 없다.[123)]

또한 등록사업자의 임직원 중 부동산개발 전문 인력은 다른 등록사업자의 부동산개발 전문 인력이 될 수 없다.

등록사업자는 타인에게 자기의 성명 또는 상호를 사용하여 부동산개발을 하게 하거나 자기의 부동산개발업 등록증을 양도 또는 대여하는 행위를 하여서는 안 되며[124)], 누구든지 타인의 성명 또는 상호를 사용하여 부동산개발업을 하거나 타인의 부동산개발업 등록증을 양수 또는 대여 받아 이를 사용하는 행위를 하여서는 안 된다.

〈표 18〉 부동산개발업자의 금지행위 유형

구분	금지행위 주요 내용
등록사업자	① 허위·과장된 사실을 알리거나 속임수를 써서 타인으로 하여금 부동산 등을 공급받도록 유인하는 행위(영업정지 및 형벌)
	② 부동산등을 공급받도록 유인할 목적으로 부동산개발에 대한 거짓 정보를 불특정 다수인에게 퍼뜨리는 행위(영업정지 및 형벌)
	③ 상대방의 반대의사에도 불구하고 전화·컴퓨터통신 등을 통하여 부동산등을 공급받을 것을 강요하는 행위(영업정지 및 과태료)
기타	① ②의 규정에 위반하는 행위는 형벌, ③은 과태료

자료 : 국토해양부, "부동산개발업등록제 업무처리 매뉴얼", 국토해양부 토지정책관실, 2008, p.17.

2) 금지사항 위반에 대한 제재

이중등록금지 위반 시에는 등록취소 처분 및 1년 이하의 징역 또는 2천만 원 이하의 벌금에 처하게 되며[125)], 전문 인력의 겸직금지 규정 위반 시에는 700만 원 이하의 과태료 처분[126)], 등록증 대여금지 규정 위반 시에는 등록취소 처분 및 1년 이하의 징역 또는 2천

123) 부동산개발업법 제9조.
124) 부동산개발업법 제10조.
125) 부동산개발업법 제9조제1항, 제25조제1항 3호, 제38조.

만 원 이하의 벌금[127], 무등록사업자 규정 위반 시에는 1년 이하의 징역 또는 2천만 원 이하의 벌금[128]에 처하게 된다.

(3) 부동산개발업의 양도 · 합병 · 상속 등에 관한 사항

1) 목적

부동산개발 업체의 합병과 상속에 의한 양수인이 새로운 등록을 하지 않고도 양도인(피 합병 · 피 상속인)의 등록사업자의 지위를 승계토록 하여 부동산개발업의 계속성을 유지하고, 양도인과 관계된 시공사, 소비자 등 이해관계에 있는 자들의 이익을 보호하기 위하여 부동산개발업의 양도 등에 관한 사항을 규정하고 있다.[129]

2) 처리 관청

부동산개발업 양도 · 합병 · 상속에 관한 사항은 양도인(피 합병 · 피 상속인) 영업소재지 관할 등록관청이 주된 처리 관청으로 주요사무를 처리하며, 양도신고를 접수한 때에는 제출서류 등을 심사하여 특별한 경우를 제외하고 10일 이내에 처리한다.

3) 양도 · 합병 · 상속에 의한 지위승계 흐름도

공고 (양도의 경우)	일간신문에 공고
⇓	
신고 (신고인→처리관청)	신고서와 구비서류를 첨부하여 신고
⇓	
심사 (처리관청)	처리관청은 신고사항에 대하여 적정 여부를 심사
⇓	
공고 (처리관청)	신고를 수리한 경우 인터넷홈페이지에 공고하고 관보 또는 공보에 공고
⇓	
관련서류 이송 (처리 관청→변경관청)	양수인 영업소재지가 다를 경우 처리관청은 신고 수리 후 관련서류를 양수인 관청에 이송
⇓	
등록요건 확인 (변경관청)	양수인 소재지 등록관청은 필요한 경우등록요건 충족 여부를 확인
⇓	
등록증 교부 (변경관청)	부동산개발업 등록증을 교부

자료 : 국토해양부, "부동산개발업등록제 업무처리 매뉴얼", 국토해양부 토지정책관실, 2008, pp.97～98.

---

126) 부동산개발업법 제9조제2항, 제40조제2항.
127) 부동산개발업법 제10조제1항, 제25조제1항 3호 및 제38조.
128) 부동산개발업법 제10조제2항, 제38조.
129) 국토해양부, 상게서, p.97. 재구성.

4) 부동산개발업 양도 · 합병 · 상속 신고의 효과

양도 · 합병의 신고가 있은 때에는 양수인은 양도인의 등록사업자로서의 지위를 승계하며 합병 후 존속하는 법인이나 합병에 의하여 설립되는 법인은 합병에 의하여 소멸되는 법인의 등록사업자로서의 지위를 승계한다.

등록사업자로서의 지위를 승계한 자에 대하여는 부동산개발업 양도나 합병 전의 등록사업자의 위반행위를 사유로 하여 발생하는 시정조치, 소비자피해분쟁조정의 요청, 영업정지(임직원의 해임 또는 징계의 요구를 포함), 부동산개발업의 등록취소 등 등록사업자에 대한 행정처분의 효과까지 승계한다.[130]

(4) 부동산개발업의 양도 · 합병 · 상속 신고

1) 부동산개발업 양도 공고[131]

부동산개발업을 양도하려는 자는 처리 관청에 부동산개발업 양도신고를 하기 30일 전에 일간신문 등에 양도하고자 하는 부동산개발업 및 부동산개발업 등록번호, 양도예정연월일(양도시기), 양도에 대한 이해관계인의 의견 제출의 기한 및 장소, 양도인 및 양수인의 주된 영업소의 소재지, 상호와 성명(법인인 경우 대표자 성명)을 공고[132]하여야 한다.

양도인과 양수인의 영업소재지의 관할 시 · 도가 다를 경우 양도의 공고는 2개 이상의 일간신문에 1회 이상 각각 게재하는 방식으로 하되 일간지 중 하나는 양도인의 주된 영업소의 소재지를 관할하는 특별시 · 광역시 · 도 · 특별자치도(이하 "시 · 도"라 한다)의 구역 안에서 발행되는 일간신문으로 하고, 그 나머지는 서울특별시의 구역 안에서 발행되는 일간신문에 공고하여야 한다.

양도인과 양수인의 영업소재지의 주된 영업소의 소재지 관할 시 · 도가 동일한 시 · 도에 속하는 때에는 해당 시 · 도의 구역 안에서 발행되는 하나의 일간신문에 게재할 수 있다.

2) 부동산개발업 양도의 내용[133]

부동산개발업을 양도하려는 자는 부동산개발을 위하여 매수한 부동산 등에 관한 권리 · 의무, 인 · 허가, 건설업자와 체결한 건설공사계약, 소비자와 체결한 공급계약 등에 관한 권리 · 의무 등 부동산개발에 필요한 권리 · 의무를 모두 양도해야 한다. 양도대상

---

130) 국토해양부, 상게서, p.98. 재구성.
131) 부동산개발업법 제12조, 시행규칙 제10조.
132) 부동산개발업법 시행규칙 제10조제1항.
133) 부동산개발업법 제13조, 시행령 제11조.

권리 · 의무는 다른 법령에 따른 양도에 제한이 없고 양도에 필요한 요건을 충족하여야 한다.

3) 양도의 제한[134]과 양도의 효과

부동산개발업법 위반으로 영업정지기간 중이거나 부동산개발업의 등록취소처분을 받고 행정심판법 또는 행정소송법에 따라 그 처분이 집행정지 중에 있는 경우에는 부동산개발업을 양도할 수 없다.

부동산개발업의 양도신고가 있은 때에는 양수인은 양도인의 등록사업자로서의 지위를 승계하고, 양수인은 양도 전 양도인 등록사업자에 대한 행정처분의 효과를 승계한다. 단 양도의 제한에 해당하는 처분은 승계되지 않는다.

부동산개발업 양도 전의 등록사업자의 위반행위를 사유로 하여 부동산개발업법 제22조부터 제25조까지의 규정에 따른 시정조치, 소비자피해분쟁조정의 요청, 영업정지(임직원의 해임 또는 징계의 요구를 포함), 부동산개발업의 등록취소 등이 명백히 예상되는 때에는 양도신고를 수리하기 전에 사실 확인 및 청문 등 처분절차를 조속히 이행하여 처분여부를 결정하여 처리하고, 양도 제한사유 및 등록취소에 해당하는 경우에는 양도가 불가하고 그 이외의 사항에 대하여는 처분결과를 양수인이 승계한다.

4) 양도신고 절차[135]

등록사업자는 부동산개발업을 양도하려는 경우에는 양도인과 양수인이 공동으로 부동산개발영업양도신고서를 작성하여 양도계약서 사본, 양수인에 관한 등록 신청 시 구비서류, 매도인, 건설업자, 소비자 전부의 동의가 있음을 입증하는 서류, 부동산개발업 양도의 공고문과 이해관계인의 의견조정 내용을 기재한 서류 등 각종 구비서류를 첨부하여 양도인 영업소 소재지 관할 등록관청에 제출하여야 한다.

처리 관청은 제출된 신고서와 구비서류에 대한 적정 여부를 심사하고 이해관계인의 의견조정 및 양도의 제한사항 등을 심사한 후 양수인의 등록요건 적합 여부에 대한 심사하여야 한다. 등록관청이 부동산개발업 양도신고를 수리한 경우에는 양도신고수리의 연월일, 양도되는 부동산개발업 및 등록번호, 양도인 및 양수인의 주된 영업소의 소재지, 상호와 성명 등의 내용을 인터넷 홈페이지에 게시하고 관보 또는 공보에 공고하여야 한다.

---

134) 부동산개발업법 제14조.
135) 부동산개발업법 시행규칙 제11조.

5) 법인합병의 신고

등록사업자인 법인과 등록사업자가 아닌 법인이 합병하려는 경우에는 법인합병 신고의 대상이 된다. 다만, 등록사업자인 법인이 등록사업자가 아닌 법인을 흡수 합병하는 경우를 제외한다.[136)]

부동산개발업 법인합병의 신고가 있은 때에는 합병 후 존속하는 법인이나 합병에 의하여 설립되는 법인은 합병에 의하여 소멸되는 법인의 등록사업자로서의 지위를 승계한다.[137)] 합병 전 영업소재지 관할 등록관청은 부동산개발업 합병 전의 등록사업자의 위반행위를 사유로 하여 법 제22조부터 제25조까지의 규정에 따른 시정조치, 소비자피해분쟁조정의 요청, 영업정지(임직원의 해임 또는 징계의 요구를 포함한다), 부동산개발업의 등록취소 등을 할 수 있다.

법인이 합병신고를 한 때에는 제출된 신고서와 구비서류에 대한 적정 여부를 심사하여 합병 후 존속하는 법인의 등록요건 적합 여부에 대한 심사를 심사하고 법인합병신고를 수리한 후 그 내용을 인터넷 홈페이지에 게시하고 관보 또는 공보에 공고하여야 한다.

6) 부동산개발업의 상속신고

상속 신고를 하고자 하는 경우 상속인은 부동산개발업 상속신고서를 작성하여 상속인임을 증명하는 서류, 상속인에 관한 부동산개발업 등록신청서 등 구비서류를 첨부하여 피상속인 영업소재지 관할 등록관청에 상속개시일로부터 60일 이내에 제출하여야 한다.

처리 관청은 부동산개발업 상속 신고사항에 대한 심사결과 적합한 경우 신고 수리하고 상속신고수리의 연월일, 상속되는 부동산개발업 및 등록번호, 피상속인과 상속인의 주소, 주된 영업소재지, 상호와 대표자 성명 등에 대한 사항을 인터넷 홈페이지에 게시하고 관보 또는 공보에 공고하여야 하며, 그 결과를 상속인에 통보하여야 한다.

부동산개발업 상속 신고가 있은 때에는 피상속인의 등록사업자로서의 지위를 승계하며, 상속받은 등록사업자는 상속 전 등록사업자에 대한 행정처분의 효과가 승계된다. 상속 전의 등록사업자의 위반행위를 사유로 하여 법 제22조부터 제25조까지의 규정에 따른 시정조치, 소비자피해분쟁조정의 요청, 영업정지(임직원의 해임 또는 징계의 요구를 포함), 부동산개발업의 등록취소 등을 할 수 있다.

---

136) 부동산개발업법 제11조제1항 제2호.
137) 부동산개발업법 제11조제2항 내지 제4항.

(5) 부동산개발업의 폐업에 관한 사항[138)]

부동산개발업을 폐업하려는 경우 등록사업자는 폐업신고서(시행규칙 별지 제11호 서식)를 작성하여 부동산개발업 등록증을 첨부하여 등록관청에 신고하여야 한다.

등록관청은 폐업신고가 있는 경우에는 부동산개발업의 등록을 말소하고 등록말소 연월일, 등록 말소되는 부동산개발업 및 등록번호, 주된 영업소의 소재지, 상호 및 성명(법인은 대표자 성명), 폐업사유를 인터넷홈페이지에 게시하고 관보 또는 공보에 공고하여야 한다.

폐업신고 후 등록 말소된 사업자가 1년 이내에 다시 부동산개발업 등록을 할 경우 폐업 전 등록사업자의 지위를 승계한다.[139)]

재등록을 한 경우 해당 등록사업자는 등록말소 전 등록사업자의 지위를 승계하며 등록말소 전 등록사업자에 대한 행정처분의 효과도 승계하며, 등록말소 전 등록사업자의 위반행위를 사유로 법 제22조부터 제25조까지의 규정에 따른 시정조치, 소비자피해 분쟁조정의 요청, 영업정지, 등록취소 등의 처분이 가능하게 된다.

4. 부동산개발업의 관리

(1) 등록사업자의 보고의무[140)]

등록사업자의 사업실적 등에 대한 정보를 통일적으로 확보하여 사업실적 조회 등 부동산개발 사업자에 대한 신뢰성 판단 자료 등 사업자 관리에 활용하고 등록사업자의 정보·사업실적 등 부동산개발에 관한 정보를 관리하여 이를 소비자·관련기관·단체 등에 제공하고자 시행하는 제도로 등록사업자는 등록관청에 1년 주기로 보고하여야 하며, 보고하여야 할 사항은 다음과 같다.

1) 사업실적 보고

개인인 등록사업자가 부동산개발업에 1년 이상 사용한 사업용 자산을 현물 출자하여 법인을 설립한 경우에는 그 개인인 등록사업자의 사업실적으로 포함하여 보고하여야 하며, 등록취소 후 다시 등록을 하고 영업을 한 경우에는 등록 이후의 실적만 보고하면 된다.

---

138) 부동산개발업법 제15조, 시행규칙 제14조, 제15조.
139) 부동산개발업법 제27조.
140) 부동산개발업법 제17조, 시행규칙 제16조.

2) 등록사업자 정보 변경 보고

자본금 금액의 변경, 성격의 변경(개인사업자의 영업용 자산 양태 변경 등) 등 포함, 임원 및 부동산개발 전문 인력의 변경 등에 관한 사항을 보고하여야 한다.

(2) 부동산개발업자 실태조사[141)]

등록기준 심사와 부동산개발의 적정성 판단 등 등록사업자의 건전성 심사를 위해 실태조사권을 부여하여 등록사업자 관리의 실효성을 확보하기 위한 제도로서, 등록요건의 적합 여부 확인, 부동산개발의 적정성 등을 판단하기 위하여 조사가 필요한 때 등록사업자에게 그 업무나 재무관리상태 등에 관하여 보고할 것을 명할 수 있으며, 소속 공무원으로 하여금 등록사업자의 경영실태를 조사 하거나 그 시설을 검사할 수 있다.

조사 또는 검사를 하는 경우에는 조사 또는 검사의 일시·이유 및 내용 등에 대한 계획을 피조사자에게 조사·검사 예정일 기준으로 7일전까지 통지하여야 한다. 다만, 긴급을 요하거나 사전통지의 경우 증거인멸 등으로 조사 또는 검사의 목적을 달성할 수 없다고 인정하는 경우에 사전통지를 하지 않고 실시할 수 있다.

(3) 부동산개발업 정보의 종합관리[142)]

소비자 등이 등록사업자의 사업실적 등에 관한 정보를 조회할 수 있도록 하여 개발업자에 대한 신뢰성 판단의 자료로 활용하고 부동산개발 과정의 투명성을 확보를 위하여 국가차원에서 부동산개발에 대한 모니터링 시스템을 구축하기 위하여 등록사업자의 자본금, 사업실적, 경영실태 등 등록사업자에 관한 정보와 부동산개발에 필요한 정보를 종합적으로 관리하기 위한 부동산개발업정보 종합관리체계를 구축·운영할 수 있다.

소비자보호를 위하여 필요한 정보의 공개할 수 있는 내용은 다음과 같다.[143)]

- 등록사업자의 상호·명칭 및 성명(법인의 경우 대표자 성명)
- 등록연월일 및 등록번호
- 자본금
- 주된 영업소의 소재지 및 전화번호
- 부동산개발 전문 인력의 수
- 사업실적
- 폐업 및 행정제재(시정조치·영업정지·등록취소·과태료 처분 등)

141) 부동산개발업법 제18조.
142) 부동산개발업법 제19조.
143) 부동산개발업법 시행규칙 제19조.

5. 조사 및 시정조치 등

(1) 위반행위 조사[144)]

위법행위 단속을 위한 조사권을 규정하여 필요한 조사권의 근거를 마련하고 위반행위의 당사자 · 이해관계인 등의 조사절차를 법정함으로 행정기관의 법집행의 실효성과 적법성을 확보하기 위한 규정으로 위법행위 후 장기간이 경과한 때에는 증거의 확보가 어렵고 당사자는 처벌되지 않을 것으로 신뢰하고 있는 상태에서 사후적으로 행정처분을 하는 데 대한 민원이 발생할 여지가 많으므로 시효규정을 두어 행정의 적정성에 대한 국민의 신뢰를 확보하기 위함이다.

조사는 시정조치, 영업정지, 임직원의 해임 또는 징계의 요구, 등록취소, 과태료 부과 등을 위하여 조사가 필요한 경우와 위반행위에 대하여 조사관청(등록관청)이 인지[145)]한 경우 등에 한하여 제한적으로 조사권을 발동하게 되며, 부동산개발업자 등의 사무소 또는 사업장에 출입하여 그 업무 및 경영상황을 조사하거나 장부 · 서류 등의 자료나 물건을 조사하거나 검사하게 된다.

(2) 위반행위 조사유형 및 조사권 발동

위반행위의 조사는 당사자와 이해관계인 또는 참고인의 출석요구 및 의견청취와 부동산개발업자에 대한 경영상황에 대한 보고, 그 밖에 필요한 자료나 물건의 제출 명령 등을 상호 보완적으로 활용한다.

조사권 발동은 위반행위에 대한 객관적인 증빙자료 등을 토대로 한 관계인의 신고 · 고발 등이 있는 경우와 실태조사 등을 통해 적발된 경우 등 위반행위에 대한 객관적인 증거가 있는 경우에 발동한다.

(3) 조사 후 조치

위반행위의 내용에 따라 조사결과를 토대로 위반행위에 대한 처분을 결정하고 그 결과(조사 또는 검사 결과 시정조치 명령 등의 처분을 하려는 경우에는 그 처분의 내용을 포함)를 조사 또는 검사를 받은 부동산개발업자에게 서면으로 통지하여야 한다.

이 법을 위반하는 행위가 종료된 날부터 5년이 경과한 경우에는 해당 위반행위에 대하여 시정조치 또는 따른 영업정지(임직원의 해임 또는 징계의 요구를 포함한다)를 명하지

---

144) 부동산개발업법 제21조.

145) 인지한 경우라 함은 관계자의 위반행위에 대한 신고나 고발이 있거나 실태조사 등을 통해 위반행위가 적발된 경우 등을 말한다.

아니한다. 다만, 소비자피해분쟁조정기구의 권고안 또는 조정안에 대하여 당사자가 수락하고도 이를 이행하지 아니한 경우에는 시효에 관계없이 처분이 가능하다.

(4) 법 위반자에 제재조치 사항

소비자 보호와 중요한 법 위반사항에 대하여 등록제의 실효성을 확보하고 건전한 부동산개발사업자의 관리법을 준수하지 아니하는 등록사업자 등에 대하여 제재처분을 통해 법의 실효성을 확보함은 물론 위반행위에 대한 영업정지 · 등록취소 등의 처분을 하기 전에 위반행위를 중지시키거나 시정조치 등을 통해 의무이행을 확보하기 위함이다.[146)]

1) 제재처분의 유형과 기준

법 위반자에 대한 제재처분의 유형은 행정처분과 벌칙이 있다. 행정처분에는 시정조치, 영업정지, 등록취소가 있고 벌칙은 형벌과 행정질서벌인 과태료가 있다.

2) 행정처분의 유형별 제재 처분 내용 등

① 시정조치

등록사업자나 그 임직원이 위반행위를 한 경우에는 해당 등록사업자나 그 임직원에 대하여 그 시정을 위한 조치를 명할 수 있으며, 행위를 위반한 행위자나 등록사업자에 대하여 중복하여 시정조치를 명 할 수 있으며, 시정조치처분에 해당하는 위반행위는 다음과 같다.

- 법 제7조제2항에 따른 기재사항 변경 신고를 위반한 경우
- 법 제8조제2항에 따른 표시 · 광고 사항을 위반한 경우
- 법 제11조제1항에 따른 부동산개발업의 양도 및 법인합병, 동조 제5항에 따른 부동산개발업의 상속에 관한 사항을 위반한 경우
- 법 제12조에 따른 부동산개발업의 양도의 공고를 위반한 경우
- 법 제13조에 따른 부동산개발업 양도의 내용을 위반한 경우
- 법 제14조에 따른 부동산개발업을 양도의 제한 사항을 위반한 경우
- 법 제15조제1항에 따른 부동산개발업의 폐업신고를 위반한 경우
- 법 제17조에 따른 보고의무를 위반한 경우
- 법 제20조제1항 부동산개발업자의 금지행위를 위반한 경우

② 소비자피해분쟁조정의 요청

이 법에 의한 위반행위와 관련하여 소비자의 피해구제신청이 있는 경우에는 시정조치

146) 국토해양부, 상계서, p.134. 재구성.

를 행하기 전에 소비자보호 관련 업무를 수행하는 기관 또는 단체 등 소비자피해분쟁조정기구에 조정을 의뢰하여야 한다.

③ 영업정지 및 임직원의 해임 등 요구 처분[147)]

영업정지 처분은 위반행위의 정도 등에 따라 1년 이내의 기간에서 영업의 전부 또는 일부의 정지를 처분할 수 있으며, 처분요건은 다음과 같다.

가. 영업정지 처분요건

- 제8조제2항을 위반하여 이 법에 따라 등록한 사실과 그 밖에 소비자보호를 위하여 필요한 사항을 표시·광고하지 아니한 때
- 제17조를 위반하여 사업실적, 자본금의 변경, 임원 및 부동산개발 전문 인력의 변경을 보고하지 아니하거나 거짓의 내용을 보고한 때
- 제18조제1항에 따른 보고명령을 이행하지 아니하거나 거짓으로 보고한 때 또는 조사·검사를 거부·기피·방해한 때
- 제20조제1항 각 호의 어느 하나에 해당하는 행위를 한 때
- 제21조제1항에 따른 조사·검사를 거부·기피·방해한 때
- 제21조제1항 제2호 또는 같은 조 제2항에 따른 보고 또는 필요한 자료나 물건의 제출을 하지 아니하거나 거짓의 보고 또는 자료·물건을 제출한 때
- 제22조에 따른 시정조치에도 불구하고 위반행위가 반복되거나 시정조치에 따른 이행을 하지 아니한 때

나. 임직원의 해임 및 징계 등의 요구

- 등록사업자의 임직원 중 제4조제2항 제2호에 따른 부동산개발 전문 인력이 제9조제2항을 위반하여 다른 등록사업자의 부동산개발 전문 인력이 된 경우
- 등록사업자의 임직원이 제20조제1항 각 호의 어느 하나를 위반한 경우

다. 영업정지 처분 기준[148)]

영업정지 처분의 기준은 다음의 표와 같다.

147) 부동산개발업법 제24조.
148) 부동산개발업법 시행규칙 제20조.

영업정지 처분의 세부기준(제20조 관련)

1. 일반기준

가. 위반행위의 횟수에 따른 영업정지처분 기준은 최근 1년간(사업실적의 보고의 경우에는 최근 3년간) 같은 위반행위(해당 법조문이 같은 경우를 말한다)를 한 경우에 적용한다. 이 경우 위반횟수별 영업정지처분 기준의 적용일은 위반사항에 대하여 처분한 날과 다시 같은 위반사항을 적발한 날로 한다.

나. 이 영업정지처분 기준이 위반행위의 동기 및 내용 등에 비추어 볼 때 현저히 불합리한 경우에는 1년의 범위에서 이 기준과 다른 영업정치 처분을 부과할 수 있다.

다. 법을 위반한 자가 천재지변 등 부득이한 사유로 법에 따른 의무를 이행할 수 없었음을 입증한 경우에는 영업정지처분을 하지 아니하거나 감경할 수 있다.

2. 개별기준

위반행위	해당 법조문	처분기준
가. 법 제8조제2항을 위반하여 법에 따라 등록한 사실과 그 밖에 소비자 보호를 위하여 필요한 사항을 표시·광고하지 아니한 때	법 제24조제1항 제1호	
1) 1회 위반한 때		3개월
2) 2회 위반한 때		6개월
3) 3회 이상 위반한 때		1년
나. 법 제17조를 위반하여 사업실적, 자본금의 변경, 임원 및 부동산개발 전문 인력의 변경을 보고하지 아니하거나 거짓의 내용을 보고한 때	법 제24조제1항 제2호	
1) 1회 위반한 때		1개월
2) 2회 이상 사업실적을 보고하지 아니한 때		2개월
3) 2회 이상 임원 및 부동산개발 전문 인력의 변경을 보고하지 아니한 때		4개월
4) 거짓의 내용을 보고한 때		4개월
다. 법 제18조제1항에 따른 보고명령을 이행하지 아니하거나 거짓으로 보고한 때 또는 조사·검사를 거부·기피·방해한 때	법 제24조제1항 제3호	
1) 보고명령을 이행하지 아니한 때		1개월
2) 2회 이상 보고명령을 이행하지 아니한 때		2개월
3) 거짓으로 보고한 때		4개월
4) 조사·검사를 거부·기피·방해한 때		6개월
라. 법 제20조제1항 각 호의 어느 하나에 해당하는 행위를 한 때(법 제25조제1항 제6호의 경우는 제외한다)	법 제24조제1항 제4호	
1) 1회 위반한 때		6개월
2) 2회 이상 위반한 때		1년
마. 법 제21조제1항에 따른 조사·검사를 거부·기피·방해한 때	법 제24조제1항 제5호	6개월
바. 법 제21조제1항 제2호 또는 제2항에 따른 보고 또는 필요한 자료나 물건의 제출을 하지 아니하거나 거짓의 보고 또는 자료·물건을 제출한 때	법 제24조제1항 제6호	1개월
1) 보고 또는 필요한 자료나 물건의 제출을 하지 아니한 때		2개월
2) 2회 이상 보고 또는 필요한 자료나 물건의 제출을 하지 아니한 때		
3) 거짓의 보고 또는 자료·물건을 제출한 때		4개월
사. 법 제22조에 따른 시정조치에도 불구하고 위반행위가 반복되거나 시정조치에 따른 이행을 하지 아니한 때(법 제22조에 따른 시정조치를 하지 아니하고 직접 영업정지처분을 한 경우는 제외한다)	법 제24조제1항 제7호	6개월
※ 영업정지 처분의 가중 및 감경(시행규칙 제20조제3항) : 위반행위의 동기·내용·횟수 등에 따라 영업정지기간의 2분의 1의 범위 안에서 처분을 가중하거나 경감할 수 있으며, 이 경우 그 가중한 영업정지기간은 1년을 초과할 수 없다.		

④ 등록취소[149)]

부동산개발업의 등록취소의 유형은 요건에 해당하는 위반 행위 시 당연 취소하여야 하는 필요적 취소와 요건에 해당하는 위반 행위 시 처분청의 결정에 따라 취소할 수 있는 임의적 취소의 두 가지 유형으로 나뉜다.

가. 필요적 취소의 요건[150)]

등록사업자가 다음 각 호의 어느 하나에 해당하게 된 때에는 해당 부동산개발업의 등록을 취소하여야 한다.

- 거짓이나 그 밖의 부정한 방법으로 제4조에 따른 부동산개발업의 등록을 한 때
- 제6조 각 호의 어느 하나의 부동산개발업 등록의 결격사유에 해당하게 된 때. 다만, 부동산개발업자로 등록된 법인의 임원 중 부동산개발업 등록의 결격사유에 해당하는 자가 있는 경우 그 사유를 안 날부터 3개월 이내에 그 임원을 바꾸어 선임한 경우에는 그러하지 아니하다.
- 제9조제1항을 위반하여 이중으로 부동산개발업의 등록을 한 때
- 제10조제1항을 위반하여 타인에게 자기의 성명 또는 상호를 사용하여 부동산개발을 하게 하거나 자기의 부동산개발업 등록증을 양도 또는 대여하는 행위를 한 때
- 영업정지기간 중에 부동산개발업을 영위한 때
- 제20조제1항 제1호 또는 제2호를 위반하여 영업정지처분을 받고 그 받은 날부터 5년 이내에 다시 제20조제1항 각 호의 어느 하나를 위반한 때
- 최근 1년 이내에 이 법에 따라 2회의 영업정지처분을 받고 다시 영업정지처분에 해당하는 행위를 한 때

나. 임의적 취소의 요건[151)]

국토해양부장관은 등록사업자가 다음 각 호의 어느 하나에 해당하게 된 때에는 해당 부동산개발업의 등록을 취소할 수 있다.

- 제4조에 따른 부동산개발업의 등록요건에 미달하게 된 때. 다만, 일시적으로 등록요건에 미달하는 경우에는 그러하지 아니하다.

149) 부동산개발업법 제25조.
150) 부동산개발업법 제25조제1항.
151) 부동산개발업법 제25조제2항.

※ 일시적 등록요건 미달의 경우[152)]

1. 제4조제1항 또는 제6조제2항 제1호에 따른 자본금 요건에 미달하는 경우 중 다음 각 목의 어느 하나에 해당하는 경우 가. 「채무자 회생 및 파산에 관한 법률」에 따라 법원이 회생절차개시의 결정을 하고 그 절차가 진행 중인 경우 나. 「기업구조조정 촉진법」에 따라 채권금융기관협의회가 채권금융기관 공동관리절차의 개시의 의결을 하고 그 절차가 진행 중인 경우 2. 제4조제2항 제2호 또는 제6조제2항 제2호에 따른 부동산개발 전문 인력 요건에 미달하는 경우로서 그 미달 사유가 발생한 날부터 50일이 지나지 아니한 경우 ※ 전문 인력 요건의 미달하는 경우는 사망·실종 또는 퇴직 등의 경우로 50일 이내에 전문 인력을 확보하여 전문 인력 변경보고 필요

- 부동산개발업의 등록을 한 후 1년이 경과할 때까지 영업을 개시하지 아니한 때
- 제24조제2항에 따른 임직원의 해임 또는 징계의 요구에 따르지 아니한 때

3) 처벌의 유형별 내용 및 절차

① 형 벌

형별의 유형에는 3년 이하의 징역 또는 5천만 원 이하의 벌금, 2년 이하의 징역 또는 3천만 원 이하의 벌금, 1년 이하의 징역 또는 2천만 원 이하의 벌금 등 3종류가 있다. 유형별 처벌 대상은 다음과 같다.

가. 3년 이하의 징역 또는 5천만 원 이하의 벌금(법 제36조)
- 제4조제1항에 따른 등록을 하지 아니하거나 거짓이나 그 밖의 부정한 방법으로 등록을 하고 부동산개발업을 영위한 자
- 제8조제1항을 위반하여 이 법에 따른 등록사업자임을 표시·광고하거나 등록사업자로 오인될 우려가 있는 사항을 표시·광고한 자
- 제8조제2항 또는 제20조제1항 각 호의 어느 하나를 위반하여 제22조제1항에 따른 시정조치명령을 받고 이에 응하지 아니한 자
- 제20조제1항 제1호(같은 조 제2항에서 준용하는 경우를 포함)를 위반하여 거짓 또는 과장된 사실을 알리거나 속임수를 써서 타인으로 하여금 부동산등을 공급받도록 유인한 자

나. 2년 이하의 징역 또는 3천만 원 이하의 벌금(법 제37조)
- 제24조제1항에 따른 영업정지처분에 위반하여 영업을 한 자

---

152) 부동산개발업법 시행령 제18조.

다. 1년 이하의 징역 또는 2천만 원 이하의 벌금(법 제38조)
- 제9조제1항을 위반하여 이중으로 부동산개발업의 등록을 한 자
- 제10조제1항을 위반하여 타인에게 자기의 성명 또는 상호를 사용하여 부동산개발을 하게 하거나 자기의 부동산개발업 등록증을 양도·대여한 자
- 제10조제2항을 위반하여 타인의 성명 또는 상호를 사용하여 부동산개발업을 하거나 타인의 부동산개발업 등록증을 양수·대여 받은 자
- 제20조제1항 제2호(같은 조 제2항에서 준용하는 경우를 포함)를 위반하여 타인으로 하여금 그릇된 판단을 하게 하여 부동산등을 공급받도록 유인할 목적으로 부동산개발에 대한 거짓 정보를 불특정 다수인에게 퍼뜨린 자

② 과태료 처분[153)]

과태료 처분은 대상 등록사업자의 관할 등록관청이 처분하며, 과태료 유형 및 처벌대상은 다음의 표와 같다.

〈표 19〉 과태료 부과대상 기준표

구분	과태료 부과대상
3천만 원 이하	① 제8조제2항을 위반하여 이 법에 따라 등록한 사실과 그 밖에 소비자보호를 위하여 필요한 사항을 그 표시나 광고에 명시하지 아니한 자 ② 제20조제1항 제3호(같은 조 제2항에서 준용하는 경우를 포함한다)를 위반하여 전화·모사전송·컴퓨터통신 등을 통하여 부동산등을 공급받을 것을 강요한 자
1천만 원 이하	① 제9조제2항을 위반하여 다른 등록사업자의 부동산개발 전문 인력이 된 자 ② 제17조를 위반하여 사업실적, 자본금의 변경, 임원 및 부동산개발 전문 인력의 변경을 보고하지 아니하거나 거짓의 내용을 보고한 자 ③ 제18조제1항에 따른 보고명령을 이행하지 아니하거나 거짓으로 보고한 자 또는 조사·검사를 거부·기피·방해한 자 ④ 제21조제1항에 따른 조사·검사를 거부·방해·기피한 자 ⑤ 제21조제1항 제1호의 규정을 위반하여 정당한 사유 없이 출석을 하지 아니한 이 법 위반행위의 당사자 ⑥ 제21조제1항 제2호 또는 제2항에 따른 보고 또는 필요한 자료나 물건의 제출을 하지 아니하거나, 거짓의 보고 또는 자료·물건을 제출한 자
5백만 원 이하	① 제7조제2항을 위반하여 부동산개발업 등록증의 기재사항의 변경신청을 하지 아니한 자 ② 제11조제1항을 위반하여 부동산개발업의 양도·합병에 대한 신고를 하지 아니한 자 ③ 제15조제1항을 위반하여 폐업신고를 하지 아니한 자 ④ 제25조제3항 또는 제4항을 위반하여 부동산개발업 등록증을 반납하지 아니하거나 부동산개발업 등록증을 반납할 수 없는 이유를 기재한 사유서를 제출하지 아니한 자 또는 거짓의 사유서를 제출한 자

153) 부동산개발업법 제40조.

6. 협회에 관한 사항

(1) 협회의 설립 목적과 성격

부동산개발 관련 업무의 전문화와 부동산개발업의 건전한 발전을 도모하기 위하여 부동산개발업자 단체(이하 "협회"라 함)를 설립할 수 있다. 동 법에 따라 설립된 협회의 성격은 사단법인으로 되어 있으며, 협회에 관하여 부동산개발업법에서 규정된 사항을 제외하고는 민법 중 사단법인에 관한 규정을 준용한다.154)

(2) 협회의 설립 절차

협회의 설립은 회원의 자격이 있는 부동산개발업 등록사업자 50인 이상을 발기인으로 구성되며 정관을 작성하여 창립총회에서 의결을 거쳐 국토해양부장관의 인가를 받아야 한다.

협회의 정관에 포함되어야 할 사항은 다음과 같다.

※ 정관에 포함할 사항155)

1. 목적
2. 명칭
3. 주된 사무소의 소재지
4. 사업의 내용
5. 회원의 자격
6. 임원(회장·부회장·이사·감사)의 정수(定數)와 임기 및 선출 방법
7. 총회의 구성 및 의결사항
8. 이사회의 구성 및 의결사항
9. 자산 및 회계에 관한 사항(회계감사에 관한 사항을 포함)
10. 정관의 변경 절차

(3) 협회의 업무156)

협회의 업무는 다음 각 호와 같다.

- 부동산개발업의 건전한 발전을 위한 조사·연구
- 협회 회원의 상호 협력증진을 위한 업무

154) 국토해양부, 상게서, p.158. 재구성.
155) 부동산개발업법 시행령 제19조.
156) 부동산개발업법 제30조제1항.

- 부동산개발 전문 인력과 부동산개발업 종사자의 자질향상을 위한 교육 및 연수
- 부동산개발업자의 표시 · 광고의 자율심의에 관한 업무
- 기타 부수되는 업무와 시행령으로 정하는 다음 업무

1. 회원의 복리증진 및 권익옹호를 위한 업무
2. 협회의 홍보와 간행물의 발행 업무
3. 협회의 설립목적을 달성하기 위하여 필요한 사업으로서 협회의 정관에서 정하는 업무
4. 그 밖에 국토해양부장관이 위탁하는 업무

(4) 협회의 업무 감독[157]

국토해양부장관은 감독상 필요한 때에는 협회에 대하여 그 업무에 관한 사항을 보고하거나 자료제출, 그 밖에 필요한 명령을 할 수 있으며, 협회의 설립취소에 해당하는 사항 등과 관련 한 협회의 업무에 대한 조사 · 검사를 하는 등 협회의 업무를 감독할 수 있다.

(5) 협회의 설립인가 취소

국토해양부장관은 다음 어느 하나에 해당하는 사유가 있으면 협회의 설립인가를 취소할 수 있다.[158]

1. 거짓이나 부정한 방법으로 설립인가를 받은 경우
2. 설립인가 조건을 위반한 경우
3. 목적 달성이 불가능하게 된 경우
4. 목적사업 외의 사업을 한 경우
5. 법 제30조제2항에 따른 보고 또는 자료제출 등의 명령 또는 조사 · 검사에 응하지 아니하거나 거짓으로 보고 또는 자료제출을 한 경우
6. 제20조제1항 각 호에 따른 정관의 내용 중 제6호부터 제10호까지의 규정을 위반한 경우

7. 권한의 위임 · 위탁, 수수료

(1) 권한의 위임[159]

국토해양부장관은 법의 효율적인 집행을 위하여 필요한 경우에는 이 법에 따른 권한의

157) 부동산개발업법 제30조제2항.
158) 부동산개발업법 시행령 제22조.
159) 부동산개발업법 제34조제1항.

일부를 시·도지사 또는 국토해양부 소속기관장에게 위임할 수 있으며, 시·도지사에게 권한을 위임하는 사무는 다음과 같다.

- 법 제4조에 따른 부동산개발업의 등록
- 법 제7조에 따른 부동산개발업 등록증의 발급 및 재발급과 기재사항 변경신청의 접수
- 법 제8조제3항에 따른 조사의 의뢰와 자료의 요청
- 법 제11조에 따른 부동산개발업의 양도·합병 및 상속에 대한 신고의 수리(受理)
- 법 제15조에 따른 부동산개발업 폐업신고의 수리 및 부동산개발업의 등록말소
- 법 제17조에 따른 등록사업자의 사업실적, 자본금의 변경, 임원 및 부동산개발 전문인력 변경 보고의 접수
- 법 제18조에 따른 보고·조사·검사 및 자료제출의 요구
- 법 제19조제1항에 따른 정보의 관리 및 제공
- 법 제21조에 따른 위반행위의 조사·검사 등
- 법 제22조에 따른 시정조치
- 법 제23조에 따른 소비자피해분쟁조정의 요청
- 법 제24조에 따른 영업정지 및 위반행위를 한 임직원의 해임 또는 징계 요구
- 법 제25조에 따른 부동산개발업의 등록취소 및 등록이 취소된 자의 부동산개발업 등록증 또는 사유서 접수
- 법 제26조에 따른 등록사업자가 등록취소처분을 받기 전에 착수한 부동산개발을 등록취소처분 후 계속 수행할 수 없는 중대한 사유의 인정
- 법 제27조에 따른 폐업신고 전의 등록사업자의 지위를 승계한 자에 대한 폐업신고 전의 위반행위를 사유로 하는 시정조치, 소비자피해분쟁조정의 요청, 영업정지 및 등록취소 등
- 법 제28조에 따른 등록취소 등의 공고
- 법 제32조에 따른 청문
- 법 제41조에 따른 과태료의 부과·징수
- 제5조에 따른 부동산개발업 등록신청서의 접수와 등록 적격 여부의 심사
- 법 제15조제2항에 따른 출석요구서의 송부

(2) 권한의 위탁[160)]

국토해양부장관은 이 법의 효율적인 집행을 위하여 필요한 경우에는 기관 또는 단체에 다음의 사무를 위탁할 수 있다.

---

160) 부동산개발업법 제34조제2항.

- 제4조에 따른 부동산개발업 등록신청의 수리
- 제7조에 따른 등록증의 교부 · 재교부 및 변경신청의 접수
- 제11조에 따른 부동산개발업 양도나 합병의 신고의 수리
- 제15조에 따른 부동산개발업 폐업 신고의 수리 및 공고
- 제17조에 따른 등록사업자의 사업실적, 자본금의 변경, 임원 및 부동산개발 전문인력 변경 보고의 접수
- 제19조에 따른 부동산개발업 정보종합관리체계의 구축 · 운영

(3) 위탁기관[161)]

국토해양부장관은 부동산개발업 정보종합관리체계의 구축 · 운영에 관한 업무를 수행할 수 있는 인력과 장비 및 전문성을 갖춘 기관 중에서 국토해양부장관이 지정하여 고시하는 기관에 위탁하며, 위탁기관 범위는 다음과 같다.

① 정부출연연구기관 등의 설립 · 운영 및 육성에 관한 법률에 따라 설립된 정부출연연구기관
② 공공기관의 운영에 관한 법률에 따른 공공기관 중 부동산개발에 관련된 업무를 수행하는 기관
③ 협회

(4) 수수료[162)]

법 제4조제1항에 따라 부동산개발업 등록을 신청하는 자는 5만원, 법 제7조제3항에 따라 부동산개발업 등록증의 재교부를 신청하는 자는 5천원의 수수료를 수입증지로 납부하여야 한다. 다만, 시 · 도지사는 정보통신망을 이용하여 전자화폐 · 전자결제 등의 방법으로 이를 납부하게 할 수 있다.

161) 부동산개발업법 시행규칙 제25조.
162) 부동산개발업법 제33조.

제2절 도시개발법

제1장 총 칙

1. 제정 및 목적(법 제1조)

도시개발법은 도시개발에 관하여 필요한 사항을 규정함으로써 계획적, 체계적인 도시개발을 도모하고 쾌적한 도시환경의 조성과 공공복리의 증진에 기여함을 목적으로 한다.

도시개발법의 목적

- 도시개발에 관하여 필요한 사항 규정
- 계획적이고 체계적인 도시개발 도모
- 쾌적한 도시환경 조성
- 공공복리의 증진

2. 용어의 정의

도시개발구역	• 도시개발사업을 시행하기 위하여 도시개발법에 의하여 지정, 고시된 구역을 말한다.
도시개발사업	• 도시개발구역 안에서 주거, 상업, 산업, 유통, 정보통신, 생태, 문화, 보건 및 복지 등의 기능을 가지는 단지 또는 시가지를 조성하기 위하여 시행하는 사업을 말한다.

3. 도시개발사업의 시행방식(영 제32조제1항)

시행자는 도시개발구역으로 지정하고자 하는 지역에 대하여 도시개발사업의 시행방식을 정함을 원칙으로 하되, 사업의 용이성·규모 등을 고려하여 필요한 경우에는 국토교통부장관이 정하는 기준에 따라 도시개발사업의 시행방식을 정할 수 있다.

환지방식의 적용기준

- 대지로서의 효용증진과 공공시설의 정비를 위하여 토지의 교환·분합 기타의 구획변경, 지목 또는 형질의 변경이나 공공시설의 설치·변경이 필요한 경우 또는 도시개발사업을 시행하는 지역의 지가가 인근의 다른 지역에 비하여 현저히 높아 수용 또는 사용방식으로 시행하는 것이 어려운 경우

수용 또는 사용방식의 적용기준

- 당해 도시의 주택건설에 필요한 택지 등의 집단적인 조성 또는 공급이 필요한 경우

혼용방식의 적용기준

- 도시개발구역으로 지정하고자 하는 지역이 부분적으로 환지방식 요건과 수용 또는 사용방식 요건에 해당하는 경우

4. 도시개발사업의 시행자가 될 수 있는 자

1) 시행자의 지정(법 제11조제1항, 영 제14조제1~3항, 칙 제10조)

도시개발사업의 시행자는 도시개발구역지정권자가 아래의 자 중에서 지정한다.

(1) 국가 또는 지방자치단체

(2) 한국토지주택공사, 한국수자원공사, 한국농촌공사, 한국관광공사, 한국철도공사(대통령령으로 정하는 공공기관)

(3) 한국철도시설공단(역세권 개발 사업을 시행하는 경우), 제주국제자유도시개발센터(대통령령으로 정하는 정부출연기관)

(4) 지방공기업법에 의하여 설립된 지방공사

(5) 도시개발구역 안의 토지소유자(공유수면매립법에 의하여 면허를 받은 자를 당해 공유수면을 소유한 자로 보고 그 공유수면을 토지로 보며, 수용 또는 상용방식의 경우에는 도시개발구역 안의 국·공유지를 제외한 토지면적의 2/3 이상을 소유한 자를 말함)

(6) 도시개발구역 안의 토지소유자가 도시개발을 위하여 설립한 조합(도시개발사업의 전부를 환지방식으로 시행하는 경우)

(7) 과밀억제권역에서 3년 이상 계속하여 공장시설을 갖추고 사업을 영위하고 있거나 3년 이상 계속하여 본점 또는 주사무소를 두고 있는 법인으로서 그 공장시설

의 전부 또는 본사를 수도권 외의 지역으로 이전하는 종업원 500명 이상인 법인 또는 대학(대학원 대학은 제외)을 운영 중인 학교법인으로서 대학시설의 전부를 수도권 외의 지역으로 이전하는 학교법인

(수도권정비계획법에 따른 과밀억제권역에서 수도권 외의 지역으로 이전하는 법인 중 과밀억제권역의 사업 기간 등 대통령령으로 정하는 요건에 해당하는 법인)

(8) 주택법에 의하여 등록한 자(주택법에 의한 주택단지와 그에 수반되는 기반시설을 조성하는 경우에 한함)

(주택법에 따라 등록한 자 중 도시개발사업을 시행할 능력이 있다고 인정되는 자로서 대통령령으로 정하는 요건에 해당하는 자)

(9) 건설산업기본법에 의하여 일반건설업의 등록을 한 건설업자 또는 신탁업법에 의한 신탁회사

(1. 건설산업기본법에 따른 토목공사업 또는 토목 건축공사업의 면허를 받는 등 개발계획에 맞게 도시개발사업을 시행할 능력이 있다고 인정되는 자로서 대통령령으로 정하는 요건에 해당하는 자 2. 부동산개발업의 관리 및 육성에 관한 법률에 따라 등록한 부동산개발업자로서 대통령령으로 정하는 요건에 해당하는 지)

(10) 부동산투자회사법에 의하여 설립된 자기관리 부동산투자회사 또는 위탁관리 부동산투자회사(로서 대통령령으로 정하는 요건에 해당하는 자)(위에 해당하는 자(도시개발조합은 제외)와 공동으로 시행하는 경우에 한함

(11) 위에 해당하는 자(도시개발조합은 제외) 2 이상이 도시개발사업을 시행할 목적으로 출자하여 설립한 공동출자법인(대통령령으로 정하는 요건에 해당하는 법인)

2) 환지방식으로 시행하는 도시개발사업의 시행자

(1) 환지방식의 원칙적인 시행자 지정(1차 시행자) (법 제11조제1항, 영 제14조제1~3항, 칙 제10조)

도시개발구역지정권자는 도시개발구역의 전부를 환지방식으로 시행하는 경우에는 토지소유자 또는 도시개발조합을 시행자로 지정한다.

(2) 환지방식의 예외적인 시행자 지정(2차 시행자) (법 제11조제2항)

도시개발구역지정권자는 아래 사유중 하나에 해당 될 때 지방자치단체, 한국토지주택공사, 지방공사 또는 신탁회사를 시행자로 지정할 수 있다.

① 토지소유자 또는 도시개발조합이 개발계획수립 고시일부터 6월 이내(지정권자가 시행자 지정신청기간의 영장이 불가피하다고 인정하여 6월의 범위 안에서 이를 연장한 경우에는 그 연장된 기간)에 시행자 지정을 신청하지 아니하거나 신청된 내용이 위법 또는 부당하다고 인정한 때
② 지방자치단체의 장이 집행하는 공공시설에 관한 사업과 병행하여 시행할 필요가 있다고 인정한 때
③ 도시개발구역 안의 국공유지를 제외한 토지면적의 1/2 이상에 해당하는 토지소유자 및 토지소유자 총수의 1/2 이상이 지방자치단체 등의 시행에 동의한 때

5. 도시개발조합

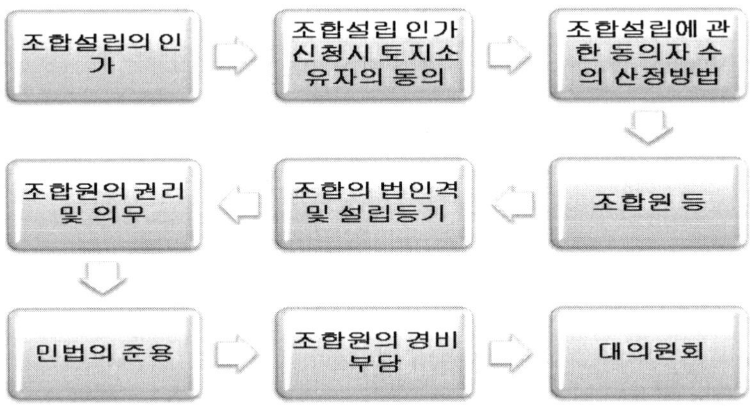

1) 조합설립의 인가(법 제13조제1항)

조합을 설립하고자 하는 때에는 도시개발구역 안의 토지소유자(지상권자를 포함) 7인 이상이 정관을 작성하여 도시개발구역 지정권자에게 조합설립의 인가를 받아야 한다.

2) 조합설립 인가 신청 시 토지소유자의 동의(법 제13조제3항)

조합설립인가를 신청하는 때에는 당해 도시개발구역 안의 토지면적의 2/3 이상에 해당하는 토지소유자와 그 구역 안의 토지소유자 총수의 1/2 이상의 동의를 얻어야 한다.

3) 조합설립에 관한 동의자 수의 산정방법(영 제25조제1 · 2항, 칙 제16조제2항)

(1) 도시개발구역 안의 토지면적을 산정함에 있어서는 국 · 공유지를 포함하여 산정할 것

(2) 토지소유자에 대한 동의는 사유토지 소유자에 대한 동의를 먼저 받은 후 그 토지면적 및 토지소유자의 수가 동의요건에 미달되는 경우에는 국·공유지 관리청의 동의를 받을 것

(3) 토지소유자가 동의하거나 동의를 철회하는 때에는 동의서 또는 동의철회서에 인감을 날인하여 제출하되, 이를 증명할 수 있는 인감증명서를 첨부할 것

(4) 주민의견청취를 위한 공람공고일 후에 공유하게 된 토지에 대하여는 공유자 전체를 1인의 토지소유자로 산정한다(동의자 수의 산정방법 및 동의절차, 그 밖에 필요한 사항은 대통령령으로 정한다).

4) 조합원 등(법 제14조제1·2항)

(1) 조합의 조합원은 도시개발구역 안의 토지소유자로 한다.

(2) 조합의 임원은 그 조합의 다른 임원 또는 직원을 겸할 수 없다.

(3) 다음 각 호의 어느 하나에 해당하는 자는 조합의 임원이 될 수 없다.

1. 금치산자, 한정치산자 또는 미성년자
2. 파산선고를 받은 자로서 복권되지 아니한 자
3. 금고 이상의 형을 선고받은 그 집행이 끝나거나 집행을 받지 아니하기로 확정된 후 2년이 지나지 아니한 자 또는 그 형의 집행유예 기간 중에 있는 자

5) 조합의 법인격 및 설립등기(법 제15조제1·2항, 영 제26조제1항)

(1) 조합은 법인으로 하며, 주된 사무소의 소재지에서 등기함으로써 성립한다.

(2) 조합설립인가가 있는 때에는 당해 조합을 대표하는 자는 설립인가일부터 30일 이내에 주된 사무소의 소재지에서 설립등기를 하여야 한다.

(3) 조합의 설립, 조합원의 권리·의무, 조합의 임원의 직무, 총회의 의결 사항, 대의원회의 구성, 조합의 해산 또는 합병 등에 필요한 사항은 대통령령으로 정한다.

(4) 조합에 관하여 이 법으로 규정한 것 외에는 「민법」 중 사단법인에 관한 규정을 준용한다.

6) 조합원의 권리 및 의무(영 제26조제2항)

(1) 결의권

조합원은 보유토지의 면적에 관계없이 평등한 결의권을 갖는다. 공람공고일 이후에 보유토지를 수인이 공유하게 된 경우에는 그 수인을 대표하는 1인이 결의권)을 갖는다.

(2) 경비부담 의무

조합원은 정관이 정하는 바에 따라 조합의 운영 및 도시개발사업의 시행에 필요한 경비를 부담하여야 한다.

(3) 정관으로 규정

기타 조합원의 권리 및 의무에 관하여 필요한 사항은 정관으로 정한다.

7) 민법의 준용(법 제15조제4항)

조합에 관하여 도시개발법에 규정된 것을 제외하고는 민법 중 사단법인에 관한 규정을 준용한다.

8) 조합원의 경비부담(법 제16조제1 · 2 · 4 · 5항)

(1) 부과금의 부과, 징수

조합은 그 사업에 필요한 비용을 조성하기 위하여 정관이 정하는 바에 따라 조합원에 대하여 경비를 부과, 징수할 수 있다.

(2) 부과금의 금액

부과금의 금액은 도시개발구역의 토지의 위치, 지목, 면적, 이용상황, 환경 기타의 사항을 종합적으로 고려하여 정하여야 한다.

(3) 부과금 징수의 위탁

시장 · 군수 또는 구청장이 부과금 또는 연체료의 징수를 위탁받은 때에는 지방세체납처분의 예에 따라 이를 징수할 수 있다. 이 때 시장 · 군수 또는 구청장이 징수한 금액의 4%에 해당하는 금액을 당해 시 · 군 또는 자치구에 지급하여야 한다.

(조합은 그 조합원이 제1항에 따른 부과금의 납부를 게을리한 경우에는 정관으로 정하는 바에 따라 연체료를 부담시킬 수 있다.)

9) 대의원회(영 제26조5 제1 · 2항)

조합원의 수가 100인 이상인 조합은 총회의 권한을 대행하게 하기 위하여 대의원회를 둘 수 있다. 대의원회에 두는 대의원의 수는 조합원 총수의 10% 이상으로 한다.

(15조3항 내용 : 조합의 설립, 조합원의 권리 · 의무, 조합의 임원의 직무, 총회의 의결 사항, 대의원회의 구성, 조합의 해산 또는 합병 등에 필요한 사항은 대통령령으로 정한다.)

제2장 도시개발구역의 지정

1. 도시개발구역의 지정권자

1) 원칙 : 시 · 도지사의 지정(법 제3조제1항, 영 제3조)

시 · 도지사는 계획적인 도시개발이 필요하다고 인정되는 때에는 도시개발구역을 지정할 수 있다. 이 경우 지정하고자 하는 도시개발구역의 면적이 100만㎡ 이상인 때에는 국토교통부장관의 승인을 얻는다.

① 다음 각 호의 어느 하나에 해당하는 자는 계획적인 도시개발이 필요하다고 인정되는 때에는 도시개발구역을 지정할 수 있다.

1. 특별시장 · 광역시장 · 도지사 · 특별자치도지사(이하 "시 · 도지사"라 한다)
2. 「지방자치법」 제175조에 따른 서울특별시와 광역시를 제외한 인구 50만 이상의 대도시의 시장(이하 "대도시 시장"이라 한다)

2) 관계 시 · 도지사의 지정(법 제3조제2항)

도시개발사업이 필요하다고 인정되는 지역이 2 이상의 시 · 도의 행정구역에 걸치는 경우에는 관계 시 · 도지사가 협의하여 도시개발구역을 지정할 자를 정한다.

3) 예외 : 국토교통부장관의 지정(법 제3조제3항, 영 제4조)

아래 하나에 해당하는 경우에 국토교통부장관이 도시개발구역을 지정할 수 있다.

(1) 국가가 도시개발사업을 실시할 필요가 있는 경우

(2) 관계 중앙행정기관의 장이 요청하는 경우

(3) 한국토지주택공사, 한국수자원공사, 한국농촌공사, 한국관광공사, 한국철도공사의 장 또는 정부출연기관의 장이 30만㎡ 이상으로 도시개발구역의 지정을 제안하는 경우

(4) 관계 시 · 도시자간의 협의가 성립되지 아니하는 경우

(5) 천재지변의 사유로 인하여 긴급히 도시개발사업이 필요한 경우

4) 도시개발 구역지정의 제안

(1) 도시개발 구역지정의 제안자(법 제11조제5항)

도시개발사업의 시행자가 될 수 있는 자(국가, 지방자치단체 및 조합은 제외)는 시장 · 군수 또는 구청장에게 지정을 제안할 수 있다. 다만, 국토교통부장관이 도시개발

구역을 지정할 수 있는 사유에 해당하는 경우에는 국토교통부장관에게 직접 제안할 수 있다.

(2) 도시개발 구역지정 지역(법 제11조제5항, 영 제19조제2항)

도시개발 구역의 지정을 제안하고자 하는 지역이 2 이상의 시 · 군 또는 구의 행정구역에 걸치는 경우에는 그 지역에 포함된 면적이 가장 큰 지역의 시장 · 군수 또는 구청장에게 제출하여야 한다.

(3) 도시개발구역 지정 제안 시 토지소유자의 동의(법 제11조제6항)

민간사업시행자가 도시개발구역의 지정을 제안하고자 하는 경우에는 대상구역의 토지면적의 2/3 이상에 해당하는 토지소유자(지상권자를 포함)의 동의를 얻어야 한다.

① 토지소유자
② 과밀억제권역에서 수도권 외의 지역으로 이전한 법인
③ 주택법에 의하여 등록한 자
④ 건설산업기본법에 의하여 등록을 한 건설업자 또는 신탁업법에 의한 신탁회사
⑤ 부동산투자회사법에 의하여 설립된 자기관리부동산투자회사, 위탁관리부동산투자회사
⑥ 도시개발사업을 시행할 목적으로 공동출자하여 설립한 공동출자법인(공공사업시행자의 출자액이 50%를 초과하여 출자한 민관합동법인은 제외)

(4) 제안내용의 통보(영 제19조제3항)

도시개발구역지정의 제안을 받은 국토교통부장관이나 시장 · 군수 또는 구청장은 제안내용의 수용 여부를 3월 이내에 제안자에게 통보하여야 한다.

(5) 비용의 부담(법 제11조제7항)

시장 · 군수 또는 구청장은 제안자와 협의하여 도시개발구역의 지정을 우이하여 필요한 비용의 전부 또는 일부를 제안자에게 부담시킬 수 있다.

2. 도시개발구역의 지정요건

1) 도시개발구역의 지정규모(영 제2조제1항)

(1) 도시지역 안

① 주거지역 및 상업지역--1만m² 이상
② 공업지역 ---3만m² 이상
③ 자연녹지지역 ---1만m² 이상

④ 생산녹지지역 --1만㎡ 이상
(생산녹지지역이 도시개발구역 지정면적의 30% 이하인 경우에 한한다)

(2) 도시지역 외의 지역

30만㎡ 이상(아파트 또는 연립주택이 건설계획이 포함되는 경우로서 아래 요건을 모두 갖춘 경우는 20만㎡ 이상)

① 도시개발구역 안에 초등학교용지를 확보하여 관할 교육청의 동의를 얻은 경우
② 도시개발구역에서 도로법에 해당하는 도로 또는 국토교통부령이 정하는 도로와 연결되는 4차로 이상의 도로를 설치하는 경우

2) 도시개발구역이 2 이상의 용도지역에 걸치는 경우

(1) 도시지역 안에서 2 이상의 용도지역에 걸치는 경우

아래 산식에 의한 면적(A)이 1만㎡ 이상일 것. 단 생산녹지지역이 포함된 경우에는 생산녹지지역이 전체 면적의 30% 이내

≪ A = 주거지역 및 상업지역의 면적 + 공업지역의 면적의 1/3 + 자연녹지지역의 면적 + 생산녹지지역의 면적을 합한 면적≫

(2) 도시지역 밖에서 2 이상의 용도지역에 걸치는 경우

① 원칙 : 총 면적이 30만㎡ 이상일 것
② 예외 : 아파트 또는 연립주택의 건설계획이 포함되는 경우에는 20만㎡ 이상일 것

(3) 도시지역 안과 도시지역 밖에 걸치는 경우

① 총면적이 30만㎡ 이상인 경우일 것
② 도시지역 안의 면적이 1만㎡ 이상이고 도시지역 밖이 5천㎡ 이하로서 도시지역 밖의 면석을 공공시설용지로 상용하기 위하여 개발히는 경우일 것
③ 아파트 또는 연립주택의 건설계획이 포함되는 경우에는 20만㎡ 이상인 경우일 것

3) 도시개발구역의 지정 대상지역 제한(영 제2조제2 · 3항)

(1) 자연녹지지역, 생산녹지지역 및 도시지역 외의 지역에서의 지정

자연녹지지역, 생산녹지지역 및 도시지역 외의 지역에 도시개발구역을 지정하는 경우에는 광역도시계획 또는 도시기본계획에 의하여 개발이 가능한 용도로 지정된 지역에 한하여 국토교통부장관이 정하는 기준에 따라 지정하여야 한다.

다만, 광역도시계획 및 도시기본계획이 수립되지 아니한 지역의 경우 자연녹지지역 및 계획관리지역에 한하여 도시개발구역을 지정할 수 있다.

(2) 예외

지정권자가 취락지구, 개발진흥지구, 지구단위계획구역 또는 국토교통부장관이 국가균형 발전을 위하여 관계 중앙행정기관의 장과 협의하여 도시개발구역으로 지정하고자 하는 지역(자연환경보전지역은 제외)에 대하여 계획적인 도시개발이 필요하다고 인정하는 지역의 경우에는 지정규모 및 지정대상지역의 제한에 관계없이 도시개발구역을 지정할 수 있다.

3. 개발계획의 수립

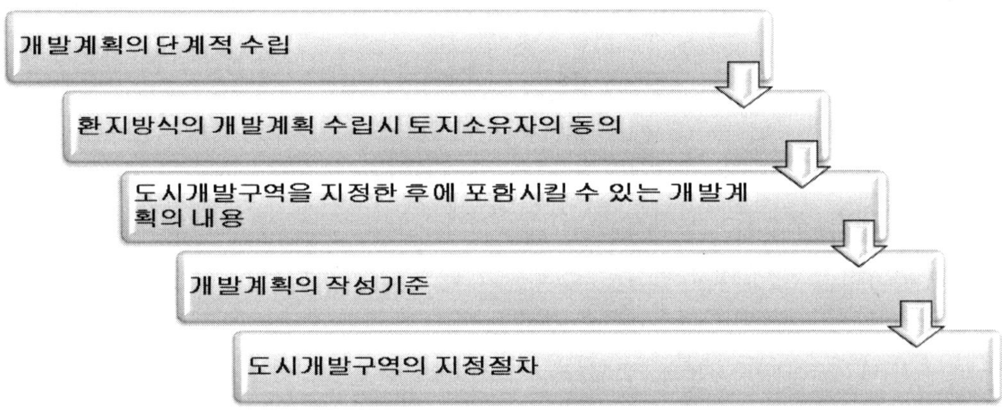

1) 개발계획의 단계적 수립(법 제4조제1항, 영 제5조 2)

도시개발구역 지정권자는 도시개발구역을 지정하고자 할 때에는 당해 도시개발구역에 대한 도시개발사업의 계획(개발계획)을 수립하여야 한다. 그러나 아래 지역에 도시개발구역을 지정할 때에는 도시개발구역을 지정한 후에 개발계획을 단계적으로 수립할 수 있다.

(1) 자연녹지지역
(2) 생산녹지지역
(3) 도시지역 외의 지역
(4) 국토교통부장관이 국가균형발전을 위하여 관계 중앙행정기관의 장과 협의하여 도시개발구역으로 지정하고자 하는 지역(자연환경보전지역은 제외)
(5) 당해 도시개발구역에 포함되는 주거지역, 상업지역, 공업지역의 면적의 합계가 전체 도시개발구역 지정 면적의 30% 이하인 지역

2) 환지방식의 개발계획 수립 시 토지소유자의 동의 (법 제4조제3항)

도시개발구역 지정권자는 도시개발 사업을 환지방식으로 시행하고자 하는 경우 개발계획을 수립하는 때에는 환지방식이 적용되는 지역의 토지면적의 2/3 이상에 해당하는 토지소유자와 그 지역의 토지소유자 총수의 1/2 이상의 동의를 얻어야 한다.

3) 도시개발구역을 지정한 후에 포함시킬 수 있는 개발계획의 내용(법 제5조제1항)

(1) 도시개발구역 밖의 지역에 기반시설을 설치하여야 하는 경우에는 당해 시설의 설치에 필요한 비용의 부담계획

(2) 수용 또는 사용의 대상이 되는 토지, 건축물 또는 토지에 정착한 물건과 이에 관한 소유권외의 권리, 광업권, 어업권, 물의 사용에 관한 권리가 있는 경우에는 그 세목

4) 개발계획의 작성기준

(1) 광역도시계획 및 도시기본계획에의 적합(법 제5조제2항)

국토계획법에 의한 광역도시계획 또는 도시기본계획이 수립되어 있는 지역에 대하여 개발계획을 수립하고자 하는 때에는 개발계획의 내용이 당해 광역도시계획 또는 도시기본계획에 부합되도록 하여야 한다.

(2) 복합기능의 상호조화(법 제5조제6항, 영 제8조)

330만㎡ 이상인 도시개발구역에 관한 개발계획을 수립함에 있어서는 당해 구역 안에서 주거, 생산, 교육, 유통, 위락 등의 기능이 상호 조화를 이루도록 노력하여야 한다.

5) 도시개발구역의 지정절차

(1) 기초조사(법 제6조제1항)

도시개발사업의 시행자 또는 시행자가 되고자 하는 자는 도시개발구역을 지정하거나 도시개발구역의 지정을 요청 또는 제안하고자 하는 때에는 도시개발구역으로 지정될 구역 안의 토지, 건축물, 공작물 기타 필요한 사항에 관하여 조사를 하거나 측량을 할 수 있다.

(도시개발사업의 시행자나 시행자가 되려는 자는 도시개발구역을 지정하거나 도시개발구역의 지정을 요청 또는 제안하려고 할 때에는 도시개발구역으로 지정될 구역의 토지, 건축물, 공작물, 주거 및 생활실태, 주택수요, 그 밖에 필요한 사항에 관하여 대통령령으로 정하는 바에 따라 조사하거나 측량할 수 있다.)

(2) 주민 등의 의견청취(법 제7조제1항)

국토교통부장관 또는 시·도지사가 도시개발구역을 지정((대도시 시장이 아닌)시장·군수 또는 구청장의 요청에 의하여 지정하는 경우를 제외한다)하고자 하거나 (대도시 시장이 아닌) 시장·군수 또는 구청장이 도시개발구역의 지정을 요청하고자 하는 때에는 공람 또는 공청회를 통하여 주민 또는 관계전문가 등으로부터 의견을 청취하여야 하며, 공람 또는 공청회에서 제시된 의견이 타당하다고 인정되는 때에는 이를 반영하여야 한다. 도시개발구역을 변경(대통령령으로 정하는 경미한 사항은 제외한다)하고자 하는 경우에도 또한 같다.

▶ 국토교통부장관, 시·도지사, 시장·군수 또는 구청장은 도시개발사업을 시행하고자 하는 구역의 면적이 100만㎡ 이상인 경우에는 공람기간의 만료 후에 공청회를 개최하여야 한다.

(3) 도시계획위원회의 심의(법 제8조)

지정권자는 도시개발구역을 지정하거나 개발계획을 수립하는 때에는 관계 행정기관의 장과 협의한 후 중앙도시계획위원회 또는 시·도도시계획위원회의 심의를 거쳐야 한다. 변경의 경우에도 또한 같다. 다만, 대통령령이 정하는 경미한 사항을 변경하는 경우에는 그러하지 아니하다.

▶ "대통령령이 정하는 경미한 사항을 변경하는 경우"라 함은 다음 각 호의 사항을 변경하는 경우를 말한다.

1. 도시개발구역의 명칭 변경, 면적으로 표시되는 기반시설의 경우 각각의 시설면적의 100분의 10 미만의 변경(공원 및 녹지의 경우에는 100분의 3 미만으로서 1천500제곱미터 미만의 면적변경에 한한다).확정측량결과에 따른 단순한 면적증감에 해당하는 사항의 변경
2. 도시개발구역면적의 100분의 10 미만의 변경
3. 사업시행기간의 변경
4. 수용 또는 사용의 대상이 되는 토지·건축물 또는 토지에 정착한 물건과 이에 관한 소유권외의 권리, 광업권, 어업권, 물의 사용에 관한 권리가 있는 경우에는 그 세목의 변경
5. 재원조달계획의 변경
6. 도시개발구역 지정 및 개발계획에 관한 사항 중 면적의 산정 착오 등을 정정하기 위한 변경
7. 지형사정으로 인한 기반시설의 근소한 위치변경 또는 비탈면 등으로 인한 시설부지의 불가피한 변경

8. 이미 계획한 기반시설의 세부시설에 관한 계획 또는 변경
9. 도시개발구역면적의 변경에 따른 용도지역 · 용도지구 · 용도구역 또는 토지이용계획 및 기반시설계획의 변경
10. 기반시설의 변경에 따른 용도지역 · 용도지구 · 용도구역 및 토지이용계획의 변경
11. 국토의 계획 및 이용에 관한 법률의 규정에 의한 국토교통부령의 규정에 적합한 범위 안에서 도로모퉁이 부분을 조정하고 가 · 감속차로 등을 설치하기 위한 기반시설의 변경
12. 환경 · 교통 · 재해 등에 관한 영향평가법에 의한 각종 영향평가에 대한 협의결과를 반영하는 개발계획의 변경
13. 기타 국토교통부령이 정하는 사항의 변경

4. 도시개발 구역지정의 효과

1) 도시지역과 제1종지구단위계획 구역의 결정, 고시(법 제9조제2항)

도시개발구역이 지정, 고시된 경우 당해 도시개발구역은 도시지역과 제1종지구단우이계획구역으로 결정, 고시된 것으로 본다. 다만, 제2종지구단우이계획구역 및 취락지구로 지정된 지역인 경우에는 그러하지 아니한다.

2) 지형도면 고시의 특례(법 제9조제4항)

도시지역과 제1종지구단위계획 구역으로 의제되는 지역에 대한 지형도면의 고시는 도시개발사업의 시행기간 안에 할 수 있다.

5. 도시개발구역 안에서의 행위제한

1) 허가대상 행위(법 제9조제5항)

도시개발구역 안에서 도시개발사업에 의하지 아니하고 아래의 행위를 하고자 하는 자는 특별시장, 광역시장, 시장 또는 군수의 허가를 받아야 한다.

(1) 건축물의 건축, 공작물의 설치
(2) 토지의 형질변경(굴착 포함), 죽목의 벌채 및 식재
(3) 토석채취(토지의 형질변경을 목적으로 하는 것 제외)
(4) 토지의 분할
(5) 목재, 철재, 컨테이너 등 물건을 쌓아놓는 행위

(6) 죽목의 벌채 및 식재

2) 허용행위(법 제9조제6항, 영 제12조의 2 제3항, 칙 제9조의2)

아래의 하나에 해당하는 행위는 허가를 받지 아니하고 행할 수 있다.

(1) 재해복구 또는 재난수습에 필요한 응급조치를 위하여 하는 행위
(2) 경작을 위한 토지의 형질변경 또는 관상용 식물의 가식(경작지에서의 가식은 제외)
(3) 농수산물의 생산에 직접 이용되는 것으로서 국토부령이 정하는 간이공작물의 설치
(4) 도시개발사업구역 안에 존치하기로 결정된 대지 안에서 물건을 쌓아 놓는 행위
(5) 그 밖에 대통령령으로 정하는 행위

3) 진행 중인 공사 또는 사업의 신고(법 제9조제7항, 영 제12조의2 제4항)

도시개발구역의 지정, 고시 당시 이미 관계 법령에 의하여 허가를 받았거나 허가를 받을 필요가 없는 행위에 관하여 그 공사 또는 사업에 착수한 자는 도시개발구역이 지정, 고시된 날부터 30일 이내에 관할 특별시장, 광역시장, 시장, 군수에게 신고한 후 계속 시행할 수 있다.

(허가를 받아야 하는 행위로서 도시개발구역의 지정 및 고시 당시 이미 관계 법령에 따라 행위 허가를 받았거나 허가를 받을 필요가 없는 행위에 관하여 그 공사나 사업에 착수한 자는 대통령령으로 정하는 바에 따라 특별시장·광역시장·특별자치도지사·시장 또는 군수에게 신고한 후 이를 계속 시행할 수 있다.)

4) 원상회복명령 및 대집행(법 제9조제8항)

특별시장, 광역시장, 시장 또는 군수는 행위허가를 위반한 자에 대하여 원상회복을 명할 수 있다. 이 경우 명령을 받은 자가 그 의무를 이행하지 아니하는 때에는 특별시장, 광역시장, 시장 또는 군수는 행정대집행법에 따라 이를 대집행할 수 있다.

5) 국토계획법의 준용과 개발행위 허가의 의제(법 제9조제9·10항)

행위허가에 관하여 도시개발법에 규정한 것을 제외하고는 국토계획법에 의한 개발행위허가 규정을 준용한다. 도시개발법에서 행위허가를 받은 경우에는 국토계획법에 의한 개발행위 허가를 받은 것으로 본다.

6. 도시개발 구역지정의 해제

1) 도시개발 구역지정의 해제 시기(법 제10조제1항)

(1) 도시개발구역이 지정, 고시된 날부터 3년이 되는 날까지 도시개발사업에 관한 실시계획의 인가를 신청하지 아니하는 경우에는 그 3년이 되는 날의 다음 날 해제된다.

(2) 도시개발사업의 공사가 완료된 경우(환지방식의 사업 제외)에는 공사완료 공고일의 다음 날 해제된다.

(3) 환지처분이 있는 경우에는 환지처분 공고일의 다음 날 해제된다(도시개발사업의 공사 완료(환지 방식에 따른 사업인 경우에는 그 환지처분)의 공고일).

2) 도시개발구역 지정한 후 개발계획을 수립하는 경우의 해제 시기(법 제10조제2항)

(1) 도시개발구역을 지정, 고시한 날부터 2년이 되는 날까지 개발계획을 수립, 고시하지 아니하는 경우에는 그 2년이 되는 날의 다음 날 해제된다(도시개발 구역의 면적이 330만㎡ 이상인 경우에는 5년).
(도시개발구역이 지정·고시된 날부터 2년이 되는 날까지 개발계획을 수립·고시하지 아니하는 경우에는 그 2년이 되는 날. 다만, 도시개발구역의 면적이 대통령령으로 정하는 규모 이상인 경우에는 5년으로 한다.)

(2) 개발계획을 수립, 고시한 날부터 3년이 되는 날까지 실시계획 인가를 신청하지 아니하는 경우에는 그 3년이 되는 날의 다음 날 해제된다(도시개발 구역의 면적이 330㎡ 이상인 경우에는 5년).
(개발계획을 수립·고시한 날부터 3년이 되는 날까지 제17조에 따른 실시계획 인가를 신청하지 아니하는 경우에는 그 3년이 되는 날. 다만, 도시개발구역의 면적이 대통령령으로 정하는 규모 이상인 경우에는 5년으로 한다.)

3) 용도지역의 환원(법 제10조제3항)

도시개발 구역의 지정이 해제 의제된 때에는 당해 도시개발 구역에 대한 국토계획법에 의한 용도지역 및 지구단위 계획구역은 당해 도시개발구역 지정 전의 용도지역 및 지구단위 계획구역으로 각각 환원 또는 폐지된 것으로 본다(단 공사완료로 도시개발 구역의 지정이 해제 의제된 경우에는 그러하지 아니한다).

제3장 수용 또는 사용방식에 의한 사업시행

1. 시행자의 지정

1) 시행자 지정 신청(법 제15조제1항)

(1) 원칙

도시개발사업의 시행자로 지정받고자 하는 자는 사업시행자 지정신청서를 시장, 군수 또는 구청장을 거쳐 도시개발구역 지정권자에게 제출하여야 한다.

(2) 예외

국토교통부장관이 도시개발구역 지정권자인 경우에는 국토교통부장관에게 직접 제출할 수 있다.

2) 도시개발구역 지정을 제안한 자의 우선지정(규칙 제11조제4항)

도시개발구역 지정권자는 도시개발구역의 지정을 제안한 자를 우선하여 시행자로 지정할 수 있다.

3) 시행자의 변경사유(법 제11조제8항, 영 제16조)

도시개발구역 지정권자는 아래 하나에 해당하는 경우에는 시행자를 변경할 수 있다.

(1) 도시개발사업에 관한 실시계획인가를 받은 후 2년 이내에 사업을 착수하지 아니한 경우 시행자를 변경할 수 있다.

(2) 행정처분에 의하여 시행자의 지정 또는 실시계획의 인가가 취소된 경우 시행자를 변경할 수 있다.

(3) 시행자의 부도, 파산 기타 이와 유사한 사유로 인하여 도시개발사업의 목적을 달성하기 어렵다고 인정되는 경우 시행자를 변경할 수 있다.

(4) 환지방식으로 시행하기 위하여 시행자로 지정된 토지소유자 또는 도시개발조합이 도시개발구역 지정의 고시일부터 1년 이내에 실시계획의 인가를 신청하지 아니하는 경우 시행자를 변경할 수 있다(연장이 불가피하다고 인정하여 6월의 범위 안에서 이를 연장한 경우에는 그 연장된 기간). 〈〈〈 없음
(시행자로 지정된 자가 대통령령으로 정하는 기간에 도시개발사업에 관한 실시계획의 인가를 신청하지 아니하는 경우)

2. 실시계획

1) 실시계획의 작성(법 제17조제1항, 영 제28조제1항)

모든 시행자는 개발계획에 부합되게 도시개발사업에 관한 실시계획을 작성하여야 한다.

2) 실시계획의 내용(법 제17조제5항, 영 제28조제2항)

(1) 실시계획에는 사업시행에 필요한 자금계획 및 시행기간 등의 설계도서 등의 서류를 명시하거나 첨부하여야 한다.
(실시계획에는 사업 시행에 필요한 설계도서, 자금계획, 시행기간, 그 밖에 대통령령으로 정하는 사항과 서류를 명시하거나 첨부하여야 한다.)

(2) 실시계획에는 제1종지구단위계획이 포함되어야 한다.

3) 실시계획의 인가(법 제17조제2 · 3 · 4항)

(1) 실시계획의 인가

시행자(도시개발구역 지정권자가 시행자인 경우는 제외)는 실시계획에 관하여 시장, 군수 또는 구청장을 거처 도시개발구역 지정권자의 인가를 받아야 한다.

(2) 실시계획의 변경 또는 폐지에 관한 인가

인가를 받은 실시계획을 변경하거나 폐지하는 경우에도 인가를 받아야 한다.
(인가를 받은 실시계획을 변경하거나 폐지하는 경우에 준용한다. 다만, 국토교통부령으로 정하는 경미한 사항을 변경하는 경우에는 그러하지 아니하다)

(3) 실시계획 인가의 신청

지정권자가 실시계획을 작성하거나 인가하는 경우 국토교통부장관인 지정권자는 시 · 도지사의 의션을, 시 · 도지사인 지정권자는 시장, 군수 또는 구청장의 의견을 미리 들어야 한다.

4) 실시계획고시의 효과(법 제18조제2항)

(1) 도시관리계획 결정의 의제

도시관리계획 실시계획을 고시한 경우 그 고시된 내용 중 국토계획법에 의하여 도시관리계획(제1종지구단위계획 포함)으로 결정하여야 하는 사항은 국토계획법에 의한 도시관리계획이 결정 · 고시된 것으로 본다.

(2) 고시내용에 저촉되는 사항

도시관리계획으로 결정된 사항 중 고시내용에 저촉되는 사항은 고시된 내용으로 변경된 것으로 의제한다.

3. 토지 등의 수용 또는 사용

1) 도시개발사업을 위한 수용 또는 사용(법 제21조제1항)

수용방식의 모든 시행자는 도시개발사업에 필요한 토지 등을 수용 또는 사용할 수 있다.

2) 수용 또는 사용 시 토지소유자의 동의 요건(법 제21조제1항)

아래의 시행자(민간사업시행자)가 토지 등을 수용 또는 사용하고자 할 때에는 사업대상 토지 면적의 2/3 이상에 해당하는 토지를 매입하고 토지소유자 총수의 2/3 이상에 해당하는 자의 동의를 얻어야 한다. 이때의 토지소유자에게는 지상권자가 포함된다.

(1) 도시개발구역 안의 토지소유자 또는 도시개발조합

(2) 과밀억제권역에서 수도권 외의 지역으로 이전하는 법인

(3) 건설업자 또는 신탁회사

(4) 시행자 자격이 있는 자가 공동으로 출자하여 설립한 공동출자법인

3) 토지보상법의 준용(법 제21조제2항)

토지 등의 수용 또는 사용에 관하여 도시개발법에 특별한 규정이 있는 경우를 제외하고는 공익사업을위한토지등의취득및보상에관한법률(토지보상법)을 준용한다.

4) 토지보상법의 특례(법 제21조제3항)

수용 또는 사용의 대상이 되는 토지의 세목을 고시한 때에는 토지보상법에 의한 사업인정 및 그 고시가 있는 것으로 본다. 다만, 재결신청은 토지보상법의 규정에 불구하고 개발계획에서 정한 도시개발 사업의 시행기간 종료일까지 행하여야 한다.

4. 토지상환채권의 발행

1) 토지상환채권의 발행(법 제22조제1항)

시행자는 토지소유자가 원하는 경우에는 토지 등의 매수대금의 일부를 지급하기 위하여 사업시행으로 조성된 토지 또는 건축물로 상환하는 토지상환채권을 발행할 수 있다.

2) 토지상환채권 발행의 승인(법 제22조제2항, 영 제36조)

시행자(도시개발구역 지정권자인 시행자는 제외)는 토지상환채권을 발행하고자 하는 때에는 토지상환채권의 발행계획을 작성하여 미리 도시개발구역 지정권장의 승인을 얻어야 한다.

3) 토지상환채권의 발행규모(법 제22조제1항, 영 제34조)

토지상환채권의 발행규모는 그 토지상환채권으로 상환할 토지 및 건축물의 그 도시개발사업으로 조성되는 분양토지 또는 분양건축물의 1/2을 초과하지 아니하도록 하여야 한다.

4) 토지상환채권의 발생방식(영 제38조)

토지상환채권은 기명식증권으로 하며, 그 이율은 발행당시의 금융기관의 예금금리 및 부동산 수급상황을 고려하여 발행자가 정한다.

5) 토지상환채권의 이전 및 질권설정(영 제42조제1~3항)

(1) 토지상환채권의 이전

토지상환채권을 이전하는 경우 취득자는 그 성명과 주소를 토지상환채권원부에 기재하여 줄 것을 요청하여야 하며, 취득자의 성명과 주소가 토지상환채권에 기재되지 아니하면 취득자는 발행자 기타 제3자에게 대항하지 못한다.

(2) 토지상환채권에 대한 질권

토지상환채권을 질권의 목적으로 하는 경우에는 질권자의 성명과 주소가 토지상환채권원부에 기재되지 아니하면 질권자는 발행자 기타 제3자에게 대항하지 못한다.

발행자는 질권이 설정된 때에는 토지상환채권에 그 뜻을 표시하여야 한다.

5. 선수금

1) 선수금의 승인(법 제24조제1 · 2항)

선수금을 받고자 하는 시행자는 선수금을 받을 수 있는 요건을 갖추어 도시개발구역 지정권자의 승인을 얻어 도시개발사업으로 조성된 토지, 건축물 또는 공작물 등을 공급받거나 이용하고자 하는 자로부터 대금의 전부 또는 일부를 미리 받을 수 있다.

(법 제25조 1항 · 2항) : ① 시행자는 조성토지 등과 도시개발사업으로 조성되지 아니한 상태의 토지(이하 "원형지"라 한다)를 공급받거나 이용하려는 자로부터 대통령령

으로 정하는 바에 따라 해당 대금의 전부 또는 일부를 미리 받을 수 있다.

② 시행자(지정권자가 시행자인 경우는 제외한다)는 제1항에 따라 해당 대금의 전부 또는 일부를 미리 받으려면 지정권자의 승인을 받아야 한다.)

2) 선수금을 받을 수 있는 요건(영 제44조제1항)

(1) 행정청 간주 사업시행자에 해당하는 시행자

개발계획을 수립, 고시한 후에 사업시행 토지면적의 30% 이상의 토지에 대한 소유권을 확보하고 도시개발사업에 착수하여야 한다.

(2) 민간사업 시행자에 해당하는 시행자

① 실시계획 인가를 받은 후 공급하고자 하는 토지에 대한 소유권을 확보하고 당해 토지에 설정된 저당권을 말소하였을 것. 부득이한 사유로 토지소유권을 확보하지 못하였거나 저당권을 말소하지 못한 경우에는 시행지, 토지소유자 및 저당권자가 공동약정서를 공증하여 제출하여야 한다.

② 공급하고자 하는 토지에 대한 도시개발사업의 공사진척률이 10% 이상이어야 한다.

③ 공급계약의 불이행시 선구금의 환불을 담보하기 위한 보증서를 제출하여야 한다.

6. 조성토지 등의 공급

1) 조성토지의 공급계획(법 제25조제1항, 영 제46조제1항)

(1) 시행자(도시개발구역 지정권자인 시행자는 제외)는 조성토지 등을 공급하는 때에는 조성토지 등의 공급계획을 작성 또는 변경하여 도시개발구역지정권자에게 제출하여야 한다.

(2) 시행자는 그가 개발한 토지를 개발계획에서 정한 용도에 따라 공급하여야 한다.

2) 조성토지의 공급방법

(1) 경쟁입찰 또는 추첨에 의한 공급(영 제46조제2항)

토지의 공급은 경쟁입찰의 방법에 의한다. 다만, 아래의 토지는 추첨의 방법으로 분양할 수 있다.

① 330㎡ 이하의 단독주택용지

② 국민주택규모 이하의 주택(임대주책 포함) 건설용지

③ 공장용지

(2) 수의계약 방법에 의한 공급(영 제46조제4항)

① 학교용지, 공공청사용지 등 일반에게 분양할 수 없는 공공시설용지를 그 공공시설을 설치할 수 있는 자에게 공급하는 경우

② 실시계획에 따라 존치하는 시설물의 유지관리에 필요한 최소한 토지를 공급하는 경우

③ 협의에 응하여 토지 등의 전부를 시행자에게 양도한 자에게 토지를 공급하는 경우

④ 토지상환채권에 의하여 토지를 상환하거나 선수금을 납부한 자에게 토지를 공급하는 경우

제4장 환지방식에 의한 사업시행

1. 환지계획

1) 환지계획의 작성(법 제27조제1항) (법 제28조제1항)

모든 시행자는 도시개발사업의 전부 또는 일부를 환지방식에 의하여 시행하고자 하는 경우에는 환지계획을 작성하여야 한다.

2) 환지계획의 인가(법 제28조1 · 2항) (법 제29조제1 · 2항)

행정청이 아닌 시행자가 환지계획을 작성한 때에는 시장 · 군수 또는 자치구청장의 인가를 받아야 한다. 인가받은 내용을 변경하고자 하는 경우에도 인가를 받아야 한다.(다만, 대통령령으로 정하는 경미한 사항을 변경하는 경우에는 그러하지 아니하다.)

3) 환지계획의 내용(법 제27조제1항, 영 제48조) (법 제28조제1항)

(1) 환지설계 → 축척 1/1,200 이상의 환지예정지도 · 환지전후대비도 · 과부족면적표시도 및 무상귀속토지표시도가 첨부되어야 함.

(2) 필지별로 된 환지명세

(3) 필지별과 권리별로 된 청산대상토지 명세 → 환지대상에서 제외하는 토지에 대하여도 환자로 지정하여야 하는 면적을 정하여야 함.

(4) 체비지 또는 보류지의 명세

(5) 기타 국토교통부령이 정하는 사항

4) 환지계획의 작성기준

(1) 환지계획의 기본원칙(법 제27조제2항) (법 제28조제2항)

환지계획은 종전의 토지 및 환지의 위치 · 지목 · 면적 · 토질 · 수리 · 이용상황 · 환경 기타의 사항을 종합적으로 고려하여 합리적으로 정하여야 한다.

(2) 환지설계의 방식(칙 제20조의3제2항)

환지설계는 평가식을 원칙으로 하되, 환지계획구역의 특성에 따라 면적식 및 절충식 중에서 적합한 방식으로 할 수 있으며, 동일한 환자계획구역 안에서는 동일한 방식을 적용하여야 한다.

(3) 환지위치의 원칙(칙 제20조의3 제3항)

환지는 종전 토지의 위치에 지정하는 것을 원칙으로 한다. 다만, 다음의 토지로서 종전 토지의 위치에 지정할 수 없는 경우에는 다른 위치에 환지를 지정할 수 있다.

① 보류지(체비지 및 공공시설요지를 말함)로 계획된 위치에 소재한 토지

② 집단환지로 계획된 위치에 소재한 토지

③ 그 밖에 부득이한 사유로 인하여 규약 · 정관 h는 시행규정이 정하는 토지

(4) 공동환지(칙 제20조의3 제5항)

시행자는 과소토지가 되지 아니하도록 하기 위하여 필요한 경우에는 토지소유자의 동의를 얻어 하나의 필지를 2인 이상의 공동환지로 지정할 수 있다.

(5) 집단환지(칙 제20조의3 제6항)

시행자는 토지이용계획상 공동주택용지로 계획된 위치에 소재한 토지 또는 토지소유자가 공동주택의 건설을 요청한 토지에 대하여는 집단으로 환지를 지정할 수 있다.

2. 환지기준

1) 신청 또는 동의에 의한 환지의 부지정(법 제29조) (법 제30조)

토지소유자의 신청 또는 동의가 있는 때에는 그 토지의 전부 또는 일부에 대하여 환자를 정하지 아니할 수 있다. 다만, 그 토지에 관하여 임차권·지상권 기타 사용 또는 수익할 권리를 가진 자가 있는 때에는 그 동의를 얻어야 한다.

2) 증환지 및 감환지(법 제30조제1항) (법 제31조제1항)

시행자는 토지면적의 규모를 조정할 특별한 필요가 있는 때에는 면적이 작은 토지에 대하여는 과소토지가 되지 아니하도록 면적을 증가하여 환지를 정하거나 환지대상에서 제외할 수 있고, 면적이 넓은 토지에 대하여는 그 면적을 감소하여 환지를 정할 수 있다.

3) 과소토지의 기준(법 제30조제2항, 영 제52조제1항, 칙 제21조) (법 제31조제2항)

(1) 건축물이 있는 토지

과소토지의 기준이 되는 면적은 환지계획상 환지의 면적이 건축법의 분할제한면적 이상으로서 규약·정관 또는 시행규정이 정하는 면적으로 한다.

(법 제31조제2항 : 과소토지의 기준이 되는 면적은 대통령령으로 정하는 범위에서 시행자가 규약·정관 또는 시행규정으로 정한다.)

(2) 기존건축물이 없는 토지

① 토지이용계획상의 주거용지

165㎡ 이상으로서 규약·시행규정·정관이 정하는 면적

② 토지이용계획상의 상업용지·공업용지 또는 기타 용지

국토계획법에 의한 도시계획조례에서 정하는 면적 이상으로서 규약·시행규정 또는 정관이 정하는 면적

4) 입체환지(법 제31조제1·2항) (법 제32조제1항) (법 제32조의 3 제1항) (법 제31조 제2항은 삭제됨)

(1) 시행자가 입체환지를 정하는 경우(법 제32조제1항)

시행자는 도시개발사업의 원활한 시행을 위하여 특히 필요한 때에는 토지소유자의 동의를 얻어 환지의 목적인 토지에 갈음하여 시행자에게 처분할 권한이 있는 건축물의 일부와 그 건축물이 있는 토지의 공유지분을 부여할 수 있다.

(시행자는 도시개발사업을 원활히 시행하기 위하여 특히 필요한 경우에는 토지 또는 건축물 소유자의 신청을 받아 건축물의 일부와 그 건축물이 있는 토지의 공유지분

을 부여할 수 있다. 다만, 토지 또는 건축물이 대통령령으로 정하는 기준 이하인 경우에는 시행자가 규약·정관 또는 시행규정으로 신청대상에서 제외할 수 있다.)

(2) 주택으로 환지하는 경우(법 제32조의 3 제1항)

그 주택에 대하여는 주택법의 규정에 의한 주택의 공급에 관한 기준을 적용하지 아니한다.

(시행자는 입체 환지로 건설된 주택 등 건축물을 제29조에 따라 인가된 환지 계획에 따라 환지신청자에게 공급하여야 한다. 이 경우 주택을 공급하는 경우에는 「주택법」 제38조에 따른 주택의 공급에 관한 기준을 적용하지 아니한다.)

5) 공공시설의 용지 등에 관한 조치(법 제32조제1·2항) (법 제33조제1·2항)

(1) 공공시설용지에 대한 환지기준의 부적용

토지보상법에 의한 공익사업에 해당하는 공공시설용지에 대하여는 환지계획을 정함에 있어서 그 위치·면적 등에 관하여 환지계획작성기준을 적용하지 아니할 수 있다.

(「공익사업을 위한 토지 등의 취득 및 보상에 관한 법률」 제4조 각 호의 어느 하나에 해당하는 공공시설의 용지에 대하여는 환지 계획을 정할 때 그 위치·면적 등에 관하여 제28조제2항에 따른 기준을 적용하지 아니할 수 있다.)

(2) 국공유지의 환지부지정

시행자가 도시개발사업의 시행으로 국가 또는 지방자치단체의 소유에 속하는 공공시설에 대체되는 공공시설을 설치하는 경우 종전의 공공시설의 전부 또는 일부의 용도가 폐지 또는 변경되어 불용으로 될 토지에 대하여는 공공시설의 귀속에 관한 규정에 불구하고 환지를 정하지 아니하며 이를 다른 토지에 대한 환지의 대상으로 하여야 한다.

(시행자가 도시개발사업의 시행으로 국가 또는 지방자치단체가 소유한 공공시설과 대체되는 공공시설을 설치하는 경우 종전의 공공시설의 전부 또는 일부의 용도가 폐지되거나 변경되어 사용하지 못하게 될 토지는 제66조제1항 및 제2항에도 불구하고 환지를 정하지 아니하며, 이를 다른 토지에 대한 환지의 대상으로 하여야 한다.)

6) 체비지 및 보류지

(1) 시행자는 도시개발사업에 필요한 경비에 충당하거나 규약·정관·시행규정 또는 실시계획이 정하는 목적을 위하여 일정한 토지를 환지로 정하지 아니하고 보

류지로 정할 수 있으며, 그 중 일부를 체비지로 정하여 도시개발사업에 필요한 경비에 충당할 수 있다.

(2) 시장 · 군수 또는 구청장은 주택법에 의한 공동주택의 건설을 촉진하기 위하여 필요하다고 인정하는 때에는 체비지 중 일부를 같은 지역 안에 집단으로 정하게 할 수 있다.

7) 토지부담률

(1) 토지부담률의 의의

환지계획구역의 평균 토지부담률은 50%를 초과할 수 없다. 다만, 당해 환지계획구역의 특성을 고려하여 지정권자가 인정하는 경우에는 60%까지로 할 수 있으며, 환지계획구역 안의 토지소유자 전원이 동의하는 경우에는 60%를 초과하여 정할 수 있다.

(2) 평균 토지부담률의 산정방법

환지계획구역의 평균 토지부담률은 다음의 산식에 의하여 산정한다.

[(보류지면적－시행자에게 무상 귀속되는 공공시설의 면적) / (환지계획구역면적－시행자에게 무상 귀속되는 공공시설의 면적)] ×100

8) 조성토지의 가격평가

(1) 조성토지의 가격평가 결정절차(법 제27조제2항, 영 제49조) (법 제28조제3항)

시행자는 환지방식이 적용되는 도시개발구역 안에 있는 조성토지 등의 가격을 평가하고자 할 때에는 감정평가업자로 하여금 평가하게 한 후 토지평가협의회의 심의를 거쳐 결정하여 하여야 한다.

(시행자는 환지 방식이 적용되는 도시개발구역에 있는 조성토지 등의 가격을 평가할 때에는 토지평가협의회의 심의를 거쳐 결정하되, 그에 앞서 대통령령으로 정하는 공인평가기관이 평가하게 하여야 한다)

(2) 토지평가협의회의 구성 및 운영 등에 필요한 사항(법 제27조제3항) (법 제28조제4항)

토지평가협의회의 구성 및 운영 등에 관하여 필요한 사항은 당해 규약 · 정관 또는 시행규정으로 정한다.

9) 환지계획안의 공람절차

(1) 공람(법 제28조제3항) (법 제29조제3항)

행정청이 아닌 시행자가 환지계획인가를 신청하거나 행정청인 시행자가 환지계획을 정하는 때에는 토지소유자와 당해 토지에 대하여 임차권·지상권 기타 사용 또는 수익할 권리를 가진 자에게 이를 통지하고 관계서류의 사본을 일반에게 공람시켜야 한다.

(행정청이 아닌 시행자가 제1항에 따라 환지 계획의 인가를 신청하려고 하거나 행정청인 시행자가 환지 계획을 정하려고 하는 경우에는 토지 소유자와 해당 토지에 대하여 임차권, 지상권, 그 밖에 사용하거나 수익할 권리(이하 "임차권등"이라 한다)를 가진 자(이하 "임차권자등"이라 한다)에게 환지 계획의 기준 및 내용 등을 알리고 대통령령으로 정하는 바에 따라 관계 서류의 사본을 일반인에게 공람시켜야 한다. 다만, 대통령령으로 정하는 경미한 사항을 변경하는 경우에는 그러하지 아니하다.)

(2) 의견서제출(법 제28조제4항) (법 제29조제4항)

토지소유자 또는 임차권자 등은 공람기간 내에 시행자에게 의견서를 제출할 수 있으며, 시행자는 그 의견이 타당하다고 인정하는 때에는 환지계획에 이를 반영하여야 한다.

(토지 소유자나 임차권자등은 제3항의 공람 기간에 시행자에게 의견서를 제출할 수 있으며, 시행자는 그 의견이 타당하다고 인정하면 환지 계획에 이를 반영하여야 한다.)

(3) 반영 여부 통보(법 제28조제6항) (법 제29조제6항)

시행자는 공람기일이 종료된 날부터 60일 이내에 당해 의견을 제출한 자에게 환지계획에의 반영 여부에 관한 검토결과를 통보하여야 한다.

3. 환지예정지지정의 효과

1) 환지예정지의 지정절차

(1) 환지예정지 지정(법 제34조제1항) (법 제35조제1항)

시행자는 도시개발사업의 시행을 위하여 필요한 때에는 도시개발구역 안의 토지에 대하여 환지예정지를 지정할 수 있다. 이 경우 종전의 토지에 대한 임차권자 등이 있는 경우에는 당해 환지예정지에 대하여 그 권리의 목적인 토지 또는 그 부분을 아울러 지정하여야 한다.

(2) 지정사실의 통지(법 제34조제3항) (법 제35조제3항)

시행자가 환지예정지를 지정하고자 하는 경우에는 관계 토지소유자와 임차권자 등에게 환지예정지의 위치·면적과 환지예정지 지정의 효력발생시기를 통지하여야 한다.

2) 환지예정지의 사용 · 수익과 종전토지의 사용 · 수익금지

(1) 환지예정지가 지정된 경우(법 제5조제1항) (법 제36조제1항)

환지예정지가 지정된 경우에는 종전의 토지에 관한 토지소유자 및 임차권 · 지상권 기타 사용 또는 수익할 권리를 가진 자는 환지예정지지정의 효력발생일부터 환지처분공고가 있는 날까지 환지예정지 또는 해당 부분에 대하여 종전과 동일한 내용의 권리를 행사할 수 있으며 종전의 토지에 대하여는 이를 사용하거나 수익할 수 없다.

(2) 환지예정지 지정효력발생 또는 사용 · 수익을 개시하는 경우(법 제35조제3항)(법 제36조제3항)

환지예정지의 지정의 효력이 발생하거나 환지예정지의 사용 또는 수익을 개시하는 때에 당해 환지예정지의 종전의 소유자 또는 임차권 · 지상권 기타 사용 또는 수익할 권리를 가진 자는 환지처분공고가 있는 날까지 이를 사용하거나 수익할 수 없으며 환지예정지지정을 받은 자의 사용 또는 수익을 방해할 수 없다.

3) 사용 · 수익개시일의 별도지정(법 제35조제2항) (법 제36조제2항)

시행자는 환지예정지를 지정한 때에 당해 토지에 사용 또는 수익의 장애가 될 물건이 있거나 기타 특별한 사유가 있는 경우에는 환지예정지의 사용 또는 수익을 개시할 날을 따로 정할 수 있다.

4) 환지가 지정되지 아니한 토지의 사용 · 수익정지

(1) 토지의 사용 · 수익정지(법 제36조제1항) (법 제37조제1항)

시행자는 환지를 정하지 아니하기로 결정된 토지소유자 또는 임차권 · 지상권 기타 사용 또는 수익할 수 있는 권리를 가진 자에게 기일을 정하여 그 날부터 당해 토지 또는 당해 부분의 사용 또는 수익을 정지시킬 수 있다.

(2) 토지의 사용 · 수익정지통지(법 제36조제2항) (법 제37조제2항)

시행자가 사용 또는 수익을 정지하게 하고자 하는 때에는 30일 이상의 기간을 두고 미리 이를 토지소유자 또는 임차권 · 지상권 기타 사용 또는 수익할 권리를 가진 자에게 통지하여야 한다.

5) 사용 · 수익할 자가 없게 된 토지의 관리(법 제38조제1항) (법 제39조제1항)

환지예정지의 지정이나 사용 · 수익의 정지처분으로 인하여 이를 사용 · 수익할 수 있는 자가 없게 된 토지 또는 그 부분은 그 날부터 환지처분공고가 있는 날까지 시행자가 이를 관리한다.

6) 체비지의 처분(법 제35조제4항) (법 제36조제4항)

시행자는 체비지의 용도로 환지예정지가 지정된 때에는 도시개발사업에 소요되는 비용을 충당하기 위하여 이를 사용 또는 수익하게 하거나 처분할 수 있다.

4. 환지처분

1) 환지처분의 의의

시행자가 환지계획에 따라 공사가 완료된 후에 종전의 토지에 갈음하여 새로운 환지를 교부하고 과부족분에 대하여는 금전으로 그 차액을 청산하는 행정처분을 말한다.

2) 환지처분의 절차

(1) 공사관계서류의 공・영람(법 제39조제1항, 제54조제1항) (법 제40조제1항)

시행자는 환지방식에 의하여 도시개발사업에 관한 공사를 완료한 때에는 지체 없이 관보 또는 공보에 이를 공고하고 공사관계서류를 일반에게 공람시켜야 한다.

(2) 환지처분(법 제39조제4항, 영 제55조) (법 제40조제4항)

시행자는 지정권자에 의한 준공검사를 받은 때에는 60일 이내에 환지처분을 하여야 한다.

▶지정권자가 시행자인 경우에는 공사완료공고가 있는 때이다.

(시행자는 지정권자에 의한 준공검사를 받은 경우(지정권자가 시행자인 경우에는 제51조에 따른 공사 완료 공고가 있는 때)에는 대통령령으로 정하는 기간에 환지처분을 하여야 한다)

3) 환지처분의 효과

(1) 권리의 변동(법 제41조제1항) (법 제42조제1항)

환지계획에서 정하여진 환지는 환지처분공고가 있는 날의 다음 날부터 종전의 토지로 보며, 환지계획에서 환지를 정하지 아니하는 종전의 토지에 존재하던 권리는 환지처분공고가 있는 날이 종료하는 때에 소멸한다.

(2) 토지에 전속하는 처분(법 제41조제2항) (법 제42조제2항)

환지처분의 규정은 행정상 또는 재판상의 처분으로서 종전의 토지에 전속하는 것에 관하여는 영향을 미치지 아니한다.

(3) 지역권의 존속(법 제41조제3항) (법 제42조제3항)

도시개발구역 안의 토지에 대한 지역권은 종전의 토지에 존속한다. 다만, 도시개발

사업의 시행으로 인하여 행사할 이익이 없어진 지역권은 환지처분공고가 있는 날이 종료하는 때에 소멸한다.

(4) 입체환지의 취득

① 건축물과 그 부지에 대한 공유지분의 취득(법 제41조제4항) (법 제42조제4항)
환지계획에 따라 환지처분을 받은 자는 환지처분이 공고된 날의 다음 날에 환지계획에서 정한 바에 따라 건축물의 일부와 당해 건축물이 있는 토지의 공유지분을 취득한다.

② 종전의 토지에 대한 저당권(법 제41조제4항) (법 제42조제4항)
종전의 토지에 대한 저당권은 환지처분공고가 있은 날의 다음 날부터 당해 건축물의 일부와 당해 건축물이 있는 토지의 공유지분에 존재하는 것으로 본다.

(5) 체비지 및 보류지의 취득

① 체비지의 취득(법 제41조제5항) (법 제42조제5항)
체비지는 시행자가 환지처분공고가 있은 날의 다음 날에 당해 소유권을 취득한다. 다만, 이미 처분된 체비지는 당해 체비지를 매입한 자가 소유권이전 등기를 마친 때에 이를 취득한다.

② 보류지의 취득(법 제41조제5항) (법 제42조제6항)
보류지는 환지계획에서 정한 자가 환지처부공고가 있은 날의 다음 날에 당해 소유권을 취득한다.

▶판례

환지처분 전에 구획정리사업시행자가 체비지 지정을 하여 이를 제3자에게 처분하는 경우, 매수인이 토지의 인도 또는 체비지대장에의 등재 중 어느 하나의 요건을 먼저 갖추었다면, 그 매수인은 다른 이중양수인에게 그 권리취득을 대항할 수 있음은 물론이고, 당해 토지에 관하여 물권 유사의 사용수익권을 취득하였다가 환지처분 공고 익일에 같은 법에 의하여 원시적으로 소유권을 취득하게 된다(대법원 1998.10.23).

4) 등기절차 및 권리변동의 제한

(1) 환지등기(법 제42조제1항) (법 제43조제1항)

시행자는 환지처분공고가 있은 때에는 공고 후 14일 이내에 관할 등기소에 이를 통지하고 토지와 건축물에 관한 등기를 촉탁하거나 신청하여야 한다.

(2) 다른 등기의 제한(법 제42조제3항) (법 제43조제3항)

환지처분의 공고가 있은 날부터 환지등기가 있는 때까지는 다른 등기를 할 수 없다. 다만, 등기신청인이 확정일부 있는 서류에 의하여 환지처분의 공고일 전에 등기원인이 생긴 것임을 증명한 경우에는 그러하지 아니하다.

5. 청산금

1) 청산의 의의(법 제40조제1항) (법 제41조제1항)

환지를 정하거나 그 대상에서 제외한 경우에 그 과부족분에 대하여는 종전의 토지 및 환지의 위치 · 지목 · 면적 · 토질 · 수리 · 이용상황 · 환경 기타의 사항을 종합적으로 고려하여 금전으로 이를 청산하여야 한다.

(환지를 정하거나 그 대상에서 제외한 경우 그 과부족분(과부족분)은 종전의 토지(제32조에 따라 입체 환지 방식으로 사업을 시행하는 경우에는 환지 대상 건축물을 포함한다. 이하 제42조 및 제45조에서 같다) 및 환지의 위치 · 지목 · 면적 · 토질 · 수리 · 이용 상황 · 환경, 그 밖의 사항을 종합적으로 고려하여 금전으로 청산하여야 한다.)

2) 청산금의 결정 및 확정(법 제40조제2항, 제41조제6항) (법 제41조제2항, 제42조제6항)

(1) 청산금의 결정(법 제41조제2항)

청산금은 환지처분을 하는 때에 결정하여야 한다. 다만, 환지대상에서 제외한 토지등에 대하여는 청산금을 교부하는 때에 이를 결정할 수 있다.

(2) 청산금의 확정(법 제42조제6항)

청산금은 환지처분공고가 있은 날의 다음 날에 확정한다.

3) 청산금의 징수 · 교부시기(법 제45조제1항) (법 제46조제1항)

시행자는 환지처분공고가 있은 후에 확정된 청산금을 징수하거나 교부하여야 한다. 다만, 환지를 정하지 아니하는 토지에 대하여는 환지처분 전이라도 청산금을 교부할 수 있다.

4) 청산금의 분할징수 · 교부(법 제45조제2항) (법 제46조제2항)

청산금은 규약 · 정관 또는 시행규정이 정하는 이자율에 의한 이자를 붙여 분할징수하거나 분할교부할 수 있다. (청산금은 대통령령으로 정하는 바에 따라 이자를 붙여 분할징수하거나 분할교부할 수 있다.)

5) 청산금의 강제징수(법 제45조제3항) (법 제46조제3항)

행정청인 시행자는 청산금을 납부하여야 할 자가 이를 납부하지 아니하는 때에는 국세체납처분 또는 지방세체납처분의 예에 따라 이를 징수할 수 있다.

(행정청인 시행자는 청산금을 내야 할 자가 이를 내지 아니하면 국세 또는 지방세 체납처분의 예에 따라 징수할 수 있으며, 행정청이 아닌 시행자는 특별자치도지사 · 시장 · 군수 또는 구청장에게 청산금의 징수를 위탁할 수 있다. 이 경우 제16조제5항을 준용한다)

6) 청산금징수의 위탁(법 제16조제5항, 제45조제3항)

행정청이 아닌 시행자는 시장 · 군수 또는 구청장에게 청산금의 징수를 위탁할 수 있다. 이 경우 징수한 금액의 4%에 해당하는 금액을 당해 시 · 군 또는 구에 지급하여야 한다.

(특별자치도지사 · 시장 · 군수 또는 구청장이 제4항에 따라 부과금이나 연체료의 징수를 위탁받으면 지방세 체납처분의 예에 따라 징수할 수 있다. 이 경우 조합은 특별자치도지사 · 시장 · 군수 또는 구청장이 징수한 금액의 100분의 4에 해당하는 금액을 해당 특별자치도 · 시 · 군 또는 구(자치구의 구를 말한다. 이하 같다)에 지급하여야 한다.)

7) 청산금의 소멸시효(법 제46조) (법 제47조)

청산금을 받을 권리 또는 징수할 권리는 5년간 이를 행사하지 아니하는 때에는 시효로 인하여 소멸한다.

6. 감가보상금

1) 감가보상금의 지급(법 제44조) (법 제45조)

행정청인 시행자는 도시개발사업의 시행으로 인하여 사업시행 후의 토지가액의 총액이 사업시행 전의 토지가액의 총액보다 감소한 때에는 그 차액에 상당하는 감가보상금을 종전의 토지소유자 또는 임차권 · 지상권 기타 사용 또는 수익할 권리를 가진 자에게 지급하여야 한다.

(행정청인 시행자는 도시개발사업의 시행으로 사업 시행 후의 토지 가액(가액)의 총액이 사업 시행 전의 토지 가액의 총액보다 줄어든 경우에는 그 차액에 해당하는 감가보상금을 대통령령으로 정하는 기준에 따라 종전의 토지 소유자나 임차권자등에게 지급하여야 한다.)

2) 감가보상금의 금액 산정방법(영 제57조) (영 제67조)

감가보상금으로 지급하여야 할 금액은 도시개발사업 시행 후의 토지가액의 총액과 시행 전의 토지가액의 총액과의 차액을 시행 전의 토지가액의 총액으로 나누어 얻은 수치에 종전의 토지 또는 그 토지에 대하여 수익할 수 있는 권리의 시행 전의 가액을 곱한 금액으로 한다.

7. 임대료 등의 증감청구와 권리의 포기

1) 임대료 등의 증감청구

(1) 장래를 향한 임대료 등의 증감청구(법 제35조제5항, 제47 제1항) (법 제48조제 1,2항)

도시개발사업(환지예정지지정을 포함한다)으로 인하여 임차권 등의 목적인 토지나 지역권에 관한 승역지의 이용이 증진 또는 방해됨으로써 종전의 임대료 · 지료 기타 사용료 등이 불합리하게 된 경우 당사자는 계약조건에 불구하고 장래에 관하여 그 증감을 청구할 수 있다.

(2) 당사자는 당해 권리를 포기하거나 계약을 해지하여 그 의무를 면할 수 있다.

2) 증감청구시기(법 제35조제5항, 제47조제3항) (법 제48조제3항)

환지처분공고가 있은 날부터 60일이 경과한 때에는 임대료 · 지료 기타 사용료 등의 증감을 청구할 수 없다.

3) 권리의 포기 또는 계약의 해지

(1) 권리의 포기 또는 계약해지(법 제35조제5항, 제48조제1항) (제49조제1항)

도시개발사업의 시행(환지예정지지정을 포함함)으로 인하여 지역권 · 임차권 등을 설정한 목적을 달성할 수 없게 된 때에는 당사자는 당해 권리를 포기하거나 계약을 해지할 수 있다.

(2) 시행자에 대한 손실보상청구(법 제35조제5항, 제48조제2항) (제49조제2항)

권리를 포기하거나 계약을 해지한 자는 그로 인한 손실의 보상을 시행자에게 청구할 수 있다.

(3) 토지소유자 등에 대한 구상(법 제35조제5항, 제48조제3항) (제49조제3항)

손실을 보상한 시행자는 당해 토지 또는 건축물의 소유자나 그로 인하여 이익을 받는 자에게 이를 구상할 수 있다.

(4) 손실보상에 관한 협의(법 제35조제5항, 제48조제5항, 제64조제1~3항) (제49조제1항)

손실보상에 관하여는 그 손실을 보상할 자와 손실을 입은 자가 협의하여야 한다. 협의가 성립되지 아니하거나 협의를 할 수 없는 때에는 관할 토지수용위원회에 재결을 신청할 수 있다.

(손실보상에 관하여는 타인 토지의 출입 등에 관한 손실보상의 방법 및 절차 등에 관한 규정을 준용한다.)

4) 권리포기 또는 계약해지를 할 수 있는 시기(법 제35조제5항, 제48조제4항)(제49조제4항)

환지처분공고가 있은 날부터 60일이 경과한 때에는 권리를 포기하거나 계약을 해지할 수 없다.

제5장 보칙

1. 도시개발구역 안의 시설설치

1) 기반시설의 설치범위 (법 제54조제3항, 영 제61조)

기반시설의 종류별 설치범위는 다음과 같다.

① 도로 : 다음의 요건에 모두 해당하는 도로

가. 도시개발구역지정 이전부터 국토의 계획 및 이용에 관한 법률에 의한 도시계획도로 또는 도로법에 의한 도로구역으로 결정된 도로일 것

나. 지방자치단체가 설치하여야 하는 「도로법」상의 국도 · 지방도 및 국가지원지방도일 것

② 상하수도시설 : 도시개발구역 안의 상하수도관로와 연결되지 아니하고 통과하는 상하수도관로

③ 전기시설 : 도시개발구역 밖의 기간이 되는 시설로부터 도시개발구역 안의 토지이용계획 또는 환지계획상의 6미터 이상의 도시계획도로에 접하는 개별필지의 경계선까지의 전기시설

④ 가스공급시설 : 도시개발구역 밖의 기간이 되는 가스공급시설로부터 개별필지의 경계선까지의 가스공급시설. 다만, 취사 또는 개별난방용(중앙집중식난방용을 제외한다)으로 가스를 공급하기 위하여 도시개발구역의 개별필지 안에 정압조정실을 설치하는 경우에는 그 정압조정실까지의 가스공급시설

⑤ 통신시설 : 관로시설은 도시개발구역 밖의 기간이 되는 시설로부터 도시개발구역의 개별필지의 경계선까지의 관로시설 및 도시개발구역 밖의 기간이 되는 시설로부터 도시개발구역의 개별필지 안의 최초 단자까지의 케이블시설

⑥ 지역난방시설 : 도시개발구역 밖의 기간이 되는 열수송관의 분기점으로부터 도시개발구역의 개별필지의 각 기계실입구 차단밸브까지의 열수송관

2) 시설설치의 완료시기(법 제54조제2항) (법 제55조제3항)

도시개발구역의 시설의 설치는 특별한 사유가 없는 한 준공검사신청일까지 완료하여야 한다.

▶ 준공검사신청일이란 도시개발구역지정권자가 시행자인 경우에는 도시개발사업의 공사를 완료하는 때이다.

2. 도시개발채권

1) 도시개발채권의 발행권자(법 제61조제1항, 영 제72조제1항) (법 제62조제1항)

시·도지사는 도시개발사업 또는 도시계획시설사업에 필요한 자금을 조달하기 위하여 시·도의 조례가 정하는 바에 따라 도시개발채권을 발행할 수 있다.

2) 국토부장관과의 협의와 행정안전부장관의 승인(법 제61조제2항, 영 제72조제2항) (법 제62조제2항은 2009년 12.29일 삭제)

시·도지사는 도시개발채권의 발행을 위하여 지방재정법에 의하여 행정안전부장관의 승인을 얻고자 하는 때에는 미리 국토부장관과 협의하여야 한다.

3) 발행방법 및 이율

(1) 도시개발채권의 발행방법(영 제61조제1항) (영 제83조제1항)

도시개발채권의 공사채등록법에 의한 등록기관에 등록하여 발행하거나 무기명으로 발행할 수 있으며 발행방법에 관하여 필요한 세부적인 사항은 시·도의 조례로 정한다.

(2) 도시개발채권의 이율(영 제61조제2항) (영 제83조제2항)

도시개발채권의 이율은 채권의 발행당시의 국채·공채 등의 금리와 특별회계의 상황 등을 참작하여 당해 시·도의 조례를 정하되 행정안전부장관의 승인을 얻어야 한다.

4) 상환기간(영 제61조제3항) (영 제83조제3항)

도시개발채권의 상환은 5년 내지 10년의 범위 안에서 조례로 정한다.

5) 중도상환의 제한(칙 제29조제1항)

도시개발채권은 다음의 경우를 제외하고는 중도에 상환할 수 없다.

(1) 도시개발채권의 매입사유가 된 허가 또는 인가가 매입자의 귀책사유 없이 취소된 경우
(2) 도급계약을 체결하는 자의 귀책사유 없이 당해 도급계약이 취소된 경우
(3) 도시개발채권의 매입의무자가 아닌 자가 착오로 도시개발채권을 매입한 경우
(4) 도시개발채권의 매입의무자가 매입하여야 할 금액을 초과하여 매입한 경우

6) 소멸시효(법 제61조제3항) (법 제62조제3항)

도시개발채권의 소멸시효는 상환일부터 기산하여 원금은 5년, 이자는 2년으로 한다.

7) 도시개발채권의 매입

(1) 도시개발채권의 매입의무자(법 제62조제1항) (법 제63조제1항)
① 수용 또는 사용방식에 의하여 시행하는 도시개발사업의 경우 국가·지방자치단체·정부투자기관 또는 지방공사와 공사의 도급계약을 체결하는 자
② 국가·지방자치단체·정부투자기관 또는 지방공사 외의 도시개발사업을 시행하는 자 (시행자 외에 도시개발사업을 시행하는 자)
③ 토지의 형질변경에 관한 개발행위허가를 받는 자 (따른 허가를 받은 자 중 대통령령으로 정하는 자)

(2) 도시개발채권의 매입대상별 매입금액
① 도시개발채권의 매입대상별 매입금액은 다음 표와 같다.

매입대상	매입금액
가. 법 제11조제1항제1호 내지 제3호에 해당하는 자와 도시개발사업의 시행을 위한 공사의 도급계약을 체결한 자	공사도급계약금액의 100분의 5
나. 법 제11조제1항제4호 내지 제7호에 해당하는 자로서 도시개발사업을 시행하는 자	시행면적 3.3제곱미터당 30,000원
다. 「국토의 계획 및 이용에 관한 법률」 제56조의 규정에 의하여 토지의 형질변경허가를 받는 자	토지형질변형 허가면적 3.3제곱미터당 30,000원

3. 행정심판의 제기(법 제75조) (법 제77조)

시행자가 도시개발법에 의하여 행한 처분에 관하여 불복이 있는 자는 행정심판법에 의하여 행정심판을 제기할 수 있다. 행정청이 아닌 시행자가 한 처분에 관하여는 다른 법률에 특별한 규정이 있는 경우를 제외하고는 도시개발구역지정권자에게 행정심판을 제기하여야 한다.

제3절 기업도시개발특별법

1. 개요

기업도시개발특별법은 민간기업이 산업·연구·관광·레저분야 등에 걸쳐 계획적·주도적으로 자족적인 도시를 개발·운영하는 데 필요한 사항을 규정하여 국토의 계획적인 개발과 민간기업의 투자를 촉진함으로써 공공복리 증진에 기여하고 국민경제와 국가균형발전에 기여함을 목적[163]으로 한다.

도시는 기능별로 개발이 활성화되지 않는 지역에 기업이 투자이전 계획을 가지고 직접 개발하는 기업주도의 복합자족도시인 기업도시, 수도권의 주택난 해결을 위해 공공부문 주도로 건설하는 수도권 신도시, 지방이전 공공기관을 수용하고 지역혁신을 주도하기 위하여 지방도시 인근에 조성하는 미니 신도시로 미래혁신도시, 산업·연구·교육 등 지역혁신단위를 집적화·네트워크화 하여 혁신을 촉진시키는 혁신 클러스터 등으로 나누어 볼 수 있다.

2. 기업도시의 유형

기업도시는 산업입지와 경제활동을 위하여 민간기업(법인에 한함.)이 주된 기능과 주거·교육·의료·문화 등의 자족적 복합기능을 고루 갖추도록 개발하는 도시를 말하며, 다음과 같이 구분한다.[164]

① 산업교역형 기업도시 : 제조업과 교역 위주의 기업도시

② 지식기반형 기업도시 : 연구개발 위주의 기업도시

---

163) 기업도시개발특별법 제1조.

164) 기업도시개발특별법 제2조제1호.

③ 관광레저형 기업도시 : 관광 · 레저 · 문화 위주의 기업도시
④ 혁신거점형 기업도시 : 지방이전 공공기관을 수용하여 지역혁신의 거점이 되는 기업도시

3. 기업도시 개발구역의 지정165)

기업도시 개발구역의 지정제안자는 시장 · 군수와 공동제안 원칙(예외 : 도지사와 공동제안)이며 구역의 지정은 다음 요건에 적합하여야 한다.

(1) 개발구역 지정의 요건

① 개발사업이 낙후지역의 개발이나 지역경제 활성화 등 국가균형발전에 기여함으로써 공익성을 갖출 것
② 개발사업이 지속 가능한 발전에 부합할 것
③ 개발사업이 당해 지역의 특성 및 여건에 부합할 것
④ 개발사업의 투자계획 등이 실현가능할 것
⑤ 그 밖에 대통령령이 정하는 요건에 부합할 것

(2) 기업도시 개발구역의 면적166)

기업도시 개발구역은 330만 평방미터 이상으로서 기업도시의 유형을 고려하여 다음의 면적 이상이어야 한다.
① 산업교역형 : 500만㎡ 이상
② 지식기반형 : 330만㎡ 이상
③ 관광레저형 : 660만㎡ 이상
④ 혁신거점형 : 330만㎡ 이상

4. 개발사업의 시행자 지정 등167)

개발사업의 시행자로 지정받고자 하는 민간기업은 재무건전성 등에 관한 기준에 적합하여야 하며, 시행자는 개발된 토지를 시행자는 산업용지의 20~50% 이상의 직접 사용하도록 의무비율을 규정하고 있다. 개발사업 시행의 지정권자는 국토해양부장관(관광레저형은 문화체육관광부장관과 공동)이다.

---

165) 기업도시개발특별법 제6조제2항.
166) 기업도시개발특별법 시행령 제9조.
167) 기업도시개발특별법 제10조.

(관계행정기관협의→공청회→중앙도시계획위원회→기업도시위원회심의→지정 · 고시)

5. 사업시행

개발사업의 시행자는 단일 민간기업 또는 다수 민간기업의 컨소시엄, 민간기업과 국가, 지방자치단체 등 공공기관과 공동으로 시행할 수 있다.

① 시행자 : 단일 민간기업 또는 다수 민간기업 컨소시엄, 민간기업+공공(국가, 지자체 등)

② 사업시행지원

- 민간단독시행의 경우, 대상토지의 50% 이상 확보 후 수용재결
- 구역 외 간선시설은 원칙적으로 시설 관리주체인 국가 · 지자체가 설치
- 사업시행자의 기반 시설 투자비용은 SOC 민간투자사업과 유사하게 출자총액제한의 적용대상에서 제외
- 국세 및 지방세 감면, 개발부담금 등 감면
- 학교기관설치(외국교육기관설립 · 운영), 의료기관, 체육시설(골프장)설치규정 완화

제4절 도시 및 주거환경정비법

제1장 총칙

1. 제정 및 목적(법 제1조)

도시및주거환경정비법(이하 "도정법"이라 함)은 도시기능의 회복이 필요하거나 주거환경이 불량한 지역을 계획적으로 정비하고 노후 · 불량건축물을 효율적으로 개량하기 위하여 필요한 사항을 규정함으로써 도시환경을 개선하고 주거생활의 질을 높이는데 이바지함을 목적으로 한다.

2. 용어의 정의

1) 정비구역(법 제2조)

정비사업을 계획적으로 시행하기 위하여 도정법 제4조에 의하여 지정·고시된 구역을 말한다.

2) 정비사업(법 제2조)

정비사업이라 함은 이 법에서 정한 절차에 따라 도시기능을 회복하기 위하여 정비구역 또는 가로구역(가로구역 : 정비구역이 아닌 대통령령으로 정하는 구역을 말하며, 바목의 사업으로 한정)에서 정비기반시설을 정비하고 주택 등 건축물을 개량하거나 건설하는 다음 각목의 사업을 말한다. 다만, 다목의 경우에는 정비구역이 아닌 구역에서 시행하는 주택재건축 사업을 포함한다.

(1) 주거환경개선사업 : 도시저소득주민이 집단으로 거주하는 지역으로서 정비기반시설이 극히 열악하고 노후·불량건축물이 과도하게 밀집한 지역에서 주거환경을 개선하기 위하여 시행하는 사업
(2) 주택재개발사업 : 정비기반시설이 열악하고 노후·불량건축물이 밀집한 지역에서 주거환경을 개선하기 위하여 시행하는 사업
(3) 주택재건축사업 : 정비기반시설은 양호하나 노후·불량건축물이 밀집한 지역에서 주거환경을 개선하기 위하여 시행하는 사업
(4) 도시환경정비사업 : 상업지역·공업지역 등으로서 토지의 효율적 이용과 도심 또는 부도심 등 도시기능의 회복이나 상권활성화 등이 필요한 지역에서 도시환경을 개선하기 위하여 시행하는 사업

3) 노후·불량건축물(법 제2조, 영 제2조제1·2항)

"노후·불량건축물"이라 함은 다음의 하나에 해당하는 건축물을 말한다.

(1) 건축물이 훼손되거나 일부가 멸실되어 붕괴 그 밖의 안전사고의 우려가 있는 건축물
(2) 내진성능이 확보되지 아니한 건축물 중 중대한 기능적 결함 또는 부실 설계·시공으로 인한 구조적 결함 등이 있는 건축물로서 대통령령으로 정하는 건축물
(3) 다음의 요건에 해당하는 건축물로서 대통령령으로 정하는 바에 따라 특별시·광역시·특별자치시·도·특별자치도 또는 「지방자치법」 제175조에 따른 서울특별시·광역시 및 특별자치시를 제외한 인구 50만 이상 대도시(이하 "대도시"

라 한다)의 조례(이하 "시 · 도조례"라 한다)로 정하는 건축물

(4) 주변 토지의 이용상황 등에 비추어 주거환경이 불량한 곳에 소재하고, 건축물을 철거하고 새로운 건축물을 건설하는 경우 그에 소요되는 비용에 비하여 효용의 현저한 증가가 예상되는 건축물로서 다음에 해당하는 건축물

① 건축법에 의하여 당해 지방자치단체의 조례가 정하는 대지분할제한면적에 미달되거나 도시계획시설 등의 설치로 인하여 효용을 다할 수 없게 된 대지에 있는 건축물

② 공장의 매연 · 소음 등으로 위해를 초래할 우려가 있는 지역에 있는 건축물로서 시 · 도의 조례가 정하는 건축물

③ 당해 건축물을 준공일 기준으로 40년까지 사용하기 위하여 보수 · 보강하는 데에 드는 비용이 철거 후 새로운 건축물을 건설하는 데 드는 비용보다 클 것으로 예상되는 건축물

(3) 도시미관의 저해, 건축물의 기능적 결함, 부실시공 또는 노후화로 인한 구조적 결함 등으로 인하여 철거가 불가피한 건축물로서 다음에 해당하는 건축물

① 준공된 후 20년이 지난 건축물

② 도시기본계획의 내용 중 경관에 관한 사항에 저촉되는 건축물(시 · 도의 조례로 세부적인 기준을 정할 수 있음)

③ 건축물의 급수 · 배수 · 오수설비 등이 노후화되어 수선만으로는 그 기능을 회복할 수 없게 된 건축물(시 · 도의 조례로 세부적인 기준을 정할 수 있다)

4) 정비기반시설(법 제2조, 영 제3조)

정비기반시설이라 함은 도로 · 상하수도 · 공원 · 공용주차장 · 공동구(국토의계획및이용에관한법률 제2조제9호의 규정에 의한 공동구를 말한다) 그 밖에 주민의 생활에 필요한 가스 등의 공급시설로서 대통령령이 정하는 시설을 말한다.

5) 공동이용시설(법 제2조, 영 제4조)

공동이용시설이라 함은 주민이 공동으로 사용하는 놀이터 · 마을회관 · 공동작업장 그 밖에 대통령령이 정하는 시설을 말한다.

(1) 주민이 공동으로 사용하는 놀이터 · 마을회관 · 공동작업장

(2) 공동으로 사용하는 구판장 · 세탁장 · 화장실 및 수도

(3) 탁아소 · 어린이집 · 경로당 등 노유자시설

6) 대지(법 제2조)

정비사업에 의하여 조성된 토지를 말한다.

7) 주택단지(법 제2조, 영 제5조)

주택 및 부대·복리시설을 건설하거나 대지로 조성되는 일단의 토지로서 다음에 해당하는 일단의 토지를 말한다.

(1) 주택법에 의한 사업계획승인을 얻어 주택과 부대·복리시설을 건설한 일단의 토지
(2) 주택법에 의한 사업계획승인을 얻어 주책과 부대·복리시설을 건설한 일단의 토지 중 도시계획시설인 도로 그 밖에 이와 유사한 시설로 분리되어 각각 관리되고 있는 각각의 토지
(3) 가목에 따른 일단의 토지2 이상이 공동으로 관리되고 있는 경우 그 전체 토지
(4) 제41조에 따라 분할된 토지 또는 분할되어 나가는 토지
(5) 건축법 제11조에 따라 건축허가를 얻어 아파트 또는 연립주택을 건설한 일단의 토지

8) 사업시행자

사업시행자라 함은 정비사업을 시행하는 자를 말한다.

9) 토지등소유자의 범위(법 제2조, 영 제6조)

(1) 주거환경개선사업·주택재개발사업 또는 도시환경정비사업의 경우
정비구역 안에 소재한 토지 또는 건축물의 소유자 또는 그 지상권자를 말한다.

(2) 주택재건축사업의 경우
① 정비구역 안에 소재한 건축물 및 그 부속토지의 소유자를 말한다.
② 정비구역이 아닌 구역에 소재한 노후·불량건축물로서 기존 세대수 또는 재건축 후 20세대 이상인 아파트 또는 연립주택 및 그 부속토지의 소유자와 부대·복리시설 및 그 부속토지의 소유자를 말한다.
③ 가로주택 정비사업의 경우에는 가로구역에 있는 토지 또는 건축물의 소유자 또는 그 지상권자

10) 주택공사 등(법 제2조의10)

주택공사 등이라 함은 한국토지주택공사법에 의하여 설립된 한국토지주택공사 또

는 지방공기업법에 의하여 주택사업을 수행하기 위하여 설립된 지방공사를 말한다.

11) 정관 등

정관 등이라 함은 다음 각목의 것을 말한다.

(1) 제20조의 규정에 의한 정관
(2) 토지등소유자가 자치적으로 정하여 운영하는 규약
(3) 시장 · 군수 또는 자치구의 구청장 또는 주택공사 등이 제30조제8호의 규정에 의하여 작성한 시행규정

- 제2조의2 적용의 제외

  가로주택정비사업에 대하여는 제3조와 제4조를 적용하지 아니한다.

- 제2조의3 도시 및 주거환경 정비 기본방침 수립

  국토교통부장관은 도시 및 주거환경을 개선하기 위하여 10년마다 다음 각 호의 사항을 포함한 기본방침을 수립하고, 5년마다 그 타당성을 검토하여 그 결과를 기보방침에 반영하여야 한다.

  1. 도시 및 주거환경 정비를 위한 국가 정책방향
  2. 제3조제1항에 따른 도시 · 주거환경정비기본계획의 수립방향
  3. 노후 · 불량 주거지 조사 및 개선계획의 수립
  4. 도시 및 주거환경 개선에 필요한 재정지원계획
  5. 그 밖에 도시 및 주거환경 개선을 위하여 필요한 사항으로서 대통령령으로 정하는 사항

제2장 기본계획의 수립 및 정비구역의 지정

1. 도시 · 주거환경정비기본계획의 수립

1) 정비기본계획의 수립(법 제3조제1항, 영 제7조, 제8조)

특별시장 · 광역시장 또는 시장은 도시 · 주거환경정비기본계획을 10년 단위로 수립하여야 한다. 다만, 인구 50만 명 미만시의 경우에는 도시 · 주거환경정비기본계획을 수립하지 아니할 수 있다.

1. 정비사업의 기본방향
2. 정비사업의 계획기간
3. 인구 · 건축물 · 토지이용 · 정비기반시설 · 지형 및 환경 등의 현황

4. 주거지관리계획
5. 토지이용계획 · 정비기반시설계획 · 공동이용시설설치계획 및 교통계획
6. 녹지 · 조경 · 에너지공급 · 폐기물처리 등에 관한 환경계획
7. 사회복지시설 및 주민문화시설 등의 설치계획
8. 도시의 광역적 재정비를 위한 기본방향
9. 정비구역으로 지정할 예정인 구역의 개략적 범위
10. 단계별 정비사업추진계획
11. 건폐율 · 용적률 등에 관한 건축물의 밀도계획
12. 세입자에 대한 주거안정대책 등
13. 그 밖에 주거환경 등을 개선하기 위하여 필요한 사항으로서 대통령령이 정하는 사항

2) 정비기본계획의 재검토(법 제3조제2항)

특별시장 · 광역시장 또는 시장은 도시 · 주거환경정비기본계획에 대하여 5년마다 그 타당성 여부를 검토하여 그 결과를 도시 · 주거환경정비기본계획에 반영하여야 한다.

3) 수립절차(법 제3조제3항)

(1) 공람, 의견청취(법 제3조제3항)

특별시장 · 광역시장 또는 시장은 제1항의 규정에 의한 기본계획을 수립 또는 변경하고자 하는 때에는 14일 이상 주민에게 공람하고 지방의회의 의견을 들은 후 국토의계획및이용에관한법률 제113조제1항 및 제2항의 규정에 의한 지방도시계획위원회의 심의를 거쳐야 한다. 다만, 대통령령이 정하는 경미한 사항을 변경하는 경우에는 그러하지 아니하다

(2) 도지사의 승인(법 제3조제4항)

시장은 기본계획을 수립 또는 변경한 때에는 도지사의 승인을 얻어야 하며, 도지사가 이를 승인함에 있어서는 지방도시계획위원회의 심의를 거쳐야 한다. 다만, 제3항 단서의 규정에 해당하는 변경의 경우에는 그러하지 아니하다.

(3) 협의(법 제3조제5항)

특별시장 · 광역시장 또는 도지사는 지방도시계획위원회의 심의를 거치기 전에 관계 행정기관의 장(국토교통부장관을 포함한다)과 협의하여야 한다.

(4) 고시(법 제3조제6항)

특별시장·광역시장 또는 시장은 기본계획이 수립 또는 변경된 때에는 이를 지체없이 당해 지방자치단체의 공보에 고시하여야 한다.

(5) 보고(법 제3조제7항)

특별시장·광역시장 또는 시장은 기본계획을 수립하거나 변경한 때에는 국토교통부령이 정하는 방법 및 절차에 따라 국토교통부장관에게 보고하여야 한다.

(6) 기본계획의 작성기준 등(법 제3조제8항)

기본계획의 작성기준 및 작성방법은 국토교통부장관이 이를 정한다.

(7) 특별시장·광역시장 또는 시장은 기본계획에 다음 각 호의 사항을 포함하는 경우 제1항제8호 및 제9호의 사항을 생략할 수 있다.

- 생활권의 설정, 생활권별 기반시설 설치계획 및 주택수급 계획
- 생활권별 주거지의 정비·보전·관리의 방향

2. 정비계획의 수립 및 정비구역의 지정

1) 정비구역의 지정

(1) 정비구역의 지정권자(법 제4조제2항)

정비구역은 시장·군수 또는 자치구청장의 신청에 의하여 시·도지사가 지정한다.

2) 정비계획의 수립(법 제4조제1항)

(1) 정비구역 지정신청을 위한 정비계획의 수립

시장·군수는 기본계획에 적합한 범위 안에서 노후·불량건축물이 밀집하는 등 대통령령이 정하는 요건에 해당하는 구역에 대하여 다음의 사항이 포함된 정비계획을 수립하여 30일 이상 주민에게 공람하고 지방의회의 의견을 들은 후 이를 첨부하여 시·도지사에게 정비구역지정을 신청하여야 하며, 정비계획의 내용을 변경할 필요가 있을 때에는 같은 절차를 거쳐 변경지정을 신청하여야 한다. 다만, 대통령령이 정하는 경미한 사항을 변경하는 경우에는 주민공람 및 지방의회의 의견청취절차를 거치지 아니할 수 있다.

1. 정비사업의 명칭
2. 정비구역 및 그 면적
3. 국토의계획및이용에관한법률 제2조제7호의 규정에 의한 도시계획시설의 설치에 관한 계획

4. 공동이용시설 설치계획
5. 건축물의 주용도 · 건폐율 · 용적률 · 높이 · 층수 및 연면적에 관한 계획
6. 도시경관과 환경보전 및 재난방지에 관한 계획
   - 주변의 교육환경 보호에 관한 계획
   - 세입자 주거대책
7. 정비사업시행 예정시기
   가.「국토의 계획 및 이용에 관한 법률」제52조제1항 각 호의 사항에 관한 계획 (필요한 경우에 한한다)
8. 그 밖에 정비사업의 시행을 위하여 필요한 사항으로서 대통령령이 정하는 사항

(2) 정비계획의 변경

정비계획의 내용을 변경할 필요가 있을 때에는 같은 절차를 거쳐 변경지정을 신청하여야 한다. 다만, 경미한 사항의 변경경우에는 주민공람 및 지방의회의견청취를 거치지 아니할 수 있다.

3) 정비구역의 지정

(1) 지방도시계획위원회와 건축위원회의 공동심의(법 제4조제2항)

시 · 도지사는 정비구역을 지정 또는 변경지정하고자 하는 경우에는 지방도시계획위원회와 시 · 도에 두는 건축위원회가 공동으로 하는 심의를 거쳐 지정 또는 변경지정하여야 한다.

(2) 고시, 보고(법 제4조제3항)

시 · 도지사는 정비구역을 지정 또는 변경지정한 경우에는 당해 정비계획을 포함한 지정 또는 변경지정 내용을 당해 지방자치단체의 공보에 고시하고 주민설명회를 거친 후 국토교통부령이 정하는 방법 및 절차에 따라 국토교통부장관에게 그 지정내용 또는 변경지정내용을 보고하여야 한다.

(3) 지정의 효과

① 제1종지구단위계획구역으로 결정 · 고시된 것으로 간주(법 제4조제4항)

정비구역의 지정 또는 변경지정에 대한 고시가 있는 경우 당해 정비구역 및 정비계획 중 국토의계획및이용에관한법률 제52조제1항 각호의 1에 해당하는 사항은 동법 제49조 및 제51조의 규정에 의한 제1종지구단위계획 및 제1종지구단위계획구역으로 결정 · 고시된 것으로 본다.

② 정비구역으로 지정 · 고시된 것으로 간주(법 제4조제5항)

「국토의 계획 및 이용에 관한 법률」에 의한 지구단위계획구역에 대하여 제1항 각 호의 사항을 모두 포함한 지구단위계획을 결정 · 고시(변경 결정 · 고시하는 경우를 포함한다)하는 경우 당해 지구단위계획구역은 정비구역으로 지정 · 고시된 것으로 본다.

③ 정비계획을 통한 건폐율 등의 완화 규정(법 제4조제6항)

정비계획을 통한 토지의 효율적인 활용을 도모하기 위하여 「국토의 계획 및 이용에 관한 법률」 제52조제3항의 규정에 의한 건폐율 등의 완화규정은 제1항의 규정에 의한 정비계획에 관하여 이를 준용한다. 이 경우 "지구단위계획구역"은 "정비구역"으로, "지구단위계획"은 "정비계획"으로 본다.

(4) 주택의 규모 및 건설비율 등의 고시

① 국토교통부장관은 주택수급의 안정과 저소득 주민의 입주기회를 확대하기 위하여 정비사업으로 건설하는 주택에 대하여 대통령령이 정하는 범위 안에서 다음의 사항을 정하여 고시할 수 있다.

가. 정비사업으로 공급하는 주택의 최대 · 최소규모 또는 주택의 규모별 면적이 전체 연면적에서 차지하는 비율(이 경우 면적 또는 비율을 지역별로 구분하여 정할 수 있다)

나. 임대주택의 규모 및 규모별 건설비율(제30조의2의 규정에 의하여 재건축임대주택을 공급하는 경우를 제외한다)

② 주택의 규모 및 건설비율(영 제13조의3)

① 법 제4조의2제1항 각호 외의 부분에서 "대통령령이 정하는 범위"라 함은 다음 각 호의 범위를 말한다.

㉠ 주거환경개선사업의 경우 다음 각목의 범위

가. 분양을 목적으로 건설하는 주택은 「주택법」 제2조제3호의 규정에 의한 국민주택규모(이하 "국민주택규모"라 한다)의 주택이 건설하는 주택 전체 세대수의 100분의 90 이하

나. 임대주택은 건설하는 주택 전체 세대수의 100분의 30 이하로 하되, 주거전용면적이 40제곱미터 이하인 임대주택이 전체 임대주택 세대수의 100분의 50 이하

㉡ 주택재개발사업의 경우 다음 각목의 범위

가. 분양을 목적으로 건설하는 주택은 국민주택규모의 주택이 건설하는 주

택 전체 세대수의 100분의 80 이하

나. 임대주택은 건설하는 주택 전체 세대수의 100분의 17 이하로 하되, 주거전용면적이 40제곱미터 이하인 임대주택이 전체 임대주택 세대수의 100분의 40 이하

㉢ 주택재건축사업의 경우 국민주택규모의 주택이 건설하는 주택 전체 세대수의 100분의 75 이하로 하되, 전체 연면적에서 차지하는 비율이 100분의 60 이하

3) 정비구역 안에서의 행위제한

(1) 허가대상행위(법 제5조1항, 영 제13조의4 제1항)

정비구역 안에서 건축물의 건축, 공작물의 설치, 토지의 형질변경, 토석의 채취, 토지분할, 물건을 쌓아놓는 행위 등을 하고자 하는 자는 시장 · 군수 또는 구청장의 허가를 받아야 한다. 허가받은 사항을 변경하고자 하는 때에도 또한 같다.

(2) 허용사항(법 제5조제2항)

다음의 어느 하나에 해당하는 행위는 제1항의 규정에 불구하고 허가를 받지 아니하고 이를 할 수 있다.

① 재해복구 또는 재난수습에 필요한 응급조치를 위하여 하는 행위

② 그 밖에 대통령령이 정하는 행위

(3) 신고사항(법 제5조제3항)

허가를 받아야 하는 행위로서 정비구역의 지정 및 고시 당시 이미 관계 법령에 따라 행위허가를 받았거나 허가를 받을 필요가 없는 행위에 관하여 그 공사 또는 사업에 착수한 자는 대통령령이 정하는 바에 따라 시장 · 군수에게 신고한 후 이를 계속 시행할 수 있다.

(4) 원상회복명령 및 대집행

① 위반자에 대한 조치(법 제5조제4항)

시장 · 군수 또는 구청장은 행위허가를 위반한 자에 대하여 원상회복을 명할 수 있다. 이 경우 명령을 받은 자가 그 의무를 이행하지 아니하는 때에는 시장 · 군수 또는 구청장은 행정대집행법에 따라 이를 대집행할 수 있다.

② 개발행위허가와의 관계(법 제5조제5항)

행위허가에 관하여 도정법에 규정한 것을 제외하고는 국토계획법에 의한 개발행위허가의 규정을 준용한다. 그리고 도정법에서 행위허가를 받은 경우에

는 국토계획법에 의한 개발행위허가를 받은 것으로 본다.

③ 법규정의 간주규정(법 제5조제6항)

허가를 받은 경우에는 「국토의 계획 및 이용에 관한 법률」 제56조의 규정에 따라 허가를 받은 것으로 본다.

④ 국·공유재산의 처분제한(법 제66조제3항)

정비구역 안의 국·공유재산은 정비사업 외의 목적으로 매각하거나 양도할 수 없다.

(5) 국·공유재산의 처분 및 매각가격

① 사업시행자 또는 점·사용자에 대한 매각 또는 임대(법 제66조제4항)

정비구역 안의 국·공유재산은 국유재산법 및 공유재산및물품관리법에 불구하고 사업시행자 또는 점유자 및 사용자에게 다른 사람에 우선하여 수의계약으로 매각 또는 임대할 수 있다.

② 국·공유재산의 매각가격(법 제66조제6항)

정비사업을 목적으로 우선 매각하는 국·공유지의 평가는 사업시행인가의 고시가 있은 날을 기준으로 하여 행하며, 주거환경개선사업의 경우 매각가격은 이 평가금액의 80%로 한다. 다만, 사업시행인가의 고시가 있은 날부터 3년 이내에 매매계약을 체결하지 아니한 국·공유지는 국유재산법 또는 공유재산및물품관리법이 정하는 바에 의한다.

제3장 정비사업의 시행

1. 정비사업의 시행

1) 정비사업의 시행의 시행방법

(1) 주거환경개선사업(법 제6조제1항)

주거환경개선사업은 다음의 하나에 해당하는 방법에 의한다.

① 주거환경 개선사업의 시행자가 정비구역 안에서 정비기반시설을 새로이 설치하거나 확대하고 토지등소유자가 스스로 주택을 개량하는 방법

② 주거환경개선사업의 시행자가 정비구역의 전부 또는 일부를 수용하여 주택을 건설한 후 토지등소유자에게 우선 공급하는 방법

③ 주거환경개선사업의 시행자가 환지로 공급하는 방법

④ 주거환경개선사업의 시행자

(2) 주택재개발사업(법 제6조제2항)

주택재개발사업은 정비구역 안에서 인가받은 관리처분계획에 따라 주택 및 부대·복리시설을 건설하여 공급하거나, 환지로 공급하는 방법에 의한다.

(3) 주택재건축사업(법 제6조제3항)

주택재건축사업은 정비구역 안 또는 정비구역이 아닌 구역에서 제48조의 규정에 의하여 인가받은 관리처분계획에 따라 공동주택 및 부대·복리시설을 건설하여 공급하는 방법에 의한다. 다만, 주택단지 안에 있지 아니하는 건축물의 경우에는 지형여건·주변의 환경으로 보아 사업시행상 불가피한 경우와 정비구역 안에서 시행하는 사업에 한한다.

(4) 도시환경정비사업(법 제6조제4항)

도시환경정비사업은 정비구역 안에서 인가받은 관리처분계획에 따라 건축물을 건설하여 공급하는 방법 또는 환지로 공급하는 방법에 의한다.

2) 원칙적인 사업시행자(1차시행자)

(1) 주거환경개선사업의 시행자

① 토지소유자 등의 동의(법 제7조제1항, 영 제13조의4)

주거환경개선사업은 정비구역 지정고시일 현재 토지등소유자의 2/3 이상의 동의와 세입자세대수 과반수의 동의를 각각 얻어 시장·군수·구청장이 직접 시행하거나 주택공사 등을 사업시행자로 지정하여 이를 시행하게 할 수 있다.

다만, 세입자의 세대수가 다음의 경우에는 세입자의 동의절차를 거치지 아니할 수 있다.

가. 세입자의 세대수가 토지등소유자의 1/2 이하인 경우

나. 정비구역 지정고시일 현재 당해 지역이 속한 시·군·구에 국민임대주택 등 세입자가 입주 가능한 임대주택이 충분하여 임대주택을 건설한 필요가 없다고 시·도지사가 인정하는 경우

다. 수용공급방법이 아닌 방법으로 사업을 시행하는 경우

② 토지소유자 등의 동의 없이 시행(법 제7조제2항)

시장·군수·구청장은 천재·지변 그 밖에 불가피한 사유로 인하여 건축물의 붕괴우려가 있어 긴급히 정비사업을 시행할 필요가 있다고 인정되는 경우에는 토지등소유자 및 세입자의 동의 없이 자신이 직접 시행하거나 토지

주택공사 등을 사업시행자로 지정하여 시행하게 할 수 있다.

이 경우 시장·군수·구청장은 지체 없이 토지등소유자에게 긴급한 정비사업의 시행사유·시행방법 및 시행시기 등을 통보하여야 한다.

(2) 주택재개발사업의 시행자(법 제8조제1항)

주택재개발사업은 정비사업조합이 단독으로 시행하거나 조합이 조합원 과반수의 동의를 얻어 시장·군수·구청장·한국토지주택공사·지방공사·건설업자·등록사업자·신탁회사 또는 한국감정원과 공동으로 이를 시행할 수 있다.

(3) 주택재건축사업의 시행자(법 제8조제2항)

주택재건축사업은 정비사업조합이 단독으로 시행하거나 조합이 조합원 과반수의 동의를 얻어 시장·군수·구청장·한국토지주택공사 또는 지방공사와 공동으로 이를 시행할 수 있다.

▶건설업자·등록사업자·신탁회사·한국감정원·토지공사와 공동으로 시행할 수 없다.

(4) 도시환경정비사업의 시행자(법 제8조제3항)

도시환경정비사업은 정비사업조합 또는 토지등소유자가 단독으로 시행하거나, 정비사업조합 또는 토지등소유자가 조합원 또는 토지등소유자의 과반수의 동의를 얻어 시장·군수·구청장·지방공사·한국토지주택공사(공장이 포함된 구역에서의 도시환경정비사업의 경우는 제외한다)·건설업자·등록사업자·신탁회사 또는 한국감정원과 공동으로 이를 시행할 수 있다.

3) 예외적인 사업시행자(2차시행자)

(1) 시장·군수·구청장·한국토지주택공사·지방공사·지정개발자의 시행사유(법 제8조제4항)

시장·군수 또는 구청장은 주택재개발사업·주택재건축사업 또는 도시환경정비사업이 다음에 해당하는 때에는 직접 정비사업을 시행하거나 한국토지주택공사·지방공사 또는 지정개발자(다음의①과 ②의 경우에 한함)를 사업시행자로 지정하여 정비사업을 시행하게 할 수 있다.

① 천재·지변 그 밖의 불가피한 사유로 인하여 긴급히 정비사업을 시행할 필요가 있다고 인정되는 때

② 고시된 정비계획·에서 정한 정비사업시행 예정일부터 2년 이내에 사업시행인가를 신청하지 아니하거나 사업시행인가를 신청한 내용이 위법 또는 부당

하다고 인정되는 때(주택재건축사업의 경우는 제외한다).

③ 지방자치단체의 장이 시행하는 도시계획사업과 병행하여 정비사업을 시행할 필요가 있다고 인정되는 때

④ 순환정비방식에 의하여 정비사업을 시행할 필요가 있다고 인정되는 때

⑤ 사업시행인가가 취소된 때

⑥ 당해 정비구역 안의 국·공유지면적이 전체 토지면적의 1/2 이상인 때

⑦ 당해 정비구역 안의 토지면적 1/2 이상의 토지소유자와 토지등소유자의 2/3 이상에 해당하는 자가 시장·군수·구청장·주택공사를 사업시행자로 지정할 것을 요청하는 때

(2) 지정개발자의 자격요건(법 제8조제3항, 영 제14조제2·3항)

① 정비구역 안의 토지면적의 50% 이상을 소유한 자로서 정비구역 안의 토지등소유자의 50% 이상의 추천을 받은 자

② 민관합동법인으로서 토지등소유자의 50% 이상의 추천을 받은 자

③ 정비구역 안의 토지면적의 1/3 이상의 토지를 신탁받은 부동산신탁회사

4) 사업대행자의 지정

(1) 사업의 대행(법 제9조제1항)

시장·군수 또는 구청장은 정비사업조합 또는 토지등소유자가 시행하는 주택재개발사업·주택재건축사업 또는 도시환경정비사업을 당해 정비사업조합 또는 토지등소유자가 계속 추진하기 어려워 정비사업의 목적을 달성할 수 없다고 인정하는 때에는 당해 정비사업조합 또는 토지등소유자를 대신하여 직접 정비사업을 시행하거나 한국토지주택공사·지방공사 또는 지정개발자로 하여금 당해 정비사업조합 또는 토지등소유자를 대신하여 정비사업을 시행하게 할 수 있다.

(2) 사업대행개시결정의 효과(법 제9조제3항, 영 제17조제1항)

사업대행개시결정에 관한 고시가 있은 때에는 그 고시가 있은 날의 다음 날부터 사업대행완료의 고시가 있을 때까지 사업대항자는 자기의 이름 및 사업시행자의 계산으로 사업시행자의 업무를 집행하고 재산을 관리한다.

(3) 사업시행개시결정 고시, 통지(영 제16조제1항)

시장·군수는 정비사업을 직접 시행하거나 지정개발자 또는 주택공사 등으로 하여금 정비사업을 대행하게 하고자 하는 때에는 다음의 사항에 관한 사업대행개시결정을 하여 당해 지방자치단체의 공보 등에 고시하여야 한다.

① 대통령령에 의한 다음의 사항

㉠ 정비사업의 종류 및 명칭

㉡ 사업시행자의 성명 및 주소(법인인 경우에는 법인의 명칭 및 주된 사무소의 소재지와 대표자의 성명 및 주소를 말한다)

㉢ 정비구역(법 제34조의 규정에 의하여 정비구역을 2 이상의 구역으로 분할하는 경우에는 분할된 각각의 구역을 말한다)의 위치 및 면적

㉣ 정비사업의 착수예정일 및 준공예정일

② 대행개시결정일

③ 사업대행자

④ 대행사항

(4) 사업대행의 완료

① 이자청구(영 제18조제1항)

사업대행자가 법 제9조제2항의 규정에 의하여 사업시행자에게 보수 또는 비용의 상환을 청구함에 있어서는 그 보수 또는 비용을 지출한 날 이후의 이자를 청구할 수 있다.

② 사업대행완료(영 제18조제2항)

사업대행자는 법 제9조제3항의 규정에 의하여 사업대행의 원인이 된 사유가 없어지거나 법 제56조제1항의 규정에 의한 등기를 완료한 때에는 사업대행을 완료하여야 한다. 이 경우 시장·군수가 아닌 사업대행자는 미리 시장·군수에게 사업대행을 완료할 뜻을 보고하여야 한다.

③ 사업대행 완료 고시, 통지(영 제18조제3항)

시장·군수는 사업대행이 완료된 때에는 법 제9조제3항의 규정에 의하여 제16조제1항 각호의 사항과 사업대행완료일을 당해 지방자치단체의 공보 등에 고시하고, 토지등소유자 및 사업시행자에게 각각 통지하여야 한다.

④ 업무 인계·인수(영 제18조제4·5항)

사업대행자는 제3항의 규정에 의한 사업대행완료의 고시가 있은 때에는 지체 없이 사업시행자에게 업무를 인계하여야 하며, 사업시행자는 정당한 사유가 없는 한 이를 인수하여야 한다. 인계·인수가 완료된 때에는 사업대행자가 정비사업을 대행함에 있어서 취득하거나 부담한 권리와 의무는 사업시행자에게 승계된다.

(5) 사업대행자의 의무

① 사업대행자는 업무를 행함에 있어서는 선량한 관리자로서의 주의의무를 다하여야 한다.

② 사업대행자는 업무를 행함에 있어서 필요한 때에는 사업시행자에게 협조를 요청할 수 있으며, 사업시행자는 특별한 사유가 없는 한 이에 응하여야 한다.

5) 사업시행자 등의 권리, 의무 승계(법 제10조)

사업시행자와 정비사업과 관련하여 권리를 갖는 자의 변동이 있은 때에는 종전의 사업시행자와 권리자의 권리·의무는 새로이 사업시행자와 권리자로 된 자가 이를 승계한다.

6) 시공자의 선정

(1) 시공자 선정 시기(법 제11조제1항)

주택재개발사업조합 및 도시환경정비사업조합은 조합설립인가를 받은 후, 주택재건축사업조합은 사업시행인가를 받은 후 건설업자 또는 등록사업자를 시공자로 선정하여야 한다.

(2) 시공자의 선정방법(법 제11조제2항)

조합은 시공자를 국토교통부장관이 정하는 경쟁입찰의 방법으로 선정하여야 한다.

7) 주택재건축사업의 안전진단 및 시행 여부 결정 등

(1) 안전진단 신청(법 제12조제1항)

주택재건축사업을 시행하고자 하는 자는 시장·군수에게 당해 건축물에 대한 안전진단을 신청하여야 한다.

(2) 신청서 반려(영 제20조제2항)

시장·군수는 안전진단의 신청이 있는 공동주택이 노후·불량건축물에 해당하지 아니함이 명백하다고 인정하는 경우에는 그 사유를 명시하여 신청을 반려할 수 있다.

(3) 안전진단 대상(영 제20조제1항)

주택재건축사업을 위한 안전진단은 공동주택을 대상으로 한다. 다만, 다음의 어느 하나에 해당하는 것은 안전진단 대상에서 제외한다.

① 천재·지변 등으로 주택이 붕괴되어 신속히 재건축을 추진할 필요가 있다고 시장·군수가 인정하는 것

② 주택의 구조안전상 사용금지가 필요하다고 시장 · 군수가 인정하는 것
③ 노후불량건축물수에 관한 기준을 충족한 경우 잔여 건축물
④ 정비구역 내 도로 등 기반시설 설치를 위한 토지 위의 건축물

(4) 안전진단의 비용 등(영 제21조제1항)

① 시장 · 군수에게 안전진단을 신청한 자는 안전진단의 실시가 결정된 때에는 안전진단에 필요한 비용을 시장 · 군수에게 예치하여야 한다. 이 경우 비용의 산정에 관하여는 시설물의 안전관리에 관한 특별법 시행령의 규정에 의한 안전점검 및 정밀안전진단의 대가를 준용한다.
② 시 · 도지사는 안전진단 실시 여부 결정 전에 평가를 함에 있어 주택재건축사업의 시행으로 인하여 주변지역의 주택가격 및 주택임대차가격의 상승과 주택에 대한 투기가 우려되는 등의 사유로 주택재건축사업의 시기를 조정할 필요가 있다고 인정하는 경우에는 안전진단 실시시기 또는 사업시행인가 시기를 조정하는 것을 내용으로 평가할 수 있다.
③ 시장 · 군수는 안전진단결과보고서를 제출받은 때에는 예치된 금액에서 안전진단을 실시한 기관에 안전진단의 수수료를 직접 지불하고, 나머지 금액이 있는 경우에는 안전진단을 신청한 자에게 즉시 반환하여야 한다.
④ 시장 · 군수는 안전진단전문기관이 제출한 안전진단결과보고서를 받은 때에는 안전진단기관에 안전진단결과보고서의 적정 여부에 대한 검토를 의뢰할 수 있다.

(5) 안전진단의 실시 및 보고서 작성, 제출(법 제12조제4항)

시장 · 군수로부터 지정 을 받은 안전진단기관은 국토교통부장관이 정하여 관보에 고시하는 기준에 따라 안전진단을 실시하여야 하며, 국토교통부령이 정하는 방법 및 절차에 따라 안전진단결과보고서를 작성하여 시장 · 군수 및 주택재건축사업을 시행하고자 하는 자에게 제출하여야 한다.

(6) 주택재건축사업의 시행 여부를 결정

시장 · 군수는 안전진단의 결과와 도시계획 및 지역여건 등을 종합적으로 검토하여 주택재건축사업의 시행 여부를 결정하여야 한다.

(7)안전진단 결과보고서 제출, 검토

① 시장 · 군수는 재건축사업 시행을 결정한 경우에는 지체 없이 시 · 도지사에게 결정내용과 해당안전진단결과보고서를 제출하여야 한다.
② 안전진단결과보고서를 제출 받은 시 · 도지사는 필요한 경우 한국시설안전기

술공단 또는 한국건설기술연구원에 안전진단결과의 적정성 여부에 대한 검토를 의뢰할 수 있다.

③ 국토교통부장관은 시·도지사에게 제출받은 자료의 제출을 요청할 수 있으며, 필요한 경우 시·도지사로 하여금 안전진단결과의 적정성 여부에 대한 검토를 하도록 요청할 수 있다.

④ 시·도지사는 검토결과에 따라 시장·군수에게 재건축사업 시행결정의 취소 등 필요한 조치를 요청할 수 있으며, 시장·군수는 특별한 사유가 없는 한 이에 응하여야 한다.

2. 조합의 설립 및 추진위원회의 구성

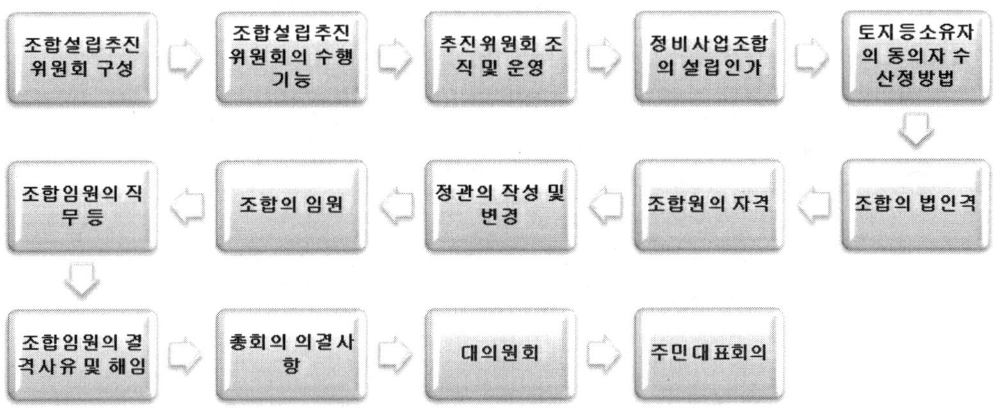

1) 조합설립추진위원회 구성

(1) 조합설립의 의무(법 제13조제1항)

시장·군수 또는 주택공사 등이 아닌 자가 정비사업을 시행하고자 하는 경우에는 토지등소유자로 구성된 조합을 설립하여야 한다. 다만, 제8조제3항의 규정에 의하여 토지등소유자가 도시환경정비사업을 단독으로 시행하고자 하는 경우에는 그러하지 아니하다.

(2) 구성방법(법 제13조제2항)

주택재개발사업·주택재건축사업 또는 도시환경정비사업을 시행하기 위하여 정비사업조합을 설립하고자 하는 경우에는 토지등소유자의 과반수의 동의를 얻어 위원장을 포함하여 5인 이상의 위원으로 조합설립추진위원회를 구성하여 시장·군수·구청장의 승인을 얻어야 한다.

(3) 규정의 준용(법 제13조제3항)

추진위원회 위원의 결격사유, 퇴임, 해임 등에 관하여는 추진위원회 위원에 관하여 준용한다. 이 경우 "조합"은 "추진위원회"로, "임원"은 "위원"으로, "조합원"은 "토지등소유자"로 본다.

(4) 시장 · 군수 · 구청장의 승인 시 통보(법 제13조제4항)

시장 · 군수 · 구청장은 승인을 함에 있어 주택재건축사업이 재건축임대주택 공급의무가 있는 것으로서 정비구역이 아닌 구역에서 시행되는 경우에는 재건축임재주택의 규모 등 재건축임대주택에 관한 사항을 인수자와 미리 협의하여 조합설립추진위원회에 통보하여야 한다.

2) 조합설립추진위원회의 수행기능(법 제14조제1항, 영 제22조)

(1) 추진위원회의 수행업무(법 제14조제1항)

① 정비사업전문관리업자의 선정
- 설계자의 선정 및 변경

② 개략적인 정비사업 시행계획서의 작성

③ 정비사업조합의 설립인가를 받기 위한 준비업무

④ 그 밖에 정비사업조합의 설립을 추진하기 위하여 필요한 업무

(2) 정비사업전문관리업자의 선정방법(법 제14조제2항)

추진위원회는 운영규정이 정하는 경쟁입찰의 방법으로 정비사업전문관리업자를 선정하여야 한다.

(3) 조합설립추진위원회의 업무에 대한 토지등소유자의 동의(법 제14조제3항, 영 제23조제1항)

추진위원회가 수행하는 업무의 내용이 토지등소유자의 비용부담을 수반하는 것이거나 권리와 의무에 변동을 발생시키는 것인 경우에는 업무를 수행하기 전에 다음의 기준에 따라 토지등소유자의 동의를 얻어야 한다. 그 밖의 사항에 대하여는 추진위원회운영규정이 정하는 바에 의한다.

① 토지등소유자의 과반수 또는 추진위원회의 구성에 동의한 토지등소유자의 2/3 이상의 동의가 필요한 사항

㉠ 추진위원회 운영규정의 작성

㉡ 정비사업을 시행할 범위의 확대 또는 축소

② 추진위원회의 구성에 동의한 토지등소유자의 과반수의 동의가 필요한 사항

㉠ 정비사업전문관리업자의 선정
㉡ 개략적인 사업시행계획서의 작성

3) 추진위원회 조직 및 운영

(1) 조직(법 제15조제1항)

추진위원회는 추진위원회를 대표하는 위원장 1인과 감사를 두어야 하며, 그 운영에 필요한 사항은 대통령령으로 정한다.

(2) 추진위원회의 운영규정(법 제15조제2항)

국토교통부장관은 추진위원회의 공정한 운영을 위하여 다음의 내용을 포함한 추진위원회의 운영규정을 정하여 관보에 고시하여야 한다.

1. 추진위원회 위원의 선임방법 및 변경에 관한 사항
2. 추진위원회 위원의 권리 · 의무에 관한 사항
3. 추진위원회의 업무범위에 관한 사항
4. 추진위원회의 운영방법에 관한 사항
5. 토지등소유자의 운영경비 납부에 관한 사항

5의2 . 추진위원회 운영자금의 차입에 관한사항

6. 그 밖에 추진위원회의 운영에 필요한 사항으로서 대통령령이 정하는 사항

(3) 경비의 납부 등(법 제15조제3항)

추진위원회는 운영규정에 따라 운영하여야 하며, 토지등소유자는 운영에 필요한 경비를 운영규정이 정하는 바에 따라 납부하여야 한다.

(4) 업무의 보고(법 제15조제4항)

추진위원회는 추진위원회가 행한 업무를 제24조의 규정에 의한 총회(이하 “총회”라 한다)에 보고하여야 하며, 추진위원회가 행한 업무와 관련된 권리와 의무는 조합이 포괄승계한다.

(5) 회계장부 및 관련서류의 인계(법 제15조제5항)

추진위원회는 사용경비를 기재한 회계장부 및 관련서류를 조합 설립의 인가일부터 30일 이내에 조합에 인계하여야 한다.

(6) 추진위원회 위원의 교체 및 해임 요구(법 제15조제6항)

토지등소유자는 3분의 1 이상의 연서로 추진위원회에 추진위원회 위원의 교체 및 해임을 요구할 수 있다.

(7) 추진위원회 위원의 교체 및 해임 요구절차(법 제15조제7항)

추진위원회 위원의 교체 · 해임절차 등에 관한 구체적인 사항은 운영규정이 정하는 바에 의한다.

4) 정비사업조합의 설립인가

(1) 설립 동의, 인가(법 제16조제1항)

조합설립추진위원회가 정비사업조합을 설립하고자 하는 때에는 정관 및 국토교통부령이 정하는 서류를 첨부하여 시장 · 군수 또는 구청장의 인가를 받아야 한다. 인가받은 사항을 변경하고자 하는 때에도 인가를 받아야 한다. 다만, 대통령령이 정하는 경미한 사항을 변경하고자 하는 때에는 조합원의 동의 없이 시장 · 군수에게 신고하고 변경할 수 있다.

① 조합의 명칭 및 주된 사무소의 소재지와 조합장의 주소 및 성명
② 토지 또는 건축물의 매매 등으로 인하여 조합원의 권리가 이전된 경우의 조합원의 교체 또는 신규가입
③ 법 제4조의 규정에 의한 정비구역 또는 정비계획의 변경에 따라 변경되어야 하는 사항
④ 그 밖에 시 · 도 조례가 정하는 사항

(2) 주택재건축사업의 설립동의(법 제16조제2항)

① 원칙

주택재건축사업의 추진위원회가 조합을 설립하고자 하는 때에는 집합건물의소유및관리에관한법률의 규정에 불구하고 주택단지 안의 공동주택의 각 동(복리시설의 경우에는 주택단지 안의 복리시설 전체를 하나의 동으로 본다)별 구분소유자 및 의결권의 각 3분의 2 이상의 동의와 주택단지 안의 전체 구분소유자 및 의결권의 각 5분의 4 이상의 동의를 얻어 정관 및 국토교통부령이 정하는 서류를 첨부하여 시장 · 군수의 인가를 받아야 한다. 인가받은 사항을 변경하고자 하는 때에도 또한 같다. 다만, 제1항 단서의 규정에 의한 경미한 사항을 변경하고자 하는 때에는 조합원의 동의 없이 시장 · 군수에게 신고하고 변경할 수 있다.

② 예외(단지 밖의 소유자 등의 동의)(법 제16조제3항)

주택단지가 아닌 지역이 정비구역에 포함된 때에는 주택단지가 아닌 지역 안의 토지 또는 건축물 소유자의 4/5 이상 및 토지면적의 2/3 이상의 토지소유자의 동의를 얻어야 한다.

(3) 조합을 사업주체로 간주(법 제16조제4항)

조합이 이 법에 의한 정비사업을 시행하는 경우 주택법의 규정을 적용함에 있어서는 조합을 사업주체로 보며, 조합설립인가일부터 동법 제9조의 규정에 의한 주택건설사업 등의 등록을 한 것으로 본다.

5) 토지등소유자의 동의자 수 산정방법

(1) 토지등소유자의 동의자 수 산정방법(법 제17조, 영 제28조제1항)

주택재개발사업 또는 도시환경정비사업의 경우 토지등소유자의 동의자 수 산정방법에는 다음의 기준에 의한다.

① 1필지의 토지 또는 하나의 건축물이 수인의 공유에 속하는 때에는 그 수인을 대표하는 1인을 토지등소유자로 산정할 것
② 토지에 지상권이 설정되어 있는 경우 토지의 소유자와 해당토지의 지상권자를 대표하는 1인을 토지등소유자로 산정할 것
③ 1인이 다수 필지의 토지 또는 다수의 건축물을 소유하고 있는 경우에는 필지나 건축물의 수의 관계없이 토지등소유자를 1인으로 산정할 것
④ 주택재건축사업의 경우 소유권 또는 구분소유권이 수인의 공유에 속하는 때에는 그 수인을 대표하는 1인을 토지등소유자로 산정할 것

(2) 토지등소유자의 동의의 방법(영 제28조제4항)

토지등소유자의 동의(동의의 철회를 포함한다)는 인감도장을 사용한 서면동의의 방법에 의하며, 이 경우 인감증명서를 첨부하여야 한다. 다만, 외국인인 경우에는 동의서에 서명을 하고, 출입국관리법 제88조의 규정에 의한 외국인등록사실증명을 첨부하여야 한다.

6) 조합의 법인격(법 제18조)

(1) 조합의 법적성격

조합은 법인으로 한다.

(2) 조합의 성립시기

조합은 조합설립인가를 받은 날부터 30일 이내에 주된 사무소의 소재지에 등기함으로써 성립한다.

(3) 조합의 명칭

조합은 그 명칭 중에 "정비사업조합"이라는 문자를 사용하여야 한다.

7) 조합원의 자격

(1) 정비사업조합의 조합원(법 제19조 제1항)

정비사업의 조합원은 토지등소유자로 하되, 토지 또는 건축물의 소유권과 지상권이 수인의 공유에 속하는 때에는 그 수인을 대표하는 1인을 조합원으로 본다.

(2) 주택재개발사업 또는 도시환경정비사업의 경우

조합이 시행하는 정비구역 안의 토지등소유자

(3) 주택재건축사업의 경우

토지등소유자로서 주택재건축사업에 동의한 자

(4) 조합원의 권리가 이전된 경우(영 제30조제2항)

조합의 설립인가 후 양도·증여·판결 등으로 인하여 조합원의 권리가 이전된 때에는 조합원의 권리를 취득한 자를 조합원으로 본다.

(5) 투기과열지구에서 주택재건축사업의 조합원자격에 관한 특례

① 투기과열지구에서 주택재건축사업의 조합원자격(법 제19조제2항, 영 제30조의3)

투기과열지구로 지정된 지역 안에서의 주택재건축사업의 경우 조합설립인가 후 당해 정비사업의 건축물 또는 토지를 양수한 자는 조합원이 될 수 없다. 다만, 양도자가 다음에 해당하는 경우 그 양도자로부터 양수한 자는 그 건축물 또는 토지를 양수한 자는 그러하지 아니하다.

㉠ 세대원의 근무 또는 생업상의 사정이나 질병치료·취학·결혼으로 인하여 세대원 전원이 당해 사업구역이 위치하지 아니한 특별시·광역시·시 또는 군으로 이전하는 경우(사업구역이 수도권에 위치한 경우에는 수도권 밖으로 이전하는 경우에 한한다)

㉡ 상속에 의하여 취득한 주택으로 세대원 전원이 이전하는 경우

㉢ 세대원 전원이 해외로 이주하거나 세대원 전원 2년 이상의 기간 동안 해외에 체류하고자 하는 경우

㉣ 그 밖에 불가피한 사정으로 양도하는 경우로서 다음의 경우

가. 조합설립인가로부터 3년 이내에 사업시행인가 신청이 없는 주택재건축사업의 건축물을 5년 이상 계속하여 소유하고 있는 자

나. 사업시행인가일부터 3년 이내에 착공하지 못한 주택재건축사업의 토지 또는 건축물을 5년 이상 계속하여 소유하고 있는 자

다. 착공일부터 5년 이내에 준공되지 아니한 주택재건축사업의 토지를 5년 이상 계속하여 소유하고 있는 자

라. 2003년 12월 31일 당시 주택재건축정비사업조합의 설립인가를 받은 정비사업의 조합원으로부터 건축물 또는 토지를 양수한 자로부터 상속·이혼 등으로 인하여 토지 또는 건축물을 소유한 자

② 조합원의 자격을 취득할 수 없는 양수인(법 제19조제3항)

사업시행자는 조합설립인가 후 조합원의 자격을 취득할 수 없는 양수인에 대하여는 현금으로 청산하여야 한다. 이 경우 청산금액은 조합설립인가일을 기준으로 하여 산정한다.

8) 정관의 작성 및 변경

(1) 정관의 작성(법 제20조제1항)

조합은 다음의 사항이 포함된 정관을 작성하여야 한다.

① 조합의 명칭 및 주소
② 조합원의 자격에 관한 사항
③ 조합원의 제명·탈퇴 및 교체에 관한 사항
④ 정비사업 예정구역의 위치 및 면적
⑤ 제21조의 규정에 의한 조합의 임원(이하 "조합임원"이라 한다)의 수 및 업무의 범위
⑥ 조합임원의 권리·의무·보수·선임방법·변경 및 해임에 관한 사항
⑦ 대의원의 수, 의결방법, 선임방법 및 선임절차
⑧ 조합의 비용부담 및 조합의 회계
⑨ 정비사업의 시행연도 및 시행방법
⑩ 총회의 소집절차·시기 및 의결방법
⑪ 총회의 개최 및 조합원의 총회소집요구에 관한 사항
11의2. 제47조제2항에 따른 이자 지급에 관한 사항
⑫ 공사비 등 정비사업에 소요되는 비용의 부담시기 및 절차
⑬ 정비사업이 종결된 때의 청산절차
⑭ 청산금의 징수·지급의 방법 및 절차
⑮ 시공자·설계자의 선정 및 계약서에 포함될 내용
⑯ 정관의 변경절차
⑰ 그 밖에 정비사업의 추진 및 조합의 운영을 위하여 필요한 사항으로서 대통령령이 정하는 사항

(2) 표준정관(법 제20조제2항)

국토교통부장관은 위의 내용이 포함된 표준정관을 작성하여 보급할 수 있다.

(3) 정관의 변경(법 제20조제3항)

조합이 정관을 변경하고자 하는 경우에는 조합원 과반수(법 제1항제2호 내지 제4호 · 제8호 · 제12호 또는 제15호의 경우에는 3분의 2 이상을 말한다)의 동의를 얻어 시장 · 군수의 인가를 받아야 한다. 다만, 대통령령이 정하는 경미한 사항을 변경하고자 하는 때에는 조합원의 동의에 갈음하여 총회의 의결을 얻어야 한다.

(4) 삭제

9) 조합의 임원

(1) 조합의 임원(법 제21조제1항)

조합은 다음의 임원을 둔다.

1. 조합장 1인
2. 이사
3. 감사

(2) 조합임원의 수(법 제21조제2항)

조합에 두는 이사의 수는 3인 이상 5인 이하로 하고, 감사의 수는 1인 이상 3인 이하로 한다. 다만, 토지등소유자의 수가 100인을 초과하는 경우에는 이사의 수를 5인 이상 10인 이하로 한다.

(3) 조합임원의 선임(법 제21조제3항)

조합임원은 총회에서 조합원 과반수의 출석과 출석 조합원 과반수의 동의를 얻어 조합원 중에서 정관이 정하는 바에 따라 선임한다.

10) 조합임원의 직무 등(법 제22조)

(1) 조합장은 조합을 대표하고, 그 사무를 총괄하며, 총회 또는 제25조의 규정에 의한 대의원회의 의장이 된다.

(2), (3) 삭제

(4) 조합장 또는 이사의 자기를 위한 조합과의 계약이나 소송에 관하여는 감사가 조합을 대표한다.

(5) 조합임원은 같은 목적의 정비사업을 하는 다른 조합의 임원 또는 직원을 겸할 수 없다.

11) 조합임원의 결격사유 및 해임

(1) 조합원의 결격사유

다음에 해당하는 자는 조합의 임원이 될 수 없다.

① 미성년자 · 금치산자 또는 한정치산자

② 파산선고를 받은 자로서 복권되지 아니한 자

③ 금고 이상의 실형의 선고를 받고 그 집행이 종료(종료된 것으로 보는 경우를 포함한다)되거나 집행이 면제된 날부터 2년이 경과되지 아니한 자

④ 금고 이상의 형의 집행유예를 받고 그 유예기간 중에 있는 자

⑤ 이 법을 위반하여 벌금 100만원 이상의 형을 선고 받고 5년이 지나지 아니한 자

(2) 임원의 퇴임

조합임원이 결격사유에 해당하게 되거나 선임 당시 그에 해당하는 자이었음이 판명된 때에는 당연 퇴임한다.

(3) 퇴임 전 행위의 효력

퇴임된 임원이 퇴임 전에 관여한 행위는 그 효력을 잃지 아니한다.

(4) 조합임원의 해임

조합임원의 해임은 조합원 10분의 1 이상의 발의로 소집된 총회에서 조합원 과반수의 출석과 출석 조합원 과반수의 동의를 얻어 할 수 있다. 다만, 정관에서 해임에 관하여 별도로 정한 경우에는 정관이 정하는 바에 의한다.

12) 총회의 의결사항(법 제24조)

(1) 총회

조합에 조합원으로 구성되는 총회를 둔다.

(2) 총회의 소집

총회는 법 제23조제4항의 경우를 제외하고는 조합장의 직권 또는 조합원 5분의 1 이상의 요구로 조합장이 소집한다.

(3) 총회의 의결사항

다음의 사항은 총회의 의결을 거쳐야 한다.

1. 정관의 변경(제20조제3항 단서의 규정에 의한 경미한 사항의 변경에 한한다)
2. 자금의 차입과 그 방법 · 이율 및 상환방법
3. 비용의 금액 및 징수방법

4. 정비사업비의 사용
5. 예산으로 정한 사항 외에 조합원의 부담이 될 계약
6. 철거업자 · 시공자 · 설계자의 선정 및 변경
7. 정비사업전문관리업자의 선정 및 변경
8. 조합임원의 선임 및 해임
9. 정비사업비의 조합원별 분담내역

9의2. 제30조에 따른 사업시행계획서의 수립 및 변경

10. 관리처분계획의 수립 및 변경(제48조제1항 단서의 규정에 의한 경미한 변경을 제외한다)
11. 청산금의 징수 · 지급(분할징수 · 분할지급을 포함한다)과 조합 해산시의 회계보고
12. 그 밖에 조합원에게 경제적 부담을 주는 사항 등 주요한 사항을 결정하기 위하여 필요한 사항으로서 대통령령 또는 정관이 정하는 사항

(4) 총회의 상정

이 법 또는 정관의 규정에 의하여 조합원의 동의가 필요한 사항은 총회에 상정하여야 한다.

(5) 총회의 소집절차 · 시기 및 의결방법

총회의 소집절차 · 시기 및 의결방법 등에 관하여는 정관으로 정한다.

13) 대의원회(법 제25조제1 · 2항, 영 제36조제3항)

(1) 대의원회의 설치

조합원의 수가 100인 이상인 정비사업조합은 대의원회를 두어야 한다.

(2) 대의원회의 구성

대의원회는 조합원의 10% 이상에서 정관으로 정하되 조합원의 10%가 100인을 넘는 경우에는 100인의 대의원으로 구성하며, 총회의 권한을 대행할 수 있다.

(3) 대의원의 선출

대의원은 조합원 중에서 선출하며 대의원회의 의장은 조합장이 된다. 조합장이 아닌 조합임원은 대의원이 될 수 없다.

(4) 대의원의 수 · 의결방법 · 선임방법 및 선임절차

대의원의 수 · 의결방법 · 선임방법 및 선임절차 등에 관하여는 대통령령이 정하는 범위 안에서 정관으로 정한다.

14) 주민대표회의

(1) 주민대표회의의 구성(법 제26조제1항)

시장·군수 또는 주택공사 등이 사업시행자인 정비사업의 경우 정비구역안(주택재건축사업은 주택법 제16조의 규정에 의한 사업계획승인을 얻어 건설한 주택단지안을 포함한다)의 다음에 해당하는 자는 정비사업의 시행을 원활하게 하기 위한 주민대표기구를 구성할 수 있다. 다만, 주택재건축사업의 경우에는 제1호 및 제2호의 규정에 한한다.

(2) 주민대표회의의 구성요건

① 주민대표회의는 5인 이상 25인 이하로 구성한다(법 제26조제2항).

② 주민대표회의에는 위원장과 부위원장 각 1인을 두며, 필요한 경우에는 감사를 둘 수 있다.

▶주민대표회의를 필수적으로 구성하는 것은 아니다.

15) 민법의 준용(법 제27조)

조합에 관하여는 이 법에 규정된 것을 제외하고는 민법 중 사단법인에 관한 규정을 준용한다.

3. 사업시행 계획

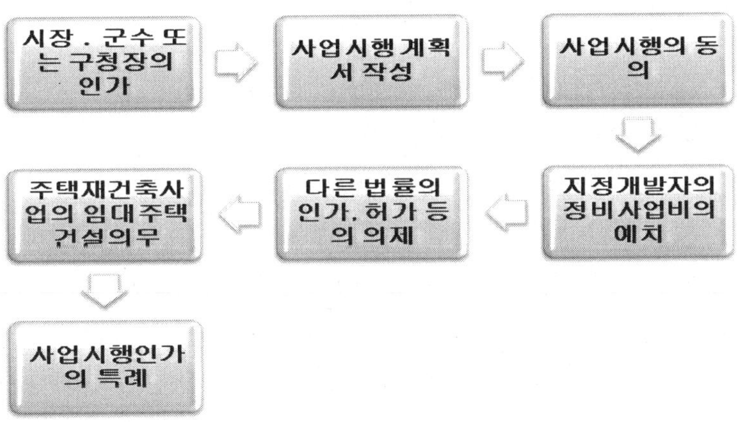

1) 사업시행인가

(1) 시장·군수 또는 구청장의 인가

① 사업시행계획서 등의 작성 및 인가신청(법 제28조제1항)

사업시행자(제8조제1항 내지 제3항의 규정에 의한 공동시행의 경우를 포함하되, 사업시행자가 시장 · 군수인 경우를 제외한다)는 정비사업을 시행하고자 하는 경우에는 사업시행계획서에 정관 등과 그 밖에 국토교통부령이 정하는 서류를 첨부하여 시장 · 군수에게 제출하고 사업시행인가를 받아야 한다. 인가받은 내용을 변경하거나 정비사업을 중지 또는 폐지하고자 하는 경우에도 또한 같다. 다만, 대통령령이 정하는 경미한 사항을 변경하고자 하는 때에는 시장 · 군수에게 이를 신고하여야 한다.

② 주택재건축사업의 사업시행인가 신청(법 제28조제2항)
주택재건축사업의 사업시행인가를 하고자 하는 경우에는 건축물의 높이 · 층수 · 용적률 등 대통령령이 정하는 사항에 대하여 건축법 제4조의 규정에 의하여 시 · 군 · 구에 설치하는 건축위원회의 심의를 거쳐야 한다.

③ 사업시행 인가고시, 사업시행계획 작성고시(법 제28조제3항)
시장 · 군수는 사업시행인가(시장 · 군수가 사업시행계획서를 작성한 경우를 포함한다)를 하거나 그 정비사업을 변경 · 중지 또는 폐지하는 경우에는 국토교통부령이 정하는 방법 및 절차에 의하여 그 내용을 당해 지방자치단체의 공보에 고시하여야 한다. 다만, 제1항 단서의 규정에 의한 경미한 사항을 변경하고자 하는 경우에는 그러하지 아니하다

④ 사업시행인가 신청 시 토지등소유자의 동의(법 제28조제4항)

가. 원칙
사업시행자는 사업시행인가를 신청하기 전에 미리 정관 등이 정하는 바에 따라 토지등소유자(주택재건축사업인 경우에는 조합원을 말함)의 동의를 얻어야 한다.

나. 예외 : 사업시행자가 지정개발자인 경우
사업시행자가 지정개발자인 경우에는 정비구역 안의 토지면적 50% 이상 토지소유자의 동의와 토지등소유자 과반수의 동의를 각각 얻어야 한다.

(2) 사업시행 계획서 작성(법 제30조)

사업시행자는 고시된 정비계획에 따라 다음의 사항을 포함하여 사업시행계획서를 작성하여야 한다. 다만, 도시환경정비사업(기존건축물에 주택이 포함되어 있는 사업을 제외한다)의 사업시행계획서를 작성하고자 하는 때에는 제3호 내지 제5호의 내용을 포함하지 아니할 수 있다.

1. 토지이용계획(건축물배치계획을 포함한다)
2. 정비기반시설 및 공동이용시설의 설치계획

3. 임시수용시설을 포함한 주민이주대책
4. 세입자의 주거대책
4의2. 사업시행기간 동안의 정비구역 내 가로등, 폐쇄회로 텔레비전 설치 등 범죄 예방대책
5. 임대주택의 건설계획
6. 건축물의 높이 및 용적률 등에 관한 건축계획
7. 정비사업의 시행과정에서 발생하는 폐기물의 처리계획
7의2. 교육시설의 교육환경 보호에 관환 계획(정비구역으로부터 200미터 이내에 교육시설이 설치되어 있는 경우에 한한다.)
8. 시행규정(시장 · 군수 또는 주택공사 등이 단독으로 시행하는 정비사업에 한한다)
8의2. 정비사업비
9. 그 밖에 사업시행을 위하여 필요한 사항으로서 대통령령이 정하는 사항

(3) 사업시행의 동의(법 제28조제4항)

사업시행자(시장 · 군수 또는 주택공사 등을 제외한다)는 사업시행인가를 신청(인가받은 내용을 변경하거나 정비사업을 중지 또는 폐지하고자 하는 경우를 포함한다)하기 전에 미리 정관 등이 정하는 바에 따라 토지등소유자(주택재건축사업인 경우에는 조합원을 말하며, 이하 이 항에서 같다)의 동의를 얻어야 한다. 다만, 사업시행자가 지정개발자인 경우에는 정비구역 안의 토지면적 50% 이상 토지소유자의 동의와 토지등소유자 과반수의 동의를 각각 얻어야 한다.

(4) 지정개발자의 정비사업비의 예치

① 지정개발자의 예치금액(법 제29조제1항)

시장 · 군수 또는 구청장은 도시환경정비사업의 사업시행인가를 하고자 하는 경우 당해 정비사업의 사업시행자가 지정개발자인 때에는 정비사업비의 20% 범위 이내에서 시 · 도조례가 정하는 금액을 예치하게 할 수 있다.

② 예치금의 반환(법 제29조제2항)

예치금은 청산금의 지급이 완료된 때에 이를 반환한다.

③ 제1항의 규정에 의한 예치 및 반환 등에 과하여 필요한 사항은 시 · 도조례로 정한다.

(5) 다른 법률의 인가, 허가 등의 의제

① 인가, 허가 등의 간주(법 제32조제1항)

사업시행자가 사업시행인가를 받은 때(시장 · 군수가 직접 정비사업을 시행

하는 경우에는 사업시행계획서를 작성한 때를 말한다)에는 다음의 인가 · 허가 · 승인 · 신고 · 등록 · 협의 · 동의 · 심사 또는 해제가 있은 것으로 보며, 사업시행인가의 고시가 있은 때에는 다음의 관계 법률에 의한 인 · 허가 등의 고시 · 공고 등이 있은 것으로 본다.

1. 「주택법」 제16조의 규정에 의한 사업계획의 승인
2. 건축법 제8조의 규정에 의한 건축허가 및 동법 제15조의 규정에 의한 가설건축물의 건축허가 또는 축조신고
3. 도로법 제34조의 규정에 의한 도로공사시행의 허가 및 동법 제40조의 규정에 의한 도로점용의 허가
4. 사방사업법 제20조의 규정에 의한 사방지 지정의 해제
5. 「농지법」 제34조의 규정에 의한 농지전용의 허가 · 협의 및 같은 법 제35조의 규정에 의한 농지전용신고
6. 산지관리법 제14조 · 제15조의 규정에 의한 산지전용허가 및 산지전용신고와 「산림자원의 조성 및 관리에 관한 법률」 제36조제1항 · 제4항 및 제45조제1항 · 제2항의 규정에 의한 허가. 다만, 「산림자원의 조성 및 관리에 관한 법률」에 의한 산림유전자원보호림 · 채종림 및 시험림의 경우를 제외한다.
7. 「하천법」 제30조에 따른 하천공사 시행의 허가 및 하천공사실시계획의 인가, 같은 법 제33조에 따른 하천의 점용허가 및 같은 법 제50조에 따른 하천수의 사용허가
8. 「수도법」 제17조에 따른 일반수도사업의 인가 및 같은 법 제52조 또는 제54조에 따른 전용상수도 또는 전용공업용수도 설치의 인가
9. 「하수도법」 제16조의 규정에 의한 공공하수도 사업의 허가
10. 측량법 제25조의 규정에 의한 측량성과사용의 심사
11. 유통산업발전법 제8조의 규정에 의한 대규모점포의 등록
12. 국유재산법 제24조의 규정에 의한 사용 · 수익허가(주택재개발사업 및 도시환경정비사업에 한한다)
13. 지방재정법 제82조의 규정에 의한 사용 · 수익허가(주택재개발사업 및 도시환경정비사업에 한한다)
14. 지적법 제27조의 규정에 의한 사업의 착수 · 변경의 신고
15. 「국토의 계획 및 이용에 관한 법률」 제56조의 규정에 의한 개발행위의 허가, 동법 제86조의 규정에 의한 도시계획시설사업시행자의 지정 및 동

법 제88조의 규정에 의한 실시계획의 인가

16. 「전기사업법」 제62조에 따른 자가용 전기설비 공사계획의 인가 및 신고
17. 「소방시설설치 및 안전관리에 관한 법률」 제7조제1항에 따른 건축허가 등의 동의, 「위험물안전관리법」 제6조제1항에 따른 제조소등의 설치의 허가(제조소등은 공장건축물 또는 그 부속시설에 관계된 것에 한한다.)

② 공장이 포함된 구역에 대한 특례(법 제32조제2항)

사업시행자가 공장이 포함된 구역에 대한 도시환경정비사업에 대하여 사업시행인가를 받은 때에는 인·허가 등이 있은 것으로 보는 것 외에 다음의 인·허가 등이 있은 것으로 보며, 사업시행인가의 고시가 있은 때에는 다음의 관계 법률에 의한 인·허가 등의 고시·공고 등이 있은 것으로 본다.

1. 산업집적활성화및공장설립에관한법률 제13조의 규정에 의한 공장설립 등의 승인 및 동법 제15조의 규정에 의한 공장설립 등의 완료신고
2. 삭제
3. 「폐기물관리법」 제29조제2항의 규정에 의한 폐기물처리시설의 설치승인 또는 설치신고(변경승인 또는 변경신고를 포함한다)
4. 삭제
5. 삭제
6. 「대기환경보전법」 제23조, 「수질환경보전법」 제33조 및 「소음·진동규제법」 제8조의 규정에 의한 배출시설설치의 허가 및 신고
7. 총포·도검·화약류등단속법 제25조제1항의 규정에 의한 화약류저장소 설치의 허가

법 제30조의2 삭제

(7) 사업시행인가의 특례(법 제33조제1·2항)

① 일부 건축물의 존치 등(법 제33조제1항)

사업시행자는 일부 건축물의 존치 또는 리모델링(건축물의 노후화 억제 또는 기능향상 등을 위하여 증축·개축 또는 대수선을 하는 행위를 말한다.)에 관한 내용이 포함된 사업시행계획서를 작성하여 사업시행인가의 신청을 할 수 있다. 이 경우 시장·군수는 존치 또는 리모델링되는 건축물 및 건축물이 있는 토지가 주택법 및 건축법상의 다음의 건축 관련 기준에 적합하지 아니하더라도 대통령령이 정하는 기준에 따라 사업시행인가를 할 수 있다.

1. 주택법 제2조제8호의 규정에 의한 주택단지의 범위

2. 주택법 제21조제1항제2호 및 제3호의 규정에 의한 부대시설 및 복리시설의 설치 기준
3. 건축법 제33조의 규정에 의한 대지와 도로의 관계
4. 건축법 제36조의 규정에 의한 건축선의 지정
5. 건축법 제53조의 규정에 의한 일조 등의 확보를 위한 건축물의 높이 제한

② 건축물 소유자의 동의(법 제33조제2항)

사업시행자가 사업시행계획서를 작성하고자 하는 경우에는 존치 또는 리모델링되는 건축물 소유자의 동의(집합건물의소유및관리에관한법률 제2조제2호의 규정에 의한 구분소유자가 있는 경우에는 구분소유자의 3분의 2 이상의 동의와 당해 건축물 연면적의 3분의 2 이상의 구분소유자의 동의로 한다)를 얻어야 한다.

4. 정비사업시행을 위한 조치

1) 임시수용시설의 설치 등

(1) 임시수용시설의 설치(법 제36조제1항)

사업시행자는 주거환경개선사업 및 주택재개발사업의 시행으로 철거되는 주택의 소유자 또는 세입자에 대하여 당해 정비구역 내·외에 소재한 임대주택 등의 시설에 임시로 거주하게 하거나 주택자금의 융자알선 등 임시수용에 상응하는 조치를 하여야 한다. 이 경우 사업시행자는 그 임시수용을 위하여 필요한 때에는 국가·지방자치단체 그 밖의 공공단체 또는 개인의 시설이나 토지를 일시 사용할 수 있다.

(2) 국·공유지 등 무상사용(법 제36조제2항, 영 제44조)

국가 또는 지방자치단체는 사업시행자로부터 제1항의 임시수용시설에 필요한 건축물이나 토지의 사용신청을 받은 때에는 대통령령이 정하는 사유가 없는 한 이를 거절하지 못한다. 이 경우 그 사용료 또는 대부료는 이를 면제한다.

1. 제3자와 이미 매매계약을 체결한 경우
2. 사용신청 이전에 사용계획이 확정된 경우
3. 제3자에게 이미 사용허가를 한 경우

(3) 원상회복(법 제36조제3항)

사업시행자는 정비사업의 공사를 완료한 때에는 그 완료한 날부터 30일 이내에 임시수용시설을 철거하고, 그 건축물이나 토지를 원상회복하여야 한다.

(4) 손실보상(법 제37조)

① 협의

공공단체(지방자치단체를 제외한다) 또는 개인의 시설이나 토지를 일시 사용함으로써 손실을 받은 자가 있는 경우에는 사업시행자는 그 손실을 보상하여야 하며, 손실을 보상함에 있어서는 손실을 받은 자와 협의하여야 한다.

② 재결신청

사업시행자 또는 손실을 받은 자는 제1항의 규정에 의한 손실보상의 협의가 성립되지 아니하거나 협의할 수 없는 경우에는 공익사업을위한토지등의취득및보상에관한법률 제49조의 규정에 의하여 설치되는 관할 토지수용위원회에 재결을 신청할 수 있다.

③ 공익사업을위한토지등의취득및보상에관한법률 준용

손실보상에 관하여는 이 법에 규정된 것을 제외하고는 공익사업을위한토지등의취득및보상에관한법률을 준용한다.

2) 토지 등의 수용 또는 사용

(1) 정비사업을 위한 수용 또는 사용(법 제38조)

사업시행자는 정비구역 안에서 정비사업을 시행하기 위하여 필요한 경우에는 토지, 물건 또는 그 밖의 권리를 수용 또는 사용할 수 있다. 주택재건축사업을 위한 수용 또는 사용은 천재지변 그 밖의 불가피한 사유로 긴급히 사업을 시행하는 사업에 한한다.

(2) 토지보상법의 준용과 특례

① 토지보상법의 준용(법 제40조제1항)

정비구역 안에서 정비사업의 시행을 위한 토지 또는 건축물의 소유권과 그 밖의 권리에 대한 수용 또는 사용에 관하여는 도정법에 특별한 규정이 있는 경우를 제외하고는 토지보상법을 준용한다.

② 사업인정에 관한 특례(법 제40조제2항)

토지보상법을 준용함에 있어서 사업시행인가의 고시가 있을 경우에는 토지보상법에 의한 사업인정 및 그 고시가 있는 것으로 본다.

(3) 재결신청 기간에 관한 특례(법 제40조제3항)

수용 또는 사용에 대한 재결의 신청은 토지보상법에 불구하고 사업시행 인가를 할 때 정한 사업시행 기간 이내에 이를 행하여야 한다.

(4) 현금보상원칙에 관한 특례(법 제40조제4항)

대지 또는 건축물을 현물보상하는 경우에는 수용개시일까지 보상금을 지급하여야 한다는 토지보상법의 규정에 불구하고 준공인가 이후에 그 현물보상을 할 수 있다.

3) 주택재건축사업의 토지 및 건축물의 매도청구

(1) 집합건물의소유및관리에관한법률의 준용(법 제39조)

사업시행자는 주택재건축사업을 시행함에 있어 정비사업조합설립의 동의를 하지 아니한 자(건축물 도는 토지만 소유한 자를 포함한다)의 토지 및 건축물에 대하여는 집합건물의소유및관리에관한법률 제48조의 규정을 준용하여 매도청구를 할 수 있다.

(2) 정비사업조합 설립의 동의 간주

재건축결의는 정비사업조합 설립의 동의로 보며, 구분소유권 및 대지사용권은 사업시행구역 안의 매도청구에 대상이 되는 토지 또는 건축물의 소유권과 그 밖의 권리로 본다.

1. 제16조제2항 및 제3항에 따른 조합설립의 동의를 하지 아니한 자
2. 건축물 또는 토지만 소유한 자(주택재건축사업의 경우만 해당)
3. 제8조제4항에 따라 시장·군수 또는 주택공사 등의 사업시행자 지정에 동의를 하지 아니한 자

4) 주택재건축 사업의 토지분할에 관한 특례

(1) 분할제한 면적의 특례(법 제41조제1항)

사업시행자 또는 추진위원회는 주택법에 의하여 사업계획 승인을 받아 건설한 2 이상의 건축물이 있는 주택단지에 주택재건축사업을 하는 경우, 조합설립의 동의요건을 충족시키기 위하여 그 주택단지 안의 일부 토지에 대하여 건축법에 규정에도 불구하고 분할하고자 하는 토지면적이 건축법에 의한 분할제한면적에 미달되더라도 토지분할을 청구할 수 있다.

(2) 토지분할 청구의 절차(법 제41조제2·3항)

사업시행자 또는 추진위원회는 토지분할 청구를 하는 때에는 토지분할 대상이 되는 토지 및 그 위의 건축물과 관련된 토지등소유자와 협의하여야 한다. 토지분할의 협의가 성립되지 아니한 경우에는 법원에 토지분할을 청구할 수 있다.

1. 당해 토지 및 건축무로가 관련된 토지등소유자의 수가 전체의 10분의 1이하일 것

2. 분할되어 나가는 토지 위의 건축물이 분할 선상에 위치하지 아니할 것
3. 그 밖에 사업시행인가를 위하여 필요한 사항으로서 대통령령이 정하는 요건에 해당할 것

5) 주거환경 개선사업의 시행에 관한 특례

(1) 국민주택채권의 매입 배제(법 제42조제1항)

주거환경 개선사업에 따른 건축허가를 받는 때와 부동산등기(소유권 보존등기 또는 이전등기에 한한다)를 하는 때에는 국민주택채권의 매입에 관한 규정은 적용하지 아니한다.

(2) 주거환경 개선구역 안에서의 기준(법 제42조제2항)

주거환경 개선구역 안에서 「국토의 계획 및 이용에 관한 법률」 제43조제2항에 따른 도시·군계획시설의 결정·구조 및 설치의 기준 등에 관하여는 국토교통부령으로 정하는 바에 따른다.

(3) 사업 시행자가 주거환경 개선구역에서의 규정(법 제42조제3항)

건축법 제44조의 규정에 의한 대지와 도로의 관계(소방활동에 지장 없는 경우)

건축법 제60조 및 제61조의 규정에 의한 건축물 높이제한

(4) 지방건축위원회의 심의(법 제42조제4항)

건축법 제55조에 따른 건폐율 산정기준

건축법 제58조에 따른 대지 안의 공지 기준

건축법 제60조 및 제61조에 따른 건축물 높이제한

주택법 제21조제1항제2호 및 제3호에 따른 부대시설 및 복리시설의 설치기준

규정한 사항 외에 가로주택정비 사업의 원활한 시행을 위하여 대통령령으로 정하는 사항

6) 지상권 등 계약의 해지

(1) 계약의 해지(법 제44조제1항)

정비사업의 시행으로 인하여 지상권, 전세권 또는 임차권의 설정목적을 달성할 수 없는 때에는 그 권리자는 계약을 해지할 수 있다.

(2) 금전반환 청구권의 행사(법 제44조제2항)

계약을 해지할 수 있는 자가 가지는 전세금, 보증금 그 밖의 계약상 금전의 반환청구권은 사업시행자에게 이를 행사할 수 있다.

(3) 사업시행자의 구상 및 압류(법 제44조제3·4항)

① 금전의 반환청구권의 행사에 따라 당해 금전을 지급한 사업시행자는 당해 토지등소유자에게 이를 구상 할 수 있다.

② 사업시행자는 구상이 되지 아니하는 때에는 당해 토지등소유자에게 귀속 될 대지 또는 건축물을 압류할 수 있다. 이 경우 압류한 권리는 저당권과 동일한 효력을 가진다.

7) 지상권설정계약 등의 계약기간에 대한 특례(법 제44조제5항)

정비상업조합의 설립인가일 이후에 체결되는 지상권, 전세권설정계약, 임대차계약의 계약기간에 대하여는 민법 제280조, 제281조, 제312조제2항, 주택임차보호법 제4조제1항, 상가건물임대차보호법 제9조제1항의 규정은 이를 적용하지 아니한다.

5. 관리처분계획

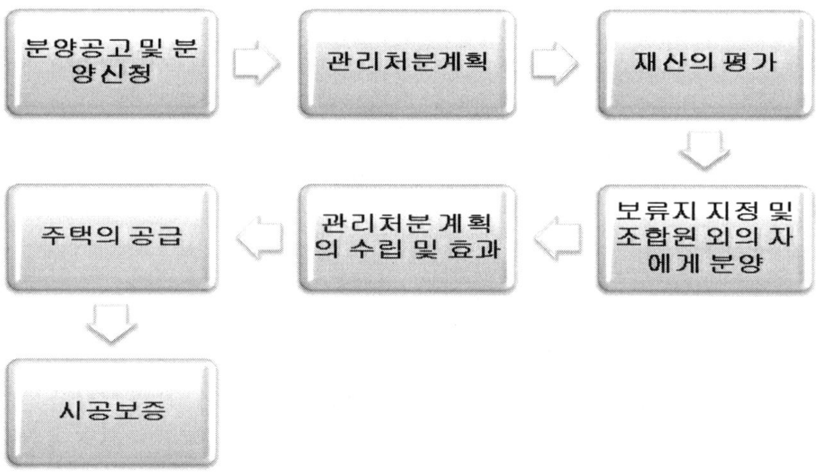

1) 분양공고 및 분양신청

(1) 분양공고

① 분양신청 공고(법 제46조제1항, 영 제47조제1항)

사업시행자는 사업시행인가의 고시가 있는 날부터 21일 이내에 개략적인 부담금내역 및 분양신청기간 그 밖에 대통령령이 정하는 사항을 토지등소유자에게 통지하고 분양의 대상이 되는 대지 또는 건축물의 내역 등을 해당 지역에서 발간되는 일간신문에 공고하여야 한다.

② 분양신청기간(법 제46조제1항)

분양신청기간은 그 통지한 날부터 30일 이상 60일 이내로 하여야 한다. 다만, 사업시행자는 관리처분 계획의 수립에 지장이 없다고 판단되는 경우에는 분양신청기간을 20일의 범위 이내에서 연장할 수 있다.

(2) 분양신청

① 토지등소유자의 분양신청(법 제46조제2항)

대지 또는 건축물에 대한 분양을 받고자 하는 토지등소유자는 분양신청기간 이내에 사업시행자에게 대지 또는 건축물에 대한 분양신청을 하여야 한다.

② 분양신청방법(법 제47조제2항)

분양신청은 분양신청서에 소유권의 내역을 명기하고, 그 소유의 토지 및 건축물에 관한 등기부등본 또는 환지예정지증명원을 첨부하여 사업시행자에게 제출하여야 한다.

③ 우편에 의한 분양신청(영 제47조제2항)

우편의 방법으로 분양신청을 하는 때에는 분양신청기간 내에 발송된 것임을 증명할 수 있는 우편으로 하여야 한다.

④ 분양신청을 하지 아니한 자 등에 대한 조치(법 제47조제1·8항)

사업시행자는 토지 등 소유자가 아래 해당하는 경우에는 그 해당된 날로부터 150일 이내에 토지, 건축물 또는 그 밖의 권리에 대하여 현금으로 청산하여야 한다.

1. 분양신청을 하지 아니한 자
2. 분양신청을 철회한 자
3. 인가된 관리처분계획에 의하여 분양대상에서 제외된 자

2) 관리처분계획

(1) 관리처분계획의 의의(법 제48조제4·8항)

관리처분계획은 정비사업의 시행으로 조성된 대지와 건축물의 처분 및 관리에 관한 계획을 말한다. 정비사업의 시행으로 조성된 대지 및 건축물은 관리처분계획에 의하여 이를 처분 또는 관리하여야 한다.

(2) 관리처분계획의 내용(법 제48조제1항)

① 분양설계

② 분양대상자의 주소 및 성명

③ 분양대상자별 분양예정인 대지 또는 건축물의 추산액

④ 분양대상자별 종전의 토지 또는 건축물의 명세 및 사업시행인가의 고시가 있는 날을 기준으로 한 가격

⑤ 정비사업비의 추산액 및 그에 따른 조합원 부담규모 및 부담시기

⑥ 분양대상자의 종전의 토지 또는 건축물에 관한 소유권 이외의 권리명세서

⑦ 그 밖에 정비사업과 관련한 권리 등에 대하여 대통령령이 정하는 사항

(3) 관리처분계획의 공통기준(법 제48조제2항)

관리처분계획의 내용은 아래의 기준에 의한다.

① 분양신청자에게 균형배분, 합리적 이용

종전의 토지 또는 건축물의 면적, 이용상황, 환경 그 밖의 사항을 종합적으로 고려하여 대지 또는 건축물이 균형 있게 분양신청자에게 배분되고 합리적으로 이용되도록 한다.

② 대지 또는 건축물의 적정규모

지나치게 좁거나 넓은 토지 또는 건축물에 대하여 필요한 경우에는 이를 증가하거나 감소시켜 대지 또는 건축물이 적정 규모가 되도록 한다(증환권 및 감환권).

③ 현금청산

너무 좁은 토지 또는 건축물이나 정비구역 지정 후 분할된 토지를 취득한 장에 대하여는 현금으로 청산할 수 있다(환권의 부지정).

④ 공유지분의 교부

재해 또는 위생상의 위해를 방지하기 위하여 토지의 규모를 조정할 특별한 필요가 있는 때에는 너무 좁은 토지를 증가시키거나 토지에 갈음하여 보상을 하거나 건축물의 일부와 그 건축물이 있는 대지의 공유지분을 교부할 수 있다(입체환지).

⑤ 분양설계에 관한 계획

분양설계에 관한 계획은 분양신청기간이 만료되는 날을 기준으로 하여 수립한다.

⑥ 주택공급기준

1세대가 1 이상의 주택을 소유한 경우 1주택을 공급하고, 2인 이상이 1주택을 공유한 경우에는 1주택만 공급한다. 다만, 아래의 어느 하나에 해당하는 토지 등 소유자에 대하여는 소유한 주택수만큼 공급할 수 있다.

삭제

3) 재산의 평가

(1) 주택재개발 사업(법 제48조제5항)

① 분양예정인 대지 또는 건축물의 추산액

시, 도의 조례가 정하는 바에 의하여 산정하되, 시장 · 군수 또는 구청장이 추천하는 부동산가격공시및감정평가에관한법률에 의한 2인 이상의 감정평가업자의 감정평가 의견을 참작하여야 한다.

② 종전의 토지 또는 건축물의 가격

시장 · 군수 또는 구청장이 추천하는 감정평가업자 2인 이상이 평가한 금액을 산술평균하여 산정한다.

(2) 주택재건축 사업의 재산평가방법(법 제48조제6항)

주택재건축 사업에서 사업시행자가 분양대상자별 분양예정인 대지 또는 건축물의 추산액과 분양대상자별 종전의 토지 또는 건축물의 가격에 대하여 감정평가업자의 평가를 받고자 하는 경우에는 주택재개발사업의 규정을 준용하여 할 수 있다.

4) 보류지 지정 및 조합원 외의 자에게 분양

(1) 지정 및 분양요건(법 제48조제3 · 8항)

사업시행자는 분양신청을 받은 후 잔여분이 있는 경우에는 정관 또는 사업시행계획이 정하는 목적을 위하여 보류지(건축물을 포함한다)로 정하거나 조합원 외의 자에게 분양할 수 있다.

(2) 분양이 주택법 규정 준용(영 제51조)

조합원외의 자에게 분양하는 경우의 공고 · 신청절차 · 공급조건 · 방법 및 절차 등에 관하여 이를 준용한다. 이 경우 "사업주체"는 "사업시행자(주택공사 등이 공동사업시행자인 경우에는 주택공사 등을 말한다)"로 본다.

5) 관리처분 계획의 수립 및 효과

(1) 관리처분 계획의 수립 및 인가(법 제48조제1항)

사업시행자(주거환경개선사업은 제외)는 분양신청 기간이 종료된 때에는 이 법이 정하는 바에 의하여 기존건축물을 철거하기 전에 분양신청의 현황을 기초로 관리처분계획을 수립하여 시장 · 군수 또는 구청장의 인가를 받아야 한다. 관리처분 계획을 변경, 중지 또는 폐지하고자 하는 경우에도 이와 같다.

(2) 관리처분 계획의 작성절차

① 공람 및 의견청취(법 제49조제1항)

사업시행자는 관리처분 계획의 인가를 받기 전에 관계서류의 사본을 30일 이상 토지 등 소유자에게 공람하게 하고 의견을 들어야 한다.

② 시장·군수 도는 구청장의 인가 및 통보(법 제49조제2항)

시장·군수 도는 구청장은 사업시행자의 관리처분 계획의 인가신청이 있는 날부터 30일 이내에 인가 여부를 결정하여 사업시행자에게 통보해야 한다. 다만, 시장·군수는 대통령령으로 정하는 공공기관에 인가 신청된 관리처분 계획의 타당성 검증을 요청하는 경우에는 관리처분 계획 인가신청을 받은 날부터 60일 이내에 인가 여부를 결정하여 사업시행자에게 통보하여야 한다.

③ 시장·군수는 제2항의 규정에 의하여 관리처분계획을 인가하는 때에는 그 내용을 당해 지방자치단체의 공보에 고시하여야 한다.(법 제49조 3항)

④ 분양신청자에게 통지(법 제49조제4항)

사업시행자는 관리처분 계획의 인가 고시가 있는 때에는 지체 없이 분양신청을 한 자에게 관리처분 계획의 인가내용을 통지하여야 한다.

(3) 관리처분 계획고시의 효과(법 제49조제6항)

관리처분 계획의 고시가 있는 때에는 종전의 토지 또는 건축물의 소유자, 지상권자, 전세권자, 임차권자 등 권리자는 관리처분 계획에 의한 소유권 이전의 고시가 있는 날까지 종전의 토지 또는 건축물에 대하여 이를 사용하거나 수익할 수 없다. 다만, 사업시행자의 동의를 얻은 경우에는 그러하지 아니한다.

6) 주택의 공급

(1) 건축물공급의 원칙(법 제50조제1항)

사업시행자는 정비사업(주거환경 개선사업은 제외한다)의 시행으로 건설된 건축물은 인가된 관리처분 계획에 따라 토지등소유자에게 공급하여야 한다(관리처분계획의 기속성).

(2) 주택의 공급방법(법 제50조제2항)

사업시행자가 정비구역 안에 주택을 건설하는 경우에는 입주자 모집조건·방법·절차, 입주금(계약금·중도금 및 잔금을 말한다)의 납부방법·시기·절차, 주택공급방법·절차 등에 관하여는 주택법 제38조의 규정에 불구하고 대통령령이 정하는 범위 안에서 시장·군수의 승인을 얻어 사업시행자가 이를 따로 정할 수 있다.

(3) 임대주택의 공급방법(법 제50조제3항)

정비사업의 시행으로 임대주택을 건설하는 경우에 임차인의 자격, 선정방법, 임대보증금, 임대료 등 임대조건에 관한 기준 및 무주택 세대주에게 우선 매각하도록 하는 기준 등에 관하여는 임대주택법에 불구하고 대통령령이 정하는 범위 안에서 시장·군수 또는 구청장의 승인을 얻어 사업시행자가 이를 따로 정할 수 있다. 다만, 재건축 임대주택의 임차인의 자격 등에 관하여는 인수자가 이를 따로 정한다.

(4) 잔여주택의 공급방법(법 제50조제4항)

사업시행자는 공급대상자에게 주택을 공급하고 남은 주택에 대하여는 공급대상자 외의 자에게 공급할 수 있다. 이 경우 주택의 공급방법·절차 등에 관하여는 주택법의 주택공급에 관한 규정을 준용한다.

7) 시공보증(법 제51조)

(1) 시공보증서 제출의무

조합이 정비사업의 시행을 위하여 시장·군수 또는 주택공사 등이 아닌 자를 시공자로 선정(제8조제1항 또는 제3항의 규정에 의한 공동사업시행자가 시공하는 경우를 포함한다)한 경우 그 시공자는 공사의 시공보증(시공자가 공사의 계약상 의무를 이행하지 못하거나 의무이행을 하지 아니할 경우 보증기관에서 시공사를 대신하여 계약이행의무를 부담하거나 일정금액을 납부할 것을 보증하는 것을 말한다)을 위하여 국토교통부령이 정하는 기관의 시공보증서를 조합에 제출하여야 한다.

(2) 시장·군수의 확인 의무

시장·군수는 건축법 제16조의 규정에 의한 착공신고를 받는 경우에는 제1항의 규정에 의한 시공보증서 제출 여부를 확인하여야 한다.

6. 공사완료에 따른 조치

1) 정비사업의 준공인가

(1) 정비사업의 준공

① 시장·군수의 준공인가(법 제52조제1항)

시장·군수가 아닌 사업시행자는 정비사업에 관한 공사를 완료한 때에는 대통령령이 정하는 방법 및 절차에 의하여 시장·군수의 준공인가를 받아야 한다.

② 준공검사 실시(법 제52조제2항)

준공인가신청을 받은 시장 · 군수는 지체 없이 준공검사를 실시하여야 한다. 이 경우 시장 · 군수는 효율적인 준공검사를 위하여 필요한 때에는 관계행정기관 · 정부투자기관 · 연구기관 그 밖의 전문기관 또는 단체에 준공검사의 실시를 의뢰할 수 있다.

③ 준공인가 및 공사완료 고시(법 제52조제4 · 5항)

㉠ 시장 · 군수는 준공검사의 실시결과 정비사업이 인가받은 사업시행계획대로 완료되었다고 인정하는 때에는 준공인가를 하고 공사의 완료를 당해 지방자치단체의 공보에 고시하여야 한다.

㉡ 시장 · 군수는 직접 시행하는 정비사업에 관한 공사가 완료된 때에는 그 공사의 완료를 당해 지방자치단체의 공보에 고시하여야 한다.

④ 준공인가 전 사용허가(법 제52조제5항)

시장 · 군수 또는 구청장은 준공인가를 하기 전 완공된 건축물이 사용에 지장이 없는 경우에는 입주예정자가 완공된 건축물을 사용할 것을 사업시행자에 대하여 허가할 수 있다. 다만, 자신이 사업시행자인 경우에는 허가를 받지 아니하고 입주예정자가 완공된 건축물을 사용하게 할 수 있다.

(2) 공사완료의 고시절차 등(법 제52조제6항)

공사완료의 고시절차 및 방법 그 밖에 필요한 사항은 대통령령으로 정한다.

2) 공사완료에 따른 관련 인 · 허가 등의 의제(제53조)

(1) 준공검사 등의 의제

준공인가를 하거나 공사완료의 고시를 함에 있어 시장 · 군수가 인 · 허가 등에 따른 준공검사 · 준공인가 · 사용검사 · 사용승인 등에 관하여 관계행정기관의 장과 협의한 사항에 대하여는 당해 준공검사 · 인 가등을 받은 것으로 본다.

(2) 서류제출

시장 · 군수가 아닌 사업시행자는 준공검사 · 인가 등의 의제를 받고자 하는 경우에는 준공인가를 신청하는 때에 해당 법률이 정하는 관계서류를 함께 제출하여야 한다.

(3) 협의

시장 · 군수는 준공인가를 하거나 공사완료의 고시를 함에 있어서 그 내용에 제32조의 규정에 의하여 의제되는 인 · 허가 등에 따른 준공검사 · 인 가등에 해당하는 사항이 있은 때에는 미리 관계행정기관의 장과 협의하여야 한다.

3) 이전고시 등

(1) 소유권 이전

① 관리처분 계획에 정한 사항의 통보(법 제54조제1항)

사업시행자는 공사완료 고시가 있는 때에는 지체 없이 대지 확정측량을 하고 토지의 분할절차를 거쳐 관리처분 계획에 정한 사항을 분양받은 자에게 통지하고 대지 또는 건축물의 소유권을 이전하여야 한다.

② 소유권 이전에 관한 고시(법 제54조제2항)

사업시행자는 대지 및 건축물의 소유권을 이전한 때에는 그 내용을 당해 지방자치단체의 공보에 고시한 후 이를 시장·군수 또는 구청장에게 보고하여야 한다.

(2) 대지 및 건축물에 대한 권리의 확정

① 종전 권리의 보호(법 제55조제1항)

대지 또는 건축물을 분양받을 자에게 관리처분 계획에 따라 소유권을 이전한 경우 종전의 토지 또는 건축물에 설정된 지상권, 전세권, 저당권, 임차권, 가등기담보권, 가압류 등 등기된 권리 및 주택임대차보호법 요건을 갖춘 임차권은 소유권을 이전 받은 대지 또는 건축물에 설정된 것으로 본다.

② 대지 또는 건축물은 도시개발법 준용(법 제55조제2항)

소유권 이전에 의하여 취득하는 대지 또는 건축물 중 토지등소유자에게 분양하는 대지 또는 건축물은 도시개발법에 의한 환지로 보며, 보류지와 일반에게 분양하는 대지 도는 건축물은 도시개발법에 의한 보류지 또는 체비지로 본다.

(3) 등기절차 및 권리변동의 제한

① 분양등기(법 제56조제1항)

사업시행자는 소유권 이전의 고시가 있을 때에는 지체 없이 대지 및 건축물에 관한 등기를 지방법원지원 도는 등기소에 촉탁 또는 신청하여야 한다.

② 등기에 관하여 필요한 사항은 대법원규칙으로 정한다(법 제56조제2항).

③ 다른 등기의 금지(법 제56조제3항)

정비사업에 관하여 소유권 이전의 고시가 있는 날부터 이전등기가 있을 때까지는 저당권 등의 다른 등기를 하지 못한다.

4) 청산

(1) 청산금(법 제57조제1항)

① 청산금의 의의

대지 또는 건축물을 분양받은 자가 종전에 소유하고 있던 토지 또는 건축물의 가격과 분양받은 대지 또는 건축물의 가격사이에 차이가 있는 경우에는 사업시행자는 소유권 이전의 고시가 있는 후에는 그 차액에 상당하는 금액(청산금) 분양 받은 자로부터 징수하거나 분양받은 자에게 지급하여야 한다.

② 청산금의 분할 징수·지급 기능

관리처분 계획인가 후부터 소유권 이전의 고시일까지 일정기간별로 분할징수하거나 분할지급할 수 있다.

(2) 청산기준 가격의 평가방법(법 제57조제2항, 영 제57조제1·2·4항)

종전에 소유하고 있던 토지 또는 건축물의 가격과 분양받은 대지 또는 건축물의 가격은 그 토지 또는 건축물의 규모·위치·이용상황·정비사업비 등을 참작하여 평가하여야 한다.

건축물의 가격평가에 있어서는 층별·위치별 가중치를 참작할 수 있다.

① 주택재개발사업 및 도시환경정비사업의 경우

시장·군수 또는 구청장이 추천하는 감정평가업자 2인 이상이 평가한 금액을 산술평균하여 산정한다.

② 주택재건축사업의 경우

사업시행자가 정하는 바에 따라 평가한다. 다만, 감정평가업자의 평가를 받고자 하는 경우에는 시장·군수 또는 구청장이 추천하는 감정평가업자 2인 이상이 평가한 금액을 산술평균하여 산정할 수 있다.

(3) 청산금의 징수방법(법 제58조제1항)

① 청산금의 강제징수

청산금을 납부할 자가 이를 납부하지 아니하는 경우에는 시장·군수 또는 구청장인 사업시행자는 지방세체납처분의 예에 의하여 이를 징수할 수 있다.

② 청산금의 위탁징수

시장·군수 또는 구청장이 아닌 사업시행자는 시장·군수 또는 구청장에게 청산금의 징수를 위탁할 수 있다.

(4) 청산금의 소멸시효(법 제58조제3항)

청산금의 지급(분할지급을 포함한다) 받을 권리 또는 이를 징수(분할징수를 포함한다)할 권리는 소유권 이전의 고시일 다음 날부터 5년간 이를 행사하지 아니하면 소멸한다.

(5) 저당권의 물상대위(법 제59조)

정비사업을 시행하는 지역 안에 있는 토지 또는 건축물에 저당권을 설정한 권리자는 저당권이 설정된 토지 또는 건축물의 소유자가 지급받을 청산금에 대하여 청산금을 지급하기 전에 압류절차를 거쳐 저당권을 행사할 수 있다.

제4장 비용의 부담 및 정비사업전문관리업

1. 비용부담

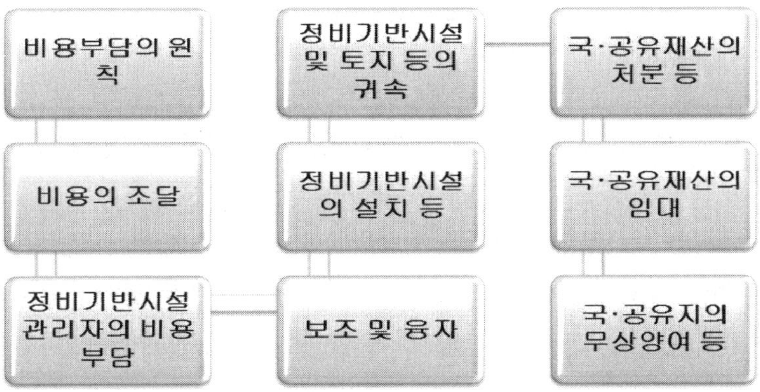

1) 비용부담의 원칙

(1) 시행자부담의 원칙(법 제60조제1항)

정비사업비는 이 법 또는 다른 법령에 특별한 규정이 있는 경우를 제외하고는 사업시행자가 부담한다.

(2) 시장 · 군수의 비용부담(법 제60조제2항)

시장 · 군수는 시장 · 군수가 아닌 사업시행자가 시행하는 정비사업의 정비계획에 따라 설치되는 도시계획시설 중 대통령령이 정하는 주요 정비기반시설 및 임시수용시설에 대하여는 그 건설에 소요되는 비용의 전부 또는 일부를 부담할 수 있다.

2) 비용의 조달

(1) 사업시행자의 부과 · 징수

① 부과금으로 부과 · 징수(법 제61조제1항)

사업시행자는 토지등소유자로부터 비용과 정비사업의 시행과정에서 발생한 수입의 차액을 부과금으로 부과 · 징수할 수 있다.

② 연체료를 부과 · 징수(법 제61조제2항)

사업시행자는 토지등소유자가 부과금의 납부를 태만히 한 때에는 연체료를 부과 · 징수할 수 있다.

③ 부과금 및 연체료의 부과 · 징수에 관하여 필요한 사항(법 제61조제3항)

부과금 및 연체료의 부과 · 징수에 관하여 필요한 사항은 정관 등으로 정한다.

(2) 강제부과 · 징수

① 시장 · 군수에게 그 부과 · 징수를 위탁(법 제61조제4항)

시장 · 군수가 아닌 사업시행자는 부과금 또는 연체료를 체납하는 자가 있는 때에는 시장 · 군수에게 그 부과 · 징수를 위탁할 수 있다.

② 부과 · 징수 방법 및 교부수수료부(법 제61조제5항)

시장 · 군수는 부과 · 징수를 위탁받은 경우에는 지방세체납처분의 예에 의하여 이를 부과 · 징수할 수 있다. 이 경우 사업시행자는 징수한 금액의 100분의 4에 해당하는 금액을 당해 시장 · 군수에게 교부하여야 한다.

3) 정비기반시설 관리자의 비용부담

(1) 정비기반시설의 관리자 비용부담(법 제62조제1항)

시장 · 군수는 그가 시행하는 정비사업으로 인하여 현저한 이익을 받는 정비기반시설의 관리자가 있는 경우에는 대통령령이 정하는 방법 및 절차에 따라 당해 정비사업비의 일부를 그 정비기반시설의 관리자와 협의하여 그 관리자에게 이를 부담시킬 수 있다.

(2) 공동구의 설치에 소요되는 비용부담(법 제62조제2항)

사업시행자는 정비사업을 시행하는 지역에 전기 · 가스 등의 공급시설을 설치하기 위하여 공동구를 설치하는 경우에는 다른 법령에 의하여 그 공동구에 수용될 시설을 설치할 의무가 있는 자에게 공동구의 설치에 소요되는 비용을 부담시킬 수 있다.

(3) 비용부담의 비율 및 부담방법과 공동구의 관리에 관하여 필요한 사항(법 제62조 제3항)

비용부담의 비율 및 부담방법과 공동구의 관리에 관하여 필요한 사항은 국토교통부령으로 정한다.

4) 보조 및 융자(법 제63조)

(1) 비용 일부의 보조 · 융자

국가 또는 시 · 도는 시장 · 군수 또는 주택공사 등이 시행하는 정비사업에 관한 기초조사 및 정비사업의 시행에 필요한 시설로서 대통령령이 정하는 정비기반시설 및 임시수용시설의 건설에 소요되는 비용의 일부를 보조하거나 융자할 수 있다.

(2) 비용의 전부 또는 일부 보조

시장 · 군수는 사업시행자가 주택공사 등인 주거환경개선사업과 관련하여 제1항의 규정에 의한 정비기반시설 및 임시수용시설을 건설하는 경우 건설에 소요되는 비용의 전부 또는 일부를 주택공사 등에게 보조하여야 한다.

(3) 국가 또는 지방자치단체의 보조 · 융자

국가 또는 지방자치단체는 시장 · 군수가 아닌 사업시행자가 시행하는 정비사업에 소요되는 비용의 일부를 보조 또는 융자하거나 융자를 알선할 수 있다.

(4) 순환정비방식의 정비사업에 우선적으로 지원

국가 또는 지방자치단체는 정비사업에 필요한 비용을 보조 또는 융자하는 경우 순환정비방식의 정비사업에 우선적으로 지원할 수 있다. 이 경우 순환정비방식의 정비사업의 원활한 시행을 위하여 국가 또는 지방자치단체는 순환용 주택의 건설비, 공가관리비의 일부를 보조 또는 융자할 수 있다.

5) 정비기반시설의 설치 등(법 제64조)

(1) 정비기반시설을 설치

사업시행자는 관할지방자치단체장과의 협의를 거쳐 정비구역 안에 정비기반시설을 설치하여야 한다.

(2) 우선매수청구권

정비기반시설의 설치를 위하여 토지 또는 건축물이 수용된 자는 당해 정비구역 안에 소재하는 대지 또는 건축물로서 매각대상이 되는 대지 또는 건축물에 대하여 다른 사람에 우선하여 매수청구할 수 있다. 이 경우 당해 대지 또는 건축물이 국가 또는 지방자치단체의 소유인 때에는 국유재산법 또는 지방재정법의 규정에 의한 국유재산관리계획 또는 공유재산관리계획과 국유재산법 또는 지방재정법의 규정에 의한 계약의 방법에 불구하고 수의계약에 의하여 매각할 수 있다.

(3) 매수조건 협의

시·도지사는 의하여 정비구역을 지정함에 있어서 정비구역의 진입로 설치를 위하여 필요한 경우에는 진입로 지역과 그 인접지역을 포함하여 정비구역을 지정할 수 있다.

(4) 매각대금의 결정방법·납부기간 및 납부방법

매각대금의 결정방법·납부기간 및 납부방법 등에 관하여 필요한 사항은 대통령령으로 정한다.

6) 정비기반시설 및 토지 등의 귀속(법 제65조)

(1) 국가 또는 지방자치단체에 무상

시장·군수 또는 주택공사 등이 정비사업의 시행으로 새로이 정비기반시설을 설치하거나 기존의 정비기반시설에 대체되는 정비기반시설을 설치한 경우에는 국유재산법 또는 지방재정법의 규정에 불구하고 종래의 정비기반시설은 사업시행자에게 무상으로 귀속되고, 새로이 설치된 정비기반시설은 그 시설을 관리할 국가 또는 지방자치단체에 무상으로 귀속된다.

(2) 사업시행자에게 무상으로 양도

시장·군수 또는 주택공사 등이 아닌 사업시행자가 정비사업의 시행으로 새로이 설치한 정비기반시설은 그 시설을 관리할 국가 또는 지방자치단체에 무상으로 귀속되고, 정비사업의 시행으로 인하여 용도가 폐지되는 국가 또는 지방자치단체 소유의 정비기반시설은 그가 새로이 설치한 정비기반시설의 설치비용에 상당하는 범위 안에서 사업시행자에게 무상으로 양도된다.

(3) 관리청의 의견청취

시장·군수는 정비기반시설의 귀속 및 양도에 관한 사항이 포함된 정비사업을 시행하고자 하거나 그 시행을 인가하고자 하는 경우에는 미리 그 관리청의 의견을 들어야 한다. 인가받은 사항을 변경하고자 하는 경우에도 또한 같다.

(4) 귀속 또는 양도의 시기

사업시행자는 관리청에 귀속될 정비기반시설과 사업시행자에게 귀속 또는 양도될 재산의 종류와 세목을 정비사업의 준공 전에 관리청에 통지하여야 하며, 당해 정비기반시설은 그 정비사업이 준공인가되어 관리청에 준공인가통지를 한 때에 국가 또는 지방자치단체에 귀속되거나 사업시행자에게 귀속 또는 양도된 것으로 본다.

(5) 부동산등기법에 의한 등기원인 증명

정비기반시설의 등기에 있어서는 정비사업의 시행인가서와 준공인가서(시장 · 군수가 직접 정비사업을 시행하는 경우에는 사업시행인가의 고시와 공사완료의 고시를 말한다)는 부동산등기법에 의한 등기원인을 증명하는 서류에 갈음한다.

7) 국 · 공유재산의 처분 등(법 제66조)

(1) 관리청과 사전 협의

시장 · 군수는 인가하고자 하는 사업시행계획 또는 직접 작성하는 사업시행계획서에 국 · 공유재산의 처분에 관한 내용이 포함되어 있는 때에는 미리 관리청과 협의하여야 한다. 이 경우 관리청이 불분명한 재산중 도로 · 하천 · 구거 등에 대하여는 국토교통부장관을, 그 외의 재산에 대하여는 기획재정부장관을 관리청으로 본다.

(2) 관리청의 의견제시

협의를 받은 관리청은 20일 이내에 의견을 제시하여야 한다.

(3) 국 · 공유재산의 매각금지

정비구역 안의 국 · 공유재산은 정비사업 외의 목적으로 매각하거나 양도할 수 없다.

(4) 국 · 공유재산 우선매각 또는 임대 등

① 수의계약

정비구역 안의 국 · 공유재산은 국유재산법 국유재산관리계획 또는 공유재산관리계획과 국유재산법 지방재정법 계약의 방법에 불구하고 사업시행자 또는 점유자 및 사용자에게 다른 사람에 우선하여 수의계약으로 매각 또는 임대할 수 있다.

② 용도폐지

다른 사람에 우선하여 매각 또는 임대할 수 있는 국 · 공유재산은 국유재산법 · 지방재정법 그 밖에 국 · 공유지의 관리와 처분에 관하여 규정한 관계법령의 규정에 불구하고 사업시행인가의 고시가 있은 날부터 종전의 용도가 폐지된 것으로 본다.

③ 국 · 공유지의 평가

정비사업을 목적으로 우선 매각하는 국 · 공유지의 평가는 사업시행인가의 고시가 있은 날을 기준으로 하여 행하며, 주거환경개선사업의 경우 매각가격은 이 평가금액의 100분의 80으로 한다. 다만, 사업시행인가의 고시가 있은 날부터 3년 이내에 매매계약을 체결하지 아니한 국·공유지는 국유재산법 또는 지방재정법이 정하는 바에 의한다.

8) 국·공유재산의 임대(법 제67조)

(1) 국·공유지를 임대

지방자치단체 또는 주택공사 등은 주거환경개선구역 및 주택재개발구역에서 임대주택(임대주택법의 규정에 의한 임대주택을 말한다)을 건설하는 경우에는 국유재산법 또는 지방재정법에 불구하고 국·공유지 관리청과 협의하여 정한 기간 동안 국·공유지를 임대할 수 있다.

(2) 영구건축물을 축조

시장·군수는 위의 (1)의 규정에 의하여 임대하는 국·공유지는 국유재산법 또는 지방재정법 의 규정에 불구하고 그 토지 위에 공동주택 그 밖의 영구건축물을 축조하게 할 수 있다. 이 경우 당해 시설물의 임대기간이 종료되는 때에는 임대한 국·공유지 관리청에 기부 또는 원상으로 회복시켜서 반환하거나 국·공유지 관리청으로부터 매입하여야 한다.

(3) 국·공유지의 임대료

국·공유지의 임대료는 국유재산법 또는 지방재정법이 정하는 바에 의한다.

9) 국·공유지의 무상양여 등

(1) 국·공유지의 처분에 관한 특례사항

① 업시행자에게 무상으로 양여(법 제68조제1항)

주거환경개선구역 안에서 국가 또는 지방자치단체가 소유하는 토지는 사업시행인가의 고시가 있은 날부터 종전의 용도가 폐지된 것으로 보며, 국유재산법·지방재정법 그 밖에 국·공유지의 관리 및 처분에 관하여 규정한 관계법령의 규정에 불구하고 당해 사업시행자에게 무상으로 양여된다. 다만, 국유재산법 또는 지방재정법의 규정에 의한 행정재산 또는 보존재산과 국가 또는 지방자치단체가 양도계약을 체결하여 정비구역지정 고시일 현재 대금의 일부를 수령한 토지에 대하여는 그러하지 아니하다.

② 국가 또는 지방자치단체와 협의

시장·군수는 무상양여의 대상이 되는 국·공유지를 소유 또는 관리하고 있는 국가 또는 지방자치단체와 협의를 하여야 한다.

③ 무상으로 양여된 토지의 사용제한

무상양여된 토지의 사용수익 또는 처분으로 인한 수입은 주거환경개선사업 외의 용도로 이를 사용할 수 없다.

④ 양여된 토지의 관리처분

사업시행자에게 양여된 토지의 관리처분에 관하여 필요한 사항은 국토교통부장관의 승인을 얻어 당해 시 · 도조례 또는 주택공사 등의 시행규정으로 정한다.

(2) 국 · 공유지의 처분제한

주거환경개선구역 안에서 국가 또는 지방자치단체가 소유하는 토지는 정비구역지정의 고시가 있은 날부터 정비사업 외의 목적으로 이를 양도하거나 매각할 수 없다.

2. 정비사업전문관리업

1) 정비사업전문관리업

(1) 정비사업전문관리업의 등록(법 제69조제1항)

① 전문관리업의 등록

정비사업의 시행을 위하여 필요한 아래의 사항을 조합설립추진위원회 또는 정비사업조합으로부터 위탁받거나 이와 관련한 자문을 하고자 하는 자는 자본, 기술인력 등의 기준을 갖춰 시 · 도지사에게 등록 또는 변경(경미한 사항의 변경은 제외한다)등록하여야 한다. 다만, 대한 주택공사 및 한국감정원의 경우에는 그러하지 아니한다.

② 전문관리업의 등록절차(법 제69조제2항, 영 제64조제2항)

등록의 절차 및 방법, 등록수수료 등에 관하여 필요한 사항은 대통령령으로 정한다.

㉠ 등록절차

국토교통부장관은 등록신청서를 제출받은 때에는 등록기준에의 적합 여부를 확인한 후 적합하다고 인정하는 자에 대하여는 국토교통부령이 정하는 바에 따라 정비사업전문관리업자등록부에 등재하고 등록증을 교부하여야 한다.

㉡ 수수료(영 제64조제3항)

정비사업전문관리업자의 등록을 신청하는 자는 국토교통부령이 정하는 수수료를 납부하여야 한다.

③ 등록사항 보고(법 제69조제3항)

시 · 도지사는 정비사업전문관리업의 등록 또는 변경 등록한 현황 및 등록취소 또는 업무정지를 명한 현황을 국토교통부령이 정하는 방법 및 절차에 따라 국토교통부장관에게 보고하여야 한다.

(2) 정비사업전문관리업의 업무(법 제69조제1항)

① 정비사업 조합설립의 동의 및 정비사업의 동의에 관한 업무의 대행
② 정비사업 조합이 설립인가 신청에 관한 업무의 대행
③ 사업성 검토 및 정비사업의 시행계획서의 작성
④ 설계자 및 시공자 선정에 관한 업무의 지원
⑤ 사업시행인가의 신청에 관한 업무의 대행
⑥ 분양 및 관리처분계획의 수립에 관한 업무의 대행
⑦ 설계도서의 검토 및 공사비변동내역의 검토 등

(3) 정비사업전문관리업자의 업무제한 등(법 제70조)

정비사업전문관리업자는 동일한 정비사업에 대하여 다음의 업무를 병행하여 수행할 수 없다.

① 건축물의 철거
② 정비사업의 설계
③ 정비사업의 시공
④ 정비사업의 회계감사
⑤ 안전진단업무

(4) 정비사업전문관리업자와 위탁자와의 관계(법 제71조)

정비사업전문관리업자에게 업무를 위탁하거나 자문을 요청한 자와 정비사업전문관리업자 사이의 관계에 관하여 도정법에 규정이 있는 것을 제외하고는 민법의 위임에 관한 규정을 준용한다.

(5) 정비사업전문관리업자의 결격사유

① 결격사유(법 제72조제1항)

다음의 어느 하나에 해당하는 자는 정비사업전문관리업의 등록을 신청할 수 없으며, 정비사업전문관리업자의 업무를 대표 또는 보조하는 임직원이 될 수 없다.

㉠ 미성년자(대표 또는 임원이 되는 경우에 한한다) · 금치산자 또는 한정치산자

㉡ 파산선고를 받은 자로서 복권되지 아니한 자

㉢ 금고 이상의 실형의 선고를 받고 그 집행이 종료(종료된 것으로 보는 경우를 포함한다)되거나 집행이 면제된 날부터 2년이 경과되지 아니한 자

㉣ 금고 이상의 형의 집행유예를 받고 그 유예기간 중에 있는 자

㉤ 이 법을 위반하여 벌금형의 선고를 받고 1년이 경과되지 아니한 자

㉥ 등록이 취소된 후 2년이 경과되지 아니한 자

㉦ 법인의 업무를 대표 또는 보조하는 임직원중 제① 내지 제⑥의 하나에 해당하는 자가 있는 법인

▶정비사업전문관리업자의 업무를 대표 또는 보조하는 임직원이 제1항 각호의 1에 해당하게 되거나 선임 당시 그에 해당하는 자이었음이 판명된 때에는 당연 퇴직한다.

② 퇴직 전 효력의 유지(법 제72조제2항)

퇴직된 임직원이 퇴직 전에 관여한 행위는 그 효력을 잃지 아니한다.

(6) 정비사업전문관리업의 등록 취소 등(법 제73조)

① 등록취소·업무의 전부 또는 일부의 정지

시·도지사는 정비사업전문관리업자가 다음 각 호의 어느 하나에 해당하는 때에는 그 등록을 취소하거나 1년 이내의 기간을 정하여 업무의 전부 또는 일부의 정지를 명할 수 있다. 다만, 제①호·제⑥호 및 제⑦호에 해당하는 때에는 그 등록을 취소하여야 한다.

㉠ 사위 그 밖의 부정한 방법으로 등록을 한 때

㉡ 등록기준에 미달하게 된 때

㉢ 고의 또는 과실로 조합에게 계약금액(정비사업전문관리업자가 조합과 체결한 총계약금액을 말한다)의 3분의 1 이상의 재산상 손실을 끼친 때

㉣ 보고·자료제출을 하지 아니하거나 허위로 한 때 또는 조사·검사를 거부·방해 또는 기피한 때

㉤ 보고·자료제출을 하지 아니하거나 허위로 한 때 또는 조사를 거부·방해 또는 기피한 때

㉥ 최근 3년간 2회 이상의 업무정지처분을 받은 자로서 그 정지처분을 받은 기간이 합산하여 12월을 초과한 때

㉦ 다른 사람에게 자기의 성명 또는 상호를 사용하여 이 법이 정한 업무를 수행하게 하거나 등록증을 대여한 때

ⓞ 그 밖에 이 법 또는 이 법에 의한 명령이나 처분을 위반한 때

② 등록의 취소 및 업무의 정지처분에 관한 기준
등록의 취소 및 업무의 정지처분에 관한 기준은 대통령령으로 정한다.

③ 통지
정비사업전문관리업자는 제1항의 규정에 의하여 등록취소처분 등을 받은 경우에는 당해 내용을 지체 없이 사업시행자에게 통지하여야 한다.

④ 사업의 계속시행
정비사업전문관리업자는 제1항의 규정에 의하여 등록취소처분 등을 받기 전에 계약을 체결한 업무는 이를 계속하여 수행할 수 있다. 이 경우 정비사업전문관리업자는 당해 업무를 완료할 때까지는 정비사업전문관리업자로 본다.

⑤ 업무의 정지
정비사업전문관리업자는 다음의 어느 하나에 해당하는 경우에는 업무를 계속하여 수행할 수 없다.

㉠ 사업시행자가 제3항의 규정에 의한 통지를 받거나 처분사실을 안 날부터 3월 이내에 총회 또는 대의원회의 의결을 거쳐 당해 업무계약을 해지한 경우

㉡ 정비사업전문관리업자가 등록취소처분 등을 받은 날부터 3월 이내에 사업시행자로부터 업무의 계속수행에 대하여 동의를 받지 못한 경우. 이 경우 사업시행자가 동의를 하고자 하는 때에는 총회 또는 대의원회의 의결을 거쳐야 한다.

㉢ 등록이 취소된 경우

(7) 정비사업전문관리업자에 대한 조사 등(법 제74조)

① 업무의 감독
국토교통부장관 또는 시·도지사는 정비사업전문관리업자에 대하여 그 업무의 감독상 필요한 때에는 그 업무에 관한 사항을 보고하게 하거나 자료의 제출 그 밖의 필요한 명령을 할 수 있으며, 소속 공무원으로 하여금 영업소 등에 출입하여 장부·서류 등을 조사 또는 검사하게 할 수 있다.

② 증표 등의 휴대
출입·검사 등을 하는 공무원은 그 권한을 표시하는 증표를 지니고 이를 관계인에게 내보여야 한다.

3. 감독

1) 감독 등

(1) 자료의 제출 등(법 제75조)

① 추진실적 보고의 의무

시·도지사는 국토교통부령이 정하는 방법 및 절차에 의하여 정비사업추진실적을 분기별로 국토교통부장관에게, 시장·군수는 시·도조례가 정하는 바에 의하여 정비사업의 추진실적을 시·도지사에게 보고하여야 한다.

② 업무에 관한 사항 조사

국토교통부장관, 시·도지사 또는 시장·군수는 정비사업의 원활한 시행을 위하여 감독상 필요하다고 인정하는 때에는 추진위원회·사업시행자·정비사업전문관리업자·철거업자·설계자 및 시공자 등 이 법에 의한 업무를 하는 자에 대하여 국토교통부령이 정하는 내용에 따라 보고 또는 자료의 제출을 명할 수 있으며 소속 공무원으로 하여금 그 업무에 관한 사항을 조사하게 할 수 있다.

③ 조사일시·조사목적 등 사전 통지

업무를 조사하는 공무원은 국토교통부령이 정하는 방법 및 절차에 따라 조사일시·조사목적 등을 미리 알려주어야 한다.

(2) 회계감사(법 제76조제1항, 영 제67조제1항)

시장·군수 또는 주택공사 등이 아닌 사업시행자는 대통령령이 정하는 방법 및 절차에 의하여 각호의 1에 해당하는 시기에 주식회사의외부감사에관한법률 제3조의 규정에 의한 감사인의 회계감사를 받아야 하며, 그 감사결과를 회계감사가 종료된 날부터 15일 이내에 시장·군수에게 보고하고 이를 당해 조합에 보고하여 조합원이 공람할 수 있도록 하여야 한다.

① 추진위원회에서 조합으로 인계되기 전 7일 이내

② 사업시행인가의 고시일부터 20일 이내

③ 준공인가의 신청일부터 7일 이내

(3) 감독(법 제77조)

① 처분의 취소·변경 또는 정지

정비사업의 시행이 이 법 또는 이 법에 의한 명령·처분이나 사업시행계획서 또는 관리처분계획에 위반되었다고 인정되는 때에는 정비사업의 적정한 시행을 위하여 필요한 범위 안에서 국토교통부장관은 시·도지사, 시장·군수, 사업시행자 또는 정비사업전문관리업자에게, 시 · 도지사는 시장 · 군수, 사업시행자 또는 정비사업전문관리업자에게, 시장 · 군수는 사업시행자 또는 정비사업전문관리업자에게 그 처분의 취소 · 변경 또는 정지, 그 공사의 중지 · 변경, 임원의 개선 권고 그 밖의 필요한 조치를 취할 수 있다.

- 삭제

③ 점검반을 구성 운영
국토교통부장관은 이 법에 의한 정비사업의 원활한 시행을 위하여 관계공무원 및 전문가로 구성된 점검반을 구성하여 정비사업 현장조사를 통하여 분쟁의 조정, 위법사항의 시정요구 등 필요한 조치를 할 수 있다. 이 경우 관할 지방자치단체의 장과 조합 등은 대통령령이 정하는 자료의 제공 등 점검반의 활동에 적극 협조하여야 한다.

(4) 청문(법 제78조)

국토교통부장관, 시 · 도지사 또는 시장 · 군수는 다음의 하나에 해당하는 처분을 하고자 하는 경우에는 청문을 실시하여야 한다.

① 정비사업전문관리업의 등록취소
② 조합 설립인가의 취소, 사업시행인가의 취소 또는 관리처분계획인가의 취소

4. 보칙

1) 정비구역 안에서의 건축물의 유지 · 관리(제79조)

(1) 유지 · 관리의 기준

시장 · 군수는 정비사업으로 건축된 건축물에 대하여 기본계획 및 정비계획에 포함된 건축기준에 적합하게 유지 · 관리하여야 한다.

(2) 국토의계획및이용에관한법률 적용

시장 · 군수는 공사완료의 고시가 된 후에 정비기반시설의 설치가 필요한 경우에는 제1항의 규정에 불구하고 국토의계획및이용에관한법률 제85조 내지 제100조의 규정에 의한 도시계획시설의 설치에 관한 규정을 적용하여 이를 설치할 수 있다.

2) 주택재개발사업의 시행방식의 전환(법 제80조)

(1) 시행방식의 전환(법 제80조제1항)

시장 · 군수는 사업대행자를 지정하거나, 토지등소유자의 5분의 4 이상의 요구가 있어 주택재개발사업의 시행방식의 전환이 필요하다고 인정하는 경우에는 정비사업이

완료되기 전이라도 대통령령이 정하는 범위 안에서 정비구역의 전부 또는 일부에 대하여 시행방식의 전환을 승인할 수 있다.

(2) 사업시행자의 전환의 절차

① 전환의 동의(법 제80조제2항)

사업시행자는 시행방식을 전환하기 위하여 관리처분계획을 변경하고자 하는 경우 토지면적의 3분의 2 이상의 동의와 토지등소유자의 5분의 4 이상의 동의를 얻어야 하며 변경절차에 관하여는 관리처분계획 변경에 관한 규정을 준용한다.

② 공사완료 고시 등(법 제80조제3항)

사업시행자는 정비구역의 일부에 대하여 시행방식을 변경하고자 하는 경우에 주택재개발사업이 완료된 부분에 대하여는 준공인가를 거쳐 당해 지방자치단체의 공보에 공사완료의 고시를 하여야 하며, 변경하고자 하는 부분에 대하여는 이 법에서 정하고 있는 절차에 따라 시행방식을 전환하여야 한다.

③ 공사완료 고시에 따른 사항(법 제80조제4항)

위 규정에 따라 공사완료의 고시를 한 때에는 지적법 제26조제2항의 규정에 불구하고 관리처분계획의 내용에 따라 제54조의 규정에 의한 이전이 된 것으로 본다.

3) 관련자료의 공개와 보존 등(법 제81조)

(1) 사업시행자의 관련자료 공람의무

사업시행자는 정비사업시행에 관하여 대통령령이 정하는 서류 및 관련자료를 인터넷 등을 통하여 공개하여야 하며, 조합원 또는 토지등소유자의 공람요청이 있는 경우에는 이를 공람시켜 주어야 한다.

(2) 추진위원회 · 조합 또는 정비사업전문관리업자의 자료 보관의무

추진위원회 · 조합 또는 정비사업전문관리업자는 총회 또는 중요한 회의가 있은 때에는 속기록 · 녹음 또는 영상자료를 만들어 이를 청산 시까지 보관하여야 한다.

(3) 관계서류의 인계

시장 · 군수 또는 주택공사 등이 아닌 사업시행자는 정비사업을 완료하거나 폐지한 때에는 시 · 도조례가 정하는 바에 따라 관계서류를 시장 · 군수에게 인계하여야 한다.

(4) 관계서류의 보관

시장 · 군수 또는 주택공사 등인 사업시행자와 관계서류를 인계받은 시장 · 군수는

당해 정비사업의 관계서류를 5년간 보관하여야 한다.

4) 도시 · 주거환경정비기금의 설치 등(법 제82조)

(1) 도시 · 주거환경정비기금의 설치

기본계획을 수립하는 특별시장 · 광역시장 또는 시장은 정비사업의 원활한 수행을 위하여 도시 · 주거환경정비기금을 설치하여야 한다.

(2) 정비기금의 재원

정비기금은 다음 하나의 금액을 재원으로 조성한다.

① 도시계획세 중 대통령령이 정하는 일정률 이상의 금액
② 부담금 및 정비사업으로 발생한 개발이익환수에관한법률에 의한 개발부담금 중 지방자치단체의 귀속분의 일부
③ 재건축초과이익 환수에 관한 법률에 의한 재건축부담금 중 동법 제4조제3항 및 제4항에 의한 지방자치단체 귀속분
④ 정비구역(주택재건축구역을 제외한다) 안의 국 · 공유지 매각대금 중 대통령령이 정하는 일정률 이상의 금액
⑤ 재건축임대주택의 임대보증금 및 임대료(특별시장 · 광역시장이 재건축임대주택을 인수한 경우와 도지사가 정비기금을 재원으로 재건축임대주택을 인수한 경우에 한한다)
⑥ 그 밖에 시 · 도조례가 정하는 재원

(3) 정비기금의 목적 외 사용금지

정비기금은 다음 각 호의 어느 하나의 용도 이외의 목적으로 사용하여서는 아니 된다.

① 이 법에 의한 정비사업
② 임대주택의 건설 · 관리
③ 임차인 주거안정 지원
④ 재건축초과이익 환수에 관한 법률에 의한 재건축부담금의 부과 · 징수

(4) 정비기금의 관리 · 운용과 개발부담금의 지방자치단체의 귀속분 중 정비기금으로 적립되는 비율

정비기금의 관리 · 운용과 개발부담금의 지방자치단체의 귀속분 중 정비기금으로 적립되는 비율 등에 관하여 필요한 사항은 시 · 도조례로 정한다.

5) 노후 · 불량주거지 개선계획의 수립(법 제82조의2)

국토교통부장관은 주택 또는 기반시설이 열악한 주거지의 주거환경개선을 위하여 5년마다 개선대상지역을 조사하고 연차별 재정지원계획 등을 포함한 노후 · 불량주거지 개선계획을 수립하여야 한다.

6) 권한의 위임(법 제83조)

국토교통부장관은 이 법의 규정에 의한 권한의 일부를 대통령령이 정하는 바에 의하여 시 · 도지사 또는 시장 · 군수에게 위임할 수 있다.

5. 벌칙

1) 벌칙적용에 있어서의 공무원 의제(법 제84조)

형법 제129조 내지 제132조의 적용에 있어서 조합의 임원과 정비사업전문관리업자의 대표자(법인인 경우에는 임원을 말한다) · 직원은 이를 공무원으로 본다.

2) 벌칙(법 제85조)

(1) 2년 이하의 징역 또는 2천만원 이하의 벌금

① 법 제11조의 규정을 위반하여 시공자를 선정한 자 및 시공자로 선정된 자

② 거짓 또는 부정한 방법으로 법 제19조제2항의 규정을 위반하여 조합원 자격을 취득한 자와 조합원 자격을 취득하게 하여준 토지등소유자 및 조합의 임직원

③ 법 제19조제2항의 규정을 회피하여 분양주택을 이전 또는 공급받을 목적으로 건축물 또는 토지의 양도 · 양수 사실을 은폐한 자

(2) 2년 이하의 징역 또는 2천만원 이하의 벌금

① 법 제5조제1항의 규정을 위반하여 허가 또는 변경허가를 받지 아니하거나 거짓 그 밖에 부정한 방법으로 허가 또는 변경허가를 받아 행위를 한 자

② 법 제12조제4항의 규정에 의한 안전진단결과보고서를 거짓으로 작성한 자

③ 법 제13조제2항의 규정에 위반하여 추진위원회를 구성 · 운영한 자

④ 법 제16조의 규정에 의하여 조합이 설립되었는데도 불구하고 추진위원회를 계속 운영하는 자

⑤ 법 제24조의 규정에 의한 총회의 의결을 거치지 아니하고 동조제3항 각호의 사업을 임의로 추진하는 조합의 임원

⑥ 법 제26조의 규정에 의하여 주민대표회의가 구성되어 있는데도 불구하고, 주민의 동의를 얻지 아니 하거나 통보를 하지 아니하고 임의로 주민대표회의를 구성하여 이 법에 의한 정비사업을 추진하는 자
⑦ 법 제28조의 규정에 의한 사업시행인가를 받지 아니하고 정비사업을 시행한 자와 동 사업시행계획서를 위반하여 건축물을 건축한 자
⑧ 법 제48조의 규정에 의한 관리처분계획의 인가를 받지 아니하고 제54조의 규정에 의한 이전을 한 자
⑨ 법 제69조제1항의 규정에 의한 등록을 하지 아니하고 이 법에 의한 정비사업의 위탁을 받거나 또는 자문을 하는 자
⑩ 사위 그 밖에 부정한 방법으로 등록을 한 정비사업전문관리업자
⑪ 법 제73조제1항 단서의 규정에 의하여 등록이 취소되었음에도 불구하고 영업을 하는 자
⑫ 법 제77조제1항의 규정에 따른 처분의 취소·변경 또는 정지, 그 공사의 중지 및 변경에 관한 명령을 받고도 이에 응하지 아니한 사업시행자 및 정비사업전문관리업자

(3) 1년 이하의 징역 또는 1천만원 이하의 벌금
① 법 제15조제5항의 규정을 위반하여 추진위원회의 회계장부 및 관계서류를 조합에 인계하지 아니하는 추진위원회 임원
② 법 제52조제1항의 규정에 의한 준공인가를 받지 아니하고 건축물 등을 사용한 자와 동조제5항의 규정에 의하여 시장·군수의 사용허가를 받지 아니하고 건축물을 사용하는 자
③ 다른 사람에게 자기의 성명 또는 상호를 사용하여 이 법이 정한 업무를 수행하게 하거나 등록증을 대여한 정비사업전문관리업자
④ 법 제76조의 규정에 의한 회계감사를 받지 아니한 자
⑤ 법 제77조제3항의 규정에 의한 점검반의 현장조사를 거부·기피 또는 방해한 자
⑥ 법 제81조제2항의 규정을 위반하여 속기록 등을 만들지 아니하거나 청산시까지 보관하지 아니한 추진위원회·조합 또는 정비사업전문관리업자의 임직원

3) 과태료(법 제88조)

(1) 500만원 이하의 과태료
① 법 제49조제4항 또는 제54조제1항의 규정에 의한 통지를 태만히 한 자

② 법 제74조제1항 및 제75조제2항의 규정에 의한 보고 또는 자료의 제출을 태만히 한 자

③ 법 제81조제4항의 규정에 의한 관계서류의 인계를 태만히 한 자

(2) 처분자(부과권자)

과태료는 대통령령이 정하는 방법 및 절차에 의하여 국토교통부장관, 시·도지사 또는 시장·군수(이하 "처분권자"라 한다)가 부과·징수한다.

(3) 이의제기

과태료의 처분에 불복이 있는 자는 그 처분의 고지를 받은 날부터 30일 이내에 그 처분권자에게 이의를 제기할 수 있다.

(4) 과태료에 대한 재판

과태료의 처분을 받은 자가 위의 (3)의 규정에 의하여 이의를 제기한 때에는 그 처분권자는 지체 없이 관할법원에 그 사실을 통보하여야 하며, 그 통보를 받은 관할법원은 비송사건절차법에 의한 과태료의 재판을 한다.

(5) 국세 또는 지방세체납처분의 예에 의한 징수

이의신청 기간 이내에 이의를 제기하지 아니하고 과태료를 납부하지 아니한 때에는 국세 또는 지방세체납처분의 예에 의하여 이를 징수한다.

4) 양벌규정(법 제87조)

법인의 대표자, 법인 또는 개인의 대리인·사용인 그 밖의 종업원이 그 법인 또는 개인의 업무에 관하여 법 제84조의2·제85조 및 제86조의 위반행위를 한 때에는 행위자를 벌하는 외에 그 법인 또는 개인에 대하여도 각 해당 조의 벌금형을 과한다.

제5절 개발이익환수에 관한 법률

1. 법의 의의 및 목적

각종 개발사업 기타 사회·경제적 요인에 따른 지가상승으로 발생하는 개발이익이 해당 토지소유자에게 사유화됨으로써 개발이익을 목적으로 하는 투기가 성행하는 것을 방

지하고, 지가상승분의 일정액을 환수함으로써 토지의 효율적인 이용을 촉진하여 국민경제의 건전한 발전에 이바지함을 목적으로 도입되었다. [168]

2. 개발사업의 개념

개발사업이라 함은 국가 또는 지방자치단체로부터 인가·허가·면허 등(신고를 포함)을 받아 시행하는 택지개발사업·공업단지조성사업 등을 말한다.[169]

개발부담금의 부과대상이 되는 개발사업은 택지개발사업을 비롯하여 9개의 사업과 그 밖에 이와 유사한 사업이다. 즉, 개발부담금의 부과대상인 개발사업은 다음의 표에 해당하는 사업 등으로 한다.[170] 개발부담금은 법령에 열거되지 않는 사업에 대하여는 개발이익이 발생하더라도 부과대상이 되지 않는다. 즉, 열거주의를 채택하고 있다.

3. 개발사업의 규모

(1) 사업별 규모

개발부담금의 부과대상(법 제5조)이 되는 개발사업의 규모는 관계 법률의 규정에 의하여 국가 또는 지방자치단체로부터 인가·허가·면허 등을 받은 사업대상토지의 면적이 다음에 해당하는 경우로 한다.[171]

① 특별시·광역시의 지역 중 도시계획구역인 지역 : 660제곱미터 이상

② 제1호 외의 도시계획구역인 지역에서 시행하는 사업 : 990제곱미터 이상

③ 도시계획구역 중 개발제한구역 안에서 당해 구역의 지정당시부터 토지를 소유한 자가 당해 토지에 대하여 시행하는 사업 : 1천650제곱미터 이상

④ 도시계획구역 외의 지역에서 시행하는 사업 : 1천650제곱미터 이상

(2) 면적규모의 특례

개발사업이 위 ① 내지 ④의 지역 중 2 이상의 지역에 걸쳐 시행되는 경우에는 부과대상이 되는 토지면적을 다음의 기준에 의하여 산정한다.[172]

① 위 ①의 지역의 1㎡는 ②의 지역의 1.5㎡, ③의 지역의 2.5㎡에 해당하는 것으로 본다.

---

168) 개발이익환수에 관한 법률 제1조.
169) 개발이익환수에 관한 법률 제2조제2호.
170) 개발이익환수에 관한 법률 제5조제1항, 시행령 제4조제1항에 의한 별표1.
171) 개발이익환수에 관한 법률 시행령 제4조.
172) 개발이익환수에 관한 법률 시행령 제4조제2항.

② 위 ②의 지역의 1㎡는 ③ 및 ④의 지역의 5/3㎡에 해당하는 것으로 본다.

(3) 연접사업

동일인(배우자 및 직계 존·비속을 포함)이 연접한 토지(동일인 소유의 연속되어 있는 일단의 토지인 경우를 포함)에 하나의 개발사업이 종료된 후 5년 이내에 개발사업의 인가 등을 받아 사실상 분할하여 사업을 시행하는 경우에는 각 사업의 대상토지면적을 합한 토지에 하나의 개발사업이 시행되는 것으로 보아 부담금을 부과한다.

4. 납부의무자

(1) 사업시행자

사업시행자[173]는 이 법이 정하는 바에 따라 개발부담금을 납부할 의무가 있다. 다만, 다음의 경우에는 그에 해당하는 자가 개발부담금을 납부할 의무를 진다.[174]

① 개발사업을 위탁 또는 도급한 경우에는 그 위탁이나 도급을 한 자
② 타인소유의 토지를 임차하여 개발사업을 시행한 경우에는 토지소유자
③ 개발사업을 완료하기 전에 사업시행자의 지위나 위 ① 또는 ②에 해당하는 자의 지위를 승계하는 경우에는 그 지위를 승계한 자

(2) 조합원

개발부담금을 납부하여야 할 자가 조합인 경우로서 당해 조합이 해산되거나 조합의 재산으로 개발부담금에 충당하고도 부족한 경우에는 그 조합원이 개발부담금을 납부하여야 한다.[175] 이 경우 조합원이 납부하여야 할 부담금은 조합이 납부하여야 할 부담금·가산금을 조합의 규약에 따라 배분한 금액으로 하며, 납부기한은 부과 고지일부터 30일로 한다.[176]

5. 부담금의 부과기준

개발부담금의 부과기준은 부과종료시점의 부과대상토지의 가액(종료시점지가)에서 다음 금액을 뺀 금액으로 한다.[177]

---

173) 개발이익환수에 관한 법률 제5조제1항.
174) 개발이익환수에 관한 법률 제6조제1항.
175) 개발이익환수에 관한 법률 제6조제2항.
176) 개발이익환수에 관한 법률 시행령 제4조의2.
177) 개발이익환수에 관한 법률 제8조제1항.

① 부과개시시점의 부과대상토지의 가액(개시시점지가)
② 부과기간 동안의 정상지가상승분
③ 개발비용(법 제11조의 규정)

◦ 개발부담금 = 개발이익 × 25% = 부과 종료시점의 지가 − 부과개시시점의 지가 − 개발비용− 정상지가상승분〕 × 25%

6. 개발비용의 산정기준

개발비용은 개발사업의 시행과 관련하여 지출된 다음 금액을 합하여 산출한다.[178)]

① 순공사비(제세공과금을 포함한다) · 조사비 · 설계비 · 일반관리비 및 기타 경비
② 관계 법령의 규정 또는 인가 등의 조건에 의하여 납부의무자가 공공시설 또는 토지 등을 국가 또는 지방자치단체에 제공하거나 기부한 경우에는 그 가액
③ 당해 토지의 개량비

〈표 20〉 개발부담금 부과대상사업

사업종류	근 거 법 률	사 업 명
1. 택지개발사업(주택단지조성사업을 포함한다)		다음의 1에 해당하는 사업. 다만, 도시및주거환경정비법에 의한 주거환경개선사업, 5년 이상 임대하기 위하여 임대주택법에 의하여 임대주택(주택건설촉진법시행령 제30조제1항 단서의 규정에 의한 규모이하의 임대주택에 한한다)을 건설하는 사업(5년이 되기 전에 임대주택을 분양하는 경우 그 분양주택은 이에 포함하지 아니한다), 도시및주거환경정비법에 의한 주택재건축사업 및 공공용지의취득및손실보상에관한특례법 제8조의 규정에 의한 이주자를 위한 이주단지조성사업을 제외한다.
	1) 택지개발촉진법	· 택지개발사업
	2) 주택건설촉진법	· 대지조성사업 및 주택건설사업 · 아파트지구개발사업

178) 개발이익환수에 관한 법률 제11조제1항.

사업종류	근 거 법 률	사 업 명
	3) 산업입지 및 개발에 관한 법률	· 산업단지 내 주택지조성사업
	4) 도시개발법	· 도시개발사업
2. 공업단지 조성사업	5) 산업입지 및 개발에 관한 법률	· 국가산업단지개발사업 · 지방산업단지개발사업 · 농공단지개발사업
	6) 중소기업진흥 및 제품구매촉진에 관한 법률	· 협동화사업단지조성사업
	7) 공업배치 및 공장설립에 관한 법률	· 산업단지외의 지역에서의 공장용지조성 및 공장설립을 위한 부지조성사업
	8) 도시개발법	· 도시개발사업
	9) 수출자유지역설치법	· 수출자유지역조성사업
3. 관광단지 조성사업	10) 관광진흥법	· 관광지조성사업 및 관광단지조성사업
4. 도시환경정비사업(공장을 건설하는 경우를 제외한다)	11) 도시및주거환경정비법	· 도시환경정비사업
5. 유통단지 조성사업	12) 유통단지개발촉진법	· 유통단지개발사업
6. 온천개발사업	13) 온천법	· 굴착사업 · 온천이용시설설치사업
7. 여객자동차터미널사업및화물터미널사업	14) 여객자동차터미널법 또는 화물유통촉진법	· 여객자동차터미널사업 또는 화물터미널사업
8. 골프장 건설사업	15) 국토의계획및이용에관한법률 또는 체육시설의설치 · 이용에관한법률	· 골프장건설사업(국토해양부령이 정하는 기준에 해당하는 골프장건설사업을 제외한다)

사업종류	근 거 법 률	사 업 명
9. 지목변경이 수반되는 개발사업	16) 건축법	· 국토해양부령이 정하는 건축물의 건축(건축법 제14조의 용도변경을 포함한다)으로 사실상 또는 공부상의 지목변경이 수반되는 사업(지목변경으로 부담금이 부과된 토지에 대한 사업의 경우 당해 부담금부과당시의 지목을 당해 부담금부과전의 지목으로 변경하는 경우를 제외한다)
10. 제1호 내지 제8호와 유사한 기타사업	17) 지역균형개발및지방중소기업육성에관한법률	· 지역개발사업
	18) 체육시설의설치 · 이용에관한법률	· 체육시설업(스키장업 · 자동차경주장업 · 승마장업 및 종합체육시설업에 한한다)을 위한 부지조성사업
	· 자연공원법 및 도시공원법	19)공원사업(국토해양부령이 정하는 사업에 한한다) 20)유원지설치사업(국토해양부령이 정하는 사업에 한한다)
	21) 도시개발법	· 도시개발사업(환지방식에 의한 사업을 제외한다)
	22) 국토의계획및이용에관한법률	· 유통업무설비설치사업(국토의계획및이용에관한법률 제86조의 규정에 의한 특별시장 · 광역시장 · 시장 또는 군수외의 자가 시행하는 경우에 한하며, 국토해양부령이 정하는 경우를 제외한다)
	23) 국토의계획및이용에관한법률	· 여객자동차터미널사업 또는 화물터미널사업
	24) 국토의계획및이용에관한법률	· 자동차 및 건설기계 운전학원설치사업
	25) 국토의계획및이용에관한법률	· 국토의계획및이용에관한법률 제51조제3항의 규정에 의한 제2종지구단위계획구역에서의 개발행위로서 국토해양부령이 정하는 사업
10. 제1호 내지 제8호와 유사한 기타사업	· 기타	· 제1호 내지 제8호의 대상사업과 유사한 사업으로서 국토해양부령이 정하는 사업 중 다음의 허가(신고를 포함)에 의하여 시행하는 사업 26) 국토의계획및이용에관한법률 제56조의 규정에 의한 개발행위허가(도시지역에 한한다) 27) 산업입지및개발에관한법률에 의한 산업단지안에서의 토지형질변경허가 28) 산지관리법에 의한 산지전용허가 29) 농지법에 의한 농지전용 허가 30) 초지법에 의한 초지전용허가

자료 : 개발이익환수에관한법률 시행령 제4조제1항 별표 1.

〈표 21〉 개발부담금제도 개관

대상사업	· 택지개발, 공업단지, 관광단지, 도시환경정비, 유통단지, 온천, 여객 · 화물터미널, 골프장, 지목변경이 수반되는 사업으로서 대통령령이 정하는 사업 등 * 재건축, 재개발, 기업도시 등은 부과대상이 아님	
감면제도	100% 감면	국가(모든 사업), 지자체(택지개발 등 5개 사업)
	50% 감면	지자체(기타 25개 사업), 정부투자기관 등(택지개발 등 5개 사업)
토지개발이익	사업 종료 시 지가 − 사업 착수 시 지가 − 개발비용 − 정상 지가상승분	
부 과 율	(90∼97) 50%, (98∼99) 면제, (00∼03) 25%, (06∼) 25%	
징수실적	15년간(90∼04) 총 1조6,290억 원, 연평균 1,086억 원	

자료 : 2005.8.31 대책 설명자료 참조(국토해양부 홈페이지 http : //www.mltm.go.kr)

〈표 22〉 개발부담금 감면대상 기관 및 사업

구분	대상기관	대상사업
100% 면제	국가 지방자치단체	모든 사업 택지개발사업(주택단지조성사업 포함) 공업단지조성사업 도시환경정비사업(공장 건설 제외) 관광단지조성사업 유통단지조성사업
50% 면제 (시행령 제5조 제2항)	지방자치단체	100% 면제 이외의 사업
	대한주택공사 한국수자원공사 한국토지공사 농업기반공사 한국관광공사 감면대상 사업을 목적으로 설립된 지방공사 및 지방공단 중소기업진흥공단 한국산업단지공단 공무원연금관리공단 농업협동조합 및 중앙회 수산업협동조합 및 중앙회 임업협동조합 및 중앙회 농지개량조합 한국고속철도건설공단 교통안전공단 한국공항공단 한국도로공사 수도권신공항건설공단 한국컨테이너부두공단 중소기업협동조합 한국자산관리공사	택지개발사업(주택단지조성사업 포함) 공업단지조성사업 도시환경정비사업(공장 건설 제외) 관광단지조성사업 유통단지조성사업
	한국고속철도건설공단	철도역세권 및 철도연변 개발사업
	교통안전공단	자동차관련시설부지조성사업
	농업협동조합 및 중앙회	미곡종합처리장설치사업
	한국컨테이너부두공단	컨테이너부두기능시설설치사업
	항만공사	항만시설사업
	한국철도공사	철도역사 및 역세권개발사업

자료 : 개발이익환수에 관한 법률 시행령 제5조.

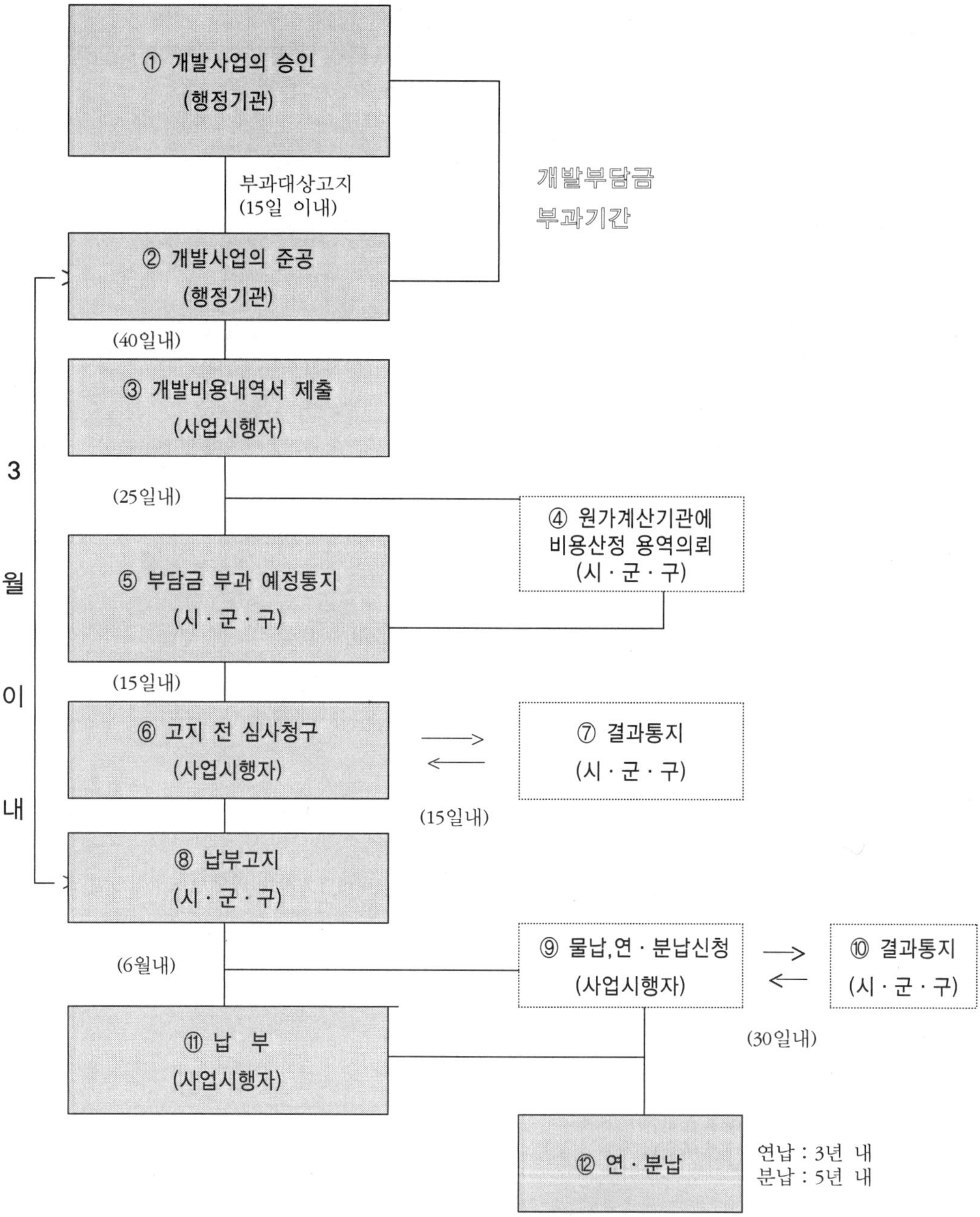

자료 : 건설교통부, "개발부담금제도 개요" 2005.12. p.58.

[그림 36] 개발부담금 부과 · 징수 업무 절차도

제2장

개발 관련 법률

제1절 부동산 관련 법률

부동산에 관련된 법들은 셀 수 없을 정도로 많으며 그 종류 또한 다양하다.

먼저 토지소유권을 규율하는 법체계는 헌법, 민법과 다수의 공법으로 구성되어 있다. 헌법은 이론적으로 토지소유권을 보장하며 그 내용은 민법에서 확정하고, 공법은 토지소유권의 제한과 한계를 규율하고 있다. 공적 규제에는 공익사업을위한토지등의취득및보상에관한법률, 국토의계획및이용에관한법률(국토계획법), 토지이용규제기본법, 농지법, 도시개발법 등 대부분의 토지관련 법규가 포함된다.

국토공간의 개발 및 국토이용에 관한 법률에는 국토기본법과 지역단위에 적용되는 법으로 수도권정비계획법, 지역균형개발및지방중소기업육성에관한법률, 제주특별자치도설치 및 국제자유도시 조성을 위한 특별법, 농어촌정비법, 도서개발촉진법, 접경지역지원법이 있으며, 전 국토에 적용되는 법으로 국토계획법과 개발제한구역의지정및관리에관한특별조치법, 주차장법, 건축법 등이 있다.

토지의 개발과 관련된 법률로는 도시개발법, 도시및주거환경정비법, 도시재정비촉진을위한특별법, 택지개발촉진법, 주택법, 농어촌정비법, 초지법, 산업입지및개발에관한법률, 기업도시개발특별법, 공공기관지방이전에따른혁신도시건설및지원에관한특별법, 산업집적활성화및공장설립에관한법률, 댐건설및주변지역지원등에관한법률, 공유수면매립법, 전원개발촉진법과 2007년12월27일 제정·공포되고 2008년6월28일 시행된 동·서·남해안권 발전특별법 등이 있다.

토지의 보전 · 관리에 관한 법률에는 농지법, 산림기본법, 산지관리법, 산림자원의조성및관리에관한법률, 환경정책기본법, 자연환경보전법, 문화재보호법, 자연공원법, 도시공원및녹지등에관한법률, 지적법(측량 · 수로조사 및 지적에 관한법률 2009년3월1일 통합예정), 부동산등기법, 부동산가격공시및감정평가에관한법률, 공인중개사의업무및부동산거래신고에관한법률 등이 있다.

공물의 관리에 관한 법률로는 국유재산법, 수도법, 하천법, 하수도법, 도로법, 고속국도법, 항만법, 도시철도법 등이 있다.

개발이익환수에 관한 법률로는 개발이익환수에관한법률과 재건축초과이익환수에관한법률이 있다.

부동산금융관련 법률로는 부동산투자회사법, 자산유동화에관한법률(ABS), 주택저당채권유동화회사법(MBS) 등이 있다.

이처럼 부동산개발과 관련된 법률은 어느 하나도 중요하지 않은 법이 없으며, 소홀히 하여서는 안 된다. 이 책에서는 부동산개발과 깊은 관련이 있다고 할 수 있는 몇 가지 법률에 대하여 소개하고자 한다.

〈표 23〉 우리나라의 공간계획 체계

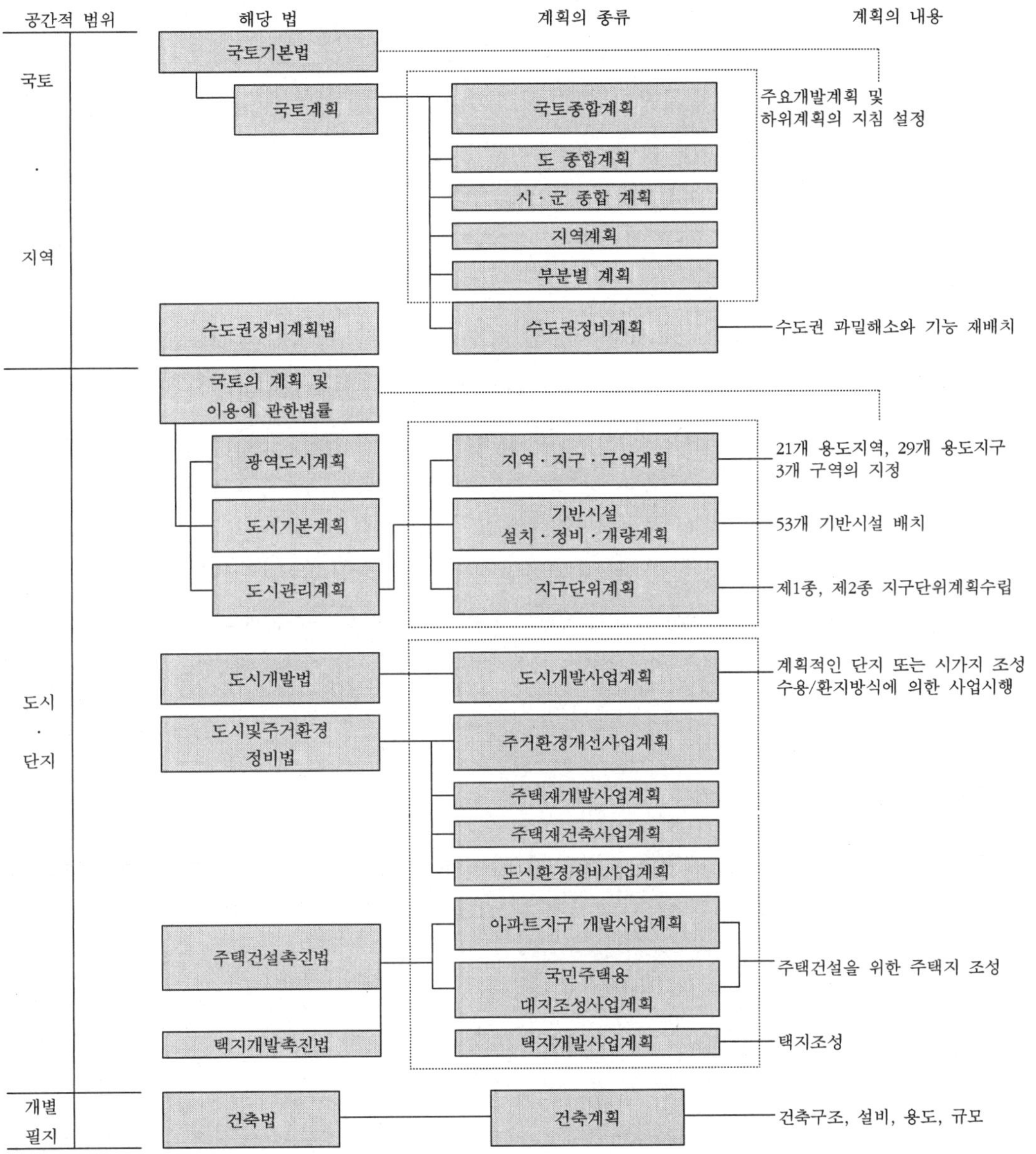

자료 : 박만수, "국토행정종합과정 교육교재" 국토해양부인재개발원, 2008. p.11.

제2절 국토종합계획 수정계획(2006~2020)의 주요 내용

1. 계획수립의 배경

2000년대 이후 국토개발과 관련하여 진행되고 있는 주요 변화들은 다음과 같다.

첫째, 참여정부의 국가경영 패러다임의 변화이다. 국가균형발전을 위해 추진하고 있는 행정중심복합도시 건설 등 국가중추 기능의 지방분산과 지역혁신체계(RIS) 구축에 따라 예상되는 국토공간구조의 변화를 국토계획에 반영할 필요가 있었다. 둘째, 주 40시간 근무제의 시행, 초고속 정보화 사회의 진전, 경부고속철도의 개통 등이 국민의 일상생활에 큰 변화를 초래하고 있으며, 이와 연계하여 국민의 삶의 질을 높일 수 있는 방안을 마련할 필요가 있다. 셋째, 주요 국토개발사업의 추진과 관련하여 심화되고 있는 지역 간 갈등과 사회적 분절화 현상에 대응하여 지역 간, 계층 간 통합과 상생발전을 이룩할 수 있는 방안을 제시할 필요가 있다. 넷째, 대외적으로는 국경 없는 세계화 시대가 급속하게 전개되고 있어 미래지향적이고 개방적인 국토기반을 구축해야 할 필요성이 커지고 있다. 중국의 급속한 경제성장, 국가 간 자유무역협정(FTA)의 확산, 도하 개발아젠다(DDA) 협상, 경제공동체 확대 등 급변하는 국제경제환경에 대응하는 국토차원의 전략이 필요하다. 마지막으로 2000년 6·15 공동선언 이후 양적, 질적으로 확대되고 있는 남북한 교류협력을 한 차원 더 심화시키고 장기적인 국토통일을 염두에 두는 한반도 차원의 국토구상을 마련할 필요가 있다.[179]

2. 계획의 성격

국토계획은 국토를 이용·개발·보전함에 있어서 미래의 경제적·사회적 변동에 대응하여 국토가 지향하여야 할 방향을 설정하고 이를 달성하기 위한 계획으로서 국토 전역을 대상으로 하여 국토의 장기적인 발전방향을 제시하는 최상위 종합계획이다.

---

179) 국토해양부, "국토행정종합과정 교육교재", 국토해양부인재개발원, 2008. p.11. 재구성.

3. 계획의 기조와 목표

수정계획의 기조는 『약동하는 통합국토』의 실현으로, 첫째는 국가의 도약과 지역의 혁신을 유도하는 약동적 국토를 실현하는 것이다. 즉 저비용 고효율의 국토를 조성하여 대외적으로는 세계 일류국가로 도약할 수 있는 기반을 구축하고, 대내적으로는 지역별로는 특색 있는 전략산업의 육성과 혁신주도형 지역발전기반을 조성하여 자립형 지방화를 촉진하고자 한다. 둘째는 지역 간 균형발전과 남북이 상생하는 통합국토를 실현하는 것이다. 이는 지방분산 및 분권을 통하여 지역균형발전을 도모하고 선택과 집중을 병행하는 국토발전체계를 구축하여 국토이용의 효율성을 증대하는 한편, 남북한 및 동북아 국가와의 상생적 협력을 선도하는 초국경적 국토경영 기반을 구축하고자 한다.

『약동하는 통합국토』의 실현을 위하여 다음과 같은 5가지 기본목표를 설정하고 있다.

첫째 목표는 상생하는 균형국토이다. 다핵분산형 국토구조를 형성하고 지역별로 특화된 발전기반을 구축하여 국토의 균형발전을 촉진하는 한편, 수도권과 비수도권·권력간·도농 간의 연계와 협력을 통한 상생적 발전 체제를 구축하고 참여와 합의에 의한 국토정책 추진체계를 정립한다.

둘째 목표는 경쟁력 있는 개방국토이다. 우리나라가 동북아의 물류·금융·교류중심지로 도약하기 위해 국토의 개방거점을 확충하고 상생적 국제협력을 선도하는 기반을 조성하면서, 지역혁신체계를 구축하고 산업단지 및 농산어촌의 혁신클러스터를 육성하여 혁신주도형 국토발전 기반을 확립한다.

셋째 목표는 살기 좋은 복지국토이다. 도시 및 농촌의 정주환경을 개선하여 국민 모두가 풍요롭고 쾌적한 삶을 누리는 국토를 조성하며, 취약계층 및 사회적 약자의 삶의 질을 배려하여 주거복지를 증진하고 도시환경 및 교통시설을 개선한다.

넷째 목표는 지속가능한 녹색국토이다. 국토의 지속가능성을 고려하여 환경친화적 개발을 강화하고 국토생태망 구축과 연결성을 강화하여 아름다운 국토를 조성하는 한편, 깨끗한 물의 안정적 공급체계를 확보하고 전방위 재난관리체제를 구축하여 안전한 국토를 조성한다.

다섯째 목표는 번영하는 통일국토이다. 한반도의 평화와 공존을 위한 접경지역의 평화벨트 조성과 북한지역 개발을 위한 남북 간 협력 체제를 정립하며, 남북한 경제협력과 국토통합을 촉진할 수 있도록 한반도 통합인프라 구축과 국내외 지원체제를 확립한다.[180]

---

180) 국토해양부, "국토행정종합과정 교육교재", 국토해양부 인재개발원, 2008. pp.12~13. 재구성.

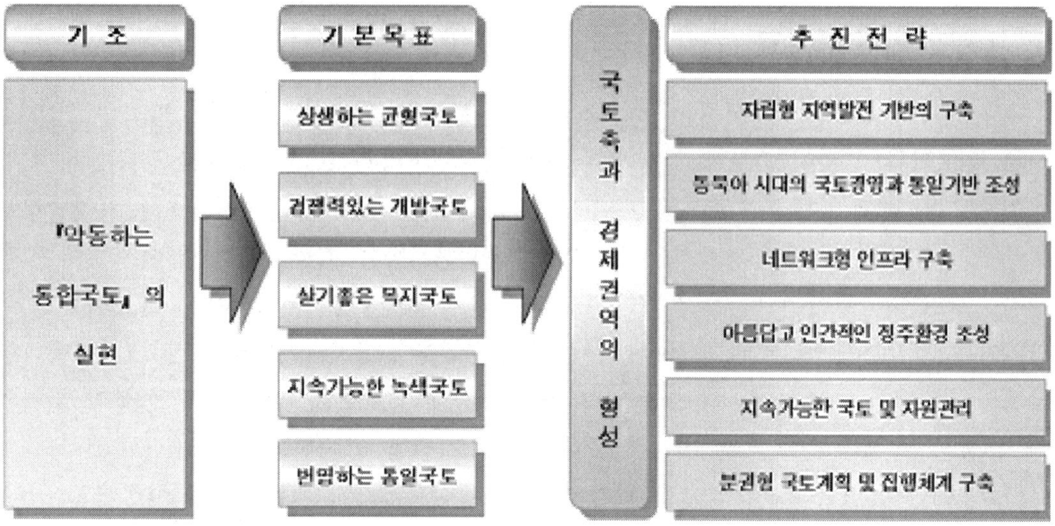

자료 : 이원섭, "국토행정종합과정 교육교재" 국토해양부인재개발원, 2008. p.13.

[그림 37] 국토종합계획 수정계획(2006~2020)의 기본 틀

제3절 국토의 계획 및 이용에 관한 법률

1. 개 요

국토의계획및이용에관한법률은 종전에 도시지역에 적용되던 도시계획법과 비도시지역에 적용되던 국토이용관리법을 통합하여 각 시・군을 하나의 계획체계로 관리하기 위하여 제정된 법률로서, 토지이용에 관한 기본법적 성격을 지니고 있다

2. 다른 법률에 의한 토지이용에 관한 구역 등의 지정제한 등

(1) 용도지역 등 지정목적에의 부합[181]

중앙행정기관의 장 또는 지방자치단체의 장은 다른 법률에 의하여 토지이용에 관한 지역・지구・구역 또는 구획 등을 지정하고자 하는 경우에는 당해 구역 등의 지정목

181) 국토의계획및이용에관한법률 제8조제1항.

적이 이 법에 의한 용도지역 · 용도지구 및 용도구역의 지정목적에 부합되도록 하여야 한다.

(2) 국토해양부장관과의 협의, 승인의무182)

중앙행정기관의 장 또는 지방자치단체의 장은 다른 법률에 의하여 지정되는 구역 중 대통령령이 정하는 면적 이상의 구역 등을 지정 또는 변경하고자 하는 경우에는 중앙행정기관의 장은 국토해양부장관과 협의하여야 하며 지방자치단체의 장은 국토해양부장관의 승인을 얻어야 한다.

① 행정기관의 장은 다른 법률에 의하여 토지이용에 관한 구역(1㎢ 이상)을 지정할 경우 국토해양부장관과 협의하거나 승인을 얻어야 함

② 행정기관의 장은 다른 법률에서 이 법에 의한 용도지역 · 지구 · 구역(30만㎡ 이상)의 지정 · 변경을 의제하는 계획을 인 · 허가할 경우 도시계획위원회 심의를 받아야 함

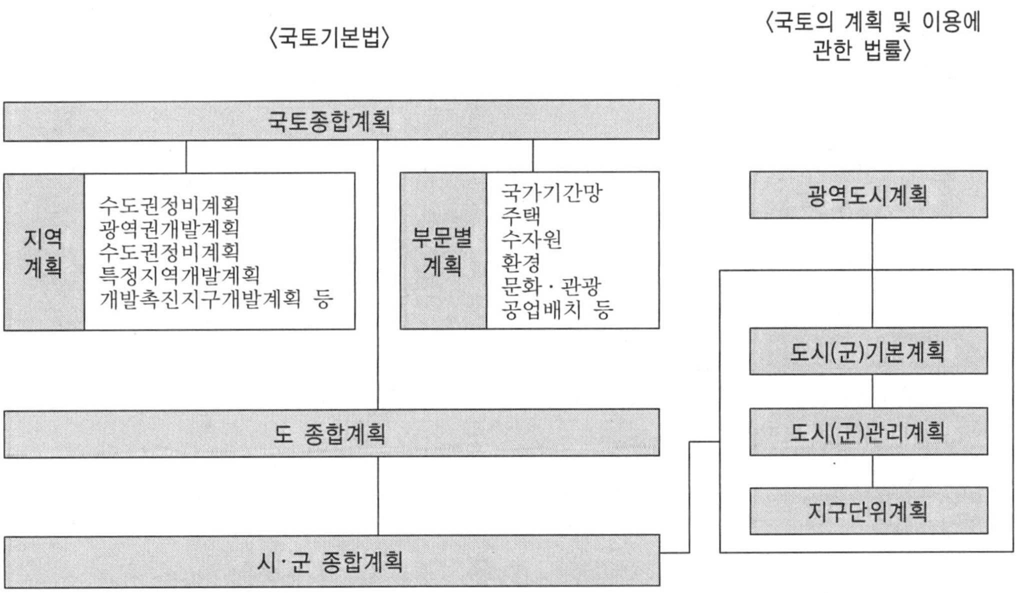

자료 : 서순탁, "국토계획과정 교육교재" 국토해양부 인재개발원, 2008. p.39. 재구성.

[그림 38] 국토이용계획 체계

182) 국토의계획및이용에관한법률 제8조제2항.

3. 광역도시계획

광역도시계획은 광역계획권의 장기발전방향을 제시하는 계획으로 2 이상의 도시의 공간구조 및 기능을 상호 연계시켜 환경을 보전하며 광역시설을 체계적으로 정비하기 위하여 작성하는 계획이다.

① 국토해양부장관은 2 이상의 시·군의 공간구조·기능을 연계시키고 환경을 보전하며 광역시설을 정비하기 위하여 인접 시·군을 광역계획권으로 지정할 수 있다.

② 광역도시계획은 국토해양부장관이 직접 수립하거나, 시·도지사가 국토해양부장관의 승인을 얻어 수립한다.

4. 도시기본계획

도시기본계획은 특별시, 광역시, 시 또는 군의 관할구역에 대하여 기본적인 공간구조와 장기발전방향을 제시하는 종합계획으로서 도시관리계획수립의 지침이 되는 계획으로, 특별시장, 광역시장, 시장 또는 군수가 관할구역에 대하여 다른 법률에 의한 환경·교통·수도·하수도·주택 등에 관한 부문별 계획을 수립하는 때에는 도시기본계획의 내용과 부합되게 하여야 한다.

① 시장·군수는 관할구역에 대하여 도시기본계획을 수립하여 국토해양부장관의 승인을 얻어야 한다.

② 도시기본계획에는 지역적 특성, 공간구조, 토지이용·개발, 토지용도별 수급, 기반시설 등에 관한 정책방향이 포함된다.

〈표 24〉 각급 공간계획의 특성

구 분		개별획지	단 지	도 시	지 역	전 국
법적 개념에 의한 특징	계획의 종류	건축 계획	- 지구단위계획 - 택지개발계획 - 도시개발사업계획 - 주거환경개선사업계획 - 주택재개발사업계획 - 주택재건축사업계획 - 도시환경정비사업계획 - 아파트지구개발계획 - 산업단지개발사업계획	- 광역도시계획 - 도시기본계획 - 도시관리계획 - 도시 · 주거환경 정비기본계획	- 도종합계획 - 시군종합계획 - 수도권정비계획 - 광역권개발계획 - 특정지역개발 계획 - 개발촉진지구 개발계획 - 다른 법률에 의한 지역계획	- 국토종합계획
	주요 근거법	건축법	- 국토의계획및이용에 관한법률 - 택지개발촉진법 - 도시및주거환경정비법 - 주택건설촉진법 - 산업입지및개발에관한 법률	- 국토의계획및 이용에관한법률 - 도시및주거환경 정비법	- 국토기본법 - 수도권정비계획법 - 지역균형개발및 지방중소기업육 성에관한법률	- 국토기본법
	계획 주체	건축주	- 시장 · 군수 - 공 사 - 조 합 - 소유자 - 민간개발자 등	- 국토해양부장관 - 시 · 도지사 - 시장 · 군수	- 국토해양부장관 - 시 · 도지사 - 시장 · 군수	- 국토해양부장관
계획논리적 특징	계획 목적	특수목적으로의 활용 구체적 표현 ←		공공의 복지향상 →추상적 표현		
	계획의 특징	입체적 공산형태와 구체적 이용방법의 확정		시간의 경과에 따른 평면적 공간이용의 유도		
	계획 내용	건축물 동별 배치	토지이용계획 및 단지설계	공간구조 및 도시개발에 관한 사항		
	상세 계획에 관한 사항	건축 공간	지구단위의 공간	도시공간	지역공간	국토공간
	접근 방법	물적 · 기술적 측면 ↔생태적 측면 ↔ 경제 · 사회적 측면 사업지향적 ↔ 정책 지향적				
	계획 기간	단기 (1~5년)		중장기(5~20년)		
	사용 척도	1 : 100 1 : 1,000 1 : 10,000 1 : 100,000 1 : 1,000,000 미시적 ← → 거시적				

자료 : 박만수, "국토행정종합과정 교육교재" 국토해양부 인재개발원, 2008. p.12.

5. 도시관리계획

광역도시계획 및 도시기본계획과는 달리 관계행정기관은 물론 일반국민에 대하여도 직접 구속을 갖는 행정계획이며, 특별시, 광역시, 시 또는 군의 개발 · 정비 및 보전을 위하여 수립하는 토지이용 · 교통 · 환경 · 경관 · 안전 · 산업 · 정보통신 · 보건 · 안보 · 문화 등에 관한 계획이다.

(1) 도시관리계획은 시장 · 군수가 입안하고 시 · 도지사가 결정한다.

(2) 용도지역은 전국의 모든 토지에 대하여 21개 용도지역중 하나가 지정되며, 각 지역의 특성에 맞게 건폐율 · 용적률 및 건축제한을 차등화 하여 규제한다.

(3) 용도지구는 용도지역의 기능을 보완하기 위하여 지정되며, 경관 · 미관 · 고도 · 방화 · 방재 · 보존 · 시설보호 · 취락 · 개발진흥 · 특정용도제한 · 위락 · 리모델링지구 등으로 세분

(4) 용도구역에는 개발제한구역, 시가화조정구역, 수산자원보호구역이 있으며 내용은 다음과 같다.

① 개발제한구역은 도시의 무질서한 확산방지, 도시주변의 자연환경 보전 또는 보안상 도시개발을 제한할 필요가 있는 지역에 국토해양부장관이 지정한다.

② 시가화조정구역은 도시지역의 무질서한 시가화를 방지하고 계획적 · 단계적인 개발을 도모하기 위하여 시가화를 유보할 필요가 있는 지역에 국토해양부장관이 지정한다.

③ 수산자원보호구역은 수산자원의 보호 · 육성을 위하여 필요한 공유수면이나 인접토지에 국토해양부장관이 지정한다.

〈표 25〉 용도지역의 지정 및 세분

대분류 (4개)	중분류 (9개)	소분류 (21개)
도시지역	주거지역	제1 · 2종전용, 제1 · 2 · 3종일반, 준주거
	상업지역	중심, 일반, 근린, 유통
	공업지역	전용, 일반, 준
	녹지지역	보전, 생산, 자연
관리지역	보전관리지역	보전관리
	생산관리지역	생산관리
	계획관리지역	계획관리
농림지역	농림지역	농림
자연환경보전지역	자연환경보전지역	자연환경보전

자료 : 박만수, "국토행정종합과정 교육교재" 국토해양부인재개발원, 2008. p.6.

(5) 지구단위계획구역

도시계획 수립대상지역 안의 일부에 대하여 토지이용을 합리화하고 그 기능을 증진시키며 미관을 개선하고 양호한 환경을 확보하며 당해 지역을 체계적 · 계획적으로 관리하기 위하여 수립하는 도시관리계획이다.

① 제1종 지구단위계획구역 : 용도지구 · 택지개발예정지구 · 정비구역등 주로 도시지역의 입체적 개발을 위하여 지정하는 도시관리계획으로 시장 · 군수의 신청에 의해 도지사가 결정하고 있으며, 다음의 지역은 필수적으로 지정하도록 하고 있다.

ⓐ 재개발구역, 택지개발예정지구, 주거환경개선지구에서 시행되는 사업이 완료된 후 10년이 경과된 지역

ⓑ 체계적 · 계획적인 개발 또는 관리가 필요한 다음에 해당하는 지역으로서 그 면적이 30만㎡ 이상인 지역

- 시가화조정구역 또는 공원에서 해제되는 지역. 다만, 녹지지역으로 지정 또는 존치되거나 법 또는 다른 법령에 의하여 도시계획사업 등 개발계획이 수립되지 아니하는 경우 제외
- 녹지지역에서 주거지역 · 상업지역 또는 공업지역으로 변경되는 지역

② 제2종 지구단위계획구역 : 계획관리지역 · 개발진흥지구 등 주로 비도시지역의 체계적 개발을 위하여 지정하는 도시관리계획으로 다음 요건에 해당하는 지역에 지정한다.

ⓐ 지정하고자 하는 지역에 아파트 또는 연립주택의 건설계획이 포함되는 경우에는 30만㎡(수도권정비계획법에 의한 자연보전권역인 경우에는 10만㎡) 이상일 것.

ⓑ 위의 경우를 제외하고는 3만㎡ 이상일 것

6. 도시계획시설

종전 국토이용관리법상의 공공시설(61개)과 도시계획법상의 도시기반시설(52개)을 기반시설로 통합(53개)하여 체육시설 · 납골시설 등 추가되는 기반시설에 대한 시설기준을 정하고, 도시계획시설기준이 비도시지역에도 적용됨에 따라 입지기준을 조정하였다.[183)]

---

183) 국토의계획및이용에관한법률 시행령 제2조.

〈표 26〉 도시계획시설

시설 군	세부 시설명(53개)
교통시설(11개)	도로, 철도, 항만, 공항, 주차장, 자동차정류장, 궤도, 삭도, 운하, 자동차 및 건설기계검사시설, 자동차 및 건설기계운전학원
공간시설(5개)	광장, 공원, 녹지, 유원지, 공공공지
유통 · 공급 시설(9개)	유통업무설비, 수도공급설비, 전기공급설비, 가스공급설비, 열공급설비, 방송 · 통신시설, 공동구, 시장, 유류저장 및 송유설비
공공 · 문화체육 시설(10개)	학교, 운동장, 공공청사, 문화시설, 체육시설, 연구시설, 공공직업훈련시설, 도서관, 사회복지시설, 청소년수련시설
방재시설(8개)	하천, 유수지, 저수지, 방화설비, 방풍설비, 방수설비, 사방설비, 방조설비
보건위생시설(6개)	화장장, 공동묘지, 납골시설, 도축장, 장례식장, 종합의료시설
환경기초시설(4개)	하수도, 폐기물처리시설, 수질오염방지시설, 폐차장

자료 : 엄정희, "국토행정종합과정 교육교재" 국토해양부인재개발원, 2008. p.26.

7. 개발행위의 허가

법령에 위반되지 않더라도 계획의 적정성, 기반시설의 확보 여부, 주변 환경과의 조화 등을 고려하여, 불허가 또는 조건부 허가가 가능하다.

① 건축물의 건축, 공작물 설치, 토지형질변경, 토석채취, 토지분할(도시지역), 물건적치(녹지 · 관리 · 자연환경보전지역) 등의 개발행위를 하는 자는 시장 · 군수의 허가를 받아야 한다.

〈표 27〉 용도지역별 개발행위허가의 규모

지 역 명	세 부 지 역	면 적	비고
도시지역	주거 · 상업 · 자연녹지 · 생산녹지	10,000㎡ 미만	
	공업지역	30,000㎡ 미만	
	보전녹지지역	5,000㎡ 미만	
관리지역		30,000㎡ 미만	
농림지역 · 농업진흥지역		30,000㎡ 미만	
자연관경보전지역		5,000㎡ 미만	

자료 : 엄정희, "국토행정종합과정 교육교재" 국토해양부인재개발원, 2008. p.16.

② 시장·군수는 개발행위로 기반시설 부족이 예상되는 지역 중 기반시설 설치가 곤란한 지역을 개발밀도관리구역으로 지정하여 용적률을 50%까지 강화할 수 있다.

③ 시장·군수는 개발행위의 집중 등으로 기반시설 용량부족이 예상되는 지역을 기반시설부담구역으로 지정할 수 있고, 이 구역에서 개발행위자는 도로·공원·학교·상하수도 등을 직접 설치하거나 비용을 부담하여야 한다.

8. 건폐율·용적률

쾌적한 생활환경 조성과 적정밀도관리를 위하여 준주거지역 및 비도시지역의 건폐율·용적률을 대폭 강화하고 건폐율·용적률의 강화로 주민생활에 큰 불편이 초래되지 않도록, 자연취락지구 등 집단거주지에 대해서는 건폐율·용적률을 완화적용하고 있다.

〈표 28〉 용도지역별 건폐율·용적률

용도지역	세 분	건폐율(%)	용적률(%)	용도지역	세 분	건폐율(%)	용적률(%)
주거지역	제1종 전용	50	100	공업지역	전용공업	70	300
					일반공업	70	350
	제2종 전용	50	150		준공업	70	400
	제1종 일반	60	200	녹지지역	보전녹지	20	80
	제2종 일반	60	250		생산녹지	20	100
	제3종 일반	50	300		자연녹지	20	100
	준주거	70	500	관리지역	계획관리	40	100
상업지역	중심상업	90	1,500		생산관리	20	80
	일반상업	80	1,300		보전관리	20	80
	근린상업	70	900	농 림 지 역		20	80
	유통상업	80	1,100	자연환경보전지역		20	80

자료 : 국토의계획및이용에관한법률 제77·78조, 시행령 제84조제2항.

9. 토지거래계약허가

국토해양부장관이 투기가 성행하거나 성행할 위험이 있는 지역을 5년 이내의 기간 동안 허가지역으로 지정하고, 이 지역에서는 토지매매를 할 경우 반드시 사전에 도지사와 시장에게 신고해야 토지거래를 할 수 있는 제도이다.

매매가격이 표준가격보다 20% 이상 비싸거나 합리적인 토지이용에 현저한 지장을 줄 수 있다고 판단될 때는 도지사나 시장이 거래를 금지시킬 수 있다. 토지거래허가제는 계약체결의 중지나 변경을 권고하는 것이 아니라 거래를 금지시킬 수 있다는 점에서 토지거래신고제와 차이가 있다. 그러나 금지와 권고라는 말이 다를 뿐 토지거래허가제나 토지거래신고제 모두 공무원이 실질적으로 거래를 허가한다는 점에서는 같다.

① 국토해양부장관은 토지의 투기적인 거래가 성행하거나 지가가 급격히 상승할 우려가 있는 지역을 허가구역으로 지정할 수 있다.

② 허가구역에서 토지소유권 · 지상권의 이전 · 설정계약을 체결하는 자는 시장 · 군수 · 구청장의 허가를 받아야 하며, 허가 없이 체결한 계약은 무효이며 형사처벌 대상이다.

〈표 29〉 토지거래허가 기준면적

<table>
<tr><th colspan="2">구 분</th><th>기준면적 초과</th><th colspan="2">구 분</th><th>기준면적 초과</th></tr>
<tr><td rowspan="5">도시계획구역</td><td>주거지역</td><td>180㎡</td><td rowspan="5">도시계획구역
이 아닌 지역</td><td rowspan="2">농 지</td><td rowspan="2">1,000㎡</td></tr>
<tr><td>상업지역</td><td>200㎡</td></tr>
<tr><td>공업지역</td><td>660㎡</td><td rowspan="2">임 야</td><td rowspan="2">2,000㎡</td></tr>
<tr><td>녹지지역</td><td>200㎡</td></tr>
<tr><td>미지정 구역</td><td>180㎡</td><td>기 타</td><td>500㎡</td></tr>
</table>

자료 : 국토의계획및이용에관한법률 제118조제2항, 시행령 제118조제1항.

〈표 30〉 토지거래허가구역과 유사한 지역 · 지구

유사지역 · 지구 · 지역	근 거 법 령	지 정 권 자
토지거래동향감시구역	국토의계획및이용에관한법률(영, 규칙)	국토해양부장관, 시 · 도지사
토지투기지역	소득세법(영, 규칙)	기획재정부장관
주택투기지역	소득세법(영, 규칙)	기획재정부장관
투기과열지구	주택법(영, 규칙)	시 · 도지사 (국토해양부장관 협의)
주택거래신고지역	주택법(영, 규칙)	국토해양부장관

자료 : 이수겸, "부동산투자금융 및 투자기법과정 교육교재" 국토해양부 인재개발원, 2008. p.13.

〈표 31〉 국토의 계획 및 이용에 관한 법률 체계

구분	제 목	주요내용	하위규정
제1장	총 칙	· 목적 · 도시계획의 지위 · 타 법령에 의한 구역지정·의제 제한	
제2장	광역도시계획	· 광역도시권 지정 · 광역도시계획 수립절차	· 광역도시계획수립지침
제3장	도시기본계획	· 도시기본계획 수립절차	· 도시기본계획수립지침
제4장	도시관리계획	· 도시관리계획 수립절차 · 용도지역·지구·구역 · 도시계획시설 · 지구단위계획	· 도시관리계획수립지침 · 토지적성평가지침 · 도시관리계획수립지침 · 도시계획시설기준규칙 · 제1종지구단위계획수립지침 · 제2종지구단위계획수립지침
제5장	개발행위허가 등	· 개발행위허가 · 기반시설연동제	· 개발행위허가운영지침 · 기반시설연동제운영지침
제6장	용도지역·지구·구역 안에서의행위제한	· 건축제한 · 건폐율 · 용적률	· 도시계획조례
제7장	도시계획시설 사업의 시행	· 단계별 집행계획 · 도시계획시설사업 시행자·실시계획수립	· 도시관리계획수립지침
제8장	비 용	· 비용부담원칙 · 보조·융자	
제9장	도시계획위원회	· 중앙도시계획위원회 · 지방도시계획위원회	· 중앙도시계획위원회운영세칙 · 도시계획조례
제10장	토지거래허가 등	· 허가구역 지정 · 허가절차·기준	· 토지거래업무처리규정
제11장	보 칙	· 시범도시 · 국토이용정보체계 · 권한위임 등	
제12장	벌 칙	· 형벌 · 과태료	
부 칙		· 시행일 · 적용례·경과조치 · 다른 법령의 개정	
별 표		· 용도지역·지구·구역별 건축제한	· 도시계획조례

자료 : 엄정희, "국토행정종합과정 교육교재" 국토해양부 인재개발원, 2008. p.4.

제4절 개발제한구역의 지정 및 관리에 관한 특별조치법

1. 법의 목적

이 법은 국토의 계획 및 이용에 관한 법률 제38조에 따른 개발제한구역의 지정과 개발제한구역에서의 행위 제한, 주민에 대한 지원, 토지 매수, 그 밖에 개발제한구역을 효율적으로 관리하는 데에 필요한 사항을 정함으로써 도시의 무질서한 확산을 방지하고 도시 주변의 자연환경을 보전하여 도시민의 건전한 생활환경을 확보하는 것을 목적으로 한다.[184)]

2. 국가 등의 책무

국가와 지방자치단체는 개발제한구역을 지정하는 목적이 달성되도록 성실히 관리하여야 하여, 국민은 국가와 지방자치단체가 개발제한구역을 관리하기 위하여 수행하는 업무에 협력하여야 하며, 개발제한구역이 훼손되지 아니하도록 노력하여야 한다.[185)]

3. 개발제한구역의 지정 등[186)]

국토해양부장관은 도시의 무질서한 확산을 방지하고 도시 주변의 자연환경을 보전하여 도시민의 건전한 생활환경을 확보하기 위하여 도시의 개발을 제한할 필요가 있거나 국방부장관의 요청으로 보안상 도시의 개발을 제한할 필요가 있다고 인정되면 개발제한구역의 지정 및 해제를 도시관리계획으로 결정할 수 있으며, 개발제한구역의 지정 및 해제의 기준은 대상 도시의 인구·산업·교통 및 토지이용 등 경제적·사회적 여건과 도시 확산 추세, 그 밖의 지형 등 자연환경 여건을 종합적으로 고려하여 정하며, 지정기준은 다음과 같다.[187)]

(1) 도시의 무질서한 확산 또는 서로 인접한 도시의 시가지로의 연결을 방지하기 위하여 개발을 제한할 필요가 있는 지역

---

184) 개발제한구역의 지정 및 관리에 관한 특별조치법 제1조.
185) 개발제한구역의 지정 및 관리에 관한 특별조치법 제2조.
186) 개발제한구역의 지정 및 관리에 관한 특별조치법 제3조.
187) 개발제한구역의 지정 및 관리에 관한 특별조치법 시행령 제2조제1항.

(2) 도시주변의 자연환경 및 생태계를 보전하고 도시민의 건전한 생활환경을 확보하기 위하여 개발을 제한할 필요가 있는 지역
(3) 국가보안상 개발을 제한할 필요가 있는 지역
(4) 도시의 정체성 확보 및 적정한 성장관리를 위하여 개발을 제한할 필요가 있는 지역

4. 개발제한구역관리계획의 수립 등

개발제한구역을 관할하는 시·도지사는 개발제한구역을 종합적으로 관리하기 위하여 5년 단위로 다음 각 호의 사항이 포함된 개발제한구역관리계획을 수립하여 국토해양부장관의 승인을 받아야 한다.

(1) 개발제한구역 관리의 목표와 기본방향
(2) 개발제한구역의 현황 및 실태에 대한 조사
(3) 개발제한구역의 토지이용 및 보전
(4) 개발제한구역에서 국토의 계획 및 이용에 관한 법률 제2조제7호에 따른 도시계획시설의 설치
(5) 개발제한구역에서 대통령령으로 정하는 규모 이상인 건축물의 건축 및 토지의 형질변경
(6) 제15조에 따른 취락지구의 지정 및 정비
(7) 제16조에 따른 주민지원사업
(8) 개발제한구역의 관리와 주민지원사업에 필요한 재원의 조달 및 운용
(9) 그 밖에 개발제한구역의 합리적인 관리를 위하여 대통령령으로 정하는 사항

5. 개발제한구역에서의 행위제한

개발제한구역에서는 건축물의 건축 및 용도변경, 공작물의 설치, 토지의 형질변경, 죽목(竹木)의 벌채, 토지의 분할, 물건을 쌓아놓는 행위 또는 국토계획법 도시계획사업의 시행을 할 수 없다. 다만, 다음의 표에 의한 행위에 해당하는 행위를 하려는 자는 특별자치도지사·시장·군수 또는 구청장의 허가를 받아 그 행위를 할 수 있다.

[별표 2] 〈개정 2005.9.8〉

행위허가의 세부기준

1. 일반적 기준
   가. 개발제한구역의 훼손을 최소화할 수 있도록 필요한 최소규모로 설치하여야 한다.
   나. 당해 지역 및 그 주변지역에 대기오염·수질오염·토질오염·소음·진동·분진 등에 의한 환경오염·생태계파괴·위해발생 등이 예상되지 아니하여야 한다. 다만, 환경오염의 방지, 위해의 방지, 조경, 녹지의 조성, 완충지대의 설치 등의 조건을 붙이는 경우에는 그러하지 아니하다.
   다. 당해 지역 및 그 주변지역에 있는 역사적·문화적·향토적 가치가 있는 지역을 훼손하지 아니하여야 한다.
   라. 토지의 형질변경 및 죽목의 벌채를 하는 경우에는 표고, 경사도, 임상, 인근 도로의 높이 및 물의 배수 등을 참작하여야 한다.
   마. 도시계획시설의 설치 또는 법 제10조제1항 제5호의 건축물의 건축 및 토지의 형질변경에 대하여는 관리계획이 수립되지 아니하였거나 수립된 관리계획의 내용에 위반하는 경우 이를 허가하여서는 아니 된다.
   바. 임야 또는 경지 정리된 농지는 건축물의 건축 또는 공작물의 설치를 위한 부지에서 가능한 한 제외하여야 한다.
   사. 건축물을 건축하기 위한 대지면적이 60제곱미터 미만인 경우에는 건축물의 건축을 허가하지 아니하여야 한다. 다만, 기존의 건축물을 개축하거나 재축하는 경우에는 이를 적용하지 아니한다.
2. 건축물의 건축 또는 공작물의 설치
   가. 건폐율은 100분의 60 이내. 용적률은 300퍼센트 이내로 한다. 다만, 주택 또는 근린생활시설을 건축하는 경우에는 다음의 1에 의한다.

(1) 건폐율 100분의 60 이내로 건축하는 경우 : 높이 3층 이하, 용적률 300퍼센트 이내로서 기존면적을 포함하여 연면적 200제곱미터(5년 이상 거주자는 232제곱미터, 지정당시거주자는 300제곱미터) 이하. 이 경우 5년 이상 거주자 또는 지정당시거주자가 연면적 200제곱미터를 초과하여 연면적 232제곱미터 또는 연면적 300제곱미터까지 건축할 수 있는 경우는 1회에 한한다.

(2) 건폐율 100분의 20 이내로 건축하는 경우 : 높이 3층 이하, 용적률 100퍼센트 이내

   나. 2 이상의 필지에 동일한 용도의 건축물이 각각 있는 경우 당해 필지를 합필할 수 있다. 이 경우 주택 및 근린생활시설은 가목(2)(취락지구 안의 경우에는 제26조제1항 제2호 나목)의 기준에 적합하여야 하며, 주택을 다세대

주택으로 하는 경우에는 기존의 주택호수를 초과하지 아니하여야 한다.

   다. 건축물 또는 공작물중 기반시설로서 건축연면적이 1천500제곱미터 이상이거나 토지의 형질변경면적이 5천제곱미터 이상인 시설은 「국토의 계획 및 이용에 관한 법률 시행령」 제35조의 규정에 불구하고 도시계획시설로 설치하도록 하여야 한다.
   라. 도로·상수도 및 하수도가 설치되지 아니한 지역에 대하여는 원칙적으로 건축물의 건축(건축물의 건축을 목적으로 하는 토지형질변경을 포함한다)을 허가하여서는 아니 된다. 다만, 무질서한 개발을 초래하지 아니하는 경우 등 시장·군수 또는 구청장이 인정하는 경우에는 그러하지 아니하다.
3. 토지의 형질변경 및 물건의 적치
   가. 토지의 형질변경면적은 건축물의 건축면적 및 공작물의 바닥면적의 2배 이내로 한다. 다만, 다음의 1의 경우에는 그 해당면적으로 한다.

(1) 축사 및 미곡종합처리장은 3배 이내

(2) 주택 또는 근린생활시설의 건축을 위하여 대지를 조성하는 경우에는 기존면적을 포함하여 330제곱미터 이내

(3) 별표 1의 건축물 및 공작물과 관련하여 이 영 및 다른 법령에서 토지의 형질변경을 수반하는 시설을 설치할 것을 따로 규정하는 경우에는 그 규정에서 허용하는 범위 이내

나. 가목의 규정에 의하여 토지의 형질변경을 하는 경우에 당해 필지의 잔여토지의 면적이 60제곱미터 미만이 되는 때에는 당해 잔여토지를 포함하여 토지의 형질변경을 할 수 있다. 다만, 토지의 형질변경 전에 미리 토지분할을 한 경우로서 가목의 규정에 의한 토지형질변경면적에 적합하게 분할할 수 있었음에도 당해 면적을 초과하여 분할한 경우에는 그러하지 아니하다.

다. 법 제11조제1항 각호의 건축물(축사와 공사용 임시가설건축물 및 임시시설을 제외한다)의 건축 또는 공작물의 설치를 위한 토지의 형질변경면적이 200제곱미터를 초과하는 경우에는 토지의 형질변경면적의 100분의 5 이상에 해당하는 면적에 대하여 식수 등 조경을 하도록 하여야 한다.

라. 개발제한구역 안에서 시행되는 공공사업으로 인하여 대지(건축물 또는 공작물이 있는 토지를 말한다)의 일부가 편입된 경우에는 그 편입된 면적만큼 새로이 대지를 조성하는 데 따르는 토지의 형질변경. 이 경우 편입되지 아니한 대지와 연접하여 새로이 조성한 면적만으로는 관계법령에 의한 시설의 최소기준면적에 미달하는 경우에는 그 최소면적까지 대지를 확장할 수 있다.

마. 토지의 형질변경의 대상인 토지가 연약한 지반인 때에는 그 두께 · 넓이 · 지하수위 등의 조사와 지반의 지지력 · 내려앉음 · 솟아오름에 대한 시험을 실시하여 환토 · 다지기 · 배수 등의 방법으로 이를 개량하여야 한다.

바. 토지의 형질변경에 수반되는 성토 및 절토에 의한 비탈면 또는 절개면에 대하여는 옹벽 또는 석축의 설치 등 안전조치를 하여야 한다.

사. 토석의 채취는 다음 각 호의 1에 적합하여야 한다.

(1) 주변의 상황 · 교통 및 자연경관 등을 종합적으로 고려하여야 한다.

(2) 철도, 고속도로, 국도 및 시가지와 연결되는 간선도로의 가시권 안에서는 재해로 인한 응급조치가 아닌 한 토석의 채취를 허가하여서는 아니 된다. 이 경우 철도 · 고속도로의 가시권은 철도 · 고속도로로부터 2킬로미터 이내의 지역을, 국도 · 간선도로의 가시권은 국도 · 간선도로로부터 1킬로미터 이내의 지역을 말한다.

아. 제17조의 규정에 의한 물건의 적치는 대지화되어 있는 토지에 한하여 할 수 있으며, 물건의 적치장에는 물건의 단순관리를 위한 가설건축물을 연면적 20제곱미터 이하의 범위 안에서 설치할 수 있다.

4. 취락지구 안으로의 이축 및 이주단지의 조성

가. 법 제11조제1항 제3호의 규정에 의한 이주단지의 규모는 주택 20호 이상으로 한다. 다만, 이축 또는 이주대상인 건축물로부터 2킬로미터 이내의 지역에 취락지구가 없거나 인근 취락지구의 지형 기타의 여건상 이축을 수용할 수 없는 경우로서 시장 · 군수 또는 구청장이 이주단지의 위치를 지정하는 경우에는 10호 이상으로 할 수 있다.

나. 이축 및 이주단지의 조성은 철거지를 관할하는 시 · 군 · 구의 지역에 한한다. 다만, 다음의 경우에는 인접 시 · 군 · 구의 지역에 이축 또는 이주단지의 조성을 허가할 수 있다.

(1) 철거지를 관할하는 시 · 군 · 구의 개발제한구역 안에 취락지구가 없는 경우 또는 이주단지의 조성을 위한 적정한 부지가 없는 경우

(2) 당해 시·군·구에는 이축 또는 이주대상인 건축물로부터 2킬로미터 이내의 지역에 취락지구가 없는 경우로서, 인접 시·군·구에는 당해 건축물로부터 2킬로미터 이내의 지역에 취락지구가 있는 경우

다. 공익사업으로 인한 이주대책의 일환으로 「공익사업을 위한 토지 등의 취득 및 보상에 관한 법률」 제78조의 규정에 의하여 개발제한구역 밖으로의 이주대책이 수립된 경우에는 공익사업과 관련하여 따로 이축을 허가하여서는 아니 된다.

라. 철거 등으로 멸실되어 현존하지 아니하는 건축물을 근거로 이축 또는 이주단지의 조성을 허가하여서는 아니 된다. 다만, 공익사업의 시행으로 인하여 철거된 건축물은 그러하지 아니하다.

마. 이주단지를 조성한 후 또는 건축물을 이축한 후의 종전토지는 타인의 소유인 경우와 공익사업에 편입된 경우를 제외하고는 그 지목을 전·답·과수원 기타 건축물의 건축을 위한 용도가 아닌 지목으로 변경하여야 한다.

자료 : 개발제한구역의 지정 및 관리에 관한 특별조치법 시행령 제22조 관련 별표 2.

제5절 산지관리법 및 산림자원의 조성 및 관리에 관한 법률

1. 법의 목적

(1) 산지관리법은 산지의 합리적인 보전과 이용을 통하여 임업의 발전과 산림의 다양한 공익기능의 증진을 도모함으로써 국민경제의 건전한 발전과 국토환경보전에 이바지함을 목적으로 한다.[188)]

(2) 산림자원의조성및관리에관한법률은 산림자원의 조성 및 관리를 통하여 산림의 다양한 기능을 발휘하게 하고 산림의 지속가능한 보전과 이용을 도모함으로써 국토의 보전, 국가경제의 발전 및 국민의 삶의 질의 향상에 이바지함을 목적으로 한다.[189)]

2. 법의 적용범위(대상물건)

(1) 산지관리법의 적용대상

산지관리법은 전국의 산지를 적용대상으로 한다.

188) 산지관리법 제1조.
189) 산림자원의조성및관리에관한법률 제1조.

(2) 산림자원의조성및관리에관한법률의 적용대상

1) 산림 등

산림자원의조성및관리에관한법률은 전국의 산림(집단적으로 생육하고 있는 입목·죽과 그 토지 등)과 산림자원 및 임산물 등을 적용대상으로 한다.

2) 산림이 아닌 토지

산림이 아닌 토지에 대하여도 다음 규정의 전부 또는 일부를 적용한다.190)

① 채종림·수형목·보안림·산림유전자원보호림·시험림 및 보호수에 관한 규정
② 임산물의 사용제한에 관한 규정
③ 입목의 벌채 또는 굴취허가에 관한 규정

3. 산지 및 산림 등

(1) 산지 등

1) 산지

산지라 함은 입목·죽이 집단적으로 생육하고 있는 토지 등 다음 각목의 1에 해당하는 토지를 말한다. 다만, 농지(초지를 포함한다)·주택지·도로 그 밖에 대통령령이 정하는 토지는 제외한다.191)

① 입목·죽이 집단적으로 생육하고 있는 토지
② 집단적으로 생육한 입목·죽이 일시 상실된 토지
③ 입목·죽의 집단적 생육에 사용하게 된 토지
④ 임도
⑤ 위의 토지 안에 있는 암석지·소택지

2) 산지전용

"산지전용"이라 함은 산지를 조림·육림 및 토석의 굴취·채취 그 밖에 대통령령이 정하는 임산물생산의 용도 외로 사용하거나 이를 위하여 산지의 형질을 변경하는 것을 말한다.192)

---

190) 산림자원의조성및관리에관한법률 제3조.
191) 산지관리법 제2조제1호.
192) 산지관리법 제2조제2호.

3) 석재

"석재"라 함은 산지 안의 토석 중 건축용 · 공예용 · 조경용 · 쇄골재용 및 토목용으로 사용하기 위한 암석을 말한다.[193]

4) 토사

"토사"라 함은 산지 안의 토석 중 위의 석재를 제외한 것을 말한다.[194]

(2) 산림 등

1) 산림

산림(山林)이란 집단적으로 생육(生育)하고 있는 입목 · 죽(立木 · 竹)과 그 토지(土地) 등 다음에 해당하는 것을 말한다. 다만, 농지(초지포함) · 주택지 · 도로 기타 대통령령이 정하는 토지에 있는 입목 · 죽과 그 토지는 제외한다.[195]

(a) 산림법상 산림에 해당하는 경우[196]

① 집단적으로 생육(生育)하고 있는 입목 · 죽(立木 · 竹)과 그 토지
② 집단적으로 생육한 입목 · 죽이 일시적으로 상실된 토지
③ 입목 · 죽의 집단적 생육에 사용하게 된 토지
④ 산림의 경영 및 관리를 위하여 설치한 도로(임도)
⑤ 위의 토지 안에 있는 암석지(岩石地) 및 소택지(沼澤地)

(b) 산림법상 산림에 해당하지 않는 경우

(c) 산림의 구분

산림은 그 소유자에 따라 다음과 같이 구분한다.[197]

① 국유림 : 국가가 소유하는 산림
② 공유림 : 지방자치단체 기타 공공단체가 소유하는 산림
③ 사유림 : 위 국유림 · 공유림 이외의 산림

2) 산림자원

산림자원이란 산림에 있거나 산림에서 생육하고 있는 수목 · 초본류 · 이끼류 · 버섯류 등의 생물자원, 토석 · 물 등의 무생물자원과 산림휴양 및 경관자원 등 국가경제 및 국민

193) 산지관리법 제2조제3호
194) 산지관리법 제2조제4호.
195) 산림자원의조성및관리에관한법률 제2조제1항 제1호.
196) 산림자원의조성및관리에관한법률 제2조제1항 제1호.
197) 산림자원의조성및관리에관한법률 제3조.

생활에 유용한 것을 말한다.[198]

(3) 산림사업

(4) 임산물

제6절 농 지 법

1. 법의 목적

(1) 목적

농지법(農地法)은 농지(農地)의 소유·이용 및 보전 등에 관하여 필요한 사항을 정함으로써 농지를 효율적으로 이용·관리하여 농업인의 경영안정 및 생산성 향상을 통한 농업의 경쟁력 강화와 국민경제의 균형 있는 발전 및 국토의 환경보전에 이바지함을 목적으로 한다.[199]

(2) 농지에 관한 기본이념

농지는 국민의 식량공급과 국토환경보전의 기반이고 농업과 국민경제의 균형 있는 발전에 영향을 미치는 한정된 귀중한 자원이므로 소중히 보전되어야 함은 물론 공공복리에 적합하게 관리되어야 하며, 그에 관한 권리의 행사에는 필요한 제한과 의무가 따른다.[200] 또한 농지는 농업의 생산성을 높이는 방향으로 소유·이용되어야 하며 투기의 대상이 되어서는 아니 된다.[201]

198) 산림자원의조성및관리에관한법률 제2조제2호.
199) 농지법 제1조.
200) 농지법 제3조제1항.
201) 농지법 제3조제2항.

2. 농지에 관한 의무

(1) 국가 등의 의무[202)]

국가 및 지방자치단체는 농지에 관한 기본이념이 구현되도록 농지에 관한 시책을 수립하고 이를 시행하여야 한다. 농지에 관한 시책을 수립할 경우 필요한 규제와 조정을 통하여 농지를 보전하고 합리적으로 이용할 수 있도록 함으로써 농업의 육성과 국민경제의 균형 있는 발전에 이바지하여야 한다.

(2) 국민의 의무

모든 국민은 농지에 관한 기본이념을 존중하여야 하며 국가 및 지방자치단체가 시행하는 농지에 관한 시책에 협력하여야 한다.[203)]

3. 농지 등

(1) 농지

농지란 전(田)·답(畓) 또는 과수원 기타 그 법적 지목(地目)여하에 불구하고, 실제의 토지현상(土地現狀)이 농작물(農作物)의 경작(耕作) 또는 다년성식물재배지로 이용되는 다음의 토지와 그 개량시설 등의 부지를 말한다. 다만, 초지법에 의하여 조성된 초지 등 대통령령이 정하는 토지를 제외한다.[204)]

1) 농지법상 농지에 해당하는 경우

① 농작물의 경작에 이용되는 토지
② 다년성식물의 재배지로 이용되는 다음의 토지
　㉠ 목초·종묘·인삼·약초·잔디 및 조림용 묘목
　㉡ 과수·뽕나무·유실수 기타 생육기간이 2년 이상인 식용 또는 약용으로 이용되는 식물
　㉢ 조경 또는 관상용 수목과 그 묘목(조경목적으로 식재한 것을 제외함)
　③ 위의 토지의 개량시설(유지, 양·배수시설, 수로, 농로, 제방 기타 농지의 보전이나 이용에 필요한 시설)의 부지와 고정식 온실, 버섯재배사 등 농업생산에 필요한 시설의 부지

202) 농지법 제4조.
203) 농지법 제5조.
204) 농지법 제2조제1호, 시행령 제2조.

2) 농지법상 농지에 해당하지 않는 경우[205)]

① 지적법에 의한 지목이 전·답·과수원이 아닌 토지로서 농작물의 경작이나 다년성식물의 재배지로 계속하여 이용되는 기간이 3년 미만인 토지
② 지적법에 의한 지목이 임야인 토지로서 그 형질을 변경하지 아니하고 다년성식물의 재배에 이용되는 토지
③ 초지법에 의하여 조성된 초지

(2) 농업인 등

1) 농업인

농업인이란 농업에 종사하는 개인으로서 다음에 해당하는 자를 말한다.[206)]

① 1,000㎡ 이상의 농지에서 농작물 또는 다년성 식물을 경작 또는 재배하거나 1년 중 90일 이상 농업에 종사하는 자
② 농지에 330㎡ 이상의 고정식 온실·버섯재배사·비닐하우스 기타 농림부령이 정하는 농업생산에 필요한 시설을 설치하여 농작물 또는 다년성 식물을 경작 또는 재배하는 자
③ 대가축 2두, 중가축 10두, 소가축 100두, 가금 1천수 또는 꿀벌 10군 이상을 사육하거나 1년 중 120일 이상 축산업에 종사하는 자
④ 농업경영을 통한 농산물의 연간판매액이 100만 원 이상인 자

2) 농업법인

농업법인이란 농업·농촌기본법(제15조)에 의하여 설립된 영농조합법인과 다음의 요건에 모두 적합한 동법(제16조)에 의하여 설립된 농업회사법인을 말한다.[207)]

① 농업회사법인을 대표하는 자가 농업인일 것
② 농업회사법인의 업무집행권을 갖는 자의 1/2 이상이 농업인일 것

(3) 농업경영

농업경영이란 농업인 또는 농업법인이 자기의 계산과 책임으로 농업을 영위하는 것을 말한다.[208)]

---

205) 농지법 시행령 제2조제2항.
206) 농지법 제2조제2호, 시행령 제3조.
207) 농지법 제2조제3호.
208) 농지법 제2조제4호.

(4) 자경

자경(自耕)이란 농업인이 그 소유농지에서 농작물의 경작 또는 다년성식물의 재배에 상시 종사하거나 농작업의 1/2 이상을 자기의 노동력에 의하여 경작 또는 재배하는 것과, 농업법인이 그 소유농지에서 농작물을 경작하거나 다년성 식물을 재배하는 것을 말한다.

제7절 금융관련법

1. 부동산투자회사법(REITs)

(1) REITs의 의의

REITs(Real Estate Investment Trusts)제도란 다수의 투자자로부터 자금을 모아 부동산소유 지분이나 주택저당담보증권에 투자하거나 부동산 관련 대출 등으로 운영하여 얻는 수익을 투자자에서 돌려주는 제도로서, 달리 말하면 REITs란 부동산에 투자하는 뮤추얼 펀드라고 할 수 있다.

(2) 제정 목적

부동산투자회사법의 제정 목적은 부동산투자회사의 설립과 부동산투자회사의 자산운용방법 및 투자자보호 등에 관한 사항을 정함으로써 일반 국민이 부동산에 투자할 수 있는 기회를 확대하고 부동산에 대한 건전한 투자를 활성화하여 국민경제의 발전에 이바지 함을 목적으로 한다.[209)]

〈표 32〉 우리나라의 부동산증권화 상품 유형

증권형태	발행 및 중개기구	근거법률	제정일
ABS	유동화전문회사	자산유동화에관한법률	1998. 9. 16
MBS	주택저당채권유동화회사	주택저당채권유동화회사법	1999. 1. 29
REITs	부동산투자회사	부동산투자회사법	2001. 3. 8

자료 : 손성태 "부동산금융및투자기법과정 교육교재" 국토해양부 인재개발원, 2008. p.6.

209) 부동산투자회사법 제1조.

(3) 부동산투자회사

부동산투자회사라 함은 자산을 부동산에 투자하여 운용하는 것을 주된 목적으로 법에서 정한 규정[210]에 적합하게 설립된 회사로서 다음의 회사를 말한다.

1) 자기관리부동산투자회사 : 자산운용전문인력을 포함한 임·직원을 상근으로 두고 자산의 투자·운용을 직접 수행하는 회사
2) 위탁관리부동산투자회사 : 자산의 투자·운용을 자산관리회사에 위탁하는 회사
3) 기업구조조정부동산투자회사 : 다음 부동산을 매입·취득한 자산을 총자산의 100분의 70 이상이 되도록 투자대상으로 하며 자산의 투자·운용을 자산관리회사에 위탁하는 회사
   ① 기업이 채권금융기관에 대한 부채 등 채무를 상환하기 위하여 매각하는 부동산
   ② 채권금융기관과 재무구조개선을 위한 약정을 체결하고 당해 약정 이행 등을 위하여 매각하는 부동산
   ③ 채무자 회생 및 파산에 관한 법률에 의한 회생절차에 따라 매각하는 부동산
   ④ 기타 기업의 구조조정을 지원하기 위하여 금융위원회가 필요하다고 인정하는 부동산

(4) 리츠의 주요장점

리츠(REITs)의 장점은 부동산과 주식의 장점들을 결합하여 투자하는 상품으로 부동산 직접투자에 비하여 적은 자금으로 투자가 가능하며, 자금회수의 유동성과 투자위험의 분산, REITs측의 자본조달 용이성, 부동산의 직접관리에 따른 부담해소와 수익성과 안정성의 유지 등의 장점이 있다.[211]

① 유동성 확보 : 주식과 동일한 방법으로 거래되기 때문에 유동성 확보가 보장된다.
② 투자위험의 분산 : 투자에 있어 포트폴리오가 가능하다.
③ 자본조달의 용이성 : 시장에 공개된 정보를 이용하여 적절한 투자 종목의 선택이 가능
④ 직접 관리 비용 또는 부담이 없음 : REITs 주식 소유자는 유한 책임 주주를 의미
⑤ 주주에게 감가상각 반영 : REITs 주식은 일반 주식과 성격이 같지만 주주들은 REIT가 가지는 포트폴리오에서 발생하는 부동산 감가상각으로부터 조세 혜택을 받는다.

210) 부동산투자회사법 제3조~제8조, 제11조의2, 제26조의2 제1항·제2항, 제45조 및 제49조의2 제1항제2호.
211) 손성태, 상게서. p.6.

(5) 부동산투자회사(REITs)와 기업구조조정 부동산투자회사(CR REITs) 비교

1) 개념

부동산투자회사(REITs)란 다수의 투자자로부터 자금을 모아 부동산소유지분이나 주택저당담보증권(MBS)에 투자하거나 부동산관련 대출 등으로 운영하여 얻은 수익을 투자자에게 되돌려 주는 제도를 말하고,

기업구조조정 부동산투자회사(CR REITs)란 기업의 구조조정을 위한 부동산의 신속한 처리를 위하여 기업의 채무를 상환하기 위해 매각하는 부동산, 채권금융기관과 재무구조 개선을 위한 약정을 체결하고 당해 약정이행 등을 위하여 매각하는 부동산등에 투자·운용하도록 특화된 부동산투자회사로 상근하는 임직원이 없는 Paper Company 형태의 회사이다.

2) 일반리츠(REITs)와 구조조정리츠(CR REITs)의 비교

일반리츠(REITs)와 구조조정리츠(CR REITs)는 설립, 회사의 실체와 설립방법, 회사설립 시 현물출자, 주식보유, 부동산의 처분 등에서 많은 차이가 있다.[212)]

① 설립 : 부동산투자회사와 기업구조조정 부동산투자회사는 모두 설립 시 국토해양부장관의 인가를 받아야 한다. 다만 후자는 기업이나 금융기관의 구조조정과 연관되어 있으므로 국토해양부장관은 설립인가 시 반드시 금융감독위원회와 협의해야 한다.

② 회사의 실질 : 부동산투자회사는 자산의 운용을 통하여 수익을 창출하여 배당하는 것을 주목적으로 하므로 반드시 자산 운용전문 인력을 3인 이상 확보하여야 하는 실질회사이나, 기업구조조정 부동산투자회사는 일정한 존립기간 동안에 자산을 처분하고 해산하여야 하므로 직원을 고용하거나 상근인 임원을 둘 수 없는 명목회사이다.

③ 회사설립방법 : 부동산투자회사는 간접투자기관이므로 설립 시 발행주식의 30% 이상을 반드시 일반인의 청약에 제공하도록 하여 모집설립을 강제하고 있으나, 기업구조조정 부동산투자회사는 부동산의 유동화에 중점을 두고 있어 모집설립과 발기설립 모두 가능하다.

④ 회사설립 시 현물출자 : 부동산투자회사는 간접투자기관으로 투자자보호가 우선되어야 하므로 변태설립 사항 중 회사설립 시 현물출자를 금지하고 있으나, 기업구조조정 부동산투자회사는 그 성격상 구조조정 부동산의 유동화를 위하여 현물

212) 손성태, 전제서. pp.8∼10. 재구성.

출자의 필요성이 크므로 자본금 30% 이내에서 이를 인정하고 있다.

⑤ 회사설립 후 현물출자 : 부동산투자회사는 회사설립 후의 현물출자는 허용하되, 투자자보호를 위하여 개발사업의 인가를 얻은 후부터 가능하도록 규정하고 있다. 또한 개발사업은 부동산투자회사의 주식이 상장 또는 등록된 후부터 허용되므로, 결국 현물출자도 상장 또는 등록 후부터 가능하게 되어 투자자를 두텁게 보호하고 있다 . 그러나 기업구조조정 부동산투자회사는 그 성격상 현물출자의 필요성이 크므로 이러한 시기적인 제한 없이 현물출자가 가능하다.

⑥ 주식의 보유 : 부동산투자회사는 간접투자기관으로서 일반 국민의 부동산에 대한 건전한 투자를 활성화하는 것을 목적으로 하므로 1인당 주식소유한도(총발행주식의 10%)를 정하여 주식의 분산을 규정하고 있으나, 기업구조조정 부동산투자회사는 구조조정 부동산의 조속한 처분을 목적으로 하고 이를 위해서는 특정 금융기관이나 기업이 주로 출자하는 회사의 설립도 필요하므로 1인당 주식소유한도에 대한 제한이 없다

⑦ 자산운용의 위탁 : 부동산투자회사는 실질회사이므로 자산운용의 위탁은 임의사항이며 위탁하는 경우에도 자산운용업무 전부의 위탁은 할 수 없다, 다만 자산운용의 자문 및 평가에 대한 업무를 부동산투자자문회사에 위탁할 수 있다. 그러나 기업구조조정 부동산투자회사는 명목상회사이므로 자산운용업무는 반드시 자산관리회사에 위탁하여야 한다.

⑧ 부동산의 처분제한 : 부동산투자회사는 부동산의 운용을 주목적으로 하므로, 투기적 거래의 소지가 있는 3년 이내의 단기거래나 건축물 또는 그 밖의 공작물이 없는 토지의 거래 등은 원칙적으로 제환되나, 기업구조조정 부동산투자회사는 일정한 존립 기간 내에 자산을 처분하는 것을 목적으로 하므로 부동산의 처분제한은 적용되지 않는다.

⑨ 자산의 구성 : 부동산투자회사는 주로 부동산에 투자하는 것을 목적으로 설립된 회사이므로 총자산의 90% 이상은 부동산·부동산관련유가증권 및 현금으로 구성하여야 하고, 총 자산의 70% 이상은 반드시 부동산이어야 하지만 부동산의 종류에는 제한이 없다. 그러나 기업구조조정 부동산투자회사는 기업의 구조조정을 지원하기 위하여 설립되는 회사이므로 총자산의 70% 이상은 반드시 기업의 구조조정과 관련된 부동산으로 구성하여야 한다.

⑩ 배당 : 부동산투자회사는 부동산의 간접투자기관으로 투자의 도관체로서의 성격을 가지고 있으므로 반드시 이익배당한도의 90% 이상을 배당하여야 하나, 기업구조조정 부동산투자회사는 투자의 도관체로서의 성격이 없으므로 이러한 배당

에 대한 규정이 적용되지 않는다(다만, 세제혜택을 받으려면 이익배당한도의 90% 이상을 배당하여야 한다).

⑪ 세제 : 부동산투자회사는 취득세, 등록세 및 특별부가세는 50% 감면하고 투자손실준비금의 적립을 통하여 법인세의 이연을 가능하게 하는 반면, 기업구조조정부동산투자회사는 취득세, 등록세를 면제하고 특별부가세는 50% 감면하며, 배당가능이익의 90% 이상을 배당할 경우 배당금액전액을 법인세 과세대상에서 제외하도록 규정하고 있다.

〈표 33〉 일반리츠(REITs)와 구조조정리츠(CR-REITs)의 비교

구분	일반리츠(REITs)	구조조정리츠(CR-REITs)
인가, 감독	국토해양부인가	국토해양부인가, 금감위 감독
자본금	500억 원 이상	500억 원 이상
1인당 소유한도	10% 이내	없음
현물출자	설립 시까지 금지	30% 이내
개발사업	30% 이내	30% 이내
대상 부동산	일반 부동산	구조조정용 부동산
부동산투자운용	부분위탁 가능	자산관리회사
세제혜택		배당이익의 90% 이상 가능, 배당 시 법인세면제, 취득·등록세 50% 면제

자료 : 손성태, "부동산금융 및 투자기법과정 교재" 국토해양부 인재개발원, 2008. pp.8~10. 재구성.

3) 환매의 기부에 따른 분류

환매의 기부에 따라 투자자의 환매 요구에 언제든지 응하는 형태의 개방형 REITs와 투자자가 직접 REITs회사에 대하여 환매요청을 할 수 없고 대신, 증권시장에 주식을 매각하여 투자한 자금을 회수하는 형태 폐쇄형 REITs로 구분이 가능하다.

4) 기한한정 여부에 따른 분류

REITs는 기한의 한정 여부에 따라 존속기한이 정해져 있지 않은 무기한 REITs와 일정기간 후에 보유자산을 매각하여 매각대금을 투자자에게 배분하고 해산되는 기한부 REITs로 구분된다.

기한부 REITs의 기간은 대체로 10~15년이나 기간이 3년에 불과한 단기형부터 수십 년에 이르는 장기형까지 다양하다.

5) 유동화의 종류에 따른 분류

발행 유가증권의 종류에 따라 발행유가증권이 수익증권형식인 계약형 REITs와 주식을 발행하는 회사형 REITs로 분류된다.

2. 자산유동화에 관한 법률(ABS)

(1) 정의

ABS(asset-Backed-Securities)는 자산(asset)을 근거로(backed) 발행되는 증권(securities)이다. 자산 유동화라 함은 비유동성 자산을 유동성 있는 유가증권으로 전환하여 매각함으로써 현금화 하는 것이라 볼 수 있다.

일반적으로 '자산담보부증권'이라 불려왔으나 1998년 9월 '자산유동화에 관한 법률'이 제정되면서 '자산유동화증권'이라는 용어를 사용하게 됐다. 여기서 '자산'이란 자동차, 가전회사 등이 고객들로부터 미처 받지 못한 미수금(매출채권), 금융기관 대출금, 리스채등 각종 채권, 부동산 등 일반 자산이다.

즉 ABS란 기업의 부동산을 비롯한 여러 가지 형태의 자산을 담보로 발행된 채권을 말한다. 보통 원리금 지급이 거의 확실한 선순위채권과 그렇지 않은 후순위채권으로 분리 발행된다.

금융시장이 발달한 선진국의 경우를 보면 ABS는 상대적으로 안정성이 높으면서 적정한 수익률을 제공하는 금융상품으로 인식되며 발행규모가 해마다 증가하고 있다. ABS는 국내에서 1999년부터 발행되기 시작했으며 금융 · 기업 구조조정과정에서 발생한 부실채권을 처리하는 방법으로 자주 쓰이고 있다.[213]

(2) 제정 목적

이 법은 금융기관과 일반기업의 자금조달을 원활하게 히여 재무구조의 건전성을 높이고 장기적인 주택자금의 안정적인 공급을 통하여 주택금융기반을 확충하기 위하여 자산유동화에 관한 제도를 확립하며, 자산유동화에 의하여 발행되는 유동화증권에 투자한 투자자를 보호함으로써 국민경제의 건전한 발전에 기여함을 목적으로 한다.[214]

(3) 자산유동화

자산유동화라 함은 다음에 해당하는 행위를 말한다.[215]

---

213) 손성태, 상게서, p.11.
214) 자산유동화에 관한 법률 제1조.

① 유동화전문회사(자산유동화업무를 전업으로 하는 외국법인을 포함한다)가 자산보유자로부터 유동화자산을 양도받아 이를 기초로 유동화증권을 발행하고, 당해 유동화자산의 관리 · 운용 · 처분에 의한 수익이나 차입금 등으로 유동화증권의 원리금 또는 배당금을 지급하는 일련의 행위
② 자본시장과 금융투자업에 관한 법률에 따른 신탁업자가 자산보유자로부터 유동화자산을 신탁받아 이를 기초로 유동화증권을 발행하고, 당해 유동화자산의 관리 · 운용 · 처분에 의한 수익이나 차입금등으로 유동화증권의 수익금을 지급하는 일련의 행위
③ 신탁업자가 유동화증권을 발행하여 신탁받은 금전으로 자산보유자로부터 유동화자산을 양도받아 당해 유동화자산의 관리 · 운용 · 처분에 의한 수익이나 차입금 등으로 유동화증권의 수익금을 지급하는 일련의 행위
④ 유동화전문회사 또는 신탁업자가 다른 유동화전문회사 또는 신탁업자로부터 유동화자산 또는 이를 기초로 발행된 유동화증권을 양도 또는 신탁받아 이를 기초로 하여 유동화증권을 발행하고 당초에 양도 또는 신탁받은 유동화자산 또는 유동화증권의 관리 · 운용 · 처분에 의한 수익이나 차입금 등으로 자기가 발행한 유동화증권의 원리금 · 배당금 또는 수익금을 지급하는 일련의 행위

(4) 자산보유자[216)]

자산보유자라 함은 유동화자산을 보유하고 있는 다음에 해당하는 자를 말한다.[217)]

① 한국산업은행법에 의한 한국산업은행
② 한국수출입은행법에 의한 한국수출입은행
③ 중소기업은행법에 의한 중소기업은행
④ 은행법에 의한 인가를 받아 설립된 금융기관
⑤ 장기신용은행법에 의한 장기신용은행
⑥ 자본시장과 금융투자업에 관한 법률에 따른 투자매매업자 · 투자중개업자 · 집합투자업자 또는 종합금융회사
⑦ 보험업법에 의한 보험사업자
⑧ 상호저축은행법에 의한 상호저축은행
⑨ 여신전문금융업법에 의한 여신전문금융회사

215) 자산유동화에 관한 법률 제2조제1호.
216) 자산유동화에 관한 법률 제2조제2호.
217) 자산유동화에 관한 법률 제2조제2호.

⑩ 금융기관부실자산등의효율적처리및한국자산관리공사의설립에관한법률에 의한 한국자산관리공사
⑪ 한국토지공사법에 의한 한국토지공사
⑫ 대한주택공사법에 의한 대한주택공사
⑬ 주택법에 의한 국민주택기금을 운용·관리하는 자
⑭ 신용도가 우량한 법인(외국법인과 당해 외국법인이 설립하는 국내법인 포함한다)으로서 금융위원회가 미리 정하는 기준에 따라 당해 법인이 보유하는 자산에 대하여 자산유동화의 필요성이 있다고 금융위원회가 인정하는 법인
⑮ 기업구조조정투자회사법 제2조제3호의 규정에 의한 기업구조조정투자회사

3. 주택저당채권 유동화회사법(MBS)

(1) MBS의 정의

MBS(Mortgage Backed Securities)란 저당대출담보부 증권이라고도 하고 주택저당채권 또는 증권이라고도 하는 MBS는 채권을 발행할 때 모기지를 담보를 하여 원리금상환을 보장하는 제도라고 생각하면 된다. 일반적으로 채권은 담보의 종류에 따라 다음과 같이 분류된다.

① 발행기관의 순수한 신용에 의한 경우(일반채권)
② 금융기관의 지급보증을 담보로 하여 발행하는 경우(보증부채권)
③ 자산을 담보로 하여 발행하는 경우(자산담보부채권 : ABS)가 있는데 MBS는 바로 ABS의 일종이다.

ABS중에서 담보력이 가장 확실한 것이 저당대출이며 따라서 가장 활성화의 가능성이 높은 것이다. 물론 금융기관에서는 국제기준인 BIS를 높이는 효과도 있다. MBS의 효과측면에서 보면 은행에게 대출을 해주는 기관이 발행하는 채권이라고 보면 무난하다.

일반시중은행이 부동산을 담보로 자금을 대출할 경우 은행은 이 자금을 대출자로부터 돌려받기 전까지는 이 자금을 다른 용도로 쓸 수 없다. 그러나 이 은행이 부동산을 담보로 한 사실을 다시 담보로 하여 자금을 끌어들일 수 있는 제도가 바로 MBS이다.[218]

(2) 제정 목적

이 법은 주택자금의 장기적·안정적 공급으로 주택금융의 기반을 확충하기 위하여 주택저당채권유동화회사의 설립·운영과 주택저당채권담보부채권 및 주택저당증권의 발

218) 손성태, 상게서, p.14.

행에 관하여 필요한 사항을 규정함으로써 국민경제의 건전한 발전에 기여함을 목적으로 한다.[219)]

(3) 채권유동화

채권유동화라 함은 주택저당채권유동화회사가 금융기관으로부터 주택저당채권을 양도받아 이를 담보로 하여 주택저당채권담보부채권을 발행하고 원리금을 지급하는 행위와 주택저당채권유동화회사가 금융기관으로부터 주택저당채권을 양도받아 이를 기초로 주택저당증권을 발행하고 그 주택저당채권의 관리·운용 및 처분에 의한 수익을 분배하는 행위를 말한다.[220)]

(4) 주택저당채권

주택저당채권이라 함은 주택법 제2조의 규정에 의한 주택의 구입 또는 건축에 소요된 대출자금(주택의 구입 및 건축에 소요된 자금을 보전하기 위한 대출자금을 포함한다)과 이 자금의 상환을 위한 대출자금에 대한 채권으로서 당해 주택에 설정된 저당권에 의하여 담보된 채권을 말한다.[221)]

(5) 채권유동화업무의 인가

이 법에 의한 채권유동화업무를 영위하고자 하는 자는 금융위원회의 인가를 받아야 하며, 다음의 요건을 갖추어야 한다.[222)]

① 주식회사일 것
② 자본금이 250억 원 이상일 것
③ 자기자본비율이 대통령령이 정하는 기준 이상일 것

(6) 채권유동화계획의 등록

주택저당채권유동화회사는 채권유동화를 하고자 하는 때에는 금융위원회가 정하는 서류를 갖추어 채권유동화에 관한 계획을 금융위원회에 등록하여야 한다. 채권유동화계획에는 다음 각 호의 사항이 포함되어야 한다.[223)]

① 채권유동화회사의 명칭 및 사무소의 소재지

---

219) 주택저당채권유동화회사법 제1조.
220) 주택저당채권유동화회사법 제2조제1항 제1호.
221) 주택저당채권유동화회사법 제2조제1항 제2호.
222) 주택저당채권유동화회사법 제3조.
223) 주택저당채권유동화회사법 제4조제1, 2항.

② 채권유동화계획의 기간
③ 주택저당채권의 명세 및 총액과 평가전문기관의 평가가액
④ 발행하고자 하는 주택저당채권담보부채권 및 주택저당증권의 종류·총액 및 발행조건
⑤ 주택저당채권의 관리·운용 및 처분에 관한 사항
⑥ 주택저당채권의 관리·운용 및 처분에 관한 업무를 위탁하고자 하는 경우에는 그 채권관리자
⑦ 기타 대통령령이 정하는 사항

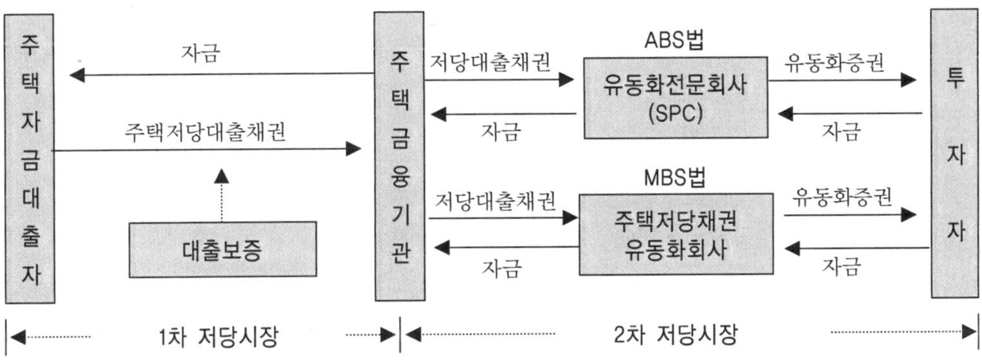

자료 : 지규현, "신부동산금융 및 투자기법과정 교재" 국토해양부인재개발원, 2005. p.15.

[그림 39] 우리나라의 주택저당채권유동화 구조

• 부록 •

부동산개발업 양식

1. 부동산개발업등록신청서 / 2. 부동산개발업 등록대장 / 3. 등록사업자 현황 보고
4. 부동산개발업등록증 / 5. 부동산개발업등록증 기재사항 변경신청서
6. 부동산개발업등록증 재교부신청서 / 7. 부동산개발업 양도신고서 / 8. 법인합병신고서
9. 부동산개발업 상속신고서 / 10. 부동산개발업 폐업신고서 / 11. 사업실적 현황 보고
12. 부동산개발업 등록요건 변경 보고 / 13. 조사 · 검사 공무원증
14. 부동산개발 전문인력 사전교육 신청서 / 15. 부동산개발 전문인력 사전교육기관 지정 신청서
16. 부동산개발 전문인력 사전교육 수료증 / 17. 부동산개발 전문인력 사전교육 수료증 발급대장

1. 부동산개발업등록신청서

[별지 제1호서식] (앞쪽)

<table>
<tr><td colspan="5">부동산개발업등록신청서</td><td>처리기간
30 일</td></tr>
<tr><td rowspan="3">신청인</td><td colspan="2">① 상호</td><td></td><td>② 대표자</td><td></td></tr>
<tr><td colspan="2">③ 영업소 소재지
(특수목적법인인 경우: 자산관리회사 또는 자산운용회사의 영업소 소재지)</td><td>
(　　　　　　)</td><td>④ 전화번호</td><td></td></tr>
<tr><td colspan="2">⑤ 법인등록번호
(주민등록번호)</td><td></td><td>⑥ 국적 또는 소속 국가명</td><td></td></tr>
<tr><td colspan="3">⑦ 자본금
(개인은 영업용자산평가액)</td><td>천원</td><td>⑧ 출자금액/출자비율
(외국인이나 외국법인인 경우)</td><td>천원/　　%</td></tr>
<tr><td colspan="2">⑨ 사무실</td><td colspan="2">면적　　㎡
(□자기소유　□전세　□임대
□그 밖의 형태)</td><td>⑩ 부동산개발 전문인력</td><td>명</td></tr>
<tr><td colspan="6">「부동산개발업의 관리 및 육성에 관한 법률」 제4조제1항 및 같은 법 시행령 제5조제1항에 따라 부동산개발업의 등록을 신청합니다.

년　　월　　일

신청인　　　　　　(서명 또는 인)

특별시장
광역시장　　　귀 하
(특별자치)도지사</td></tr>
<tr><td>수수료</td><td colspan="5">5만원</td></tr>
<tr><td colspan="6">구비서류</td></tr>
<tr><td>신청인
(대표자)
제출서류</td><td colspan="5">1. 재외국민등록부등본 및 여권 사본(신청인이 「재외국민등록법」 제3조에 따른 재외국민인 경우에 한정합니다)
2. 대차대조표 및 손익계산서(개인인 경우에는 영업용자산액명세서와 그 증명서류를 말합니다)
3. 외국인이나 외국법인의 출자를 증명하는 서류(외국인이나 외국법인이 자본금의 100분의 50 이상을 출자한 경우에 한정합니다)
4. 「부동산개발업의 관리 및 육성에 관한 법률 시행령」 제4조제2항제1호에 따른 사무실(같은 법 시행령 제6조제1항에 따른 상근 임직원이 없는 특수목적법인인 경우에는 같은 조 제2항제2호 각 목의 어느 하나에 해당하는 자산관리회사 또는 자산운용회사의 사무실을 말합니다)을 갖추었음을 증명하는 임대차계약서 사본(임대차인 경우에 한정합니다)
5. 「부동산개발업의 관리 및 육성에 관한 법률」 제5조제1항에 따른 부동산개발 전문인력을 확보하였음을 증명하는 다음 각 목의 서류
가. 「부동산개발업의 관리 및 육성에 관한 법률 시행령」 별표 1의 구분에 따른 자격 또는 학위와 경력을 증명하는 서류
나. 부동산개발 전문인력이 사전교육을 이수하였음을 증명하는 서류
다. 부동산개발 전문인력에 대한 고용계약서 사본
6. 신청인이 「부동산개발업의 관리 및 육성에 관한 법률 시행령」 제6조제1항에 따른 상근 임직원이 없는 특수목적법인인 경우에는 다음 각 목의 서류
가. 특수목적법인임을 증명할 수 있는 서류
나. 「부동산개발업의 관리 및 육성에 관한 법률 시행령」 제6조제2항제2호 각 목의 어느 하나에 해당하는 자산관리회사 또는 자산운용회사와 체결한 업무위탁계약서 사본
다. 나목의 자산관리회사 또는 자산운용회사의 설립 인·허가 등을 증명할 수 있는 서류
7. 신청인(법인인 경우에는 대표자 및 임원을 말합니다)이 외국인인 경우에는 「부동산개발업의 관리 및 육성에 관한 법률」 제6조 각 호의 어느 하나에 해당하는 사유와 같거나 비슷한 사유에 해당하지 아니함을 확인할 수 서류(해당 국가의 정부나 그 밖의 권한이 있는 기관이 발행한 서류로서 해당 국가에 주재하는 우리나라 영사가 확인한 것에 한정합니다)</td></tr>
</table>

210mm×297mm(일반용지 60g/㎡(재활용품))

(뒤쪽)

<table>
<tr><td>담당 공무원 확인사항
(담당공무원의 확인에 동의하지 아니하는 경우 신청인이 직접 제출하여야 하는 서류)</td><td>1. 법인등기부등본(개인인 경우에는 주민등록표등본을 말합니다)
2. 「부동산개발업의 관리 및 육성에 관한 법률 시행령」 제4조제2항제1호에 따른 사무실(같은 법 시행령 제6조제1항에 따른 상근 임직원이 없는 특수목적법인인 경우에는 같은 조 제2항제2호 각 목의 어느 하나에 해당하는 자산관리회사 또는 자산운용회사의 사무실을 말합니다)을 갖추었음을 증명하는 건물등기부등본
3. 부동산개발 전문인력이 외국인인 경우에는 「부동산개발업의 관리 및 육성에 관한 법률 시행령」 제4조제2항제2호 후단에 해당하는 요건을 갖추었음을 확인할 수 있는 「출입국관리법」 제88조에 따른 외국인등록사실증명(신청인이 확인에 동의하지 아니하는 경우에는 「출입국관리법」 제33조에 따른 외국인등록증 사본으로 대신할 수 있습니다)
4. 신청인이 외국법인인 경우에는 「부동산개발업의 관리 및 육성에 관한 법률 시행령」 제4조제3항에 해당하는 요건을 갖추었음을 확인할 수 있는 영업소 법인등기부등본</td></tr>
<tr><td colspan="2">본인은 이 건의 업무처리와 관련하여 담당 공무원이 「전자정부법」 제21조제1항에 따른 행정정보의 공동이용을 통하여 위의 담당 공무원 확인사항을 확인하는 것에 동의합니다.

신청인(대표자) (서명 또는 인)</td></tr>
</table>

이 신청서는 아래와 같이 처리됩니다.

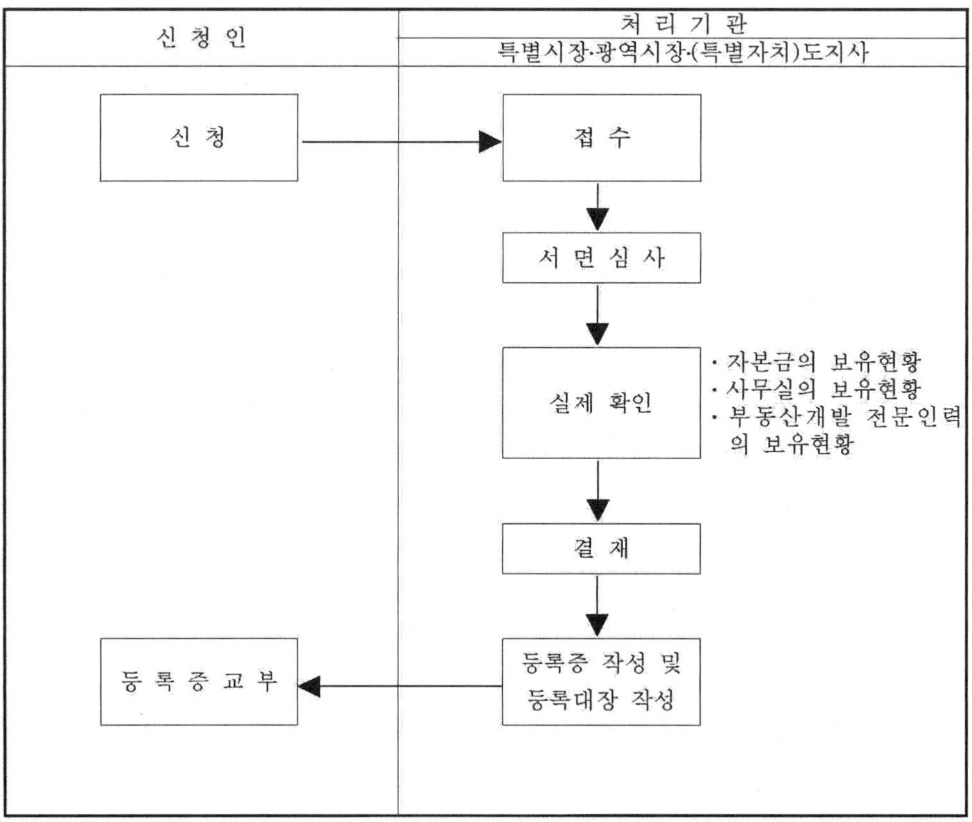

2. 부동산개발업 등록대장

[별지 제2호서식]

(앞 쪽)

부동산개발업등록대장			
등록번호	제 호	등록일	년 월 일
상 호		대 표 자	
영업소 소재지 (특수목적법인인 경우: 자산관리회사 또는 자산운용회사의 영업소 소재지)	 ( )	전화번호	
법인등록번호 (주민등록번호)		국적 또는 소속 국가명	
자본금 (영업용자산평가액)		출자금액/출자비율 (외국인이나 외국법인인 경우)	천원/ %
사무실	면적 ㎡ (□자기소유 □전세 □임대 □그 밖의 형태)		

변경사항(등록증 기재사항, 자본금, 임원, 양도·합병·상속 등)					
구분	신청 또는 보고일	수리일	변경 전	변경 후	사유발생일

210mm×297mm(보존용지(1종) 70g/㎡)

(뒤 쪽)

사업실적							
연월일	사업명	개발 유형	사업주체 참여유형	사업규모			
				면적(㎡)		사업비 (백만원)	매출액 (백만원)
				토지(㎡)	시설(㎡)		

행정처분사항 [시정조치 · 영업정지(임직원의 해임 또는 징계의 요구) · 등록취소 · 과태료 · 등록말소]			
처분내용	처분사유 및 근거	처분기관 (처분일)	기록일 및 기록자 (서명 또는 인)

부동산개발 전문인력 보유 현황						
구분	성명	직위	입사일	퇴사일	보고일	비고

3. 등록사업자 현황 보고

[별지 제3호서식]

기 관 명

수신자: 국토해양부장관(00팀장)
(경유)
제 목: 등록사업자 현황 보고

「부동산개발업의 관리 및 육성에 관한 법률 시행규칙」 제7조제2항에 따라 등록사업자 현황을 아래와 같이 보고합니다.

- 아 래 -

연번	등록번호	등록일자	상호	대표자	자본금	영업소 소재지 (특수목적법인인 경우: 자산관리회사 또는 자산운용회사의 영업소 소재지)	부동산개발 전문인력	전화번호
						 ( )		
						 ( )		
						 ( )		
						 ( )		
						 ( )		
						 ( )		
※ 법인과 개인으로 구분하여 작성								

보고기관의 장 인

기안자(직위/직급) 서명 검토자(직위/직급) 서명 결재자(직위/직급) 서명
협조자(직위/직급) 서명

시행 처리과-일련번호(시행일자) 접수 처리과명-일련번호(접수일자)
우 주소 /홈페이지 주소
전화( ) 전송( ) /공무원의 공식 전자우편주소/공개구분

210mm×297mm(일반용지 60g/㎡(재활용품))

4. 부동산개발업등록증

[별지 제4호서식]

(앞 쪽)

부동산개발업등록증

등 록 번 호: 등록일자:

상 호: 대 표 자:

영업소 소재지:

(자산관리회사 또는 자산운용회사의 영업소 소재지:)

법인등록번호(생년월일): 국적 또는 소속 국가명 :

위의 자는 「부동산개발업의 관리 및 육성에 관한 법률」 제4조에 따른 등록사업자임을 증명합니다.

년 월 일

특별시장
광역시장 인
(특별자치)도지사

변 경 사 항

변경일	변경구분	변경내용	기록일 및 기록자(서명 또는 인)

210㎜×297㎜(보존용지(1종) 120g/㎡)

(뒤 쪽)

행 정 처 분 사 항 [시정조치 · 영업정지(임직원의 해임 또는 징계의 요구) · 등록취소 · 과태료]			
처 분 내 용	사 유	처 분 기 관 (처 분 일)	기록일 및 기록자 (서명 또는 인)

5. 부동산개발업등록증 기재사항 변경신청서

[별지 제5호서식]

(앞 쪽)

<table>
<tr><td colspan="5">부동산개발업등록증 기재사항 변경신청서</td><td>처리기간
즉시</td></tr>
<tr><td rowspan="4">신
청
인</td><td>① 상호</td><td></td><td>② 대표자</td><td colspan="2"></td></tr>
<tr><td>③ 법인등록번호
(주민등록번호)</td><td></td><td>④ 등록번호</td><td colspan="2"></td></tr>
<tr><td>⑤ 영업소 소재지</td><td></td><td rowspan="2">⑥ 전화번호</td><td rowspan="2" colspan="2"></td></tr>
<tr><td>(특수목적법인인 경우: 자산관리회사 또는 자산운용회사의 영업소 소재지)</td><td>(　　　　　　　　)</td></tr>
<tr><td colspan="6">변경내용</td></tr>
<tr><td colspan="2">변경구분</td><td>변경연월일</td><td>변경 전 사항</td><td colspan="2">변경 후 사항</td></tr>
<tr><td colspan="2">상호</td><td></td><td></td><td colspan="2"></td></tr>
<tr><td colspan="2">대표자</td><td></td><td></td><td colspan="2"></td></tr>
<tr><td colspan="2">영업소 소재지</td><td></td><td></td><td colspan="2"></td></tr>
<tr><td colspan="2">(자산관리회사 또는 자산운용회사의 영업소 소재지)</td><td></td><td></td><td colspan="2"></td></tr>
<tr><td colspan="2">법인등록번호(주민등록번호)</td><td></td><td></td><td colspan="2"></td></tr>
<tr><td colspan="2">국적 또는 소속 국가명</td><td></td><td></td><td colspan="2"></td></tr>
<tr><td colspan="6">「부동산개발업의 관리 및 육성에 관한 법률」 제7조제2항에 따라 위와 같이 부동산개발업등록증 기재사항의 변경을 신청합니다.

년 월 일

신청인 (서명 또는 인)

특별시장
광역시장 귀하
(특별자치)도지사</td></tr>
<tr><td>수수료</td><td colspan="5">없음</td></tr>
<tr><td colspan="6">구비서류</td></tr>
<tr><td>신청인
(대표자)
제출서류</td><td colspan="5">1. 영업소의 소재지를 변경하는 경우
「부동산개발업의 관리 및 육성에 관한 법률 시행령」 제4조제2항제1호에 따른 사무실(같은 법 시행령 제6조제1항에 따른 상근 임직원이 없는 특수목적법인인 경우에는 같은 조 제2항제2호 각 목의 어느 하나에 해당하는 자산관리회사 또는 자산운용회사의 사무실을 말합니다)을 갖추었음을 증명하는 임대차계약서 사본(임대차인 경우에 한정합니다)
2. 법인등록번호 또는 주민등록번호를 변경하는 경우
법인등록번호 또는 주민등록번호의 변경을 증명하는 서류
3. 국적 또는 소속 국가명을 변경하는 경우
국적 또는 소속 국가명의 변경을 증명하는 서류</td></tr>
</table>

210mm×297mm(일반용지 60g/㎡(재활용품))

(뒤쪽)

담당 공무원 확인사항 (담당 공무원의 확인에 동의하지 아니하는 경우 신청인이 직접 제출하여야 하는 서류)	1. 상호 · 명칭을 변경하는 경우 법인인 경우에는 법인등기부등본, 개인인 경우에는 사업자등록증(신청인이 확인에 동의하지 아니하는 경우에는 그 사본으로 대신할 수 있습니다) 2. 성명 또는 대표자를 변경하는 경우 다음 각 목의 서류 가. 법인인 경우에는 법인등기부등본, 개인인 경우에는 호적등본(신청인이 확인에 동의하지 아니하는 경우에는 호적초본으로 대신할 수 있습니다) 나. 외국인인 경우에는 「출입국관리법」 제88조에 따른 외국인등록사실증명(신청인이 확인에 동의하지 아니하는 경우에는 외국인등록증 사본으로 대신할 수 있습니다) 3. 영업소의 소재지를 변경하는 경우 다음 각 목의 서류 가. 법인인 경우에는 법인등기부등본, 개인인 경우에는 사업자등록증(신청인이 확인에 동의하지 아니하는 경우에는 그 사본으로 대신할 수 있습니다) 나. 「부동산개발업의 관리 및 육성에 관한 법률 시행령」 제4조제2항제1호에 따른 사무실(같은 법 시행령 제6조제1항에 따른 상근 임직원이 없는 특수목적법인인 경우에는 같은 조 제2항제2호 각 목의 어느 하나에 해당하는 자산관리회사 또는 자산운용회사의 사무실을 말합니다)을 갖추었음을 증명하는 건물등기부등본
본인은 이 건의 업무처리와 관련하여 담당 공무원이 「전자정부법」 제21조제1항에 따른 행정정보의 공동이용을 통하여 위의 담당 공무원 확인사항을 확인하는 것에 동의합니다. 신청인(대표자) (서명 또는 인)	

이 신청서는 아래와 같이 처리됩니다.

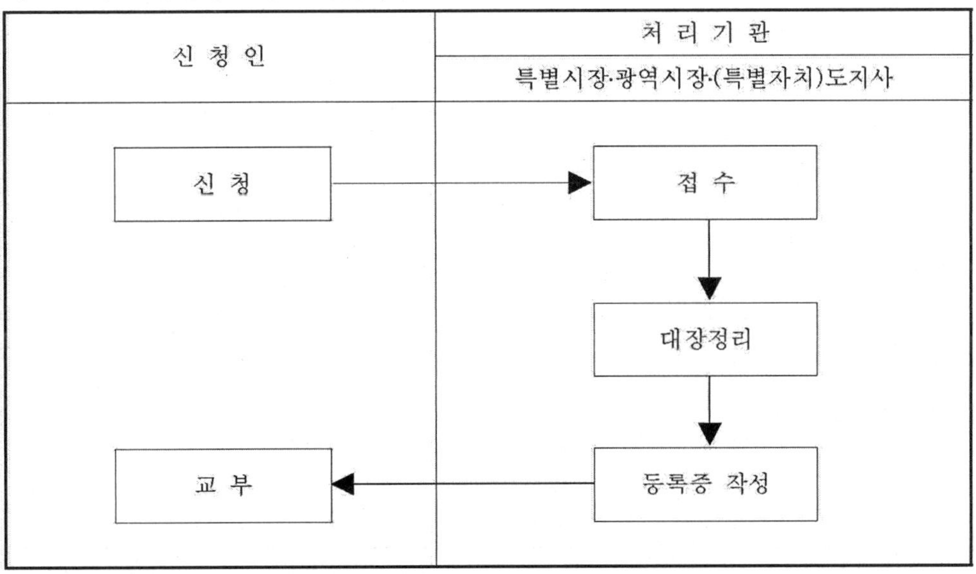

6. 부동산개발업등록증 재교부신청서

[별지 제6호서식]

(앞 쪽)

<table>
<tr><td colspan="4">부동산개발업등록증 재교부신청서</td><td>처리기간
1일</td></tr>
<tr><td rowspan="5">신청인</td><td>상호</td><td></td><td>대표자</td><td></td></tr>
<tr><td>영업소 소재지</td><td colspan="3"></td></tr>
<tr><td>(특수목적법인인 경우: 자산관리회사 또는 자산운용회사의 영업소 소재지)</td><td colspan="3">(　　　　　　　　　　　　　　　　　　)</td></tr>
<tr><td>법인등록번호
(주민등록번호)</td><td></td><td>국적 또는 소속국가명</td><td></td></tr>
<tr><td>전화번호</td><td></td><td>등록번호</td><td></td></tr>
<tr><td colspan="2">재교부 신청사유</td><td colspan="3"></td></tr>
</table>

「부동산개발업의 관리 및 육성에 관한 법률」 제7조제3항에 따라 부동산개발업등록증의 재교부를 신청합니다.

년　　월　　일

신청인　　　　　　(서명 또는 인)

특별시장
광역시장　　　　귀하
(특별자치)도지사

210mm×297mm(신문용지 54g/㎡(재활용품))

이 신청서는 아래와 같이 처리됩니다. (뒤 쪽)

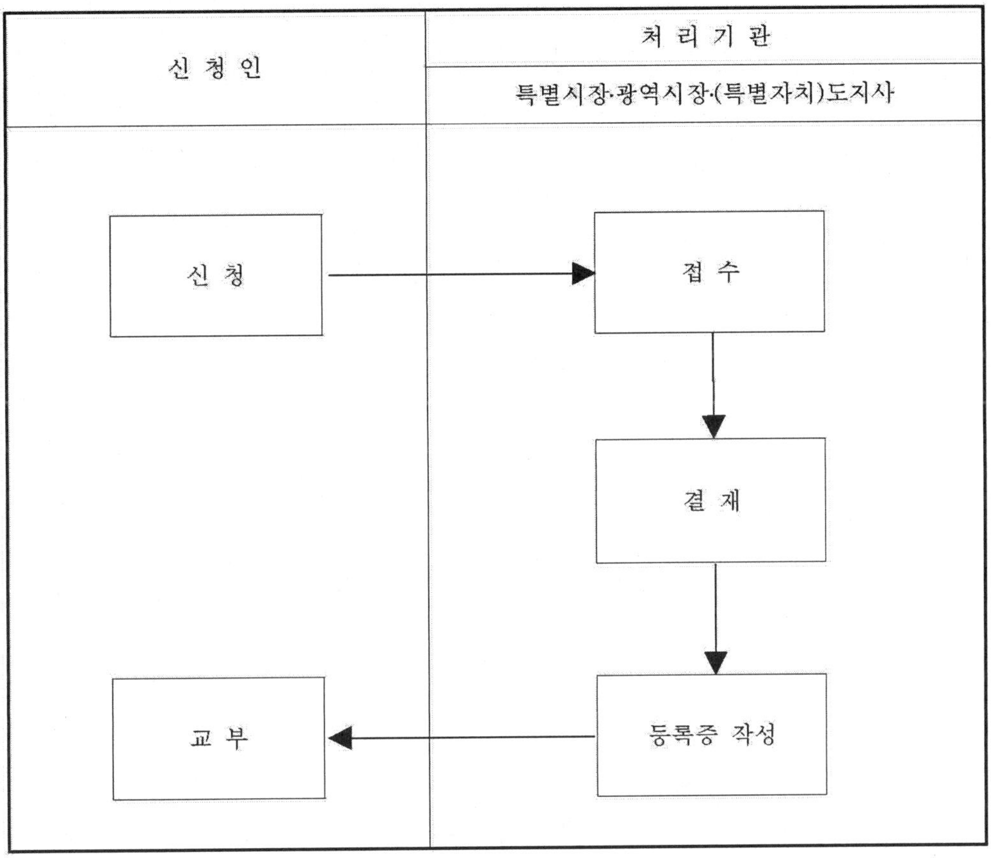

7. 부동산개발업 양도신고서

[별지제8호서식]

(앞 쪽)

부동산개발업 양도신고서					처리기간 10일
양도인	① 상호		② 대표자		
	③ 영업소 소재지 (특수목적법인인 경우: 자산관리회사 또는 자산운용회사의 영업소 소재지)	( )	④ 전화번호		
	⑤ 법인등록번호 (주민등록번호)		⑥ 국적 또는 소속 국가명		
	⑦ 등록번호		⑧ 등록 연월일		
양수인	⑨ 상호		⑩ 대표자		
	⑪ 영업소 소재지 (특수목적법인인 경우: 자산관리회사 또는 자산운용회사의 영업소 소재지)	( )	⑫ 전화번호		
	⑬ 법인등록번호 (주민등록번호)		⑭ 국적 또는 소속 국가명		
	⑮ 등록번호		⑯ 등록 연월일		

「부동산개발업의 관리 및 육성에 관한 법률」 제11조제1항제1호에 따라 부동산개발업의 양도를 신고합니다.

년 월 일

양도인 (서명 또는 인)
양수인 (서명 또는 인)

특별시장
광역시장 귀하
(특별자치)도지사

수수료	없음
구비서류	
신고인 (대표자) 제출서류	1. 양도계약서 사본 2. 양수인에 관한 다음 각 목의 서류 가. 재외국민등록부등본 및 여권 사본(「재외국민등록법」 제3조에 따른 재외국민인 경우에 한정합니다) 나. 대차대조표 및 손익계산서(개인인 경우에는 영업용자산액명세서와 그 증명서류를 말합니다) 다. 외국인이나 외국법인의 출자를 증명하는 서류(외국인이나 외국법인이 자본금의 100분의 50 이상을 출자한 경우에 한정합니다) 라. 「부동산개발업의 관리 및 육성에 관한 법률 시행령」 제4조제2항제1호에 따른 사무실(같은 법 시행령 제6조제1항에 따른 상근 임직원이 없는 특수목적법인인 경우에는 같은 조 제2항제2호 각 목의 어느 하나에 해당하는 자산관리회사 또는 자산운용회사의 사무실을 말합니다)을 갖추었음을 증명하는 임대차계약서 사본(임대차인 경우에 한정합니다) 마. 「부동산개발업의 관리 및 육성에 관한 법률」 제5조제1항에 따른 부동산개발 전문인력을 확보하였음을 증명하는 다음의 서류 1) 「부동산개발업의 관리 및 육성에 관한 법률 시행령」 별표 1의 구분에 따른 자격 또는 학위와 경력을 증명하는 서류 2) 부동산개발 전문인력이 사전교육을 이수하였음을 증명하는 서류 3) 부동산개발 전문인력에 대한 고용계약서 사본

210mm×297mm(신문용지 54g/㎡(재활용품))

(뒤쪽)

	바. 「부동산개발업의 관리 및 육성에 관한 법률 시행령」 제6조제1항에 따른 상근 임직원이 없는 특수목적법인인 경우에는 다음 각 목의 서류 1) 특수목적법인임을 증명할 수 있는 서류 2) 「부동산개발업의 관리 및 육성에 관한 법률 시행령」 제6조제2항제2호 각 목의 어느 하나에 해당하는 자산관리회사 또는 자산운용회사와 체결한 업무위탁계약서 사본 3) 나목의 자산관리회사 또는 자산운용회사의 설립 인·허가 등을 증명할 수 있는 서류 사. 양수인(법인인 경우에는 대표자 및 임원을 말합니다)이 외국인인 경우에는 「부동산개발업의 관리 및 육성에 관한 법률」 제6조 각 호의 어느 하나에 해당하는 사유와 같거나 비슷한 사유에 해당하지 아니함을 확인할 수 서류(해당 국가의 정부나 그 밖의 권한 있는 기관이 발행한 서류로서 해당 국가에 주재하는 우리나라 영사가 확인한 것에 한정합니다) 3. 「부동산개발업의 관리 및 육성에 관한 법률」 제12조에 따른 부동산개발업 양도의 공고문과 이해관계인의 의견 조정 내용을 적은 서류 4. 「부동산개발업의 관리 및 육성에 관한 법률 시행령」 제13조제1호에 따른 부동산의 매도인, 같은 조 제3호에 따른 건설업자 및 같은 조 제4호에 따른 소비자 모두가 동의하였음을 증명하는 서류
담당 공무원 확인 사항 (담당 공무원의 확인에 동의하지 아니하는 경우 신청인이 직접 제출하여야 하는 서류)	1. 양수인의 법인등기부등본(개인인 경우에는 주민등록표등본을 말합니다) 2. 양수인이 「부동산개발업의 관리 및 육성에 관한 법률 시행령」 제4조제2항제1호에 따른 사무실(같은 법 시행령 제6조제1항에 따른 상근 임직원이 없는 특수목적법인인 경우에는 같은 조 제2항제2호 각 목의 어느 하나에 해당하는 자산관리회사 또는 자산운용회사의 사무실을 말합니다)을 갖추었음을 증명하는 건물등기부등본 3. 양수인의 부동산개발 전문인력이 외국인인 경우에는 「부동산개발업의 관리 및 육성에 관한 법률 시행령」 제4조제2항제2호 후단에 해당하는 요건을 갖추었음을 확인할 수 있는 「출입국관리법」 제88조에 따른 외국인등록사실증명(신청인이 확인에 동의하지 아니하는 경우에는 「출입국관리법」 제33조에 따른 외국인등록증 사본으로 대신할 수 있습니다) 4. 양수인이 외국법인인 경우에는 「부동산개발업의 관리 및 육성에 관한 법률 시행령」 제4조제3항에 해당하는 요건을 갖추었음을 확인할 수 있는 영업소 법인등기부등본
본인은 이 건의 업무처리와 관련하여 담당 공무원이 「전자정부법」 제21조제1항에 따른 행정정보의 공동이용을 통하여 위의 담당 공무원 확인사항을 확인하는 것에 동의합니다. 신청인(대표자) (서명 또는 인)	

이 신고서는 아래와 같이 처리됩니다.

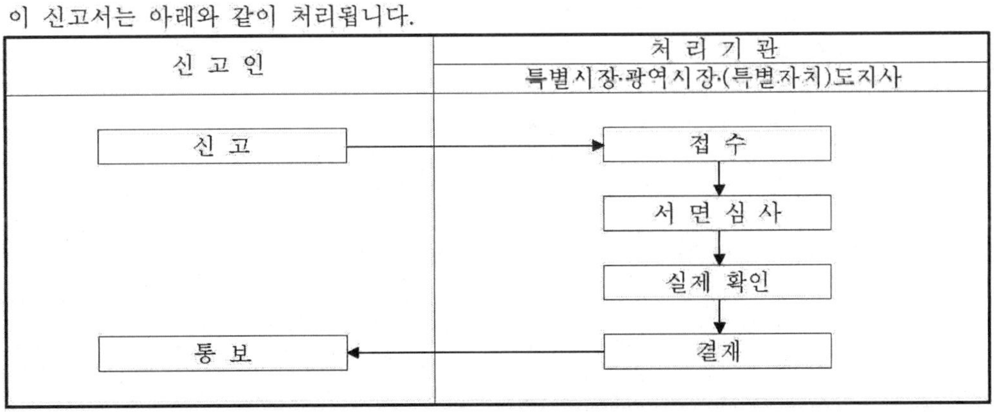

8. 법인합병신고서

[별지 제9호서식] (앞 쪽)

법인합병신고서				처리기간 7일
합병 법인	①상호		② 대표자	
	③ 영업소 소재지 (특수목적법인인 경우: 자산관리회사 또는 자산운용회사의 영업소 소재지)	( )	④ 전화번호	
	⑤ 법인등록번호 (주민등록번호)		⑥ 국적 또는 소속 국가명	
	⑦ 등록번호		⑧ 등록 연월일	
합병 법인	⑨ 상호		⑩ 대표자	
	⑪ 영업소 소재지 (특수목적법인인 경우: 자산관리회사 또는 자산운용회사의 영업소 소재지)	( )	⑫ 전화번호	
	⑬ 법인등록번호 (주민등록번호)		⑭ 국적 또는 소속 국가명	
	⑮ 등록번호		⑯ 등록 연월일	
합병 후 존속 또는 설립된 법인	⑰ 상호		⑱ 대표자	
	⑲ 영업소 소재지 (특수목적법인인 경우: 자산관리회사 또는 자산운용회사의 영업소 소재지)	( )	⑳ 전화번호	
	㉑ 법인등록번호 (주민등록번호)		㉒ 국적 또는 소속 국가명	
	㉓ 등록번호		㉔ 등록 연월일	

「부동산개발업의 관리 및 육성에 관한 법률」 제11조제1항제2호에 따라 등록사업자인 법인의 합병을 신고합니다.

년 월 일

신고인 (서명 또는 인)

특별시장
광역시장 귀하
(특별자치)도 지 사

수수료	없음
구비서류	
신고인 (대표자) 제출서류	1. 합병계약서 사본 2. 합병공고문 3. 합병에 관한 사항을 의결한 총회 또는 창립총회의 결의서 사본 4. 합병 후 존속하는 법인이나 합병에 의하여 설립되는 법인에 관한 다음 각 목의 서류 가. 대차대조표 및 손익계산서 나. 외국인이나 외국법인의 출자를 증명하는 서류(외국인이나 외국법인이 자본금의 100분의 50 이상을 출자한 경우에 한정합니다) 다. 「부동산개발업의 관리 및 육성에 관한 법률 시행령」 제4조제2항제1호에 따른 사무실(같은 법 시행령 제6조제1항에 따른 상근 임직원이 없는 특수목적법인인 경우에는 같은 조 제2항제2호 각 목의 어느 하나에 해당하는 자산관리회사 또는 자산운용회사의 사무실을 말합니다)을 갖추었음을 증명하는 임대차계약서 사본(임대차인 경우에 한정합니다)

210mm×297mm(신문용지 54g/㎡(재활용품))

(뒤쪽)

	라. 「부동산개발업의 관리 및 육성에 관한 법률」 제5조제1항에 따른 부동산개발 전문인력을 확보하였음을 증명하는 다음의 서류 1) 「부동산개발업의 관리 및 육성에 관한 법률 시행령」 별표 1의 구분에 따른 자격 또는 학위와 경력을 증명하는 서류 2) 부동산개발 전문인력이 사전교육을 이수하였음을 증명하는 서류 3) 부동산개발 전문인력에 대한 고용계약서 사본 마. 「부동산개발업의 관리 및 육성에 관한 법률 시행령」 제6조제1항에 따른 특수목적법인인 경우에는 다음 각 목의 서류 1) 특수목적법인임을 증명할 수 있는 서류 2) 「부동산개발업의 관리 및 육성에 관한 법률 시행령」 제6조제2항제2호 각 목의 어느 하나에 해당하는 자산관리회사 또는 자산운용회사와 체결한 업무위탁계약서 사본 3) 나목의 자산관리회사 또는 자산운용회사의 설립 인·허가 등을 증명할 수 있는 서류 바. 합병 후 존속하는 법인이나 합병에 의하여 설립된 법인의 대표자 및 임원이 외국인인 경우에는 「부동산개발업의 관리 및 육성에 관한 법률」 제6조 각 호의 어느 하나에 해당하는 사유와 같거나 비슷한 사유에 해당하지 아니함을 확인할 수 서류(해당 국가의 정부나 그 밖의 권한 있는 기관이 발행한 서류로서 해당 국가에 주재하는 우리나라 영사가 확인한 것에 한정합니다)
담당 공무원 확인 사항 (담당 공무원의 확인에 동의하지 아니하는 경우 신청인이 직접 제출하여야 하는 서류)	1. 합병 후 존속하는 법인이나 합병에 의하여 설립된 법인의 법인등기부등본 2. 합병 후 존속하는 법인이나 합병에 의하여 설립된 법인이 「부동산개발업의 관리 및 육성에 관한 법률 시행령」 제4조제2항제1호에 따른 사무실(같은 법 시행령 제6조제1항에 따른 상근 임직원이 없는 특수목적법인인 경우에는 같은 조 제2항제2호 각 목의 어느 하나에 해당하는 자산관리회사 또는 자산운용회사의 사무실을 말합니다)을 갖추었음을 증명하는 건물등기부등본 3. 합병 후 존속하는 법인이나 합병에 의하여 설립된 법인의 부동산개발 전문인력이 외국인인 경우에는 「부동산개발업의 관리 및 육성에 관한 법률 시행령」 제4조제2항제2호 후단에 해당하는 요건을 갖추었음을 확인할 수 있는 「출입국관리법」 제88조에 따른 외국인등록사실증명(신청인이 확인에 동의하지 아니하는 경우에는 「출입국관리법」 제33조에 따른 외국인등록증 사본으로 대신할 수 있습니다) 4. 합병 후 존속하는 법인이나 합병에 의하여 설립된 법인이 외국법인인 경우에는 「부동산개발업의 관리 및 육성에 관한 법률 시행령」 제4조제3항의 요건을 갖추었음을 확인할 수 있는 영업소 법인등기부등본

본인은 이 건의 업무처리와 관련하여 담당 공무원이 「전자정부법」 제21조제1항에 따른 행정정보의 공동이용을 통하여 위의 담당 공무원 확인사항을 확인하는 것에 동의합니다.

신고인(대표자) (서명 또는 인)

이 신고서는 아래와 같이 처리됩니다.

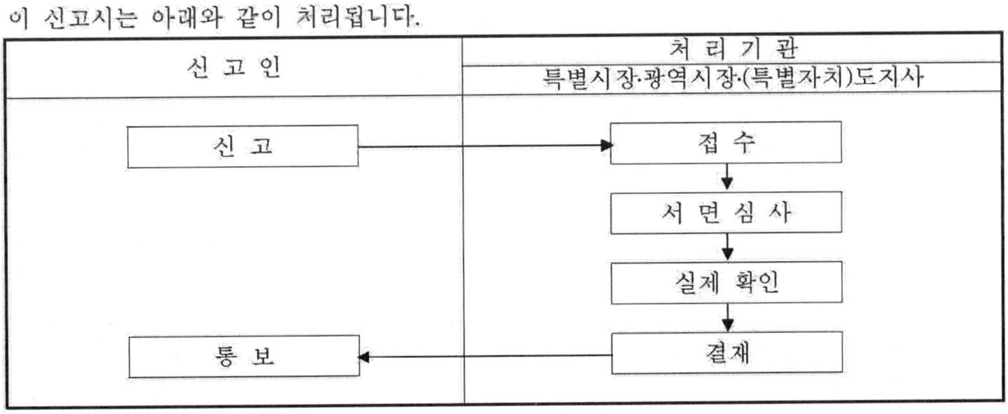

9. 부동산개발업 상속신고서

[별지 제10호서식]

(앞 쪽)

<table>
<tr><td colspan="5">부동산개발업 상속신고서</td><td>처리기간
7일</td></tr>
<tr><td rowspan="5">피상속인</td><td>① 성명</td><td></td><td>② 주민등록번호</td><td colspan="2"></td></tr>
<tr><td>③ 주소</td><td></td><td>④ 사망일자</td><td colspan="2"></td></tr>
<tr><td>⑤ 상호</td><td></td><td>⑥ 영업소 소재지</td><td colspan="2"></td></tr>
<tr><td>⑦ 등록번호</td><td></td><td>⑧ 등록 연월일</td><td colspan="2"></td></tr>
<tr><td>⑨ 국적 또는
소속 국가명</td><td></td><td>⑩ 전화번호</td><td colspan="2"></td></tr>
<tr><td rowspan="2">상속인</td><td>⑪ 성명</td><td></td><td>⑫ 주민등록번호</td><td colspan="2"></td></tr>
<tr><td>⑬ 주소</td><td></td><td>⑭ 전화번호</td><td colspan="2"></td></tr>
<tr><td colspan="6">「부동산개발업의 관리 및 육성에 관한 법률」 제11조제5항에 따라 부동산개발업의 상속을 신고합니다.

년 월 일

신고인 (서명 또는 인)
특별시장
광역시장 귀하
(특별자치)도 지 사</td></tr>
<tr><td colspan="2">수수료</td><td colspan="4">없음</td></tr>
<tr><td colspan="6">구비서류</td></tr>
<tr><td colspan="2">신고인
(대표자)
제출서류</td><td colspan="4">1. 상속인임을 증명하는 서류
2. 상속인에 관한 다음 각 목의 서류
가. 재외국민등록부등본 및 여권 사본(「재외국민등록법」 제3조에 따른 재외국민인 경우에 한정합니다)
나. 영업용자산액명세서와 그 증명서류
다. 「부동산개발업의 관리 및 육성에 관한 법률 시행령」 제4조제2항제1호에 따른 사무실을 갖추었음을 증명하는 임대차계약서 사본(임대차인 경우에 한정합니다)
라. 「부동산개발업의 관리 및 육성에 관한 법률」 제5조제1항에 따른 부동산개발 전문인력을 확보하였음을 증명하는 다음의 서류
1) 「부동산개발업의 관리 및 육성에 관한 법률 시행령」 별표 1의 구분에 따른 자격 또는 학위와 경력을 증명하는 서류
2) 부동산개발 전문인력이 사전교육을 이수하였음을 증명하는 서류
3) 부동산개발 전문인력에 대한 고용계약서 사본
마. 상속인이 외국인인 경우에는 「부동산개발업의 관리 및 육성에 관한 법률」 제6조 각 호의 어느 하나에 해당하는 사유와 같거나 비슷한 사유에 해당하지 아니함을 확인할 수 서류(해당 국가의 정부나 그 밖의 권한 있는 기관이 발행한 서류로서 해당 국가에 주재하는 우리나라 영사가 확인한 것에 한정합니다)</td></tr>
</table>

210mm×297mm(신문용지 54g/㎡(재활용품))

담당 공무원 확인 사항 (담당 공무원의 확인에 동의하지 아니하는 경우 신청인이 직접 제출하여야 하는 서류)	1. 상속인의 주민등록표등본 2. 상속인이 「부동산개발업의 관리 및 육성에 관한 법률 시행령」 제4조제2항제1호에 따른 사무실을 갖추었음을 증명하는 건물등기부등본 3. 상속인의 부동산개발 전문인력이 외국인인 경우에는 「부동산개발업의 관리 및 육성에 관한 법률 시행령」 제4조제2항제2호 후단에 해당하는 요건을 갖추었음을 확인할 수 있는 「출입국관리법」 제88조에 따른 외국인등록사실증명(신청인이 확인에 동의하지 아니하는 경우에는 「출입국관리법」 제33조에 따른 외국인등록증 사본으로 대신할 수 있습니다)
본인은 이 건의 업무처리와 관련하여 담당 공무원이 「전자정부법」 제21조제1항에 따른 행정정보의 공동이용을 통하여 위의 담당 공무원 확인사항을 확인하는 것에 동의합니다. 신고인(대표자) (서명 또는 인)	

이 신고서는 아래와 같이 처리됩니다. (뒤 쪽)

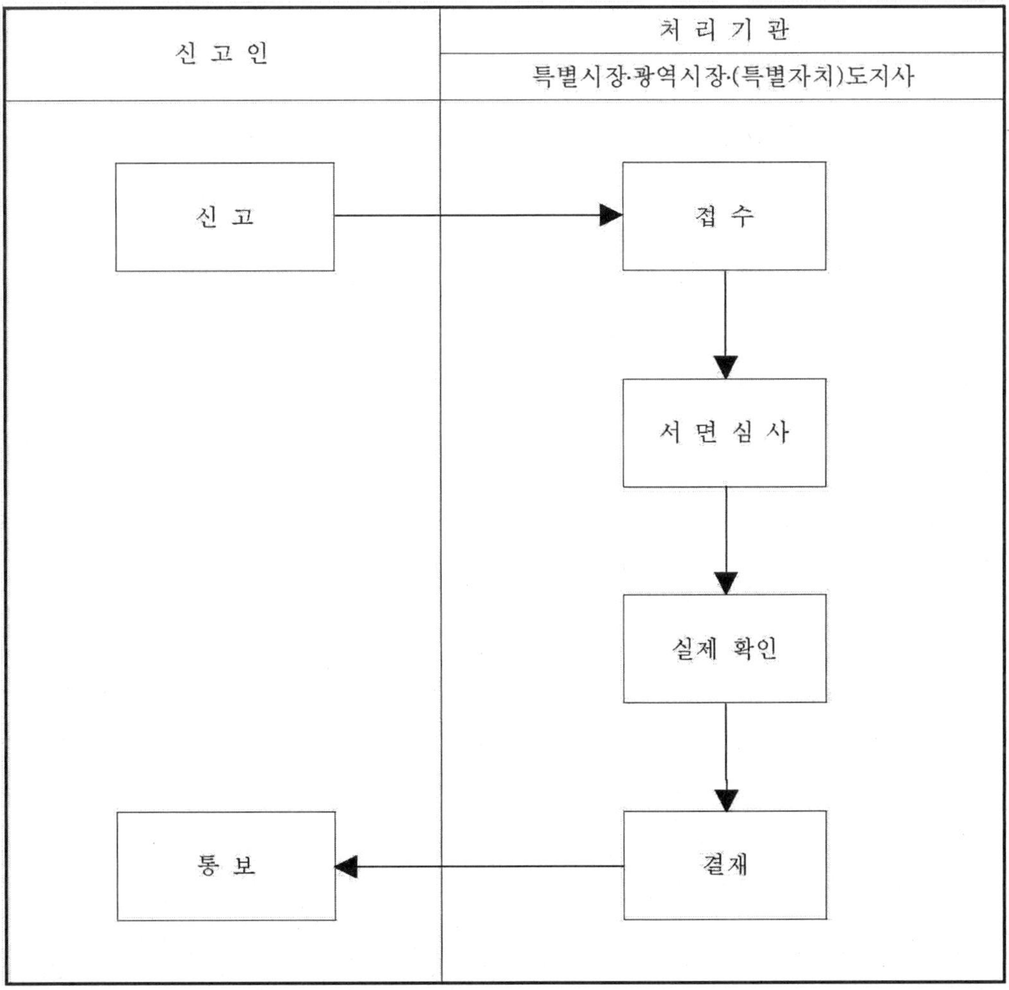

10. 부동산개발업 폐업신고서

[별지 제11호 서식]

(앞 쪽)

<table>
<tr><td colspan="5" rowspan="2">부동산개발업 폐업신고서</td><td>처리기간</td></tr>
<tr><td>즉시</td></tr>
<tr><td rowspan="3">신고인</td><td>① 상호</td><td></td><td>② 대표자</td><td colspan="2"></td></tr>
<tr><td>③ 영업소 소재지</td><td></td><td>④ 전화번호</td><td colspan="2"></td></tr>
<tr><td>⑤ 법인등록번호
(주민등록번호)</td><td></td><td>⑥ 국적 또는 소속 국가명</td><td colspan="2"></td></tr>
<tr><td colspan="2">⑦ 등록번호</td><td colspan="4"></td></tr>
<tr><td colspan="2">⑧ 폐업사유</td><td colspan="4"></td></tr>
<tr><td colspan="6">「부동산개발업의 관리 및 육성에 관한 법률」 제15조제1항에 따라 부동산개발업의 폐업을 신고합니다.

년 월 일

신고인 (서명 또는 인)

특별시장
광역시장 귀하
(특별자치)도지사</td></tr>
<tr><td>구비서류</td><td colspan="5">부동산개발업등록증</td></tr>
<tr><td>수수료</td><td colspan="5">없음</td></tr>
</table>

210mm×297mm(신문용지 54g/㎡(재활용품))

이 신고서는 아래와 같이 처리됩니다. (뒤 쪽)

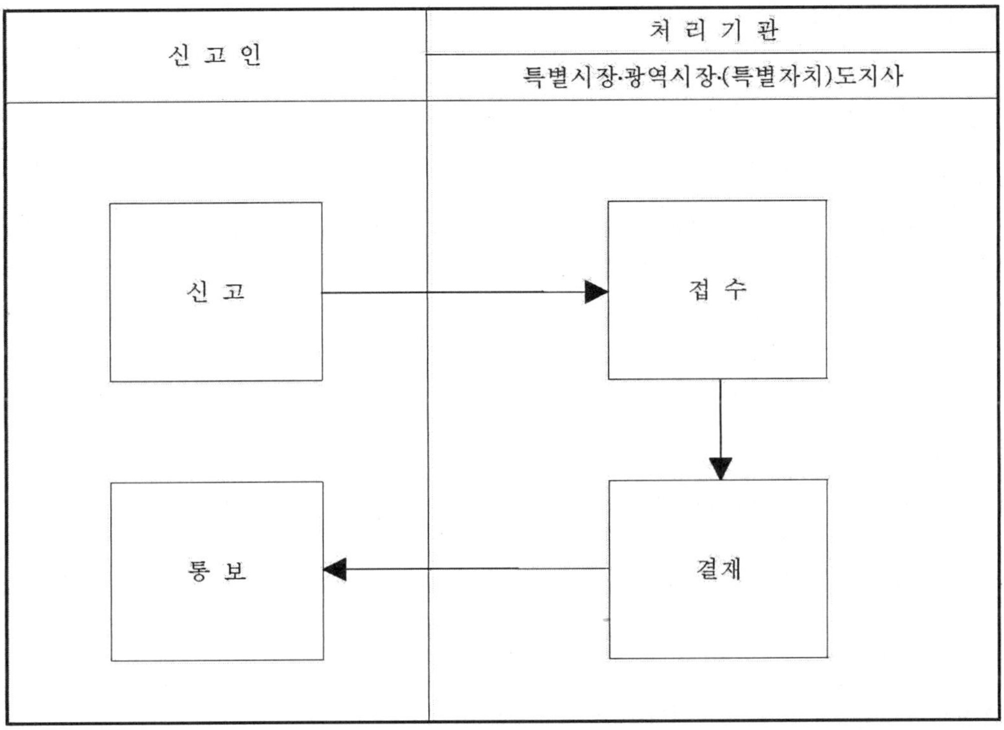

11. 사업실적 현황 보고

[별지 제14호서식]

기 관 명

수신자: 국토해양부장관(OO팀장)
(경유)
제 목: 사업실적 현황 보고

「부동산개발업의 관리 및 육성에 관한 법률 시행규칙」 제16조제2항에 따라 사업실적 현황을 아래와 같이 보고합니다.

- 아 래 -

구분	토지				시설				참여유형 〔건(%)〕					
	사업건수(건)	사업비(백만원)	매출액(백만원)	사업면적(㎡)	사업건수(건)	사업비(백만원)	매출액(백만원)	사업면적(㎡)	A	B	C	D	E	F
법인														
개인														
합계														

참여유형: A. 단독, B. 등록사업자+등록사업자, C. 등록사업자+지주(공동사업주체),
D. 등록사업자+공공기관, E. 특수목적법인(설립근거 법률 명시), F. 기타

붙 임 : 개발유형별 세부자료

보고기관의 장 [인]

기안자(직위/직급) 서명 검토자(직위/직급) 서명 결재자(직위/직급) 서명
협조자(직위/직급) 서명
시행 처리과-일련번호(시행일자) 접수 처리과명-일련번호(접수일자)
우 주소 /홈페이지 주소
전화( ) 전송( ) /담당자의 공식 전자우편주소/공개구분
210mm×297mm(일반용지 60g/㎡(재활용품))

12. 부동산개발업 등록요건 변경 보고

[별지 제15호서식]

(앞쪽)

<table>
<tr><td colspan="5">부동산개발업 등록요건 변경 보고</td><td>처리기간
즉시</td></tr>
<tr><td rowspan="4">보고자</td><td>① 상호</td><td></td><td>② 대표자</td><td colspan="2"></td></tr>
<tr><td>③ 법인등록번호
(주민등록번호)</td><td></td><td>④ 등록번호</td><td colspan="2"></td></tr>
<tr><td>⑤ 영업소 소재지</td><td></td><td rowspan="2">⑥ 전화번호</td><td rowspan="2" colspan="2"></td></tr>
<tr><td>(특수목적법인인 경우: 자산관리회사 또는 자산운용회사의 영업소 소재지)</td><td>(   )</td></tr>
<tr><td colspan="6">변경내용</td></tr>
<tr><td colspan="2">구 분</td><td>변경연월일</td><td>변경 전 사항</td><td>변경 후 사항</td><td>변경 사유</td></tr>
<tr><td colspan="2">자본금(개인은 영업용 자산평가액)</td><td></td><td></td><td></td><td></td></tr>
<tr><td colspan="2">임원</td><td></td><td></td><td></td><td></td></tr>
<tr><td colspan="2">부동산개발 전문인력</td><td></td><td></td><td></td><td></td></tr>
<tr><td colspan="6">「부동산개발업의 관리 및 육성에 관한 법률」 제17조제2호 및 제3호에 따라 위와 같이 보고합니다.

년 월 일

보고자 (서명 또는 인)

특별시장
광역시장 귀하
(특별자치)도지사</td></tr>
<tr><td colspan="5">구비서류 : 뒤쪽 참조</td><td>수수료
없음</td></tr>
</table>

210mm×297mm(일반용지 60g/㎡(재활용품))

(뒤쪽)

구비서류	
자본금(개인은 영업용자산평가액)을 변경하는 경우	법인인 경우에는 대차대조표·손익계산서, 개인인 경우에는 영업용자산액명세서와 그 증명서류
임원을 변경하는 경우	1. 대표자 및 임원의 성명·주민등록번호 및 주소, 법인등기부등본 2. 재외국민등록부 등본 및 여권 사본(「재외국민등록법」 제3조에 따른 재외국민인 경우에 한정합니다) 3. 외국인인 경우에는 해당 임원이 「부동산개발업의 관리 및 육성에 관한 법률」 제6조 각 호의 어느 하나에 해당하는 사유와 같거나 비슷한 사유에 해당하지 아니함을 확인할 수 있는 서류(해당 국가의 정부나 그 밖의 권한있는 기관이 발행한 서류로서 해당 국가에 주재하는 우리나라 영사가 확인한 것에 한정합니다)
부동산개발 전문인력을 변경하는 경우(「부동산개발업의 관리 및 육성에 관한 법률 시행령」 제6조제2항제2호 각 목의 어느 하나에 해당하는 자산관리회사 또는 자산운용회사를 변경하는 경우를 포함합니다)	1. 「부동산개발업의 관리 및 육성에 관한 법률」 제5조제1항에 따른 부동산개발 전문인력을 확보하였음을 증명하는 다음 각 목의 서류 가. 「부동산개발업의 관리 및 육성에 관한 법률 시행령」 별표 1의 구분에 따른 자격 또는 학위와 경력을 증명하는 서류 나. 부동산개발 전문인력이 사전교육을 이수하였음을 증명하는 서류 다. 부동산개발 전문인력에 대한 고용계약서 사본 2. 「부동산개발업의 관리 및 육성에 관한 법률 시행령」 제6조제1항에 따른 특수목적법인이 같은 조 제2항제2호 각 목의 어느 하나에 해당하는 자산관리회사 또는 자산운용회사를 변경한 경우에는 다음 각 목의 서류 가. 특수목적법인임을 증명할 수 있는 서류 나. 「부동산개발업의 관리 및 육성에 관한 법률 시행령」 제6조제2항제2호 각 목의 어느 하나에 해당하는 자산관리회사 또는 자산운용회사와 체결한 업무위탁계약서 사본 다. 나목의 자산관리회사 또는 자산운용회사의 설립 인·허가 등을 증명할 수 있는 서류 라. 나목의 자산관리회사 또는 자산운용회사가 「부동산개발업의 관리 및 육성에 관한 법률 시행령」 제6조제2항제2호에 따른 사무실을 갖추었음을 증명하는 서류

13. 조사 · 검사 공무원증

[별지 제16호서식]

(앞 쪽)

조사 · 검사 공무원증
소속 직급 성명
유효기간 부터 까지 위 사람은 「부동산개발업의 관리 및 육성에 관한 법률」 제18조 및 제21조에 따라 부동산개발업자의 업무 · 경영실태 · 장부 · 서류 등을 조사 또는 검사할 수 있는 자임을 증명합니다. 년 월 일 국토해양부장관 특별시장 (인) 광역시장 (특별자치)도지사 유의사항: 「부동산개발업의 관리 및 육성에 관한 법률」 제18조(제21조)에 따라 조사 · 검사를 하는 공무원은 이 증서를 공무원증과 함께 내보여야 합니다.

80㎜×120㎜(보존용지(1종) 120g/㎡)

(뒤 쪽)

부동산 개발업의 관리 및 육성에 관한 법률	제18조(부동산개발업자의 실태조사 등) ① 국토해양부장관은 제4조에 따른 등록기준에의 적합 여부 확인, 부동산개발의 적정성 등을 판단하기 위하여 필요한 때에는 등록사업자에게 그 업무나 재무관리상태 등에 관하여 보고할 것을 명할 수 있으며, 소속 공무원으로 하여금 등록사업자의 경영실태를 조사하게 하거나 그 시설을 검사하게 할 수 있다. ②~③ (생략) ④ 제1항에 따라 조사 또는 검사를 하는 공무원은 그 권한을 표시하는 증표를 지니고 이를 관계인에게 내보여야 한다. 제21조(위반행위의 조사 등) ①~② (생략) ③ 제18조제4항은 제1항 및 제2항에 따라 조사 또는 검사를 하는 공무원에 대하여 준용한다. 제40조(과태료) ① (생략) ② 다음 각 호의 어느 하나에 해당하는 자에게는 1천만원 이하의 과태료를 부과한다. 1. ~ 2. (생략) 3. 제18조제1항에 따른 보고명령을 이행하지 아니하거나 거짓으로 보고한 자 또는 조사·검사를 거부·기피·방해한 자 4. 제21조제1항에 따른 조사·검사를 거부·방해·기피한 자
부동산 개발업의 관리 및 육성에 관한 법률 시행령	제24조(권한의 위임 등) ① 국토해양부장관은 법 제34조제1항에 따라 다음 각 호의 권한을 특별시장·광역시장·도지사 또는 특별자치도지사(이하 "시·도지사"라 한다)에게 위임한다. (단서 생략) 1. ~ 6. (생략) 7. 법 제18조에 따른 보고·조사·검사, 자료제출의 요구 8. (생략) 9. 법 제21조에 따른 위반행위의 조사·검사 등

14. 부동산개발 전문인력 사전교육 신청서

[별지 제1호서식]

<table>
<tr><th colspan="6">부동산개발 전문인력 사전교육 신청서</th></tr>
<tr><td colspan="2">① 성 명</td><td colspan="3"></td><td rowspan="6">사진
(3.5㎝×4.5㎝)</td></tr>
<tr><td colspan="2">② 주민등록번호</td><td colspan="3"></td></tr>
<tr><td colspan="2">③ 주 소</td><td colspan="3"></td></tr>
<tr><td colspan="2">④ 직 장 명</td><td colspan="3"></td></tr>
<tr><td colspan="2">⑤ 연 락 처</td><td colspan="3"></td></tr>
<tr><td colspan="2">⑥ 희망교육일시</td><td colspan="3"></td></tr>
<tr><td colspan="2" rowspan="3">⑦ 부동산개발
전 문 인 력
해 당 범 위</td><td>자격자</td><td colspan="3">□ 변호사 □ 공인회계사 □ 감정평가사
□ 건축사 □ 공인중개사 □ 건설기술자
□ 자산운용전문인력</td></tr>
<tr><td>학·석사학위 경력자</td><td colspan="3">□ 학사학위 경력자 □ 석사학위 경력자</td></tr>
<tr><td>실무경력자</td><td colspan="3">□ 금융기관 □ 국가·지자체
□ 공공기관 □ 지방공사·지방공단
□ 5년이상 부동산개발업을 한 대표자</td></tr>
<tr><td colspan="6">⑧ 면제대상확인 및 면제신청과목</td></tr>
<tr><td>면제
대상
확인</td><td colspan="2">□ 변호사 □ 공인회계사 □ 감정평가사
□ 건축사 □ 공인중개사 □ 건설기술자
□ 5년이상 부동산개발업을 한 대표자</td><td>면제
과목
신청</td><td colspan="2"></td></tr>
<tr><td colspan="6">상기 본인은 「부동산개발업의 관리 및 육성에 관한 법률」 제5조 및 시행령 제9조에 따른 교육대상 부동산개발 전문인력에 해당함을 확인하고, 교육 중 또는 교육이수 후 라도 요건에 해당되지 아니하는 사실이 발견될 경우에는 교육이수의 효력이 상실됨은 물론, 이를 이유로 교육비의 반환을 청구할 수 없음을 숙지하고 교육을 신청합니다.

년 월 일

신청인 (서명 또는 인)

사전교육기관장 귀하</td></tr>
<tr><td colspan="6">구비서류</td></tr>
<tr><td>신청인
제출서류</td><td colspan="5">1. 「부동산개발 전문인력의 교육에 관한 규정」 제3조 제1호의 부동산개발 전문인력에 해당하는 자 : 「부동산개발 전문인력의 자격인정방법 및 절차기준」 제11조 내지 제15조의 규정에 따라 전문인력에 해당함을 입증하는 서류
2. 「부동산개발 전문인력의 교육에 관한 규정」 제3조 제2호의 부동산개발 전문인력에 해당하는 자 : 부동산개발업 등록증 사본 및 재직증명서
3. 「부동산개발 전문인력의 교육에 관한 규정」 제8조의 규정에 따른 사전교육면제대상 : 면제대상임을 입증할 수 있는 서류</td></tr>
</table>

210mm×297mm(일반용지 60g/㎡(재활용품))

[별지 제2호서식]

15. 부동산개발 전문인력 사전교육기관 지정 신청서

<table>
<tr><th colspan="7">부동산개발 전문인력 사전교육기관 지정 신청서</th></tr>
<tr><td rowspan="2">신청기관</td><td>①명 칭</td><td colspan="3"></td><td>②대 표 자</td><td></td></tr>
<tr><td>③소 재 지</td><td colspan="3"></td><td>④전화번호</td><td></td></tr>
<tr><td colspan="7">교육과정 및 교육비용 내역</td></tr>
<tr><td>⑤교육과정명</td><td>⑥교육
시간</td><td colspan="2">⑦교육장소</td><td>⑧학급당
정 원</td><td>⑨강사수</td><td>⑩1인당
교육비용
(천원)</td></tr>
<tr><td></td><td></td><td colspan="2"></td><td></td><td></td><td></td></tr>
<tr><td colspan="7">「부동산개발업의 관리 및 육성에 관한 법률」 시행령 제10조제1항 및 시행규칙 제9조제1항에 따라 부동산개발 전문인력 사전교육기관 지정을 위와 같이 신청합니다.

년 월 일

신청인 (서명 또는 인)

국토해양부장관 귀하</td></tr>
<tr><td colspan="7">※ 첨부서류
1. 교육과정(교육과목과 과목별 교육시간)을 명시한 서류
2. 교육비용(수강료)의 산출 근거를 명시한 서류
3. 교육과목별 담당강사 약력을 기재한 서류
4. 교육시설의 확보를 입증하는 서류
(소유인 경우에는 등기부등본, 임대차 또는 사용대차의 경우에는 계약서사본)
5. 교육방법 및 평가, 사후관리 등 학사운영계획에 관한 서류
6. 기타 교육의 시행에 관하여 필요한 사항</td></tr>
</table>

210mm×297mm(일반용지 60g/㎡(재활용품))

16. 부동산개발 전문인력 사전교육 수료증

[별지 제3호 서식]

발급번호 제 호

부동산개발 전문인력 사전교육 수료증

성 명 :

주민등록번호 :

주 소 :

위의 자는 「부동산개발업의 관리 및 육성에 관한 법률」 제5조제2항에 따른 부동산개발 전문인력 사전교육을 이수하였으므로 이에 수료증을 드립니다.

년 월 일

국토해양부지정 교육기관 고시 제 호

사전교육기관장 (인)

210㎜×297㎜(보존용지(1종) 120g/㎡)

17. 부동산개발 전문인력 사전교육 수료증 발급대장

[별지 제4호서식]

부동산개발 전문인력 사전교육 수료증 발급대장							
일련 번호	발급 번호	수료 일자	성명	주민등록번호	구분(교부 또는 재교부)	교부	
						일자	수령인 (서명 또는 인)

210mm×297mm(보존용지(2종) 70g/㎡)

REFERENCEREFERENCEREFERENCEREFERENCEREFERENCEREFERENCEREFERENCEREF

참고문헌

1. 국내 문헌

강정규 · 이창석 외, 부동산입지선정 · 개발업, 형설출판사, 2003.

권호근 · 이창석 외, 부동산업마케팅론, 형설출판사, 2012.

국토해양부, 부동산개발업 및 육성에 관한 법률 제2조, 2007.

김상명 외 1인, 부동산학개론, 범론사, 2005.

김성국, 프로젝트 파이낸싱의 결정요인 및 리스크 관리 방안－주택개발사업을 중심으로－, 단국대학교 석사학위논문, 2007.

김재덕, 부동산경영원론, 박영사, 1993.

김재봉, "최근 국내 금융권의 프로젝트 파이낸싱 현황과 과제", 대은경제리뷰, 2003.

김종철, "한국주택사업에 대한 프로젝트 금융 활성화 방안에 관한 연구", 건국대학교 석사학위논문, 2002. 8.

김진만, "프로젝트 파이낸싱을 이용한 주택개발사업에 있어 위험의 관리방안에 관한 연구", 건국대학교 석사학위논문, 2004.

김태훈, 부동산학개론, 범론사, 1996.

김현아, "주택가격 안정과 지방 균형을 위한 기업도시(company city)건설방안", 전국경제인연합회, 2003.

김화균, 부동산컨설팅, 기공사, 1996.

노태욱, 부동산개발론, 부연사, 2004.

노태욱 외 3인, 부동산계량론, 부연사, 2006.

대한국토도시계획학회, 도시개발론, 보성각, 2008.

대한상공회의소, "지식 경제강국을 위한 컨설팅산업의 경쟁력 제고방안". 경제연구총서 제371호, 대한상공회의소, 2003.

민병오, 부동산컨설팅 연구, 부동산연구사, 1997.

박동규, "프로젝트 파이낸싱의 개념과 실체", 명경사, 2003.

박래익, 주택시장의 환경변화 및 새로운 마케팅전략, 한국마케팅연구원, 2000.

박원석, 최진우, "지역개발사업에서 프로젝트 파이낸싱 활용방안", 삼성경제연구소, 1997.

방경식, 부동산학개론, 범론사, 서울, 2000.

방경식 · 장희순, 부동산학개론, 부연사, 2002.

부동산컨설팅 연구소, 부동산컨설턴트가 되는 길(Ⅰ), 1995.

성주한 · 이창석, "부동산마케팅의 이론적 접근", 사회과학논총, 강남대학교 사회과학연구소, 2007.

신동훈, 부동산컨설팅 입문, 청산, 1996.
안정근, "부동산컨설턴트의 역할과 인력양성방안", 제1회 국제부동산컨설팅세미나자료집, 한국감정평가업협회, 1996.
안정근, "부동산컨설턴트의 역할과 인력 양성 방안", 21세기 부동산컨설팅의 새로운 VISION, 한국감정평가업협회, 1996.
오재봉, "프로젝트 파이낸스에서의 대출금리 결정에 관한 연구", 고려대학교 석사학위논문, 1998.
오준석 · 이창석 외, 부동산업경영론, 형설출판사, 2002.
오진모 · 양귀만, 부동산컨설팅, 사법행정문화원, 1998.
오진모, 부동산컨설팅 기본이론과 사례, 사법행정문화원, 2004.
유선종, 부동산금융용어사전, 부연사, 2006.
유영철, 부동산개발실무대백과, 형설출판사, 2004.
윤덕봉, "부동산컨설팅 제도 도입 및 육성방안에 관한 연구", 경남대학교 경영대학원 석사학위논문, 1995.
이국형, "주택건설사업의 프로젝트 금융 활성화 방안에 관한 연구", 건국대학교 석사학위 청구논문, 2003.
이성근, 부동산금융론, 부동산경제연구원, 2005.
이원준, 부동산학원론, 박영사, 2002.
이우용 · 정구현, 마케팅원론, 형설출판사, 1993.
이창석, 부동산컨설팅, 형설출판사, 2005.
이창석, 부동산학개론, 형설출판사, 2007.
이창석, 부동산학원론, 형설출판사, 2006.
이창석, 알기쉬운 부동산학 개론, 형설출판사, 2008.
이태교 · 안정근, 부동산마케팅, 법문사, 1997.
일본부동산유통근대화센터, 부동산컨설팅 기능등록제도의 개요, 2006.
일본부동산연구소 홈페이지(www.reinet.or.jp)
일본부동산카운슬러협회 홈페이지(www.jarec.jp)
임현묵, 사례분석을 통한 은행의 프로젝트 파이낸스 활성화방안 연구, 건국대학교 석사학위 논문, 2004.
전국부동산중개업현회, 부동산컨설팅 업무표준, 1999.
정구익, 부동산개발 금융(PF)실무와 사례, 한국생산성본부, 2007.
정윤 · 이창석, "외국의 부동산컨설팅 현황과 시사점", 사회과학논총, 제21집, 강남대학교사회과학연구소. 2006.
정윤, "부동산컨설팅업의 전문화 방안에 관한 연구", 강남대학교 대학원, 2008.
조주현, "부동산컨설팅의 의의와 필요성", 부동산컨설팅 창간호, 부동산연구사, 1994.
조주현, "부동산 컨설팅업의 현황과 제도개선에 관한 연구", 한국감정평가협회, 통권 33호, 1998.
조주현, "부동산개발사업에 있어 프로젝트 파이낸싱 기법에 관한 연구 : 분양형 개발사업의 금융위험 관리를 중심으로", 2002.

조주현, "부동산개발사업에 있어 프로젝트 파이낸싱 기법에 관한 연구 : 분양형 개발사업의 금융위험 관리를 중심으로"(1), 2002. 7. 10, p.134. ; 구본창, "주택건설 프로젝트 금융 활성화방안 : 선분양사업을 중심으로", 응용경제, 제5권 제3호, 2003. 12, p.121.

한국감정원, 부동산컨설팅원론, 한국감정원, 1991.

한국감정원, 부동산컨설팅 실무의 실제, 한국감정원, 1992.

한국감정원 한국부동산컨설팅협회, 부동산컨설팅이론, 한국감정원감정평가연수원, 1998.

한국부동산컨설팅업협회, 부동산컨설턴트, vol. 3, 2000.

홍기용, 도시경제론, 박영사, 2004.

2. 국외문헌

American Marketing Association Committee on Definition, Marketing Definitions : A Glossary of Marketing Terms (Chicago : AMA, 1960).

Appraisal Institute, The Appraisal of Real Estate, 12th ed. (Chicago : Appraisal Institute, 2001).

CRE 홈페이지 (www.cre.org)

M. E. Miles, G. Berens and M. A. Weiss, Real Estate Development (Washington : ULI, 2000), p.9.

Maury Seldin and Richard H. Swesnick, Real Estate Investment Strstegy (London : Wiley-interscience, 1970).

Mckenzie D. J. and Betts R. M, Essentials of Real Estate Economics, 14th ed. (South-Western : Thomson Learning, 2001).

James. H. Boykin, Real Estate Counseling (N.J : American Society of Real Estate-Counselors, 1998).

REFERENCE

찾아보기

|||| 저자약력 ||||

■ **권 호 근**
- 연세대학교 상경대학 경제학과 졸업 및 동국대학교 경제학 박사
- 고려대학교 법무대학원 강사
- 동우대학교 경영학과 겸임교수
- 한국부동산학회 학술이사
- 국제사이버대학교 부동산학과 학과장

■ **김 형 진**
- 경기대학교 행정대학원 부동산관리과정 수료 및 행정학 박사
- 경기도 공무원교육원 재직 및 경기대학교 행정대학원 강사
- 오산시 투자심사위원회 위원
- 수원시 시설관리공단 인사위원회 위원
- 국제사이버대학교 복지행정학과 학과장

■ **이 동 영**
- 강남대학교 대학원 부동산학과 졸업 및 부동산학 박사
- 한국부동산학회 학술위원
- 강남대학교 · 극동대학교 대학원 강사
- 경기도 농업기술원 전문위원
- 노동부 직능원 e-running 심사위원
- 국제사이버대학교 부동산학과 교수 및 도시연구원 부원장

부동산개발론

2014년 6월 10일 1판 1쇄 발행

저 자 권호근 · 김형진 · 이동영
발행인 남 승 우

발행처 도서출판 상尙 학學 당堂
서울시 동작구 사당로9가길 6(사당동)
TEL : 02) 595-1692 ~ 4
FAX : 02) 595-1394
E-mail : namdoo6@unitel.co.kr
신고 : 2-155호 (1968. 11. 29)

정가 25,000원

ISBN 978-89-6587-051-7 13320

※ 이 책의 저작권은 저자에게 있으며, 저자의 동의 없이 복사 · 인용 · 복제 · 전재를 금합니다.

〈디자인〉 편집 이선경 / 표지 나아기획